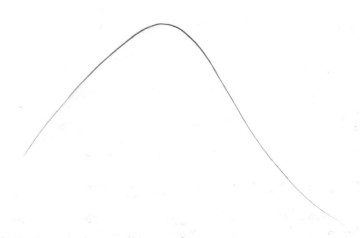

Lycée Jean-Baptiste Corot

MERCI

Special thanks to the students and staff of
- **Collège Eugène Delacroix,** *Paris*
- **Lycée Jean-Baptiste Corot,** *Savigny-sur-Orge*
for their cooperation and assistance.

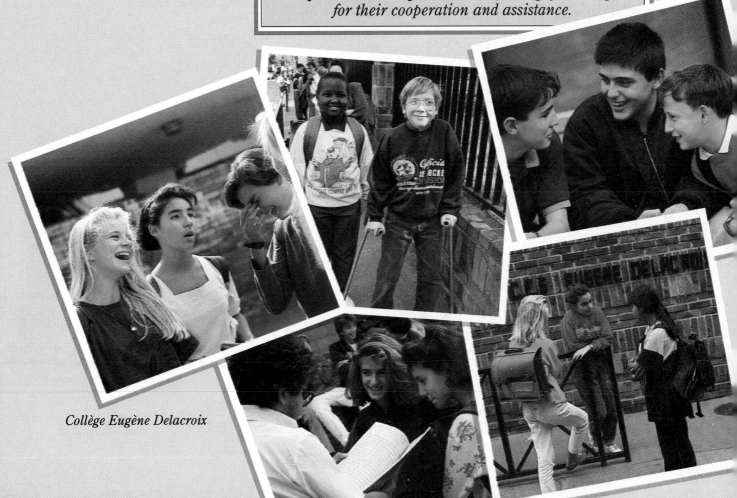

Collège Eugène Delacroix

Contents

UNITÉ 1 Bonjour!   12

Introduction culturelle: Salutations
Thème: Getting acquainted

v

Parlons français!

Chers amis,

Welcome to DISCOVERING FRENCH and congratulations on your choice of French as a foreign language!

There are many reasons why people decide to learn French. Some people choose French because they plan to visit Canada or Europe or French-speaking Africa. Others want to learn to read articles or books written in French. Still others study French because in their work, they will come into contact with French speakers or because their own family is of French or French-American heritage. And there are many people who learn French for pleasure: They want to enjoy French films and French music, and they like French poetry and French art.

There is another reason for studying French that you have perhaps not thought about. As you learn another language, you develop a better understanding of your own language and how it works. You also develop a better appreciation of your own country and culture as you expand your world view and discover the various French-speaking areas of the globe. You will discover cultural similarities and differences, and you will realize how much French civilization has contributed to our life in the United States.

And, of course, everyone will agree that studying a foreign language also helps us get to know and communicate with people from other cultures. By speaking French, you will be in touch with the many millions of people who use that language in their daily lives. These French speakers **(les francophones)** represent a wide variety of ethnic and cultural backgrounds. As you will see, they live not only in France and other parts of Europe but also in Africa, in North and South America, in Asia . . . in fact, on all continents!

On the pages of this book and in the accompanying video, you will meet many young people who speak French. Listen carefully to what they say and how they express themselves. They will help you understand not only their language but also the way they live.

Bonne chance!

Jean-Paul Valette   Rebecca M. Valette

Bienvenue!

Je m'appelle Jean-Paul.

Je m'appelle Nathalie.

Je m'appelle François.

Bonjour!

Je m'appelle David.

Salut!

Je m'appelle Dominique.

Je m'appelle Marc.

Bonjour, les francophones!

*T*he people portrayed on these pages represent many different backgrounds. Some live in France, some in the United States. They are from Europe, Africa, Asia, and North America. They do, however, have one thing in common. They all speak French. Let's meet them.

1

Sophie Lafont, 14, is from Toulouse, a city in southern France. She is a student at the Lycée Saint-Exupéry. (A **lycée** is the equivalent of an American high school.)

2

Philippe Martin, 15, lives in Paris and goes to the Collège Eugène Delacroix.

3

Stéphanie Malle, 14, also lives in Paris and attends the Collège Eugène Delacroix. Her family is from Martinique, a French island in the Caribbean.

4

Ahmed Belkacem, 14, lives in Lyon, France, and goes to the Lycée Jean Moulin. His parents are from Algeria and speak French and Arabic. Ahmed, who was born in France, speaks only French.

5

Fredy Vansattel, 20, lives near Lausanne, a city in French-speaking Switzerland. He is a student at the well-known École Hôtelière. In addition to French, Fredy also speaks English and German.

6

Prak Maph, 15, left Cambodia with his family when he was four. He lives in Paris and goes to the Lycée Claude Monet. Maph speaks French as well as Khmer, the national language of Cambodia.

7

Amélan Konan, 13, lives in Abidjan, a large city in Ivory Coast, a country of West Africa. Amélan goes to the Collège Moderne Voltaire, where many of the teachers are from France. Amélan is fluent in both French and Baoulé, the tribal language that she speaks with her relatives.

8

Pauline Lévêque, 14, is from Quebec City in the province of Quebec, in Canada. Pauline goes to the École Louis-Jolliet. She speaks both French and English, but she prefers to speak French with her friends and family.

9

Moustapha Badid is a French athlete of North African origin who lives in Paris. At age 23, he won the wheelchair title at the Boston Marathon and established a world record in the event. In that same year, he also won an Olympic gold medal. He speaks French, Arabic, and some English.

10

Dr. Michèle Klopner, a clinical psychologist, grew up in Haiti, where her family resides. She came to the United States to study at the University of Michigan and Rutgers University. Dr. Klopner speaks French, Haitian Creole, and English. She uses all these languages in her work at the Cambridge Hospital in Cambridge, Massachusetts.

11

Marie-Christine Mouis was born in Canada of a French father and a Canadian mother. At the age of 16, Marie-Christine joined the Paris Opera Ballet, becoming the youngest dancer in the world's oldest ballet company. She was the principal ballerina of the Boston Ballet for ten years.

12

Dr. Larry Phan was born in Vietnam. At the age of ten, he went to France, where he received his high school education. In 1976, he came to the United States to pursue a medical career. He attended the University of California and Tufts School of Dental Medicine. Dr. Phan is on the staff of the Children's Hospital in Boston.

ACTIVITÉS CULTURELLES

1. On a world map or globe, locate the cities and countries of origin for each of the people pictured.
2. Do you know any people in your community who have French names or people who speak French? Where are their families originally from?

Bonjour, le monde français!

*I*n today's world, French is an international language spoken daily by more than 100 million people. French is understood by another 100 million in many countries and regions of the globe.

IN NORTH AMERICA

■ In Canada, about one third of the population speaks French. These French speakers live mainly in the province of Quebec **(le Québec)**. They are descendants of French settlers who came to Canada in the 17th and 18th centuries.

■ In the United States, French is understood and spoken in many families whose French and French-Canadian ancestors came to Louisiana **(la Louisiane)** and New England **(la Nouvelle-Angleterre)** at various times in our history.

■ In the Caribbean, French and Creole are spoken in the Republic of Haiti **(Haïti)**. French is also spoken on the islands of Martinique **(la Martinique)** and Guadeloupe **(la Guadeloupe)**; the inhabitants of these two islands are French citizens.

IN OTHER PARTS OF THE WORLD

■ French is spoken as far away as Tahiti **(Tahiti)** and New Caledonia **(la Nouvelle-Calédonie)**, two French territories in the South Pacific.

■ In the Middle East, French is still taught and spoken in Lebanon **(le Liban)**.

■ French is also used and understood by many Vietnamese and Cambodian families who have left their countries **(le Viêt-nam, le Cambodge)** to settle in other parts of the world.

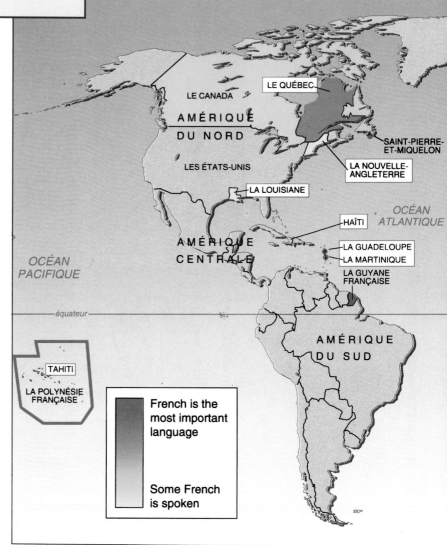

LE CANADA
LE QUÉBEC
AMÉRIQUE DU NORD
SAINT-PIERRE-ET-MIQUELON
LES ÉTATS-UNIS
LA NOUVELLE-ANGLETERRE
LA LOUISIANE
OCÉAN ATLANTIQUE
HAÏTI
LA GUADELOUPE
LA MARTINIQUE
AMÉRIQUE CENTRALE
LA GUYANE FRANÇAISE
OCÉAN PACIFIQUE
équateur
AMÉRIQUE DU SUD
TAHITI
LA POLYNÉSIE FRANÇAISE

French is the most important language

Some French is spoken

IN EUROPE

French is not only spoken in France **(la France)** but also in parts of Belgium **(la Belgique)**, Switzerland **(la Suisse)**, and Luxembourg **(le Luxembourg)**.

IN AFRICA

French is an important language in countries which have strong commercial and cultural ties to France.

■ In Western and Central Africa, about 20 countries have adopted French as their official language.

These countries include Senegal **(le Sénégal)**, the Ivory Coast **(la Côte d'Ivoire)**, and Zaire **(le Zaïre)**. French is also spoken on the large island of Madagascar **(Madagascar)**.

■ In North Africa, French is understood and spoken by many people of Algeria **(l'Algérie)**, Morocco **(le Maroc)**, and Tunisia **(la Tunisie)**. More than two million people from these countries have emigrated to France and have become French citizens.

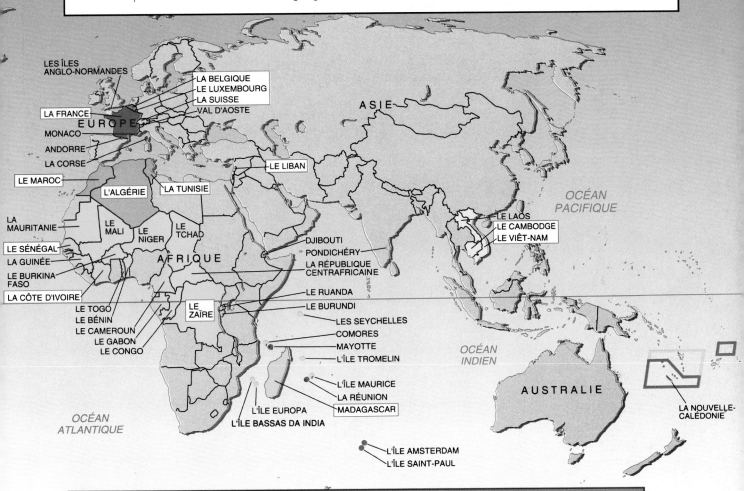

ACTIVITÉS CULTURELLES

1. Name at least six African countries where French is spoken. Find out the capital of each country. (Source: atlas, encyclopedia)
2. Collect clippings from newspapers and magazines in which a French-speaking country is mentioned. Try to find one clipping for each of the areas on the map.

NOTE: You may also wish to refer to the reference map of the French-speaking world on pages R2–R3.

Bonjour, la France!

L'ANGLETERRE

LA BELGIQUE

la Manche

Lille

LE LUXEMBOURG

L'ALLEMAGNE

Rouen

LA NORMANDIE

Paris

Strasbourg

la Seine

L'ALSACE

LA BRETAGNE

l'océan Atlantique

Nantes

Tours

LA TOURAINE

la Loire

LA SUISSE

LA FRANCE

Lyon

Château d'Azay-le-Rideau, Touraine

Grenoble

le Rhône

L'ITALIE

Bordeaux

les Alpes

la Garonne

aerospatiale

LA PROVENCE

Nice

MONACO

Toulouse

Marseille

Toulon

les Pyrénées

la Méditerranée

LA CORSE

L'ESPAGNE

Les Pyrénées

Eguisheim, Alsace

Les Alpes, Chamonix

Menton, Côte d'Azur

*B*efore starting your study of French, you may be interested in learning a few facts about France.

■ In area, France is the largest country in Western Europe.

■ Economically, France is one of the most developed countries of the world with a sophisticated high-tech industry.

■ France is the only European country with a space exploration program. French communication satellites provide 400 million Europeans with direct TV transmission.

■ France is a country with a strong cultural tradition. French philosophers, writers, and artists have influenced our ways of thinking and looking at the world.

■ France has a long history reaching back through Roman times into distant prehistory.

■ Geographically, France is a very diversified country with the highest mountains in Europe **(les Alpes et les Pyrénées)** and an extensive coastline along the Atlantic **(l'océan Atlantique)** and the Mediterranean **(la Méditerranée)**.

■ France consists of many different regions which have maintained their traditions, their culture, and—in some cases—their own language. Some of the traditional provinces are Normandy and Brittany **(la Normandie et la Bretagne)** in the west, Alsace **(l'Alsace)** in the east, Touraine **(la Touraine)** in the center, and Provence **(la Provence)** in the south.

ACTIVITÉS CULTURELLES

1. Find the countries which have a common border with France. What are their capitals? (Source: atlas, encyclopedia)
2. Imagine that you are spending a year in France. Where would you go if you wanted to ski in the winter? Which provinces would you want to visit in the summer if you wanted to swim in the Atlantic? in the Mediterranean? Are there any particular parts of France you would like to explore?

NOTE: You may also wish to refer to the reference map of France on page R4.

Bonjour! Je m'appelle ...

Here is a list of some traditional French names. As you begin your study of the French language, you may want to "adopt" a French name from the list.

Alain
Albert
André
Antoine
Bernard
Bertrand
Charles
Christophe
Daniel
David
Denis
Dominique
Édouard
Éric
Étienne
François
Frédéric

Geoffroy
Georges
Grégoire
Guillaume
Henri
Jacques
Jean
Jean-Claude
Jean-François
Jean-Louis
Jean-Paul
Jérôme
Joseph
Julien
Laurent
Marc

Mathieu
Michel
Nicolas
Olivier
Patrick
Paul
Philippe
Pierre
Raoul
Raymond
Richard
Robert
Roger
Samuel
Simon
Thomas

Sylvie

Alice

Alain

Jean-Paul

Éric

Laure

Olivier

Alice	Éléonore	Marthe
Andrée	Élisabeth	Michèle
Anne	Émilie	Monique
Anne-Marie	Florence	Nathalie
Barbara	Françoise	Nicole
Béatrice	Hélène	Patricia
Brigitte	Isabelle	Pauline
Caroline	Jeanne	Rachel
Catherine	Judith	Renée
Cécile	Juliette	Rose
Charlotte	Karine	Sophie
Christine	Laure	Stéphanie
Claire	Lise	Suzanne
Corinne	Louise	Sylvie
Delphine	Lucie	Thérèse
Denise	Marguerite	Véronique
Diane	Marie	Virginie
Dominique	Marie-Christine	

Jean?	*Guillaume?*	*Georges?*
Henri?	*Philippe?*	*François?*
Jacques?	*Charles?*	*Michel?*
Sébastien?	*Gérard?*	*Paul?*
Jean-Paul?	*Pierre?*	*Marc?*
Lucien?	*Jean-Pierre?*	*Luc?*
	André?	

9

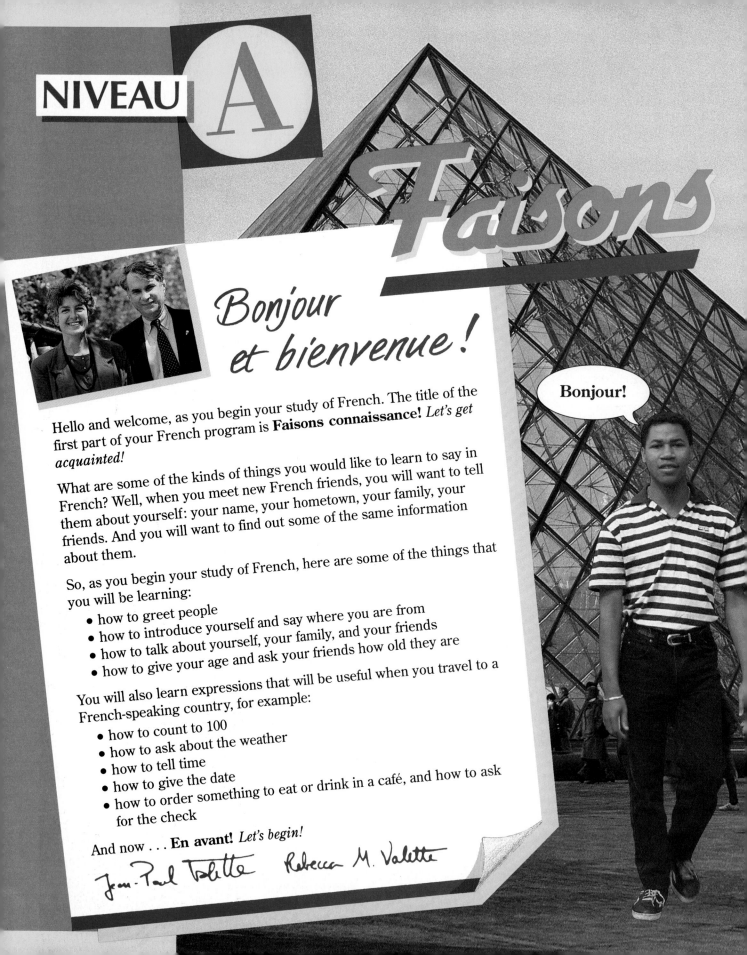

NIVEAU A

Faisons

Bonjour et bienvenue!

Bonjour!

Hello and welcome, as you begin your study of French. The title of the first part of your French program is **Faisons connaissance!** *Let's get acquainted!*

What are some of the kinds of things you would like to learn to say in French? Well, when you meet new French friends, you will want to tell them about yourself: your name, your hometown, your family, your friends. And you will want to find out some of the same information about them.

So, as you begin your study of French, here are some of the things that you will be learning:

- how to greet people
- how to introduce yourself and say where you are from
- how to talk about yourself, your family, and your friends
- how to give your age and ask your friends how old they are

You will also learn expressions that will be useful when you travel to a French-speaking country, for example:

- how to count to 100
- how to ask about the weather
- how to tell time
- how to give the date
- how to order something to eat or drink in a café, and how to ask for the check

And now . . . **En avant!** *Let's begin!*

Jean-Paul Valette   Rebecca M. Valette

1 Bonjour!

INTRODUCTION

culturelle

Salutations *(Greetings)*

How do you greet people in the United States? You may nod or smile. With adults, you may shake hands when you are introduced for the first time.

In France, people shake hands with friends and acquaintances each time they see one another, and not only to say hello but also when they say good-bye. Among teenagers, boys shake hands with boys. Girls kiss each other on the cheeks two or three times. (This is called **une bise**). Boys and girls who are close friends also greet each other with **une bise.**

LEÇON **1** La rentrée

LEÇON **2** Tu es français?

LEÇON **3** Salut! Ça va?

LEÇON **4** Le français pratique: L'heure

THÈME ET OBJECTIFS

Getting acquainted

In this unit, you will be meeting French people.

You will learn . . .
- to say hello and good-bye
- to introduce yourself and say where you are from

You will also learn . . .
- to count to 60
- to tell time

La rentrée

This is the first day of school. Students are greeting their friends and meeting new classmates.

—Bonjour! Je m'appelle Philippe.
—Et moi, je m'appelle Stéphanie.

—Je m'appelle Marc. Et toi?
—Moi, je m'appelle Isabelle.

—Comment t'appelles-tu?
—Je m'appelle Nathalie.
—Bonjour.
—Bonjour.

POUR *COMMUNIQUER*

How to say hello:

Bonjour!	*Hello!*	—**Bonjour,** Nathalie!
		—**Bonjour,** Jean-Paul!

How to ask a classmate's name:

Comment t'appelles-tu?	*What's your name?*	— **Comment t'appelles-tu?**
Je m'appelle . . .	*My name is . . .*	— **Je m'appelle** Stéphanie.

OTHER EXPRESSIONS

moi	*me*	**Moi,** je m'appelle Marc.
et toi?	*and you?*	**Et toi,** comment t'appelles-tu?

■ NOTES ■ CULTURELLES

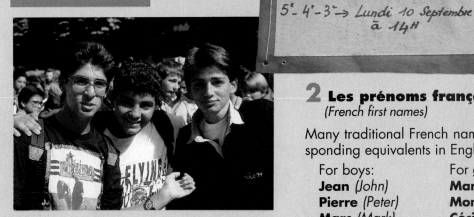

1 ▪ La rentrée *(Back to school)*

French and American students have about the same number of days of summer vacation. In France, summer vacation usually begins at the end of June and classes resume in early September. The first day back to school in fall is called **la rentrée.**

2 Les prénoms français
(French first names)

Many traditional French names have corresponding equivalents in English.

For boys:	For girls:
Jean *(John)*	**Marie** *(Mary)*
Pierre *(Peter)*	**Monique** *(Monica)*
Marc *(Mark)*	**Cécile** *(Cecilia)*
Philippe *(Philip)*	**Alice**
Nicolas *(Nicholas)*	**Caroline**

Often the names **Jean** and **Marie** are combined in double names such as **Jean-Paul** and **Marie-Christine.** In recent years, names of foreign origin, like **Dimitri** and **Karine,** have become quite popular.

Bonjour! Je m'appelle Astérix.

1 Bonjour!

Say hello to the student nearest to you.

▶ Bonjour! — Bonjour!

2 Je m'appelle . . .

Introduce yourself to your classmates.

▶ Je m'appelle (Paul).
▶ Je m'appelle (Denise).

3 Et toi?

Ask a classmate his or her name.

▶ —Comment t'appelles-tu?
 —Je m'appelle (Christine).

4 Bonjour, les amis! *(Hello everyone!)*

Say hello to the following students.

▶ Bonjour, Marc!

Jean-Paul

Isabelle

Philippe

Marc

Juliette

Stéphanie

Nathalie

François

L'alphabet

A	B	C	D	E	F	G	H	I	J	K	L
a	bé	cé	dé	e	effe	gé	hache	i	ji	ka	elle

Les signes orthographiques *(Spelling marks)*

French uses accents and spelling marks that do not exist in English. These marks are part of the spelling and cannot be left out.

In French, there are four accents that may appear on vowels.

´	**l'accent aigu** *(acute accent)*	Cécile, Stéphanie
`	**l'accent grave** *(grave accent)*	Michèle, Hélène
^	**l'accent circonflexe** *(circumflex)*	Jérôme
¨	**le tréma** *(diaeresis)*	Noël, Joëlle

There is only one spelling mark used with a consonant. It occurs under the letter "**c**".

¸	**la cédille** *(cedilla)*	François

---

5 **La rentrée**

It is the first day of class. The following students are introducing themselves. Act out the dialogues with your classmates.

▶ Hélène et Philippe

Moi, je m'appelle Philippe.

Je m'appelle Hélène. Et toi?

1. Stéphanie et Marc
2. Cécile et Frédéric
3. Michèle et François
4. Béatrice et Joël
5. Céline et Jérôme

Les nombres de 0 à 10

0 zéro	**1** un	**2** deux	**3** trois
4 quatre	**5** cinq	**6** six	**7** sept
8 huit	**9** neuf	**10** dix	

---

6 **Numéros de téléphone**

Imagine you are visiting a family in Quebec. Give them your American phone number in French.

▶ 617-963-4028   six, un, sept — neuf, six, trois — quatre, zéro, deux, huit

---

M	**N**	**O**	**P**	**Q**	**R**	**S**	**T**	**U**	**V**	**W**	**X**	**Y**	**Z**
emme	enne	o	pé	ku	erre	esse	té	u	vé	double vé	ixe	i grec	zède

2

Tu es français?

It is the opening day of school and several of the students meet in the cafeteria (**la cantine**) at lunchtime. Marc discovers that not everyone is French.

Tu es français?

Oui, je suis français.

«

MARC: Tu es français?
JEAN-PAUL: Oui, je suis français.

»

«

MARC: Et toi, Patrick, tu es français aussi?
PATRICK: Non! Je suis américain. Je suis de Boston.

»

Non! Je suis américain.

«

MARC: Et toi, Stéphanie, tu es française ou américaine?
STÉPHANIE: Je suis française.
MARC: Tu es de Paris?
STÉPHANIE: Non, je suis de Fort-de-France.
MARC: Tu as de la chance!

»

Je suis française.

MARC: Are you French?
JEAN-PAUL: Yes, I'm French.

MARC: And you, Patrick, are you French too?
PATRICK: No! I'm American. I'm from Boston.

MARC: And you, Stéphanie, are you French or American?
STÉPHANIE: I'm French.
MARC: Are you from Paris?
STÉPHANIE: No, I'm from Fort-de-France.
MARC: You're lucky!

POUR
COMMUNIQUER

Tu es de Denver?

How to talk about where people are from:

Tu es de ...?	*Are you from . . . ?*	—**Tu es de** Denver?
Je suis de ...	*I'm from . . .*	—Non, **je suis de** Dallas.

How to talk about one's nationality:

Tu es ...?	*Are you . . . ?*	—Pierre, **tu es** français?
Je suis ...	*I am . . .*	—Oui, **je suis** français.

Les nationalités

🇫🇷	**français**	**française**
🇬🇧	**anglais**	**anglaise**
🇺🇸	**américain**	**américaine**
🇨🇦	**canadien**	**canadienne**

OTHER EXPRESSIONS

oui	*yes*	Tu es français? **Oui,** je suis français.
non	*no*	Tu es canadien? **Non,** je suis américain.
et	*and*	Je suis de Paris. **Et** toi?
ou	*or*	Tu es français **ou** canadien?
aussi	*also, too*	Moi **aussi,** je suis française.

■ NOTE ■
CULTURELLE

LA MARTINIQUE

B A L A T A
jardin botanique

Fort-de-France et la Martinique

Fort-de-France is the capital of Martinique, a small French island in the Caribbean. Because Martinique is part of the French national territory, its inhabitants are French citizens. Most of them are of African origin. They speak French as well as a dialect called **créole.**

Martinique is also known as the Island of the Flowers (**l'Île aux Fleurs)** because of its warm tropical climate and magnificent vegetation. In the winter months, it attracts thousands of European and American tourists.

français, française

Names of nationalities may have two different forms, depending on whom they refer to:

	MASCULINE	FEMININE
Je suis ... **Tu es ...?**	français américain	française américaine

➡ Note that in written French the feminine forms always end in **-e**.

1 Et toi?

Give your name, your nationality, and your city of origin.

> Bonjour!
> Je m'appelle Bob Jones.
> Je suis américain.
> Je suis de Providence.

> Bonjour!
> Je m'appelle Linda Carlson.
> Je suis américaine.
> Je suis de Boston.

2 Français ou française?

You meet the following young people. Ask them if they are French. A classmate will answer you, as in the model. (Be sure to use **français** with boys and **française** with girls.)

▶ —Sophie, tu es française?
  —Oui, je suis française. Je suis de Strasbourg.

3 Quelle nationalité? *(Which nationality?)*

Greet the following young people and find out each one's nationality. A classmate will answer you, according to the model.

▶ —Bonjour, Marc. Tu es canadien?
—Oui, je suis canadien. Je suis de Montréal.

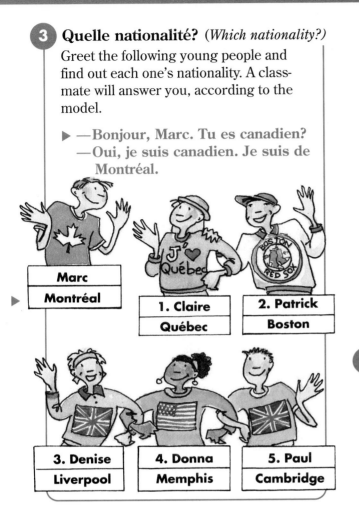

| Marc |
| Montréal |

| 1. Claire |
| Québec |

| 2. Patrick |
| Boston |

| 3. Denise |
| Liverpool |

| 4. Donna |
| Memphis |

| 5. Paul |
| Cambridge |

Les nombres de 10 à 20

10 dix	11 onze	12 douze
13 treize	14 quatorze	15 quinze
16 seize	17 dix-sept	18 dix-huit
19 dix-neuf	20 vingt	

4 La fusée Ariane
(The Ariane rocket)

Give the countdown for the lift-off of the French rocket Ariane, from 20 to 0.

Prononciation

Les lettres muettes *(Silent letters)*

Paris

In French, the last letter of a word is often not pronounced.

- Final "**e**" is always silent.
  Répétez: **Sophie̸ Philippe̸ Stéphanie̸ anglaise̸ française̸ onze̸ douze̸ treize̸ quatorze̸ quinze̸ seize̸**

- Final "**s**" is almost always silent.
  Répétez: **Paris̸ Nicolas̸ Jacques̸ anglais̸ français̸ trois̸**

- The letter "**h**" is always silent.
  Répétez: **H̸élène H̸enri T̸homas Nat̸halie Cat̸herine**

Salut! Ça va?

On the way to school, François meets his friends.

Salut, Isabelle!

Salut! Ça va?

Ça va! Merci!

Salut, Nathalie! Ça va?

Ça va bien! Et toi?

Moi aussi!

Ça va, Philippe?

Ah non! Zut! Ça va mal.

François also meets his teachers.

Bonjour, monsieur.

Bonjour, François.

Monsieur Masson

Bonjour, madame.

Bonjour, François.

Madame Chollet

Bonjour, mademoiselle.

Bonjour, François.

Mademoiselle Lacour

After class, François says good-bye to his teacher and his friends.

Au revoir, mademoiselle.

Au revoir, François.

Au revoir, Nathalie.

Au revoir, François.

POUR *COMMUNIQUER*

How to greet a friend or classmate:

Salut!   *Hi!*

How to greet a teacher or another adult:

Bonjour!   *Hello!*   **Bonjour, monsieur.**
Bonjour, madame.
Bonjour, mademoiselle.

How to say good-bye:

Au revoir!   *Good-bye!*   **Au revoir, Philippe.**
Au revoir, monsieur.

➡ In written French, the following abbreviations are commonly used:

M. Masson   Monsieur Masson
Mme Chollet   Madame Chollet
Mlle Lacour   Mademoiselle Lacour

➡ Young people often use **Salut!** to say good-bye to each other.

■ NOTE ■ CULTURELLE

Bonjour ou Salut?

French young people may greet one another with **Bonjour,** but they often prefer the less formal **Salut.** When they meet their teachers, however, they always use **Bonjour.** French young people are generally much more formal with adults than with their friends. This is especially true in their relationships with teachers, whom they treat with great respect.

Have you noticed that in France adults are addressed as **monsieur, madame,** or **mademoiselle?** The last name is almost never used in greeting people.

1 Bonjour ou salut?

You are enrolled in a French school.
Greet your friends and teachers.

Sophie

Mademoiselle Pinot

▶ Salut, Sophie!

▶ Bonjour, mademoiselle!

1. Anne

2. Monsieur Masson

3. Nathalie

4. Marc

5. Madame Albert

6. Mademoiselle Boucher

POUR *COMMUNIQUER*

How to ask people how they feel:

—**Ça va?**	*How are you? How are things going? How's everything?*
—**Ça va!**	*(I'm) fine. (I'm) okay. Everything's all right.*

Ça va . . .   **très bien**   **bien**   **comme ci, comme ça**   **mal**   **très mal**

How to express one's feelings of frustration and appreciation:

Zut! *Darn!*   **Zut!** Ça va mal!   **Merci!** *Thanks!*   Ça va, **merci.**

➡ **Ça va?** *(How are you?)* is an informal greeting that corresponds to the following expressions:

     Comment vas-tu? (when addressing a friend)
       Bonjour, Paul. Comment vas-tu?
     Comment allez-vous? (when addressing an adult)
       Bonjour, madame. Comment allez-vous?

---

2 Dialogue

Exchange greetings with your classmates and ask how they are doing.

▶ —Salut, (Thomas)! Ça va?
  —Ça va! Et toi?
  —Ça va bien. Merci.

3 **Situations**

Sometimes we feel good and sometimes we don't. How would you respond in the following situations?

▶ You have the flu.
—Ça va?
—Ça va mal!

1. You just received an "A" in French.
2. You lost your wallet.
3. Your uncle gave you five dollars.
4. Your grandparents sent you a check for 100 dollars.
5. You bent the front wheel of your bicycle.
6. Your parents bought you a new bicycle.
7. Your little brother broke your walkman.
8. It's your birthday.
9. You have a headache.
10. You just had an argument with your best friend.
11. Your favorite baseball team has just lost a game.
12. Your French teacher has just canceled a quiz.

Les nombres de 20 à 60

20 vingt
vingt et un
vingt-deux
vingt-trois
. . .
vingt-neuf

30 trente
trente et un
trente-deux
trente-trois
. . .
trente-neuf

40 quarante
quarante et un
quarante-deux
quarante-trois
. . .
quarante-neuf

50 cinquante
cinquante et un
cinquante-deux
cinquante-trois
. . .
cinquante-neuf

60 soixante

➡ Note the use of **et** in numbers with **un**:
vingt et un.

---

5 **Loto**

Read out loud the numbers on the French Loto tickets.

---

4 **Ça va?**

How would the following people answer the question **Ça va?**

Prononciation

Les consonnes finales
(Final consonants)

1 2 3
un deux trois

In French, the last consonant of a word is often not pronounced.

- Remember: Final "s" is usually silent.
  Répétez: trois français anglais

- Most other final consonants are usually silent.
  Répétez: Richard Albert Robert salut
  américain canadien bien deux

EXCEPTION: The following final consonants are usually pronounced: "**c**," "**f**," "**l**," and sometimes "**r**."
Répétez: Éric Daniel Lebeuf Pascal Victor

However, the ending **-er** is usually pronounced /e/.
Répétez: Roger Olivier

L'heure

A. Un rendez-vous

Jean-Paul and Stéphanie are sitting in a café.
Stéphanie seems to be in a hurry to leave.

STÉPHANIE: Quelle heure est-il?
JEAN-PAUL: Il est trois heures.
STÉPHANIE: Trois heures?
JEAN-PAUL: Oui, trois heures.
STÉPHANIE: Oh là là. J'ai un rendez-vous
avec David dans vingt minutes.
Au revoir, Jean-Paul.
JEAN-PAUL: Au revoir, Stéphanie. À bientôt!

STÉPHANIE: *What time is it?*
JEAN-PAUL: *It's three o'clock.*
STÉPHANIE: *Three o'clock?*
JEAN-PAUL: *Yes, three o'clock.*
STÉPHANIE: *Uh, oh! I have a date with David in*
twenty minutes. Good-bye, Jean-Paul.
JEAN-PAUL: *Good-bye, Stéphanie. See you soon!*

Il est huit heures!

POUR
COMMUNIQUER

How to talk about the time:

Quelle heure est-il?　　*What time is it?*
Il est . . .　　　　　　*It's . . .*

une heure	**deux heures**	**trois heures**	**quatre heures**	**cinq heures**	**six heures**

sept heures	**huit heures**	**neuf heures**	**dix heures**	**onze heures**	**midi**	**minuit**

1 Quelle heure est-il?

Ask your classmates what time it is.

Quelle heure est-il?

Il est quatre heures.

2 L'heure d'été *(Daylight saving time)*

Philippe forgot to set his watch ahead for daylight saving time, so he is an hour off. Isabelle gives him the correct time.

▶ PHILIPPE: **Il est sept heures.**
ISABELLE: **Mais non, il est huit heures!**

▶ **7:00**   1 **5:00**   2 **10:00**   3 **8:00**   4 **2:00**   5 **12:00**

➡ Although *o'clock* may be left out in English, the expression **heure(s)** must be used in French when giving the time.

It's ten. (It's ten o'clock.)   **Il est dix heures.**

➡ To distinguish between A.M. and P.M., the French use the following expressions:

du matin	*in the morning*	Il est dix heures **du matin.**
de l'après-midi	*in the afternoon*	Il est deux heures **de l'après-midi.**
du soir	*in the evening*	Il est huit heures **du soir.**

NOTE DE PRONONCIATION: In telling time, the NUMBER and the word **heure(s)** are linked together. Remember, in French the letter "**h**" is always silent.

une heure   deux heures   trois heures   quatre heures   cinq heures   six heures
sept heures   huit heures   neuf heures   dix heures   onze heures

B. À quelle heure est le film?

Stéphanie and David have decided to go to a movie.

STÉPHANIE:	Quelle heure est-il?
DAVID:	Il est trois heures et demie.
STÉPHANIE:	Et à quelle heure est le film?
DAVID:	À quatre heures et quart.
STÉPHANIE:	Ça va. Nous avons le temps.

STÉPHANIE: What time is it?
DAVID: It's three-thirty (half past three).
STÉPHANIE: And at what time is the movie?
DAVID: At four-fifteen (quarter past four).
STÉPHANIE: That's okay. We have time.

POUR COMMUNIQUER

À quelle heure est le dîner?

How to ask at what time something is scheduled:

À quelle heure est . . . ?   *At what time is . . . ?*
  —À quelle heure est le concert?   *At what time is the concert?*
  —Le concert est à huit heures.   *The concert is at eight.*

How to say that you have an appointment or a date:

J'ai un rendez-vous à . . .   *I have an appointment*   **J'ai un rendez-vous à**
     (a date) at . . .   **deux heures.**

How to indicate the minutes:

Il est . . .	dix heures	six heures	sept heures	deux heures
	dix	vingt-cinq	trente-cinq	cinquante-deux

How to indicate the half hour and the quarter hours:

 et quart   **et demie**   **moins le quart**

 Il est une heure **et quart.**   Il est deux heures **et demie.**   Il est trois heures **moins le quart.**

3 L'heure

Give the times according to the clocks.

▶ **Il est une heure et quart.**

4 À quelle heure?

Ask your classmates at what time certain activities are scheduled. They will answer according to the information below.

▶ 8 h 50   le film

—À quelle heure est le film?
—Le film est à huit heures cinquante.

1. 7 h 15 le concert
2. 2 h 30 le match de football *(soccer)*
3. 3 h 45 le match de tennis
4. 5 h 10 le récital
5. 7 h 45 le dîner

Musée d'Orsay
Festival de cinéma
12h15   18F

5 Rendez-vous

Isabelle has appointments with various classmates and teachers. Look at her notebook and act out her dialogues with Philippe.

▶ ISABELLE: **J'ai un rendez-vous avec Marc.**
  PHILIPPE: **À quelle heure?**
  ISABELLE: **À onze heures et demie.**

6 À la gare *(At the train station)*

You are at the information desk of a French train station. Travelers ask you the departure times for the following trains. Answer them according to the posted schedule.

▶ le train de Nice

DÉPARTS			
NICE	6 h 10	TOULON	9 h 35
LYON	7 h 15	COLMAR	10 h 40
CANNES	7 h 30	TOULOUSE	10 h 45
TOURS	8 h 12	MARSEILLE	10 h 50
DIJON	8 h 25	BORDEAUX	10 h 55

À votre tour!

1 Nathalie et Marc

It is the first day of school. Nathalie is talking to Marc and you hear parts of their conversation. For each of Nathalie's greetings or questions, select Marc's reply from the suggested responses on the right.

1. Salut!
2. Ça va?
3. Comment t'appelles-tu?
4. Tu es français?
5. Quelle heure est-il?
6. Au revoir!

a. Bonjour!
b. Au revoir!
c. Non, je suis canadien.
d. Il est deux heures moins le quart.
e. Marc Boutin.
f. Oui, ça va bien! Merci!

2 Et toi?

You and Nathalie meet at a sidewalk café. Respond to her greetings and questions.

1. Salut! Ça va?
2. Comment t'appelles-tu?
3. Tu es canadien (canadienne)?
4. Quelle heure est-il?
5. Oh là là. J'ai un rendez-vous dans *(in)* dix minutes. Au revoir.

3 Conversation dirigée

Two students, Jean-Pierre and Janet, meet on the Paris-Lyon train. With a partner, compose and act out their dialogue according to the suggested script.

Jean-Pierre			Janet
	says hello	→ ←	responds and asks how things are
	says things are fine	→	asks him what his name is
	says his name is Jean-Pierre . . . asks her name	→	says her name is Janet
	asks her if she is English	→ ←	says no and responds that she is American
	asks her if she is from New York	→	replies that she is from San Francisco

4 Minidialogues

Create original dialogues on the basis of the pictures below.

1. David et Nicole

2. Monsieur Bertin et Mademoiselle Laval

3. Florence et Alain

4. Jean-Pierre et Sylvie

5. Thomas et Nicole

5 En scène

With a classmate, act out the following scene.

CHARACTERS:
You and a French exchange student

SITUATION:
You are at a party and meet a French exchange student who is happy to respond to your greetings and questions.

- Greet the student.
- Ask how things are going.
- Introduce yourself and ask his/her name.
- Ask if he/she is French.
- Ask if he/she is from Paris.
- Say good-bye.

6 Les nombres

1. Select any number between 0 and 15 and give the next five numbers in sequence.

2. Select a number between 1 and 9. Use that number as a starting point and count by tens to 60.

▶ deux
douze, vingt-deux, trente-deux, etc.

Oui, vous parlez *français!*

Yes, you speak French! If you were visiting a French city, you would be able to understand many of the signs around you.

Look at the words on the following signs and compare them to their English equivalents. Which ones are spelled exactly the same? Which ones are spelled a little differently? What are the differences?

La présence FRANÇAISE en Amérique

Between 1600 and 1750, the French explored large parts of Canada and the United States, which they called **La Nouvelle France** *(New France)*. Today many American towns have French names, as you will see on the map below.

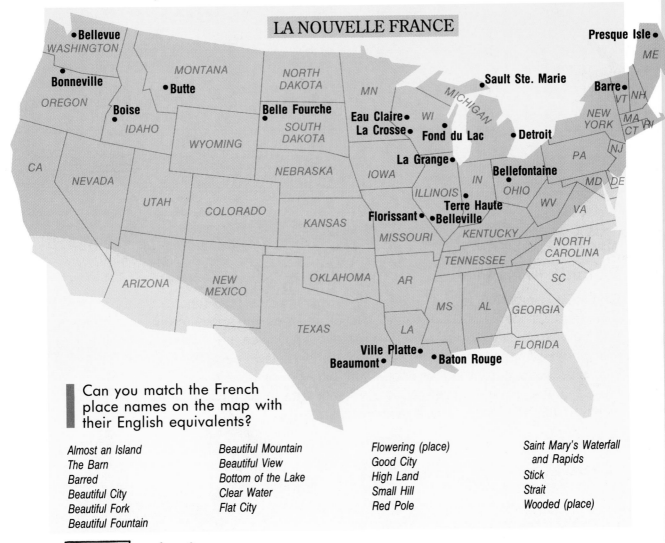

LA NOUVELLE FRANCE

Can you match the French place names on the map with their English equivalents?

Almost an Island	Beautiful Mountain	Flowering (place)	Saint Mary's Waterfall and Rapids
The Barn	Beautiful View	Good City	Stick
Barred	Bottom of the Lake	High Land	Strait
Beautiful City	Clear Water	Small Hill	Wooded (place)
Beautiful Fork	Flat City	Red Pole	
Beautiful Fountain			

Un jeu (game)

Many American cities were also named after:

- French people (such as King Louis XIV and his patron Saint Louis, General La Fayette, Napoleon, and of course, explorers like Champlain, Jolliet, Marquette, La Salle, Duluth, Dubuque)
- French cities (such as Paris, Montpellier, La Rochelle, Orléans)

In teams of three or four, see how many cities with French names you can locate on a map of the United States.

2 Les copains et la famille

INTRODUCTION

culturelle

L'amitié *(Friendship)*

Is friendship important to you? Friendship is very important to French teenagers. Of course, there are various levels of friendship and different types of friends: classmates whom we see every day in school, friends with whom we spend time outside of school, and the few special friends who are always there when we need them and who will remain our friends for the rest of our lives. As you will see, the French have different words to describe these various relationships.

THÈME ET OBJECTIFS

Talking about people

In this unit, you will be talking about people you know. You will learn . . .
- to identify friends, family, and relatives
- to say how old you are and find out someone's age
- to talk about birthdays and holidays

You will also learn . . .
- to count from 60 to 100
- to give the date and the day of the week

Copain ou copine?

In French, there are certain girls' and boys' names that sound the same. Occasionally this can be confusing.

Dominique? Qui est-ce? Un copain ou une copine?

Scène 1. Philippe et Jean-Paul

Philippe is at home with his friend Jean-Paul. He seems to be expecting someone. Who could it be . . . ? The doorbell rings.

PHILIPPE: Tiens! Voilà Dominique!
JEAN-PAUL: Dominique? Qui est-ce? Un copain ou une copine?
PHILIPPE: C'est une copine.

Scène 2. Philippe, Jean-Paul, Dominique

PHILIPPE: Salut, Dominique! Ça va?
DOMINIQUE: Oui, ça va! Et toi?
JEAN-PAUL: *(thinking)* C'est vrai! C'est une copine!

Salut, Dominique! Ça va?

Scene 1. Philippe and Jean-Paul

PHILIPPE: *Hey! There's Dominique!*
JEAN-PAUL: *Dominique? Who's that? A boy(friend) or a girl(friend)?*
PHILIPPE: *A girl(friend).*

Scene 2. Philippe, Jean-Paul, Dominique

PHILIPPE: *Hi, Dominique! How's everything?*
DOMINIQUE: *Fine! And you?*
JEAN-PAUL: *(thinking) It's true! She is a girlfriend!*

POUR COMMUNIQUER

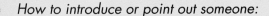

> Tiens! Voilà Caroline!
> C'est une copine!

How to introduce or point out someone:

Voici . . .   *This is . . . , Here come(s) . . .*   **Voici** Jean-Paul.
                                                              Voici Nathalie et François.
Voilà . . .   *This (That) is . . . , There's . . .*   **Voilà** Isabelle.
                                                              Voilà Philippe et Dominique.

How to find out who someone is:

Qui est-ce?   *Who's that? Who is it?*   —**Qui est-ce?**
C'est . . .   *It's . . . , That's . . . , He's . . . , She's . . .*   —**C'est** Patrick. **C'est** un copain.

How to get someone's attention or to express surprise:

Tiens!   *Look! Hey!*   **Tiens,** voilà Dominique!

Les personnes

un garçon   *boy*
un ami   *friend (male)*
un copain   *friend (male)*

un monsieur   *gentleman*
un prof   *teacher*

une fille   *girl*
une amie   *friend (female)*
une copine   *friend (female)*

une dame   *lady*
une prof   *teacher*

NOTE CULTURELLE

Amis et copains

French young people, like their American counterparts, enjoy spending time with their friends. They refer to their friends as **un ami** (for a boy) and **une amie** (for a girl) or — more commonly — as **un copain** or **une copine.** Note that the words **copain, copine** can also have special meanings. When a boy talks about **une copine,** he is referring to a friend who is a girl. However, when he says **ma** *(my)* **copine,** he may be referring to his girlfriend. Similarly, a girl would call her boyfriend **mon copain.**

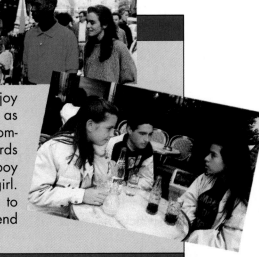

C'EST UN CHAMPION!

MAIS NON! C'EST UNE CHAMPIONNE.

un garçon, une fille

In French, all NOUNS are either MASCULINE or FEMININE.
Nouns referring to boys or men are almost always MASCULINE.
    They are introduced by **un** *(a, an)*.
Nouns referring to girls or women are almost always FEMININE.
    They are introduced by **une** *(a, an)*.

MASCULINE	
un garçon	*a boy*
un ami	*a friend (male)*

FEMININE	
une fille	*a girl*
une amie	*a friend (female)*

1 Copain ou copine?

Say that the following people are your friends. Use **un copain** or **une copine,** as appropriate.

▶ **Christine est une copine.**

Christine

1. Alice

2. Marie-Jeanne

3. Éric

4. David

5. Sylvie

2 Les amis

The same young people are visiting your school. Point them out to your classmates, using **un ami** or **une amie,** as appropriate.

▶ —Tiens, voilà Christine!
   —Qui est-ce?
   —C'est une amie.

3 Un ou une?

Identify the people below by completing the sentences with **un** or **une.**

1. Voici . . . fille.
2. Voilà . . . garçon.
3. Voici . . . dame.
4. C'est . . . amie.
5. Olivier est . . . ami.
6. Jean-Paul est . . . copain.
7. Cécile est . . . copine.
8. Voici Mlle Lacour. C'est . . . prof.
9. Voici M. Masson. C'est . . . prof.
10. Voici Mme Chollet. C'est . . . prof.

4 À la fenêtre *(At the window)*

You and a friend are walking down the street and you see the following people at their windows. Identify them in short dialogues.

▶ —Tiens, voilà un monsieur!
—Qui est-ce?
—C'est Monsieur Mercier.

Monsieur Mercier

1. Nicole

2. Mademoiselle Lasalle

3. Éric

4. Madame Albert

5. Monsieur Lavie

6. Alain

Les nombres de 60 à 79

60 soixante

61 soixante et un	66 soixante-six
62 soixante-deux	67 soixante-sept
63 soixante-trois	68 soixante-huit
64 soixante-quatre	69 soixante-neuf
65 soixante-cinq	

70 soixante-dix

71 soixante et onze	76 soixante-seize
72 soixante-douze	77 soixante-dix-sept
73 soixante-treize	78 soixante-dix-huit
74 soixante-quatorze	79 soixante-dix-neuf
75 soixante-quinze	

➡ Note that in counting from 70 to 79, the French continue adding numbers to 60:

$$70 = 60 + 10 \qquad 71 = 60 + 11 \qquad 72 = 60 + 12, \text{ etc.}$$

---

5 Numéros de téléphone

Read aloud the phone numbers of Jean-Paul's friends in Paris.

▶ Philippe   quarante-deux, soixante et un, dix-neuf, soixante-quinze

Philippe   42.61.19.75
Martine   41.33.64.79
Michèle   42.56.76.62
Stéphanie   45.68.77.35
François   49.78.13.62

Prononciation

La liaison

un ami

Pronounce the following words:

un ami   un Américain   un Anglais   un artiste

In general, the "**n**" of **un** is silent. However, in the above words, the "**n**" of **un** is pronounced as if it were the *first* letter of the next word. The two words are *linked* together in LIAISON.

Liaison occurs between two words when the second one begins with a VOWEL SOUND, that is, with "**a**", "**e**", "**i**", "**o**", "**u**", and sometimes "**h**" and "**y**".

➡ Although liaison is not marked in written French, it will be indicated in your book by the symbol ‿ where appropriate.

Contrastez et répétez:

LIAISON: **un ami   un Américain   un Italien   un artiste**

NO LIAISON: **un copain   un Français   un Canadien   un prof**

6

Une coïncidence

Isabelle is at a party with her new Canadian friend Marc.
She wants him to meet some of the other guests.

Tu connais la fille là-bas?

Non. Qui est-ce?

C'est une copine. Elle s'appelle Juliette Savard.

Elle est française?

Non, elle est canadienne. Elle est de Montréal.

Moi aussi!

Quelle coïncidence!

ISABELLE:	*Do you know the girl over there?*
MARC:	*No. Who is she?*
ISABELLE:	*She's a friend. Her name is Juliette Savard.*

MARC:	*Is she French?*
ISABELLE:	*No, she's Canadian. She is from Montreal.*
MARC:	*Me too!*
ISABELLE:	*What a coincidence!*

POUR
COMMUNIQUER

Tu connais la dame?

Oui, elle s'appelle Madame Leblanc.

How to inquire about people:

Tu connais . . . ?	*Do you know . . . ?*	**Tu connais** Jean-Paul?

How to describe people and give their nationalities:

Il est . . .	*He is . . .*	**Il est** canadien.
Elle est . . .	*She is . . .*	**Elle est** canadienne.

How to find out another person's name:

Comment s'appelle . . . ?	*What's the name of . . . ?*	**Comment s'appelle** le garçon?
		Comment s'appelle la fille?
Il s'appelle . . .	*His name is . . .*	**Il s'appelle** Marc.
Elle s'appelle . . .	*Her name is . . .*	**Elle s'appelle** Juliette.

■ NOTE ■
CULTURELLE

Montréal et la province de Québec

In population, metropolitan Montreal is the second-largest city in Canada. After Paris, it is also the second-largest French-speaking city in the world.

Montreal is located in the province of Quebec, where French is the official language. In fact, French speakers represent over 90% of the population. These people are the descendants of French settlers who came to Canada in the 17th and 18th centuries. If you visit Montreal, you will discover that the people of Quebec **(les Québécois)** are very proud of their heritage and dedicated to maintaining French as their language.

le garçon, la fille

The French equivalent of *the* has two basic forms: **le** and **la**.

MASCULINE		FEMININE	
le garçon	*the boy*	**la** fille	*the girl*
le copain	*the friend*	**la** copine	*the friend*

NOTE: Both **le** and **la** become **l'** before a vowel sound.

un copain	→	le copain	une copine	→	la copine
un ami	→	**l'ami**	une amie	→	**l'amie**

1 Qui est-ce?

Ask who the following people are, using **le, la,** or **l'**.

▶ une prof
   Qui est la prof?

1. un monsieur	3. une fille	5. un prof	7. une amie
2. une dame	4. un garçon	6. un ami	

2 Tu connais . . . ?

Ask your classmates if they know the following people. They will answer that they do.

▶ une dame / Madame Vallée

Tu connais la dame?

Oui, c'est Madame Vallée.

1. un prof / Monsieur Simon
2. un garçon / Christophe
3. une fille / Sophie
4. une dame / Mademoiselle Lenoir
5. une prof / Madame Boucher
6. un monsieur / Monsieur Duval

3 Comment s'appelle . . . ?

Ask the names of the following people, using the words **le garçon, la fille.** A classmate will respond.

▶ —Comment s'appelle la fille?
   —Elle s'appelle Stéphanie.

Stéphanie   1. Marc   2. Juliette   3. François

4. Jean-Paul   5. Nathalie   6. Philippe   7. Isabelle

4 Français, anglais ou américain?

Give the nationalities of the following people.

▶ Jane Fonda?
Elle est américaine.

1. le prince Charles?
2. la princesse Diana?
3. Catherine Deneuve?
4. Vanna White?
5. Pierre Cardin?
6. Bill Cosby?
7. Oprah Winfrey?
8. Tom Cruise?
9. Paul McCartney?

Les nombres de 80 à 100

80 quatre-vingts

81 quatre-vingt-un
82 quatre-vingt-deux
83 quatre-vingt-trois
84 quatre-vingt-quatre
85 quatre-vingt-cinq

86 quatre-vingt-six
87 quatre-vingt-sept
88 quatre-vingt-huit
89 quatre-vingt-neuf

90 quatre-vingt-dix

91 quatre-vingt-onze
92 quatre-vingt-douze
93 quatre-vingt-treize
94 quatre-vingt-quatorze
95 quatre-vingt-quinze

96 quatre-vingt-seize
97 quatre-vingt-dix-sept
98 quatre-vingt-dix-huit
99 quatre-vingt-dix-neuf

100 cent

➡ Note that in counting from 80 to 99, the French add numbers to the base of **quatre-vingts** (fourscore):

$80 = 4 \times 20$ $90 = 4 \times 20 + 10$
$85 = 4 \times 20 + 5$ $99 = 4 \times 20 + 19$

5 Au téléphone

In France, the telephone area code (**l'indicatif**) is always a two-digit number. Your teacher will name a city (**une ville**) from the chart. Give the corresponding area code.

▶ Nice?
C'est le quatre-vingt-treize.

VILLE	INDICATIF
Albi	63
Avignon	90
Cannes	93
Dijon	80
Marseille	91
Montpellier	67
Nancy	83
Nice	93
Nîmes	66
Rennes	99
Saint-Tropez	94
Strasbourg	88
Vichy	70

Prononciation   /ɛ̃/

La voyelle nasale /ɛ̃/

In French, there are three nasal vowel sounds:

/ɛ̃/ **cinq** (5)   /ɔ̃/ **onze** (11)   /ɑ̃/ **trente** (30)

Practice the sound /ɛ̃/ in the following words. Note that this vowel sound can have several different spellings.

➡ Be sure not to pronounce an "**n**" or "**m**" after the nasal vowel.

Répétez: "**in**"   **cinq quinze vingt vingt-cinq quatre-vingt-quinze**
"**ain**"   **américain Alain copain**
"**(i)en**" **bien canadien tiens!**
"**un**"   **un**

Tiens! Voilà Alain. Il est américain.   Et Julien? Il est canadien.

5
cinq

Les photos d'Isabelle

Isabelle is showing her family photo album to her friend Jean-Paul.

ISABELLE: Voici ma mère.
JEAN-PAUL: Et le monsieur, c'est ton père?
ISABELLE: Non, c'est mon oncle Thomas.
JEAN-PAUL: Et la fille, c'est ta cousine?
ISABELLE: Oui, c'est ma cousine Béatrice. Elle a seize ans.
JEAN-PAUL: Et le garçon, c'est ton cousin?
ISABELLE: Non, c'est un copain.
JEAN-PAUL: Un copain ou ton copain?
ISABELLE: Dis donc, Jean-Paul, tu es vraiment trop curieux!

ma mère

mon oncle Thomas

ma cousine Béatrice

??

ISABELLE: *This is my mother.*
JEAN-PAUL: *And the man, is he your father?*
ISABELLE: *No, that's my uncle Thomas.*
JEAN-PAUL: *And the girl, is she your cousin?*
ISABELLE: *Yes, that's my cousin Béatrice. She's sixteen.*

JEAN-PAUL: *And the boy, is he your cousin?*
ISABELLE: *No, that's a friend.*
JEAN-PAUL: *A friend or a boyfriend?*
ISABELLE: *Hey there, Jean-Paul, you are really too curious!*

POUR
COMMUNIQUER

How to introduce your family:

Voici mon père.	*This is my father.*
Et voici ma mère.	*And this is my mother.*

Voici mon chien Malice.

La famille *(Family)*

un frère	*brother*	**une soeur**	*sister*
un cousin	*cousin*	**une cousine**	*cousin*
un père	*father*	**une mère**	*mother*
un oncle	*uncle*	**une tante**	*aunt*
un grand-père	*grandfather*	**une grand-mère**	*grandmother*

Les animaux domestiques *(Pets)*

MIAOU

un chat

OUAF OUAF

un chien

NOTE
CULTURELLE

La famille française

When you and your friends talk about your families, you usually are referring to your brothers, sisters, and parents. In French, however, **la famille** refers not only to parents and children but also to grandparents, aunts, uncles, cousins, as well as a whole array of more distant relatives related by blood and marriage.

Since the various members of a family often live in the same region, French teenagers see their grandparents and cousins fairly frequently. Even when relatives do not live close by, the family finds many occasions to get together: for weekend visits, during school and summer vacations, on holidays, as well as on special occasions such as weddings and anniversaries.

mon cousin, ma cousine

The French equivalents of *my* and *your* have the following forms:

MASCULINE	
mon cousin	*my cousin (male)*
mon frère	*my brother*
ton cousin	*your cousin (male)*
ton frère	*your brother*

FEMININE	
ma cousine	*my cousin (female)*
ma soeur	*my sister*
ta cousine	*your cousin (female)*
ta soeur	*your sister*

➡ Note that the feminine **ma** becomes **mon** and the feminine **ta** becomes **ton** before a vowel sound. Liaison is required.

une amie → **mon** amie **ton** amie

---

1 **L'album de photos**

You are showing a friend your photo album. Identify the following people, using **mon** and **ma,** as appropriate.

▶ cousine Jacqueline   **Voici ma cousine Jacqueline.**

1. frère
2. soeur
3. tante Monique
4. oncle Pierre
5. père
6. mère
7. copain Nicolas
8. ami Jérôme
9. copine Pauline
10. amie Florence
11. grand-mère Michèle
12. grand-père Robert
13. chien Toto
14. chat Minou
15. cousine Sophie

2 **Comment s'appelle . . . ?**

Ask your classmates to name some of their friends, relatives, and pets. They can invent names if they wish.

▶ le copain

1. l'oncle
2. la tante
3. le cousin
4. la cousine
5. la copine
6. le grand-père
7. la grand-mère
8. le chien
9. le chat

POUR
COMMUNIQUER

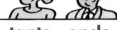

Quel âge as-tu?

J'ai treize ans.

How to find out how old a friend is:

Quel âge as-tu?	*How old are you?*	**—Quel âge as-tu?**
J'ai . . . ans.	*I'm . . . (years old).*	**—J'ai treize ans.**

How to ask about how old others are:

—Quel âge a ton père?	*How old is your father?*
—Il a quarante-deux ans.	*He is 42 (years old).*
—Quel âge a ta mère?	*How old is your mother?*
—Elle a trente-neuf ans.	*She is 39 (years old).*

➡ Although *years old* may be left out in English, the word **ans** must be used in French when talking about someone's age.

Il a vingt ans.   *He's twenty. (He's twenty years old.)*

---

3 **Quel âge as-tu?**

Ask your classmates how old they are.

▶ **—Quel âge as-tu?**
   —J'ai (treize) ans.

4 **Joyeux anniversaire!**
(Happy birthday!)

Ask your classmates how old the following people are.

▶ **—Quel âge a Stéphanie?**
   —Elle a quatorze ans.

Stéphanie

1. Éric   **2. Mademoiselle Doucette**   **3. Monsieur Boucher**

4. Madame Dupont   **5. Monsieur Camus**   **6. Madame Simon**

5 **Curiosité**

Find out the ages of your classmates' friends and relatives. If they are not sure, they can guess or invent an answer.

▶ la copine **—Quel âge a ta copine?**
              —Ma copine a (treize) ans.

1. le père	4. la tante	7. le grand-père
2. la mère	5. le cousin	8. la grand-mère
3. l'oncle	6. la cousine	

Prononciation   /ã/   /ɔ̃/

Les voyelles nasales /ã/ et /ɔ̃/

tante   oncle

The letters "**an**" and "**en**" usually represent the nasal vowel /ã/. Be sure not to pronounce an "**n**" after the nasal vowel.

Répétez: **ans tante grand-père français anglais quarante cinquante trente comment Henri Laurent**

The letters "**on**" represent the nasal vowel /ɔ̃/. Be sure not to pronounce an "**n**" after the nasal vowel.

Répétez: **non mon ton bonjour oncle garçon onze**

Contrastez: **an—on tante—ton onze—ans Mon oncle François a trente ans.**

LEÇON 8 Le jour et la date

A. Quel jour est-ce?

For many people, the days of the week are not all alike.

Dialogue 1. Vendredi

PHILIPPE: Quel jour est-ce?
STÉPHANIE: C'est vendredi.
PHILIPPE: Super! Demain, c'est samedi!

Super! Demain, c'est samedi!

Dialogue 2. Mercredi

NATHALIE: Ça va?
MARC: Pas très bien.
NATHALIE: Pourquoi?
MARC: Aujourd'hui, c'est mercredi.
NATHALIE: Et alors?
MARC: Demain, c'est jeudi! Le jour de l'examen.
NATHALIE: Zut! C'est vrai! Au revoir, Marc.
MARC: Au revoir, Nathalie. À demain!

Demain, c'est jeudi! Le jour de l'examen.

Dialogue 1. *Friday*

PHILIPPE: *What day is it?*
STÉPHANIE: *It's Friday.*
PHILIPPE: *Great! Tomorrow is Saturday!*

Dialogue 2. *Wednesday*

NATHALIE: *How are things?*
MARC: *Not very good.*
NATHALIE: *Why?*
MARC: *Today is Wednesday.*

NATHALIE: *So?*
MARC: *Tomorrow is Thursday! The day of the exam.*
NATHALIE: *Darn! That's right! Good-bye, Marc.*
MARC: *Good-bye, Nathalie. See you tomorrow!*

POUR
COMMUNIQUER

How to talk about days of the week:

Quel jour est-ce? *What day is it?*
  Aujourd'hui, c'est mercredi. *Today is Wednesday.*
  Demain, c'est jeudi. *Tomorrow is Thursday.*

How to tell people when you will see them again:

À samedi! *See you Saturday!*
À demain! *See you tomorrow!*

À samedi!

Les jours de la semaine *(Days of the week)*

lundi	*Monday*	**vendredi**	*Friday*	**aujourd'hui**	*today*
mardi	*Tuesday*	**samedi**	*Saturday*	**demain**	*tomorrow*
mercredi	*Wednesday*	**dimanche**	*Sunday*		
jeudi	*Thursday*				

---

1 **Questions**
1. Quel jour est-ce aujourd'hui?
2. Et demain, quel jour est-ce?

2 **Un jour de retard** *(One day behind)*
Georges has trouble keeping track of the date. He is always one day behind. Monique corrects him.

▶ samedi

Aujourd'hui, c'est samedi?

Non, aujourd'hui, c'est dimanche!

1. lundi   3. jeudi   5. dimanche
2. mardi   4. vendredi   6. mercredi

3 **Au revoir!**
You are on the phone with the following friends. Say good-bye and tell them when you will see them.

▶ Christine / lundi
  Au revoir, Christine. À lundi.

1. David / dimanche
2. Roger / samedi
3. Delphine / mercredi
4. Sophie / vendredi
5. Alain / mardi
6. Éric / jeudi

B. Anniversaire

François and Isabelle are on their way to Nathalie's birthday party. As they are talking, François wants to know when Isabelle's birthday is.

FRANÇOIS: C'est quand, ton anniversaire?
ISABELLE: C'est le 18 mars!
FRANÇOIS: Le 18 mars? Pas possible!
ISABELLE: Si! Pourquoi?
FRANÇOIS: C'est aussi mon anniversaire.
ISABELLE: Quelle coïncidence!

FRANÇOIS: When is your birthday?
ISABELLE: It's March 18!
FRANÇOIS: March 18? That's not possible!
ISABELLE: Yes, it is! Why?
FRANÇOIS: It's my birthday too.
ISABELLE: What a coincidence!

POUR COMMUNIQUER

Quelle est la date?

How to talk about the date:

Quelle est la date? *What's the date?*
   C'est le 12 (douze) octobre. *It's October 12.*
   C'est le premier juin. *It's June first.*

How to talk about birthdays:

—C'est quand, ton anniversaire? *When is your birthday?*
—Mon anniversaire est le 2 (deux) mars. *My birthday is March 2.*

Les mois de l'année (Months of the year)			
janvier ✓	**avril** ✓	**juillet** ✓	**octobre** ✓
février ✓	**mai** ✓	**août** ✓	**novembre** ✓
mars ✓	**juin** ✓	**septembre** ✓	**décembre** ✓

La date

To express a date in French, the pattern is:

le	+	NUMBER	+	MONTH
le		11 (onze)		novembre
le		20 (vingt)		mai

EXCEPTION: The first of the month is **le premier.**

➡ In front of numbers, the French use **le** (and never **l'**): **le onze, le huit.**

➡ Note that when dates are abbreviated in French, the day always comes first.

2/8 **le deux** août **1/11** **le premier** novembre

Les Rolling Stones
à Paris
Au Parc des Princes
le 23 juin

4 **Anniversaires**

Ask your classmates when their birthdays are.

C'est quand, ton anniversaire?

Mon anniversaire est le 3 février.

5 **Quelle est la date?**

Ask what the date is.

12
SEPTEMBRE

▶ —Quelle est la date?
—C'est le douze septembre.

1 **30** JUIN
2 **8** MAI
3 **4** MARS
4 **21** NOVEMBRE
5 **1** AVRIL
6 **25** AOÛT

6 **Dates importantes**

Give the following dates in French.

▶ Noël *(Christmas):* 25/12 **C'est le vingt-cinq décembre.**

1. le Jour de l'An *(New Year's Day):* 1/1
2. la fête *(holiday)* de Martin Luther King: 15/1
3. la Saint-Valentin: 14/2
4. la Saint-Patrick: 17/3
5. la fête nationale américaine: 4/7
6. la fête nationale française: 14/7
7. la fête de Christophe Colomb: 12/10

À votre tour!

1 Nathalie et Philippe

Nathalie is talking to Philippe and you hear parts of their conversation. For each of Nathalie's questions, select Philippe's response from the suggested answers.

1. Qui est-ce?
2. C'est ta soeur?
3. Quel âge as-tu?
4. C'est quand, ton anniversaire?
5. Quel âge a ton oncle?
6. Tu connais Stéphanie?
7. Comment s'appelle ta prof de français?
8. Quel jour est-ce aujourd'hui?

a. Vendredi.
b. Oui, c'est une copine.
c. Quinze ans.
d. Non, c'est ma cousine.
e. Quarante-cinq ans.
f. Elle s'appelle Madame Doucette.
g. Le dix-huit décembre.
h. C'est mon cousin Christophe.

2 Et toi?

You have just met Nathalie at a party. Answer her questions.

1. Quel âge as-tu?
2. Quel âge a ton copain (ta copine)?
3. C'est quand, ton anniversaire?
4. C'est quand, l'anniversaire de ton copain (ta copine)?
5. Comment s'appelle le (la) prof de français?

3 Conversation dirigée

Nathalie and Christophe are in a café. Christophe sees another girl that Nathalie seems to know. He wonders who she is.

Christophe				Nathalie
	asks Nathalie if she knows the girl	→ ↙	says she does and that she is a friend	
	asks Nathalie the name of her friend	→ ↙	says that her name is Michèle Lafontaine	
	asks if she is Canadian	→ ↙	says yes and adds that she is from Quebec City (de Québec)	
	says what a coincidence (Quelle coïncidence!) and adds that he is also from Quebec City			

4 Ma famille *(My family)*

You are showing your friends a picture of your family. Introduce everyone, giving their ages.

▶ **Voici ma soeur. Elle a douze ans.**

5 En scène

With a classmate, act out the following scene.

CHARACTERS:

You and a French guest

SITUATION:

You are in France. Your French friends have invited you to a picnic. You meet one of the guests and have a conversation.

- Greet the guest.
- Introduce yourself and ask the guest's name.
- Tell the guest how old you are and ask his / her age.
- Tell the guest the date of your birthday and ask the date of his / her birthday.
- *(The guest waves to a friend.)* Ask the guest the name of his / her friend.
- *(It is the end of the picnic.)* Say good-bye.

6 Le loto

Loto is a French version of Bingo. Read out loud the numbers on your board.

	13	24		42			75	89
8		25	31		53	68		
	16		36		57		79	90

LES BRUITS FRANÇAIS (French sounds)

People in various countries can hear the same noises and interpret them differently. Notice how the French express certain common sounds.

TIC-TAC

TOC! TOC!

DRIN... DRIN...

PLOC PLOC...

BOUM!

DIN DON

What sounds do animals make in France? They make French sounds, of course!

HI-HAN
l'âne

MEUH
la vache

OUAF OUAF
le chien

MIAOU
le chat

COT... COT... CODÈT
la poule

COIN COIN
le canard

ASTÉRIX en action

Astérix and his friends lead an action-packed life. Can you match the sounds with the corresponding cartoon frames?

a CRAAAC!

b POM POM! POM!

c RRROAÂOOO!

GRRRAOR!

d GLOU! GLOU! GLOU! GLOU! GLOU!

e TATARARA TATA!

f PAFFF!

AU NOM DE CÉSAR, OUVREZ!

1 From ASTÉRIX LE GAULOIS

2 From ASTÉRIX GLADIATEUR

3 From ASTÉRIX CHEZ LES BRETONS

4 From ASTÉRIX CHEZ LES BRETONS

5 From ASTÉRIX GLADIATEUR

6 From ASTÉRIX LE GAULOIS

UNITÉ 3 Bon appétit!

INTRODUCTION *culturelle*

Bon appétit!

Where do you go when you want something to eat or drink? Maybe to a fast-food restaurant or an ice cream place?

French teenagers also have a large choice of places to go when they are hungry or thirsty. Some go to a bakery **(une boulangerie)** or a pastry shop **(une pâtisserie)** to buy croissants, éclairs, or other small pastries. Some may buy pizzas, crepes, hot dogs, or ice-cream cones from street vendors. Still others may go to a fast-food restaurant **(un fast-food).** But the favorite place to get something to eat or drink is the café. There are cafés practically everywhere in France. As you will see, the café plays an important role in the social life of all French people.

THÈME ET OBJECTIFS

Having a snack in France

When in France, you will often want to buy something to eat or drink. In this unit, you will learn . . .
- to order some common foods and beverages in a café
- to ask about prices and pay the check
- to ask friends to give or lend you something

You will also learn . . .
- to identify French money
- to talk about the weather
- to name the seasons

9

Tu as faim?

Pierre, Philippe, and Nathalie are on their way home from school. They stop by a street vendor who sells sandwiches and pizza. Today it is Pierre's turn to treat his friends.

Scène 1. Pierre et Nathalie

PIERRE: Tu as faim?

NATHALIE: Oui, j'ai faim.

PIERRE: Tu veux un sandwich ou une pizza?

NATHALIE: Donne-moi une pizza, s'il te plaît.

PIERRE: Voilà.

NATHALIE: Merci.

Scène 2. Pierre et Philippe

PIERRE: Et toi, Philippe, tu as faim?

PHILIPPE: Oh là là, oui, j'ai faim.

PIERRE: Qu'est-ce que tu veux? Un sandwich ou une pizza?

PHILIPPE: Je voudrais un sandwich . . . euh . . . et donne-moi aussi une pizza.

PIERRE: C'est vrai! Tu as vraiment faim!

Scene 1. *Pierre and Nathalie*

PIERRE: *Are you hungry?*

NATHALIE: *Yes, I'm hungry.*

PIERRE: *Do you want a sandwich or a pizza?*

NATHALIE: *Give me a pizza, please.*

PIERRE: *Here you are.*

NATHALIE: *Thanks.*

Scene 2. *Pierre and Philippe*

PIERRE: *And you, Philippe, are you hungry?*

PHILIPPE: *Oh yes, I'm hungry.*

PIERRE: *What do you want? A sandwich or a pizza?*

PHILIPPE: *I would like a sandwich . . . er . . . and give me a pizza too.*

PIERRE: *It's true! You are really hungry!*

POUR
COMMUNIQUER

J'ai faim!
Tu as faim?

How to say that you are hungry:

J'ai faim.	*I'm hungry.*
Tu as faim?	*Are you hungry?*

How to offer a friend something:

Tu veux . . . ?	*Do you want . . .?*	**Tu veux** un sandwich?
Qu'est-ce que tu veux?	*What do you want?*	**Qu'est-ce que tu veux?** Un sandwich ou une pizza?

How to ask a friend for something:

Je voudrais . . .	*I would like . . .*	**Je voudrais** un sandwich.
Donne-moi . . .	*Give me . . .*	**Donne-moi** une pizza.
S'il te plaît . . .	*Please . . .*	**S'il te plaît,** François, donne-moi une pizza.

Les nourritures *(Foods)*

un croissant   **un sandwich**   **un steak**   **un steak-frites**   **un hamburger**   **un hot dog**

une salade   **une pizza**   **une omelette**   **une crêpe**   **une glace**

■ NOTE ■
CULTURELLE

Les jeunes et la nourriture

In general, French teenagers eat their main meals at home with their families. On weekends or after school, however, when they are with friends, they often stop at a fast-food restaurant or a café for something to eat.

At fast-food restaurants, French teenagers order pretty much the same types of foods as Americans: hamburgers, hot dogs, and pizza.

At a café, teenagers may order a croissant, a sandwich, or a dish of ice cream. Some favorite sandwiches are ham **(un sandwich au jambon),** Swiss cheese **(un sandwich au fromage),** or salami **(un sandwich au saucisson).** And, of course, they are made with French bread, which has a crunchy crust. Another traditional quick café meal is a small steak with French fries **(un steak-frites).**

un sandwich, une pizza

You may have noted that the names of some foods are masculine and others are feminine.
In French, ALL NOUNS, whether they designate people or things, are either MASCULINE or
FEMININE.

MASCULINE NOUNS		FEMININE NOUNS	
un sandwich	**le** sandwich	**une** pizza	**la** pizza
un croissant	**le** croissant	**une** salade	**la** salade

1 Au choix *(Your choice)*

Offer your classmates a choice
between the following items. They
will decide which one they would like.

▶ une pizza ou un sandwich?

1. un hamburger ou un steak?
2. un hot dog ou un sandwich?
3. une salade ou une omelette?
4. un steak-frites ou une pizza?
5. une crêpe ou un croissant?
6. une glace à la vanille ou
   une glace au chocolat?

2 Au café

You are in a French café. Ask for the following dishes.

▶

▶ **Je voudrais un croissant.**

 1

 2

 3

 4

 5

 6

3 Tu as faim?

You have invited French friends to your home. Ask if they are hungry and offer them the following foods.

▶ — Tu as faim?
— Oui, j'ai faim.
— Tu veux un hamburger?
— Oui, merci.

1
2
3
4
5
6

4 Qu'est-ce que tu veux?

Say which foods you would like to have in the following circumstances.

▶ You are very hungry.

Je voudrais un steak-frites.

1. You are at an Italian restaurant.
2. You are on a diet.
3. You are a vegetarian.
4. You are having breakfast.
5. You would like a dessert.
6. You want to eat something light for supper.

Prononciation

L'intonation

When you speak, your voice rises and falls. This is called INTONATION. In French, as in English, your voice goes down at the end of a statement.

Voici un steak . . . et une salade.

However, in French, your voice rises after each group of words in the middle of a sentence. (This is the opposite of English, where your voice drops a little when you pause in the middle of a sentence.)

Répétez: **Je voudrais une pizza.**

Je voudrais une pizza et un sandwich.

Je voudrais une pizza, un sandwich et un hamburger.

Voici un steak.

Voici un steak et une salade.

Voici un steak, une salade et une glace.

LEÇON 10

Au café

This afternoon Jean-Paul and Isabelle went shopping. They are now tired and thirsty. Jean-Paul invites Isabelle to a café.

Tu as soif?

Scène 1. Jean-Paul, Isabelle

JEAN-PAUL: Tu as soif?
ISABELLE: Oui, j'ai soif.
JEAN-PAUL: On va dans un café? Je t'invite.
ISABELLE: D'accord!

Vous désirez, mademoiselle?

Scène 2. Le garçon, Isabelle, Jean-Paul

LE GARÇON: Vous désirez, mademoiselle?
ISABELLE: Un jus d'orange, s'il vous plaît.
LE GARÇON: Et pour vous, monsieur?
JEAN-PAUL: Donnez-moi une limonade,* s'il vous plaît.

C'est pour vous, mademoiselle?

Scène 3. Le garçon, Isabelle, Jean-Paul

LE GARÇON: *(à Isabelle)* La limonade, c'est pour vous, mademoiselle?
JEAN-PAUL: Non, c'est pour moi.
LE GARÇON: Ah, excusez-moi. Voici le jus d'orange, mademoiselle.
ISABELLE: Merci.

Scene 1. *Jean-Paul, Isabelle*

JEAN-PAUL: *Are you thirsty?*
ISABELLE: *Yes, I'm thirsty.*
JEAN-PAUL: *Shall we go to a café? I'm treating (inviting) you.*
ISABELLE: *Okay!*

Scene 2. *The waiter, Isabelle, Jean-Paul*

WAITER: *May I help you, Miss?*
ISABELLE: *An orange juice, please.*
WAITER: *And for you, Sir?*
JEAN-PAUL: *Give me a "limonade," please.*

Scene 3. *The waiter, Isabelle, Jean-Paul*

WAITER: *The "limonade" is for you, Miss?*
JEAN-PAUL: *No, it's for me.*
WAITER: *Oh, excuse me. Here is the orange juice, Miss.*
ISABELLE: *Thank you.*

__Une limonade__ is a popular inexpensive soft drink with a slight lemon flavor.

POUR COMMUNIQUER

Donnez-moi une limonade, s'il vous plaît!

How to say that you are thirsty:

J'ai soif.	*I'm thirsty.*
Tu as soif?	*Are you thirsty?*

How to order in a café:

Vous désirez?	*May I help you?*	—**Vous désirez?**
Je voudrais . . .	*I would like . . .*	—**Je voudrais** un Perrier.

How to request something . . .

from a friend:	*from an adult:*	
S'il te plaît, donne-moi . . .	**S'il vous plaît, donnez-moi . . .**	*Please, give me . . .*

➡ Note that French people have two ways of saying *please*. They use
s'il te plaît with friends, and
s'il vous plaît with adults.

As we will see later, young people address their friends as **tu** and adults that they do not know very well as **vous.**

Les boissons *(Beverages)*

| un soda | un jus d'orange | un jus de pomme | un jus de tomate | un jus de raisin* | une limonade | un café | un thé | un chocolat |

NOTE CULTURELLE

Le café

The café is a favorite gathering place for French young people. They go there not only when they are hungry or thirsty but also to meet their friends. They can sit at a table and talk for hours over a cup of coffee or a glass of juice. French young people also enjoy mineral water and soft drinks, which they order by brand name **(un Coca, un Orangina, un Pepsi, un Schweppes, un Perrier).** In a French café, a 15% service charge is included in the check. However, most people also leave some small change as an added tip.

*__Jus de raisin__ is a golden-colored juice made from grapes.

1 Tu as soif?

You have invited a French friend to your house. You offer a choice of beverages and your friend (played by a classmate) responds.

▶ un thé ou un chocolat?
—Tu veux un thé ou un chocolat?
—Donne-moi un chocolat, s'il te plaît.

1. un thé ou un café?
2. une limonade ou un soda?
3. un jus de pomme ou un jus d'orange?   4. un jus de raisin ou un jus de tomate?

2 Au café

You are in a French café. Get the attention of the waiter **(Monsieur)** or the waitress **(Mademoiselle)** and place your order. Act out the dialogue with a classmate.

3 **Que choisir?** *(What to choose?)*

You are in a French café. Decide what beverage you are going to order in each of the following circumstances.

1. It is very cold outside.
2. You do not want to spend much money.
3. You like juice but are allergic to citrus fruits.
4. It is breakfast time.
5. You have a sore throat.

▶ You are very thirsty.
   S'il vous plaît, une limonade (un jus de pomme) . . .

4 **La faim et la soif** *(Hungry and thirsty)*

You are having a meal in a French café. Order the food suggested in the picture. Then order something to drink with that dish. A classmate will play the part of the waiter.

Note: **Et avec ça?** means *And with that?*

1
2
3
4

Vous désirez?

Je voudrais un steak-frites.

Et avec ça?

Un Orangina, s'il vous plaît.

Prononciation

L'accent final

In French, the rhythm is very even and the accent always falls on the *last* syllable of a word or group of words.

Répétez: **Philippe   Thomas   Alice   Sophie   Dominique**

un café   **Je voudrais un café.**
une salade   **Donnez-moi une salade.**
un chocolat   **Donne-moi un chocolat.**

ŭn chŏcŏlāt

If you want French people to understand you, the most important thing is to speak with an even rhythm and to stress the last syllable in each group of words. (Try speaking English this way: people will think you have a French accent!)

Ça fait combien?

At the café, Jean-Paul and Isabelle have talked about many things. It is now time to go. Jean-Paul calls the waiter so he can pay the check.

Dis, Isabelle, prête-moi 30 francs, s'il te plaît.

JEAN-PAUL:	S'il vous plaît?
LE GARÇON:	Oui, monsieur.
JEAN-PAUL:	Ça fait combien?
LE GARÇON:	Voyons, un jus d'orange, 12 francs, et une limonade, 10 francs. Ça fait 22 francs.
JEAN-PAUL:	22 francs . . . Très bien . . . Mais, euh . . . Zut! Où est mon porte-monnaie . . . ? Dis, Isabelle, prête-moi 30 francs, s'il te plaît.

JEAN-PAUL:	*Excuse me? (Please?)*
WAITER:	*Yes, Sir.*
JEAN-PAUL:	*What do I owe you? (How much does that make?)*
WAITER:	*Let's see, one orange juice, 12 francs, and one "limonade" 10 francs. That comes to (makes) 22 francs.*

JEAN-PAUL: 22 francs . . . Very well . . . But, uh . . . Darn! Where is my wallet . . . ? Hey, Isabelle, loan me 30 francs, please.

■ NOTE ■
CULTURELLE

L'argent français *(French money)*

The monetary unit of France is the **franc,** which is divided into 100 **centimes.** French currency consists of bills and coins. French bills are of different sizes— the greater the value, the larger the bill: **500 francs, 200 francs, 100 francs, 50 francs,** and **20 francs.** The people represented on the bills are famous French writers, painters, and musicians.

POUR
COMMUNIQUER

C'est combien?

How to ask how much something costs:

C'est combien?	*How much is it?*	—**C'est combien?**
Ça fait combien?	*How much does that come to (make)?*	—**Ça fait combien?**
Ça fait . . .	*That's . . . , That comes to . . .*	—**Ça fait** 30 francs.
Combien coûte . . . ?	*How much does . . . cost?*	—**Combien coûte** le sandwich?
Il/Elle coûte . . .	*It costs . . .*	—**Il coûte** 14 francs.

How to ask a friend to lend you something:

Prête-moi . . .	*Lend me . . . , Loan me . . .*	**Prête-moi** 10 francs, s'il te plaît.

➡ Note that masculine nouns can be replaced by **il** and feminine nouns can be replaced by **elle**.

Voici **une glace.**	**Elle** coûte 8 francs.	*It costs 8 francs.*
Voici **un sandwich.**	**Il** coûte 15 francs.	*It costs 15 francs.*

ÇA FAIT COMBIEN?

Petit commentaire

*French people of all ages love to eat out, and French restaurants have the reputation of offering the best cuisine in the world. Of course, there are all kinds of restaurants for all kinds of budgets, ranging from the simple country inn (**l'auberge de campagne**) with its hearty regional food to the elegant three-star restaurant (**restaurant trois étoiles**) with its exquisite—and expensive—menu.*

1 S'il te plaît . . .

You have been shopping in Paris and discover that you did not exchange enough money. Ask a friend to loan you the following sums.

▶ 10 francs
   S'il te plaît, prête-moi dix francs.

1. 20 francs	4. 60 francs	7. 85 francs
2. 30 francs	5. 75 francs	8. 90 francs
3. 45 francs	6. 80 francs	9. 95 francs

2 Décision

Before ordering at a café, Stéphanie and Émilie are checking the prices. Act out the dialogues.

▶ le chocolat

Combien coûte le chocolat?

Il coûte douze francs.

1. le thé
2. le jus d'orange
3. la salade de tomates
4. la glace à la vanille
5. le café
6. le steak-frites
7. le hot dog
8. l'omelette
9. la salade mixte
10. le jus de raisin

LE SELECT
P. SOULIE
CAFÉ RESTAURANT*
Tél. 45.22.46.29
30, boulevard des Batignolles 75017 Paris
Metro Place Clichy et Rome

LE SELECT

BOISSONS

café	8F
chocolat	12F
thé	8F
limonade	10F
jus d'orange	12F
jus de raisin	12F

GLACES

glace au chocolat	8F
glace à la vanille	8F

SANDWICHS

sandwich au jambon	15F
sandwich au fromage	15F

ET AUSSI . . .

steak-frites	35F
salade mixte	7F
salade de tomates	10F
omelette	15F
hot dog	15F
croissant	8F
pizza	12F

3 Ça fait combien?

You have gone to Le Select with your friends and have ordered the following items. Now you are ready to leave the café, and each one wants to pay. Check the prices on the menu for Le Select, and act out the dialogue.

▶ —Ça fait combien, s'il vous plaît?
—Ça fait 12 francs.
—Voici 12 francs.
—Merci.

1

2

3

4

5

4 Au «Select»

You are at Le Select. Order something to eat and drink. Since you are in a hurry, ask for the check right away. Act out the dialogue with a classmate who will play the part of the waiter/waitress.

Monsieur, s'il vous plaît!

Vous désirez?

Je voudrais un sandwich au jambon et un café. Ça fait combien?

Ça fait 23 francs.

Prononciation

La consonne «r» /r/

The French consonant "**r**" is not at all like the English "**r**". It is pronounced at the back of the throat. In fact, it is similar to the Spanish "jota" sound of José.

Répétez:
Mar**ie** **Pa**r**is** **o**r**ange** **Hen**r**i**
fr**anc** **t**r**ès** **c**r**oissant** **f**r**omage**
bonjour **pou**r **Pie**rr**e** **qua**r**t**
Rober**t** **Richa**r**d** **Renée** **Raoul**

Mar**ie, p**r**ête-moi t**r**ente f**r**ancs.**

Mar**ie**

LE FRANÇAIS
PRATIQUE

Le temps

It is nine o'clock Sunday morning. Cécile and her brother Philippe have planned a picnic for the whole family. Cécile is asking about the weather.

CÉCILE: Quel temps fait-il?
PHILIPPE: Il fait mauvais!
CÉCILE: Il fait mauvais?
PHILIPPE: Oui, il fait mauvais! Regarde! Il pleut!
CÉCILE: Zut, zut et zut!
PHILIPPE: !!!???
CÉCILE: Et le pique-nique?
PHILIPPE: Le pique-nique? Ah oui, le pique-nique! . . . Écoute, ça n'a pas d'importance.
CÉCILE: Pourquoi?
PHILIPPE: Pourquoi? Parce que Papa va nous inviter au restaurant.
CÉCILE: Super!

CÉCILE: How's the weather?
PHILIPPE: It's bad!
CÉCILE: It's bad?
PHILIPPE: Yes, it's bad! Look! It's raining!
CÉCILE: Darn, darn, darn!
PHILIPPE: !!!???
CÉCILE: And the picnic?
PHILIPPE: The picnic? Oh yes, the picnic! . . . Listen, it's not important (that has no importance).
CÉCILE: Why?
PHILIPPE: Why? Because Dad is going to take us out (invite us) to a restaurant.
CÉCILE: Great!

"Quel temps fait-il?"

POUR
COMMUNIQUER

How to talk about the weather:

Quel temps fait-il?   *How's the weather?*

Il fait beau.

Il fait bon.

Il fait chaud.

Il fait frais.

Il fait froid.

Il fait mauvais.

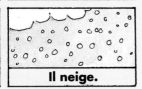
Il pleut.

Il neige.

Les saisons *(Seasons)*

le printemps	spring	**au printemps**	in (the) spring
l'été	summer	**en été**	in (the) summer
l'automne	fall, autumn	**en automne**	in (the) fall
l'hiver	winter	**en hiver**	in (the) winter

---

1 Ta région

Tell Cécile what the weather is like in your part of the country.

▶ en juillet

En juillet, il fait chaud.

1. en août
2. en septembre
3. en novembre
4. en janvier
5. en mars
6. en mai

2 Les quatre saisons

Describe what the weather is like in each of the four seasons in the following cities.

▶ à Miami

En été, il fait chaud. En automne, il fait chaud aussi. En hiver, il fait frais. Au printemps, il fait bon.

1. à Chicago
2. à San Francisco
3. à Denver
4. à Boston
5. à Seattle
6. à Dallas

À votre tour!

1 Isabelle et Jean-Paul

Isabelle is talking to Jean-Paul. You hear parts of their conversation. For each of Isabelle's questions, select Jean-Paul's response from the suggested answers.

1. Tu as faim?
2. Tu veux un jus de pomme?
3. Combien coûte le café au Café Français?
4. Quel temps fait-il?
5. Quelle est ta saison favorite?

a. Il fait chaud.
b. Huit francs.
c. Oui, merci, j'ai soif.
d. C'est le printemps.
e. Oui, je voudrais un sandwich.

2 Et toi?

Now Isabelle is phoning you. Answer her questions.

1. Quel temps fait-il aujourd'hui?
2. Quel temps fait-il en hiver?
3. Quelle est ta saison favorite?

3 Conversation dirigée

Stéphanie is in a café called Le Petit Bistrot. The waiter is taking her order. With a partner, compose and act out a dialogue according to the script suggested below.

le garçon			Stéphanie
greets client and asks if he may help her	→ / ↘	says that she would like a croissant and asks how much an orange juice costs	
answers 15 francs	→ / ↙	asks for an orange juice . . . calls the waiter and asks how much she owes	
says 22 francs	→ / ↙	gives waiter 25 francs **(Voici . . .)**	
says thank you			

4 Au café

You are in a French café. Call the waiter/waitress and order the following items. A classmate will play the part of the waiter/waitress.

▶ —Monsieur (Mademoiselle), s'il vous plaît!
—Vous désirez?
—Un croissant, s'il vous plaît!
(Donnez-moi un croissant, s'il vous plaît!)
(Je voudrais un croissant, s'il vous plaît!).

5 En scène

With two classmates, act out the following scene.

CHARACTERS:

You, a French friend, and the waiter in the café

SITUATION:

A French friend has been showing you around Paris. You invite your friend to a café and discover too late that you have not changed enough money. Your friend will respond to your questions.

- Ask your friend if he/she is thirsty.
- Ask if he/she wants a soft drink.
- Ask if he/she is hungry.
- Ask if he/she wants a sandwich.
- When the waiter comes, your friend orders and you ask for a croissant and a cup of hot chocolate.
- Ask the waiter how much everything is.
- Ask your friend to please lend you 20 francs.

6 La date, la saison et le temps

Look at the calendar days. For each one, give the date, the season, and the weather.

▶ C'est le dix avril.
C'est le printemps.
Il pleut.

Une chanson: Alouette

Alouette *(The Lark)* is a popular folksong of French-Canadian origin. As the song leader names the various parts of the bird's anatomy, he points to his own body. The chorus repeats the refrain with enthusiasm.

Alouette

A - lou - et - te, gen - tille a - lou - et - te,
a - lou - et - te, je te plu - me - rai.
Je te plu - me - rai la tête, je te plu - me - rai la tête.
Et la tête, et la tête, a - lou - ette, a - lou - ette, oh!

le bec   la tête
le cou
le dos
les ailes
la queue
les pattes

1. Alouette, gentille alouette,
   Alouette, je te plumerai.

   Je te plumerai la tête,
   Je te plumerai la tête.

   Et la tête—et la tête
   Alouette—Alouette
   Oh oh oh oh

2. Alouette, gentille alouette
   Alouette, je te plumerai.

   Je te plumerai le bec,
   Je te plumerai le bec.

   Et le bec—et le bec
   Et la tête—et la tête
   Alouette—Alouette
   Oh oh oh oh

3. Je te plumerai le cou . . .

4. Je te plumerai les ailes . . .

5. Je te plumerai le dos . . .

6. Je te plumerai les pattes . . .

7. Je te plumerai la queue . . .

Québec

Les parties du corps

(Parts of the body)

- l'oeil (les yeux)
- le nez
- la bouche
- le bras
- le ventre
- la jambe
- les cheveux
- la tête
- l'oreille
- le cou
- le dos
- la main
- le pied

Un jeu — **Simon dit**

The French sometimes play a game called **Simon dit** *(Simon says)*. The rules are the same as they are in English. Everyone stands up to play.

The game leader says: **Simon dit: Les mains sur la tête!** placing her hands on her head. The other players also place their hands on their head.

Then the game leader may say: **Les mains sur le dos!** placing her hands on her back. This time, however, the other players should not move, because the game leader did not first say **Simon dit.** Any player that did move must sit down.

The game continues until only one player is left standing.

À l'école en France

BONJOUR, Nathalie!

Bonjour!

Je m'appelle Nathalie Aubin.

J'ai 15 ans et j'habite° à Savigny-sur-Orge avec ma famille. (Savigny est une petite° ville° à 20 kilomètres au sud° de Paris.)

J'ai un frère, Christophe, 17 ans, et deux soeurs, Céline, 13 ans, et Florence, 7 ans.

Mon père est programmeur. (Il travaille° à Paris.)

Ma mère est dentiste. (Elle travaille à Savigny.)

Je vais au lycée Jean-Baptiste Corot.

Je suis élève° de seconde.° Et vous?

Nathalie

j'habite *I live*   **petite** *small*   **ville** *city*   **sud** *south*
travaille *works*   **élève** *student*   **seconde** *tenth grade*

mon père

moi

**ma soeur
Florence**

V oici ma famille.

ma mère   **ma soeur Céline**

**mon frère
Christophe**

V oici mon école.°
Le lycée Jean-Baptiste
Corot est dans°
un château!°

V oici ma maison.°
(C'est une maison confortable,
mais° ce n'est pas un château!)

Ville de
SAVIGNY-SUR-ORGE

école *school*   dans *in*   château *castle*
maison *house*   mais *but*

77

Un jour de classe

Le matin

À la maison

Nathalie gets up every morning at seven. After a light breakfast (toasted bread with butter and jam, hot chocolate), she leaves for school.

Nathalie sur sa mobylette

Since she does not live too far from her lycée, she goes there on her moped (sa mobylette). Students who live farther away take the school bus.

La classe de sciences-éco

Nathalie arrives at school at about 8:25, five minutes before her first class. Today, Thursday, her first class is economics (les sciences économiques), which is her favorite subject.

L'après-midi

À la cantine

At 12:30, Nathalie goes to the school cafeteria (la cantine) for lunch. As in American schools, the food is served cafeteria-style. During lunch break, Nathalie meets with her friends from other classes.

La classe d'anglais

Classes start again at two o'clock. Today they finish at four.

Après les classes

Depending on when her last class ends, Nathalie either goes home right after school or participates in one of the many school clubs.

Le soir

Dans la salle à manger

The Aubins have dinner around 7:30. Everyone helps with the kitchen chores. Today it is Christophe's turn.

Nathalie does her homework after dinner. She usually has about one or two hours of homework every night. When she is finished, she reads or listens to cassettes for a while, then goes to bed around 11 P.M.

Nathalie dans sa chambre

LYCÉE JEAN-BAPTISTE COROT

Étudiante: AUBIN, Nathalie

	LUNDI	MARDI	MERCREDI	JEUDI	VENDREDI	SAMEDI
8h30 à 9h30	Histoire	Allemand				
9h30 à 10h30	Anglais	Français	Anglais	Sciences économiques		Français
10h30 à 11h30	Sport	Français	Sciences économiques	Sciences physiques (13h30)	Allemand	Français
11h30 à 12h30	Français	Latin	Maths	Maths (13h30)	Latin	Latin
13h00 à 14h00					Sciences physiques	Histoire ou Civilisation
14h00 à 15h00	Sciences physiques	Maths				
15h00 à 16h00	Géographie	Maths			Allemand	
16h00 à 17h00	Civilisation	Anglais			Histoire	

■ NOTE ■
CULTURELLE

Le programme scolaire

At the lycée, all students take a certain number of required subjects. These include French, math, one foreign language, history and geography, physical sciences, natural sciences, and physical education. Depending on their career plans, French students also have to choose among certain electives: a second foreign language, economics, computer science, biology, music.

Here are some of the subjects taught in French secondary schools. How many can you identify?

le français
l'anglais
l'espagnol
l'allemand
le latin

l'histoire
la géographie
les sciences
    économiques
l'éducation civique *(civics)*
la musique
le dessin
l'éducation physique

les maths
la biologie
la physique
la chimie
l'informatique *(computer science)*
les sciences naturelles

ACTIVITÉS CULTURELLES

1. Look carefully at Nathalie's class schedule. You may have noted certain differences between the French and the American school systems.
   - French students have more class hours than American students. How many hours of classes does Nathalie have each week?
   - French students learn more foreign languages than American students. In France, the study of foreign languages is compulsory. What languages is Nathalie learning?
   - French students usually have Wednesday afternoon free. Does Nathalie have school on Saturday morning? on Saturday afternoon?
2. Write out your own class schedule in French.

Le lycée Jean-Baptiste Corot

un pastel de Corot

Jean-Baptiste Corot

Like many French schools, the lycée Jean-Baptiste Corot of Savigny-sur-Orge is named after a famous French person. Jean-Baptiste Corot is a 19th century painter, remembered especially for his landscapes.

The lycée Jean-Baptiste Corot is both very old and very modern. It was created in the 1950's on the grounds of a historical castle dating from the 12th century. The castle, which serves as the administrative center, is still surrounded by a moat. The lycée itself has many modern facilities which include:

- **les salles de classe** *(classrooms)*
- **la cantine** *(cafeteria)*
- **le stade** *(stadium)* **et le terrain de sport** *(playing field)*

Plan du lycée Jean-Baptiste Corot

une salle de classe

la cantine

le terrain de sport

■ NOTES ■
CULTURELLES

1 L'école secondaire

There are two types of secondary schools in France:

- **le collège,** which corresponds to the U.S. middle school (grades 6 to 9)
- **le lycée,** which corresponds to the U.S. high school (grades 10 to 12)

On the following chart, you will notice that each grade **(une classe)** is designated by a number (as in the United States): **sixième (6e), cinquième (5e), quatrième (4e),** etc. However, the progression from grade to grade is the opposite in France. The secondary school begins in France with **sixième** and ends with **terminale.**

École	Classe	Âge des élèves	Équivalent américain
Le collège	sixième (6e) cinquième (5e) quatrième (4e) troisième (3e)	11–12 ans 12–13 ans 13–14 ans 14–15 ans	*sixth grade* *seventh grade* *eighth grade* *ninth grade*
Le lycée	seconde (2e) première (1e) terminale	15–16 ans 16–17 ans 17–18 ans	*tenth grade* *eleventh grade* *twelfth grade*

2 Le bulletin de notes

At the end of each term, French students receive a report card **(le bulletin de notes),** which must be signed by their parents. Most schools assign grades on a scale of 0 (low) to 20 (high). Most teachers also write a brief evaluation of the student's progress in each subject.

Here is a report card for the first semester.

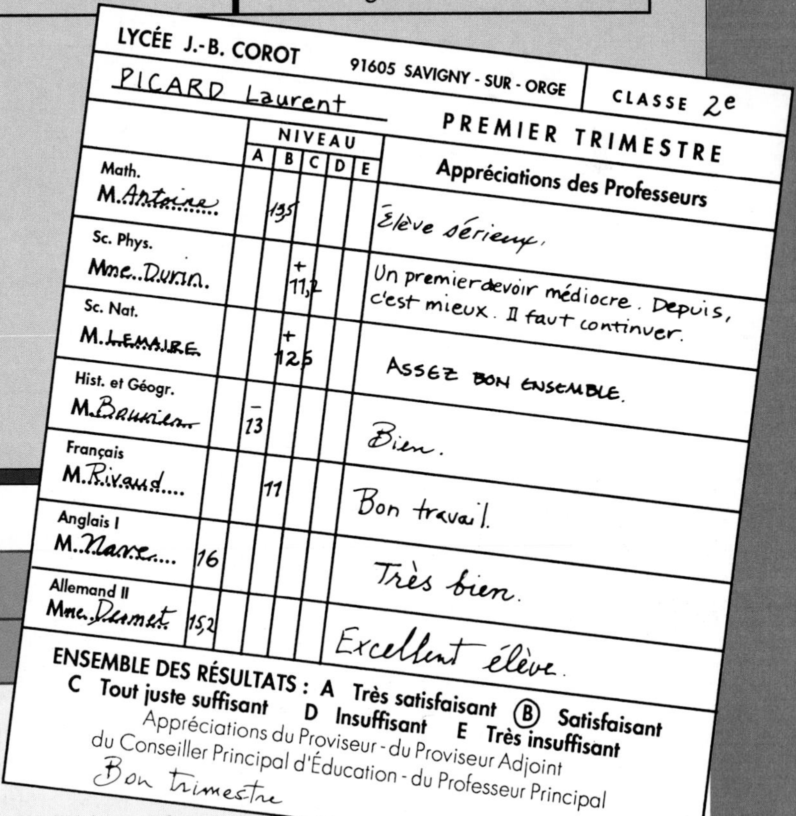

LYCÉE J.-B. COROT   91605 SAVIGNY - SUR - ORGE

PICARD Laurent   **CLASSE** 2^e

PREMIER TRIMESTRE

	NIVEAU					Appréciations des Professeurs
	A	B	C	D	E	
Math. M. Antoine		13,5				Élève sérieux.
Sc. Phys. Mme Duran		+ 11,2				Un premier devoir médiocre. Depuis, c'est mieux. Il faut continuer.
Sc. Nat. M. Lemaire		+ 12,5				ASSEZ BON ENSEMBLE.
Hist. et Géogr. M. Baurieau	– 13					Bien.
Français M. Rivaud	11					Bon travail.
Anglais I M. Narre	16					Très bien.
Allemand II Mme Desmet	15,2					Excellent élève.

ENSEMBLE DES RÉSULTATS : A Très satisfaisant   Ⓑ Satisfaisant   **C** Tout juste suffisant   **D** Insuffisant   **E** Très insuffisant

Appréciations du Proviseur - du Proviseur Adjoint du Conseiller Principal d'Éducation - du Professeur Principal

Bon trimestre

ACTIVITÉ
CULTURELLE

1. What is the name of the student?
2. What is the name of his school?
3. What grade is he in?
4. What is his best subject? What grade did he get?
5. What is his weakest subject? What grade did he get?
6. How many foreign languages is he studying? Which ones?

Expressions pour la classe

Le professeur dit . . .

Écoutez!

à une élève   à un élève

à la classe

Regarde! *(Look!)*	Regardez!
Regarde la vidéo.	Regardez la vidéo.
Écoute! *(Listen!)*	Écoutez!
Écoute la bande *(tape).*	Écoutez la bande.
Parle! *(Speak!)*	Parlez!
Parle plus fort *(louder).*	Parlez plus fort.
Réponds! *(Answer!)*	Répondez!
Réponds à la question.	Répondez à la question.
Répète! *(Repeat!)*	Répétez!
Répète la phrase *(sentence).*	Répétez la phrase.
Lis! *(Read!)*	Lisez!
Lis l'exercice.	Lisez l'exercice.
Écris! *(Write!)*	Écrivez!
Écris dans ton cahier.	Écrivez dans vos cahiers.

Prends *(Take)*	une feuille de papier.		**Prenez**	une feuille de papier.
	un crayon			un crayon
Ouvre *(Open)*	ton livre.		**Ouvrez**	vos livres.
	la porte			la porte
Ferme *(Close)*	ton cahier.		**Fermez**	vos cahiers.
	la fenêtre			la fenêtre

Viens! *(Come!)*	Venez!
Viens ici.	Venez ici.
Va! *(Go!)*	Allez!
Va au tableau.	Allez au tableau.
Lève-toi! *(Stand up!)*	Levez-vous!
Assieds-toi! *(Sit down!)*	Asseyez-vous!

Apporte-moi *(Bring me)*		**Apportez-moi**	
Donne-moi *(Give me)*	ton devoir.	**Donnez-moi**	vos devoirs.
Montre-moi *(Show me)*		**Montrez-moi**	

82

Quelques objets

 un crayon

 **un livre**

 **une feuille de papier**

 un stylo

 **un cahier**

 une cassette

  un devoir

 **un morceau de craie**

une vidéocassette

 **un bureau**

 un ordinateur

 une télé

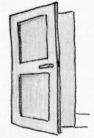 **une carte**   **une porte**

  **un tableau**

 **un magnétoscope**

 une table

une chaise

 une fenêtre

T u dis …

Je sais.	I know.
Je ne sais pas.	I don't know.
Je ne comprends pas.	I don't understand.
Que veut dire … ?	What does … mean?
Comment dit-on … en français?	How does one say … in French?

La vie de

Félicitations!

Congratulations! Now that you have learned how to meet and greet people in French, you are going to discover more about everyday life in France: **La vie de tous les jours.**

What are some of the aspects of daily life that you and your friends often talk about? You probably discuss home and family, things you own, and people you know. You talk about what you like to do, where you like to go, and what your weekend plans are. If you were going to France, you would discover that French young people are interested in the same topics.

In this second part of your book, you will learn . . .
- how to talk about your daily activities (both in school and out of school)
- how to make future plans: what you are going to do
- how to describe people you know
- how to describe objects you own
- how to talk about your home and your family
- how to express your opinions

You will also learn . . .
- how to ask your way around in a French city
- how to extend and accept invitations

In order to express yourself accurately, you will also begin to learn how the French language works: how to ask and answer questions, how to describe people, places, and things.

En avant et bon courage!

Jean-Paul Valette   *Rebecca M. Valette*

tous les jours

UNITÉ 4

Qu'est-ce qu'on fait?

THÈME ET OBJECTIFS

Daily activities

In this unit, you will be talking about the things you do every day, such as working and studying, as well as watching TV and listening to the radio.

You will learn . . .
- to describe some of your daily activities
- to say what you like and do not like to do
- to ask and answer questions about where others are and what they are doing

You will also learn . . .
- to invite friends to do things with you
- to politely accept or turn down an invitation

13

Mes activités

Accent sur ... Les activités de la semaine

French teenagers, as well as their parents, put a lot of emphasis on doing well in school. On the whole, French students spend a great deal of time on their studies. French schools have a longer class day than American schools, and teachers tend to assign quite a lot of homework.

However, French teenagers do not study all the time. They also watch TV and listen to music. Many participate in various sports activities, but to a lesser extent than young Americans. On weekends, French teenagers like to go out with their friends. Some go shopping. Others go to the movies. Many enjoy dancing and going to parties. Sunday is usually a family day for visiting relatives or going for a drive in the country.

Au cinéma
Des copains sont au cinéma.

Au café
Stéphanie est au café.

Une boum
Dominique et Stéphanie
sont à une boum.

**Le terrain de foot
au lycée Corot**
Des jeunes jouent au foot.

En classe
Marc et Patrick sont en classe.

A. Préférences

Est-ce que tu aimes parler français?

How to talk about what you like and don't like to do:

Est-ce que tu aimes . . .?	*Do you like . . .?*	**Est-ce que tu aimes** parler *(to speak)* français?
J'aime . . .	*I like . . .*	Oui, **j'aime** parler français.
Je n'aime pas . . .	*I don't like . . .*	Non, **je n'aime pas** parler français.
Je préfère . . .	*I prefer . . .*	**Je préfère** parler anglais.

J'aime . . .

téléphoner
to phone

parler français
to talk, speak French

parler anglais
to speak English

parler espagnol
to speak Spanish

manger
to eat

chanter
to sing

danser
to dance

nager
to swim

1 Et toi?

Indicate what you like to do in the following situations by completing the sentences.

1. En classe,
   j'aime . . .
   mais je préfère . . .
   - étudier
   - écouter le professeur
   - parler avec *(with)* un copain
   - parler avec une copine

2. En été,
   j'aime . . .
   mais je préfère . . .
   - travailler
   - nager
   - voyager
   - jouer au volley

J'aime aussi (also) . . .

jouer au tennis
to play tennis

jouer au volley
to play volleyball

jouer au basket
to play basketball

jouer au foot
to play soccer

Mais (but) **je préfère** . . .

regarder la télé
to watch TV

écouter la radio
to listen to the radio

dîner au restaurant
to have dinner at the restaurant; to eat out

voyager
to travel

Je n'aime pas toujours (always) . . .

étudier
to study

travailler
to work

HAVE YOU NOTED?

1. French people like to shorten words. For example, the words **volleyball, basketball, football,** and **télévision** are often shortened to **volley, basket, foot,** and **télé.**

2. In French, **foot** (or **football**) refers to *soccer.*

---

3. Avec mes (*my*) copains,
   j'aime . . .
   mais je préfère . . .

   - chanter
   - manger

   - écouter la radio
   - jouer au basket

4. Avec ma famille,
   j'aime . . .
   mais je préfère . . .

   - voyager
   - regarder la télé

   - jouer à «Trivial Pursuit»
   - dîner au restaurant

5. À la maison (*At home*),
   j'aime . . .
   mais je préfère . . .

   - étudier
   - téléphoner

   - manger
   - écouter mon walkman

2 Tu aimes ou tu n'aimes pas?

Say whether or not you like to do the following things.

▶ parler français?

J'aime parler français.

Je n'aime pas parler français.

1. parler anglais?
2. étudier?
3. danser?
4. chanter?
5. jouer au basket?
6. jouer au tennis?
7. regarder la télé?
8. dîner au restaurant?
9. manger?
10. travailler?
11. écouter la radio?
12. téléphoner?

3 Préférences

Ask your classmates if they like to do the following things.

▶ —Est-ce que tu aimes téléphoner?
—Oui, j'aime téléphoner. (Non, je n'aime pas téléphoner.)

4 Dialogue

Philippe is asking Hélène if she likes to do certain things. She replies that she prefers to do other things. Play both roles. Note: "??" means you can invent an answer.

▶ PHILIPPE: **Est-ce que tu aimes nager?**
HÉLÈNE: **Oui, mais je préfère jouer au tennis.**

B. Souhaits (Wishes)

Je voudrais voyager en France.

How to talk about what you want, would like, and do not want to do:

Je veux ...	I want . . .	**Je veux** parler français.
Je voudrais ...	I would like . . .	**Je voudrais** voyager en France.
Je ne veux pas ...	I don't want . . .	**Je ne veux pas** étudier aujourd'hui.

---

5 **Ce soir** *(Tonight)*

Say whether or not you want to do the following things tonight.

▶ étudier?
Oui, je veux étudier.
(Non, je ne veux pas étudier.)

1. parler français?
2. travailler?
3. jouer au ping-pong?
4. chanter?
5. danser?
6. regarder la télé?
7. écouter la radio?
8. dîner avec une copine?
9. parler à *(to)* mon frère?
10. téléphoner à mon cousin?

---

6 **Weekend**

Caroline and her friends are discussing their weekend plans. What do they say they would like to do?

▶ CAROLINE: **Je voudrais jouer au tennis.**

▶ Caroline
1. Jérôme
2. Monique
3. Jean-Louis
4. Céline
5. Patrick

---

7 **Trois souhaits** *(Three wishes)*

Read the list of suggested activities and select the three that you would like to do most.

parler français
parler espagnol
parler avec *(with)* Oprah Winfrey
dîner avec le Président
dîner avec Tom Cruise

voyager avec ma cousine
voyager en France
chanter comme *(like)* Bruce Springsteen
jouer au tennis avec Steffi Graf
jouer au basket comme Michael Jordan

▶ Je voudrais parler espagnol.
Je voudrais chanter comme Bruce Springsteen.
Je voudrais voyager en France.

C. Invitations

> Est-ce que tu veux jouer au tennis?

▶ **How to invite a friend:**

Est-ce que tu veux ...?	Do you want to . . . ?	**Est-ce que tu veux** jouer au tennis?
Est-ce que tu peux ...?	Can you . . . ?	**Est-ce que tu peux** parler à mon copain?
avec moi/toi	with me/you	Est-ce que tu veux dîner **avec moi?**

▶ **How to accept an invitation:**

Oui, bien sûr ...	Yes, of course . . .	
Oui, merci ...	Yes, thanks . . .	
Oui, d'accord ...	Yes, all right, okay . . .	
je veux bien.	I'd love to.	**Oui, bien sûr, je veux bien.**
je veux bien ...	I'd love to . . .	**Oui, merci, je veux bien** dîner avec toi.

▶ **How to turn down an invitation:**

Je regrette, mais	I'm sorry, but	**Je regrette, mais je ne peux pas**
je ne peux pas ...	I can't . . .	dîner avec toi.
Je dois ...	I have to, I must . . .	**Je dois** étudier.

8 Invitations

Imagine a French exchange group is visiting your school. Invite the following French students to do things with you. They will accept. (Your classmates will play the parts of the students.)

▶ Monique / dîner

> Monique, est-ce que tu veux dîner avec moi?

> Oui, d'accord, je veux bien dîner avec toi.

1. Éric / parler français
2. Philippe / étudier
3. Céline / jouer au tennis
4. Anne / manger une pizza
5. Jean-Claude / chanter
6. Caroline / danser

9 Conversation

Ask your classmates if they want to do the following things. They will answer that they cannot and explain what they have to do.

▶ jouer au basket? (étudier)
—Est-ce que tu veux jouer au basket?
—Non, je ne peux pas. Je dois étudier.

1. jouer au volley? (travailler)
2. jouer au ping-pong? (téléphoner à ma cousine)
3. étudier avec moi? (étudier avec ma copine)
4. dîner avec moi? (dîner avec ma famille)
5. nager? (jouer au foot à deux heures)

À votre tour!

1 Créa-dialogue

Ask your classmates if they want to do the following things with you. They will answer that they cannot and will give one of the excuses in the box.

▶ jouer au tennis

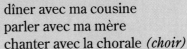

Est-ce que tu veux jouer au tennis avec moi?

Non, je ne peux pas. Je dois travailler.

1. jouer au basket
2. manger une pizza
3. regarder la télé
4. jouer au ping-pong
5. dîner au restaurant

Excuses:
étudier
travailler
téléphoner à une copine

dîner avec ma cousine
parler avec ma mère
chanter avec la chorale *(choir)*

2 Conversation dirigée

Philippe is phoning Stéphanie. Write out their conversation according to the directions. You may want to act out the dialogue with a classmate.

Philippe			Stéphanie
asks Stéphanie how she is	↘	answers that she is fine	
asks her if she wants to eat out	↘	asks at what time	
says at 8 o'clock	→ ↙	says that she is sorry but that she has to study	
says it is too bad (**Dommage!**)			

3 Expression personnelle

What we like to do often depends on the circumstances. Complete the sentences below saying what you like and don't like to do in the following situations.

▶ En hiver . . .
   En hiver, j'aime regarder la télé.
   J'aime aussi jouer au basket.
   Je n'aime pas nager.

1. En été . . .
2. En automne . . .
3. Le samedi *(On Saturdays)* . . .
4. Le dimanche . . .
5. Le soir *(In the evening)* . . .
6. En classe . . .
7. Avec mes *(my)* amis . . .
8. Avec ma famille . . .

4 Composition

Write three things that you like to do and three things that you do not like to do.

▶ J'aime jouer au volley.
Je n'aime pas jouer au foot.

5 Correspondance

This summer, you are going to spend two weeks in France. Your pen pal Philippe has written, asking what you like and don't like to do on vacation (**en vacances**). Write a postcard answering his questions.

Cher Philippe,
En vacances,
j'aime . . .

PHILIPPE RAYMOND
12 AV. VICTOR HUGO
PARIS 75116
FRANCE

14

Qui est là?

It is Wednesday afternoon. Pierre is looking for his friends but cannot find anyone. Finally he sees Hélène at the Café Bellevue and asks her where everyone is.

PIERRE:	<u>Où</u> est Jacqueline?	*Where*
HÉLÈNE:	Elle est <u>à la maison</u>.	*at home*
PIERRE:	Et Jean-Claude? Il est <u>là</u>?	*here*
HÉLÈNE:	Non, il n'est pas là.	
PIERRE:	Où est-il?	
HÉLÈNE:	Il est <u>en ville</u> avec une copine.	*in town*
PIERRE:	Et Nicole et Sandrine? Est-ce qu'elles sont <u>ici</u>?	*here*
HÉLÈNE:	Non, elles sont au restaurant.	
PIERRE:	<u>Alors</u>, qui est là?	*So*
HÉLÈNE:	Moi, je suis ici.	
PIERRE:	C'est <u>vrai</u>, tu es ici! Eh bien, <u>puisque</u> tu es là,	*true / since*
	<u>je t'invite au cinéma</u>. D'accord?	*I'll invite you to the movies*
HÉLÈNE:	Super! Pierre, tu es un <u>vrai</u> copain!	*real*

● Compréhension

Indicate where the following people are by selecting the appropriate completions.

1. Jacqueline est . . .   a) au café
2. Jean-Claude est . . .   b) à la maison
3. Nicole et Sandrine sont . . .   c) en ville
4. Hélène et Pierre sont . . .   d) au restaurant

■NOTE■
CULTURELLE

Le mercredi après-midi

French high school students do not have classes on Wednesday afternoons. They use this free time to go out with their friends or to catch up on their homework. For some students, Wednesday afternoon is also the time for music and dance lessons as well as sports club activities. However, in contrast to the United States, many French schools have classes on Saturday mornings.

A. Le verbe *être* et les pronoms sujets

Être *(to be)* is the most frequently used verb in French. Note the forms of **être** in the chart below.

	être	*to be*	
SINGULAR	je **suis** tu **es** il/elle **est**	*I am* *you are* *he/she is*	Je **suis** américain. Tu **es** canadienne. Il **est** anglais.
PLURAL	nous **sommes** vous **êtes** ils/elles **sont**	*we are* *you are* *they are*	Nous **sommes** à Paris. Vous **êtes** à San Francisco. Ils **sont** à Genève.

➡ Note the liaison in the **vous**-form:

    Vous êtes français?

➡ Note the expression **être d'accord** *(to agree)*:

    —Tu **es d'accord**   *Do you agree*
      avec moi?   *with me?*
    — Oui, je **suis d'accord!** *Yes, I agree.*

TU or *VOUS?*

When talking to ONE person, the French have two ways of saying *you*:

- **tu** ("familiar *you*") is used to talk to someone your own age (or younger) or to a member of your family
- **vous** ("formal *you*") is used when talking to anyone else

When talking to TWO or more people, the French use **vous**.

> ### *Learning about language*
> The words **je** *(I)*, **tu** *(you)*, **il** *(he)*, **elle** *(she)*, etc. are called SUBJECT PRONOUNS.
> - SINGULAR pronouns refer to one person (or object).
> - PLURAL pronouns refer to two or more people (or objects).
>
> The VERB **être** *(to be)* is IRREGULAR because its forms do not follow a predictable pattern.
>
> A chart showing the subject pronouns and their corresponding verb forms is called a CONJUGATION.

> REMINDER: You should use . . .
> - **vous** to address your teacher
> - **tu** to address a classmate

Tu es français?

Vous êtes français?

Vous êtes français?

ILS or ELLES?

The French have two ways of saying *they:*

- **ils** refers to two or more males or to a mixed group of males and females
- **elles** refers to two or more females

Ils sont à Paris. Ils sont à Bordeaux.

Ils sont à Lyon. Elles sont à Nice.

1 En France

The following students are on vacation in France.
Which cities are they in?

▶ Alice . . . à Nice. **Alice est à Nice.**

1. Philippe . . . à Toulon.
2. Nous . . . à Paris.
3. Vous . . . à Marseille.
4. Je . . . à Lyon.
5. Tu . . . à Tours.

6. Michèle et Francine . . . à Lille.
7. Éric et Vincent . . . à Strasbourg.
8. Ma cousine . . . à Toulouse.
9. Mon copain . . . à Bordeaux.

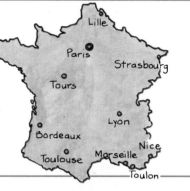

Vocabulaire: Où?

Où est Cécile?	*Where is Cécile?*		
Elle est . . .	**ici** *(here)*	**là** *(here, there)*	**là-bas** *(over there)*
	à Paris *(in Paris)*	**à** Boston	**à** Québec
	en classe *(in class)*	**en ville** *(downtown, in town, in the city)*	
	en vacances *(on vacation)*	**en** France *(in France)*	
	au café *(at the café)*	**au restaurant**	**au cinéma** *(at the movies)*
	à la maison *(at home)*		

---

2 À Nice

Catherine is spending her summer vacation in Nice at the home of her pen pal Stéphanie Lambert. Catherine has met many different people and is asking them various questions. Complete her questions with **Tu es** or **Vous êtes,** as appropriate.

▶ *(Stéphanie's brother)* . . . en vacances?
  Tu es en vacances?

▶ *(Monsieur Lambert)* . . . de *(from)* Tours?
  Vous êtes de Tours?

1. *(Mélanie, a friend of Stéphanie's)* . . . canadienne?
2. *(Olivier, Stéphanie's boyfriend)* . . . souvent *(often)* avec Stéphanie?
3. *(Monsieur Tardif, the neighbor)* . . . en vacances?
4. *(the mailman)* . . . de Nice?
5. *(Frédéric, Stéphanie's young cousin)* . . . souvent à Nice?
6. *(a woman in the park)* . . . française?
7. *(a little girl at the beach)* . . . en vacances?
8. *(a man reading* Time *magazine)* . . . américain?

3 **Où sont-ils?**

Corinne is wondering if some of the people she knows are in certain places. Tell her she is right, using **il, elle, ils,** or **elles** in your answers.

▶ —Ta cousine est à Chicago?
—Oui, elle est à Chicago.

▶ —Pierre et Vincent sont au café?
—Oui, ils sont au café.

1. Stéphanie est à Lyon?
2. Monsieur Thomas est à San Francisco?
3. Suzanne et Monique sont à Genève?
4. Cécile et Charlotte sont au café?

5. Ta soeur est en ville?
6. Ton cousin est en vacances?
7. Claire, Alice et Éric sont au cinéma?
8. Monsieur et Madame Joli sont à Montréal?

4 **Où?**

You want to know where certain people are. A classmate will answer you on the basis of the illustrations.

▶ —Où est Céline?
—Elle est à New York.

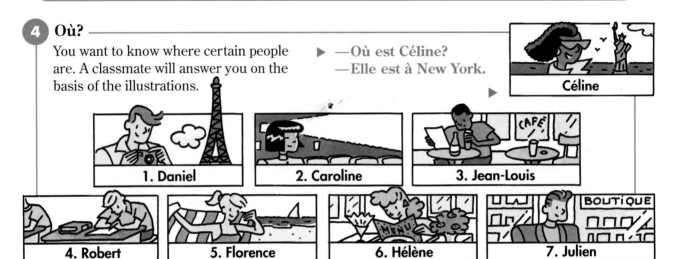

Céline

1. Daniel
2. Caroline
3. Jean-Louis
4. Robert
5. Florence
6. Hélène
7. Julien

B. Les questions à réponse affirmative ou négative

The sentences on the left are statements. The sentences on the right are questions. These questions are called YES/NO QUESTIONS because they can be answered by *yes* or *no*. Note how the French questions begin with **est-ce que.**

STATEMENTS	YES/NO QUESTIONS	
Stéphanie est ici.	**Est-ce que** Stéphanie est ici?	*Is Stéphanie here?*
Tu es français.	**Est-ce que** tu es français?	*Are you French?*
Paul et Marc sont au café.	**Est-ce que** Paul et Marc sont au café?	*Are Paul and Marc at the café?*
Tu veux dîner avec moi.	**Est-ce que** tu veux dîner avec moi?	*Do you want to have dinner with me?*

Yes/no questions can be formed according to the pattern:

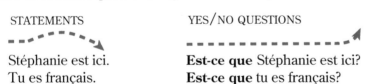

est-ce que + STATEMENT?	**Est-ce que** Pierre est ici?
est-ce qu' (+ VOWEL SOUND)	**Est-ce qu'**il est en ville?

➡ In yes/no questions, the voice goes up at the end of the sentence.

Est-ce que Paul et Florence sont au café?

➡ In casual conversation, yes/no questions can be formed without **est-ce que** simply by letting your voice rise at the end of the sentence.

Tu es français?   Cécile est en ville?

OBSERVATION: When you expect someone to agree with you, another way to form a yes/no question is to add the tag **n'est-ce pas** at the end of the sentence.

Tu es américain, **n'est-ce pas?**	*You are American, **aren't you?***
Tu aimes parler français, **n'est-ce pas?**	*You like to speak French, **don't you?***
Vous êtes d'accord, **n'est-ce pas?**	*You agree, **don't you?***

5 Nationalités

You are attending an international music camp. Ask about the nationalities of the other participants.

▶ Marc/canadien?   **Est-ce que Marc est canadien?**

1. Jim/américain?	3. Paul et Philippe/français?	5. vous/anglais?	7. Ellen et Carol/
2. Luisa/mexicaine?	4. tu/canadien?	6. Anne/française?	américaines?

Expressions pour la conversation

How to answer a yes/no question:

Oui!	*Yes!*	**Non!**	*No!*
Mais oui!	*Sure!*	**Mais non!**	*Of course not!*
Bien sûr!	*Of course!*		
Peut-être . . .	*Maybe . . .*		

---

6 Conversation

Ask your classmates the following questions. They will answer, using an expression from **Expressions pour la conversation.**

▶ Ton cousin est français?

1. Ta mère est à la maison?
2. Ta cousine est en France?
3. Ton copain est en classe?
4. Tu veux dîner avec moi?
5. Tu veux jouer au tennis avec moi?

Mais oui! (Mais non!)

Alice, est-ce que ton cousin est français?

C. La négation

Compare the affirmative and negative sentences below:

AFFIRMATIVE	NEGATIVE	
Je **suis** américain.	Je **ne suis pas** français.	*I'm not French.*
Nous **sommes** en classe.	Nous **ne sommes pas** en vacances.	*We are not on vacation.*
Claire **est** là-bas.	Elle **n'est pas** ici.	*She is not here.*
Vous **êtes** à Paris.	Vous **n'êtes pas** à Lyon.	*You are not in Lyon.*
Tu **es** d'accord avec moi.	Tu **n'es pas** d'accord avec Marc.	*You do not agree with Marc.*

Negative sentences are formed as follows:

SUBJECT + **ne** + VERB + **pas** . . . ↓ **n'** (+ VOWEL SOUND)	Éric et Anne **ne** sont **pas** là. Michèle **n'**est **pas** avec moi.

Je suis en classe.

Je **ne** suis **pas** à la maison.

7 Non!

Answer the following questions negatively.

▶ —Est-ce que tu es français (française)?
—**Non, je ne suis pas français (française).**

1. Est-ce que tu es canadien (canadienne)?
2. Est-ce que tu es à Québec?
3. Est-ce que tu es à la maison?
4. Est-ce que tu es au café?
5. Est-ce que tu es en vacances?
6. Est-ce que tu es au cinéma?

8 D'accord

It is raining. François suggests to his friends that they go to the movies. Say who agrees and who does not, using the expression **être d'accord.**

▶ ☹ Philippe  Philippe n'est pas d'accord.

▶ ☺ Hélène  Hélène est d'accord.

1. ☺ nous
2. ☺ je
3. ☹ tu
4. ☺ Patrick et Marc
5. ☹ Claire et Stéphanie
6. ☹ vous
7. ☺ ma copine
8. ☹ mon frère

Vocabulaire: Mots utiles *(Useful words)*

à	*at*	Je suis **à** la maison **à** dix heures.
	in	Nous sommes **à** Paris.
de	*from*	Vous êtes **de** San Francisco.
	of	Voici une photo **de** Paris.
et	*and*	Anne **et** Sophie sont en vacances.
ou	*or*	Qui est-ce? Juliette **ou** Sophie?
avec	*with*	Philippe est **avec** Pauline.
pour	*for*	Je veux travailler **pour** Monsieur Martin.
mais	*but*	Je ne suis pas français, **mais** j'aime parler français.

Fête Nationale
mardi 14 juillet
à 22h

P A R I S

➡ **De** becomes **d'** before a vowel sound:
Patrick est **de** Lyon.   François est **d'**Annecy.

9 **Le mot juste** *(The right word)*

Complete the sentences below with the word in parentheses that fits logically.

1. Monsieur Moreau est en France. Aujourd'hui, il est . . . Lyon. (à/de)
2. Martine est canadienne. Elle est . . . Montréal. (de/et)
3. Florence n'est pas ici. Elle est . . . Jean-Claude. (et/avec)
4. Alice . . . Paul sont au restaurant. (avec/et)
5. Jean-Pierre n'est pas à la maison. Il est au café . . . au cinéma. (ou/et)
6. J'aime jouer au tennis . . . je ne veux pas jouer avec toi. (ou/mais)
7. Je dois travailler . . . mon père. (pour/à)

10 **Être ou ne pas être** *(To be or not to be)*

We cannot be in different places at the same time. Express this according to the model.

▶ Aline est en ville. (ici)
   Aline n'est pas ici.

1. Frédéric est là-bas. (à la maison)
2. Nous sommes en classe. (au restaurant)
3. Tu es à Nice. (à Toulon)
4. Vous êtes au café. (au cinéma)
5. Jérôme est avec Sylvie. (avec Catherine)
6. Juliette et Sophie sont avec Éric. (avec Marc)

Prononciation

/a/

La voyelle /a/

The letter "**a**" alone always represents the sound /a/ as in the English word *ah*. It never has the sound of "*a*" as in English words like *class*, *date*, or *cinema*.

chat

Répétez: ch**a**t   **ç**a v**a**   **à**   l**a**   l**à**-b**a**s   **a**vec   **a**mi   voil**à**
c**a**sse   c**a**fé   s**a**l**a**de   d**a**me   d**a**te   M**a**d**a**me   C**a**n**a**d**a**

Anne est au C**a**n**a**d**a** **a**vec M**a**d**a**me L**a**v**a**l.

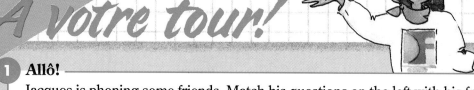

À votre tour!

1 Allô!

Jacques is phoning some friends. Match his questions on the left with his friends' answers on the right.

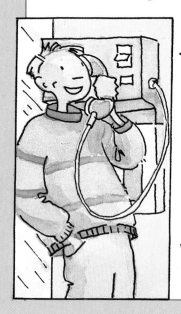

1. Où es-tu?

2. Où est ta soeur?

3. Est-ce que ton frère est à la maison?

4. Tes parents sont en vacances, n'est-ce pas?

5. Ta soeur est avec une copine?

a. Non, il est au cinéma.

b. Oui, elles sont au restaurant.

c. Je suis à la maison.

d. Elle est en classe.

e. Oui! Ils sont à Paris.

2 Où sont-ils?

Read what the following people are saying and decide where they are.

▶ Anne et Éric sont au café.

Une limonade, s'il vous plaît.

▶ Anne et Éric

Le film est excellent.

1. nous

Où est le musée *(museum)*?

2. les touristes

Une pizza, s'il vous plaît.

3. vous

Bonjour, Maman.

4. tu

Stéphanie, est-ce que tu veux nager?

5. Paul

3 Créa-dialogue

You are working for a student magazine in France. Your assignment is to interview tourists who are visiting Paris. Ask them where they are from. (Make sure to address the people appropriately as **tu** or **vous**.) Remember: The symbol "??" means you may invent your own responses.

Nationalité	Villes (Cities)	
anglaise	Londres? *(London)* Liverpool	

> — Bonjour. <u>Vous êtes anglaise</u>?
> — Oui, je suis <u>anglaise</u>.
> — Est-ce que <u>vous êtes</u> de <u>Londres</u>?
> — Mais non, je ne suis pas de <u>Londres</u>. Je suis de <u>Liverpool</u>.

Nationalité	Villes	
1 américaine	New York? Washington	
2 canadien	Québec? Montréal	
3 française	Paris? Nice	
4 mexicain	Mexico? Puebla	
5 ??	?? ??	
6 ??	?? ??	

4 Composition: Et toi?

Write a short paragraph about yourself and your friends.

1. Say what city you are from. **(Je suis de ...)**
2. Say what city your father or your mother is from. **(Mon père / ma mère est de ...)**
3. Say where one of your friends is from. **(Mon copain / ma copine ...)**
4. Name an activity you like to do with a friend. **(J'aime ... avec ...)**
5. Name an activity you want to do with two friends. **(Je veux ...)**
6. Name an activity you would like to do with one of your relatives. **(Je voudrais ...)**

5 Composition: Personnellement

On a separate piece of paper, write where you are and where you are not at each of the following times.

> à 9 heures du matin
> - à 4 heures
> - à 7 heures du soir
> - samedi
> - dimanche
> - en juillet

À neuf heures du matin, je suis en classe. Je ne suis pas à la maison.

LEÇON 15

Une boum

Jean-Marc has been invited to a party. He is trying to decide whether to bring Béatrice or Valérie. First he talks to Béatrice.

JEAN-MARC:	<u>Dis</u>, Béatrice, tu aimes danser?	*Hey*
BÉATRICE:	Bien sûr, j'aime danser!	
JEAN-MARC:	Est-ce que tu danses bien?	
BÉATRICE:	Oui, je danse très, <u>très bien</u>.	*very well*
JEAN-MARC:	Et ta cousine Valérie? Est-ce qu'elle danse bien?	
BÉATRICE:	Non, elle ne danse pas très bien.	
JEAN-MARC:	<u>Alors</u>, c'est Valérie <u>que</u> j'invite à la <u>boum</u>.	*So / that / party*
BÉATRICE:	Mais <u>pourquoi</u> elle? Pourquoi pas moi?	*why*
JEAN-MARC:	Écoute, Béatrice, <u>je ne sais pas</u> danser! <u>Alors</u>, je préfère inviter une fille qui ne danse pas très bien. C'est normal, non?	*don't know how / So*

● Compréhension: Vrai ou faux?

Read the following statements and say whether they are true (**C'est vrai!**) or false (**C'est faux!**).

1. Béatrice aime danser.
2. Elle danse bien.
3. Valérie danse très bien.
4. Jean-Marc invite Béatrice.
5. Il invite Valérie.

■NOTE■
CULTURELLE

Une boum

On weekends, French teenagers like to go to parties that are organized at a friend's home. Often the guests contribute something to the buffet: sandwiches or soft drinks. There is also a lot of music and dancing. (French teenagers love to dance!)

These informal parties have different names according to the age group of the participants. For students at a **collège** (or junior high), a party is known as **une boum.** For older students at a **lycée** (or high school), it is called **une soirée.**

A. Les verbes en -er: le singulier

Many French verbs end in **-er** in the infinitive. Most of these verbs are conjugated like **parler** *(to speak)* and **habiter** *(to live)*. Note the forms of the present tense of these verbs in the singular. Pay attention to their endings.

INFINITIVE	parler	habiter	ENDINGS
STEM	parl-	habit-	
PRESENT TENSE (SINGULAR)	Je **parle** français. Tu **parles** anglais. Il / Elle **parle** espagnol.	J' **habite** à Paris. Tu **habites** à Boston. Il / Elle **habite** à Madrid.	-e -es -e

The present tense forms of -er verbs consist of two parts:

STEM + ENDING

- The STEM does not change. It is the infinitive minus **-er**:
  parler   parl-   **habiter**   habit-
- The ENDINGS change with the subject:
  je → -e   **tu** → -es   **il / elle** → -e

➡ The above endings are silent.
➡ **Je** becomes **j'** before a vowel sound.
  je parle   **j'**habite

1 Curiosité

At the party, Olivier wants to learn more about Isabelle.
She answers his questions affirmatively. Play both roles.

Tu parles anglais?

Oui, je parle anglais.

▶ parler anglais?

1. parler espagnol?
2. habiter à Paris?
3. étudier ici?
4. jouer au volley?
5. jouer au basket?
6. chanter?

Vocabulaire: Les verbes en -er

Verbs you already know:

chanter	to sing	**nager**	to swim
danser	to dance	**parler**	to speak, talk
dîner	to have dinner	**regarder**	to watch, look at
écouter	to listen (to)	**téléphoner**	to phone, call
étudier	to study	**travailler**	to work
jouer	to play	**voyager**	to travel
manger	to eat		

New verbs:

aimer	to like	Tu **aimes** Paris?
habiter	to live	Philippe **habite** à Toulouse?
inviter	to invite	J'**invite** un copain.
organiser	to organize	Sophie **organise** une **boum** *(party)*.
visiter	to visit (places)	Hélène **visite** Québec.

➡ **Regarder** has two meanings:

to look (at)	Paul **regarde** Cécile.
to watch	Cécile **regarde** la télé.

➡ Note the construction **téléphoner à:**

Hélène **téléphone**	à	Marc.
Hélène calls	. . .	*Marc.*

➡ Note the constructions with **regarder** and **écouter:**

Philippe **regarde**	. . .	Alice.
Philippe looks	*at*	*Alice.*

Alice **écoute**	. . .	le professeur.
Alice listens	*to*	*the teacher.*

2 **Quelle activité?**

Describe what the following people are doing by completing the sentences with one of the verbs below. Be logical in your choice of activity.

chanter   écouter   parler   travailler   manger   voyager   regarder   inviter

1. Je . . . un sandwich. Tu . . . une pizza.
2. Tu . . . anglais. Je . . . français.
3. Éric . . . la radio. Claire . . . un compact (un CD).
4. Jean-Paul . . . la télé. Tu . . . un match de tennis.
5. M. Simon . . . en *(by)* bus. Mme Dupont . . . en train.
6. Nicolas . . . Marie à la boum. Tu . . . Alain.
7. Mlle Thomas . . . dans *(in)* un hôpital. Je . . . dans un supermarché *(supermarket)*.
8. Mick Jagger . . . bien. Est-ce que tu . . . bien?

3 Le télescope

Curious Georges has set up a telescope to observe what his neighbors are doing. Describe each person's activity.

▶ Monsieur Thomas dîne.

4 Où sont-ils?

You want to know where the following people are. A classmate will answer, telling you where the people are and what they are doing.

▶ Jacques? (en classe / étudier)

Où est Jacques?

Il est en classe. Il étudie.

1. Pauline? (au restaurant / dîner)
2. Véronique? (à la maison / téléphoner)
3. Mme Dupont? (en ville / travailler)
4. M. Lemaire? (en France / voyager)
5. Jean-Claude? (à Paris / visiter la tour Eiffel)
6. André? (au Tennis Club / jouer au tennis)
7. Alice? (à l'Olympic Club / nager)

B. Les verbes en -er: le pluriel

Note the plural forms of **parler** and **habiter,** paying attention to the endings.

INFINITIVE	parler	habiter	ENDINGS
STEM	parl-	habit-	
PRESENT TENSE (PLURAL)	Nous **parlons** français. Vous **parlez** anglais. Ils / Elles **parlent** espagnol.	Nous **habitons** à Québec. Vous **habitez** à Chicago. Ils / Elles **habitent** à Caracas.	-ons -ez -ent

➡ In the present tense, the plural endings of -**er** verbs are:

  nous → -ons   vous → -ez   ils / elles → -ent

➡ The -**ent** ending is silent.

➡ Note the liaison when the verb begins with a vowel sound:

  Nous étudions.   Vous invitez Thomas.   Ils habitent en France.   Elles aiment Paris.

OBSERVATION: When the infinitive of the verb ends in -**ger,** the **nous**-form ends in -**geons.**

  nager: nous na**geons**   manger: nous man**geons**   voyager: nous voya**geons**

5 Qui?

Stéphanie is speaking to or about her friends. Complete her sentences with **tu, elle, vous,** or **ils.**

▶ . . . étudient à Toulouse.
   Ils étudient à Toulouse.

1. . . . habitez à Tours.
2. . . . aime Paris.
3. . . . étudiez à Tours.
4. . . . aiment danser.
5. . . . organisent une boum.
6. . . . parlez espagnol.
7. . . . téléphone à Jean-Pierre.
8. . . . invites un copain.
9. . . . dîne avec Cécile.
10. . . . invitent Monique.

6 À la boum

At a party, Olivier is talking to two Canadian students, Monique and her friend. Monique answers yes to his questions.

▶ parler français?

Oui, nous parlons français.

Vous parlez français, n'est-ce pas?

1. parler anglais?
2. habiter à Québec?
3. étudier à Montréal?
4. voyager en France?
5. voyager en train?
6. visiter Paris?
7. aimer Paris?
8. aimer la France?

7 Le camp français

At summer camp, everything is organized according to a schedule. Describe the activities of the following campers by completing the sentences according to the illustrations.

▶ À cinq heures, Alice et Marc . . .   **À cinq heures, Alice et Marc jouent au volley.**

▶

1. À neuf heures, nous . . .
2. À quatre heures, vous . . .
3. À huit heures, Véronique et Pierre . . .
4. À sept heures, nous . . .
5. À trois heures, Thomas et François . . .
6. À six heures, vous . . .

8 Un voyage à Paris

A group of American students are visiting Paris. During their stay, they do all of the following things:

voyager en bus

téléphoner à un copain

visiter la tour Eiffel

dîner au restaurant

inviter une copine

écouter un opéra

Describe the trips of the following people.

▶ Jim   **Il voyage en bus, il visite la tour Eiffel . . .**

1. Linda   2. Paul et Louise   3. nous   4. vous

C. Le présent des verbes en *-er:* forme affirmative et forme négative

FORMS

Compare the affirmative and negative forms of **parler.**

AFFIRMATIVE	NEGATIVE
je **parle**	je **ne parle pas**
tu **parles**	tu **ne parles pas**
il/elle **parle**	il/elle **ne parle pas**
nous **parlons**	nous **ne parlons pas**
vous **parlez**	vous **ne parlez pas**
ils/elles **parlent**	ils/elles **ne parlent pas**

REMEMBER: The negative form of the verb follows the pattern:

SUBJECT + `ne` + VERB + `pas` ↓ `n'` (+ VOWEL SOUND)	Il **ne** travaille **pas** ici. Je **n'**invite **pas** Pierre.

Il <u>ne</u> travaille <u>pas</u>.

Ils <u>n'</u>écoutent <u>pas</u>.

Elle <u>ne</u> chante <u>pas</u> bien.

USES

In the present tense, French verbs have several English equivalents:

Je **joue** au tennis.
> I **play** tennis.
> I **do play** tennis.
> I **am playing** tennis.

Je **ne joue pas** au tennis.
> I **do not play** tennis. (I **don't** play tennis.)
> I **am not playing** tennis. (I'm **not playing** tennis.)

> Studying French helps you better appreciate how the English language works.

9 Non!

One cannot do everything. From the following list of activities, select at least three that you do *not* do.

▶ **Je ne joue pas au bridge.**

parler espagnol	étudier à Paris
parler italien	habiter à Québec
danser le tango	étudier le japonais
jouer au hockey	nager en hiver
jouer au water-polo	dîner avec le prof
jouer au bridge	travailler dans un restaurant

10 Pas aujourd'hui

Today the following people are tired and are not doing what they usually do. Express this according to the model.

▶ **Pierre joue au tennis.**
Aujourd'hui, il ne joue pas au tennis.

1. Je joue au foot.
2. Tu étudies.
3. Madame Simonet travaille.
4. Vous dînez à la maison.
5. Marc téléphone à Martine.
6. Nous nageons.
7. Jacques et Florence étudient.

11 Un jeu: Weekend!

On weekends, people like to do different things. For each person, pick an activity and say what that person does. Select another activity and say what that person does not do.

▶ **Antoine et Isabelle dansent.**
Ils ne regardent pas la télé.

je
tu
ma cousine
nous
Antoine et Isabelle
Monsieur Leblanc
Madame Jolivet
vous
le professeur

bien	well	Je joue **bien** au tennis.
très bien	very well	Je ne chante pas **très bien.**
mal	badly, poorly	Tu joues **mal** au volley.
beaucoup	a lot, much, very much	Paul aime **beaucoup** voyager.
un peu	a little, a little bit	Nous parlons **un peu** français.
souvent	often	Charles invite **souvent** Nathalie.
toujours	always	Je travaille **toujours** en été.
aussi	also, too	Je téléphone à Marc. Je téléphone **aussi** à Véronique.
maintenant	now	J'étudie **maintenant.**
rarement	rarely, seldom	Vous voyagez **rarement.**

➡ In French, the above expressions _never_ come _between_ the subject and the verb. They usually come _after_ the verb. Compare their positions in French and English.

Nous parlons **toujours** français.   We **always** speak French.
Tu joues **bien** au tennis.   You play tennis **well.**

12 **Expression personnelle**

Complete the following sentences with an expression from the list below.

| bien | mal | très bien | toujours | souvent | rarement | un peu | beaucoup |

1. Je chante . . .
2. Je nage . . .
3. Je regarde . . . la télé.
4. Je mange . . .

5. Je voyage . . . en bus.
6. Le prof parle . . . français.
7. Nous parlons . . . français en classe.

8. Les Rolling Stones chantent . . .
9. Michael Jordan joue . . . au basket.
10. Les Yankees jouent . . . au baseball.

Tu parles français?

Oui, je parle français.

Super!

How to express approval or regret:

Super!   _Terrific!_   Tu parles français? **Super!**
Dommage!   _Too bad!_   Tu ne joues pas au tennis? **Dommage!**

13 **Conversation**

Ask your classmates if they do the following things. Then express approval or regret, according to their answers.

▶ parler français?   —Est-ce que tu parles français?
      —Oui, je parle français. (Non, je ne parle pas français.)
      —Super! (Dommage!)

1. parler espagnol?
2. jouer au tennis?
3. danser bien?
4. voyager beaucoup?
5. dîner souvent au restaurant?
6. inviter souvent ton copain?

D. La construction: verbe + infinitif

Note the use of the infinitive in the following sentences.

J'aime **parler** français.	*I like **to speak** French. I like **speaking** French.*
Nous aimons **voyager**.	*We like **to travel**. We like **traveling**.*
Tu n'aimes pas **étudier**.	*You don't like **to study**. You don't like **studying**.*
Ils n'aiment pas **danser**.	*They don't like **to dance**. They don't like **dancing**.*

To express what they like and don't like to do, the French use these constructions:

SUBJECT + PRESENT TENSE + INFINITIVE . . . of **aimer**		SUBJECT + **n'** + PRESENT TENSE + **pas** + INFINITIVE . . . of **aimer**		
Nous	**aimons**	**voyager.**	Nous	**n'aimons pas** **voyager.**

➡ Note that in this construction, the verb **aimer** may be affirmative or negative:

    AFFIRMATIVE: Jacques **aime** voyager.   NEGATIVE: Philippe **n'aime pas** voyager.

➡ The above construction is used in questions: Est-ce que Paul **aime voyager?**

OBSERVATION: The infinitive is also used after the following expressions:

Je préfère . . .	*I prefer . . .*	**Je préfère travailler.**
Je voudrais . . .	*I would like . . .*	**Je voudrais voyager.**
Je (ne) veux (pas) . . .	*I (don't) want . . .*	**Je veux jouer** au foot.
Est-ce que tu veux . . .	*Do you want . . .*	**Est-ce que tu veux danser?**
Je (ne) peux (pas) . . .	*I can (I can't) . . .*	**Je ne peux pas dîner** avec toi.
Je dois . . .	*I have to . . .*	**Je dois étudier.**

14 Dialogue

Ask your classmates if they like to do the following things.

▶ chanter?

   —**Est-ce que tu aimes chanter?**

   —**Oui, j'aime chanter.**   (**Non, je n'aime pas chanter.**)

1. étudier?	4. danser?	7. nager en hiver?
2. voyager?	5. parler français en classe?	8. travailler le week-end *(on weekends)*?
3. téléphoner?	6. nager en été?	

15 Une excellente raison *(An excellent reason)*

The following people are doing certain things. Say that they like these activities.

▶ Thomas voyage.   **Il aime voyager.**

1. Monique chante.	7. Lise et Rose jouent au frisbee.
2. Charles étudie la musique.	8. Éric et Denis écoutent la radio.
3. Henri téléphone.	9. Nous travaillons.
4. Isabelle organise une boum.	10. Nous parlons espagnol.
5. Marc et Sophie nagent.	11. Vous regardez la télé.
6. Annie et Vincent dansent.	12. Vous mangez.

▶ ▶

Prononciation

Les voyelles /i/ et /u/

   /u/ **où?**   /i/ **ici!**

The vowel sounds /i/ and /u/ are easy to say. Remember to pronounce the French "**i**" as in **Mimi** and not as in the English *him*.

Répétez:

/i/ **ici Philippe il**
     Mimi Sylvie visite

Philippe visite Paris avec Sylvie.

/u/ **où nous vous**
     écoute joue toujours

Vous jouez au foot avec nous?

À votre tour!

1 Allô!

Sophie is phoning some friends. Match her questions on the left with her friends' answers on the right.

1 Est-ce que Marc est canadien?

2 Est-ce que tu joues au tennis?

3 Ton frère est à la maison?

4 Ta mère est en vacances?

5 Tu invites Christine et Juliette à la boum?

a Non, elle travaille.

b Oui, mais pas très bien.

c Bien sûr! Elles aiment beaucoup danser.

d Oui, il habite à Montréal.

e Non, il dîne au restaurant avec un copain.

2 Créa-dialogue

Find out how frequently your classmates do the following activities. They will respond using one of the expressions on the scale.

NON	OUI		
	un peu →	souvent →	beaucoup

▶ — **Robert**, est-ce que tu **joues au tennis?**
— Non, je **ne joue pas au tennis.**
— Est-ce que tu **écoutes la radio?**
— Oui, j'**écoute souvent la radio.**

3 **Qu'est-ce qu'ils font?**
(What do they do?)

Look at what the following students have put in their lockers and say what they like to do.

Éric aime jouer au tennis. Il aime aussi . . .

4 **Message illustré**

Marc wrote about certain activities, using pictures. On a separate sheet, write out his description replacing these pictures with the missing words.

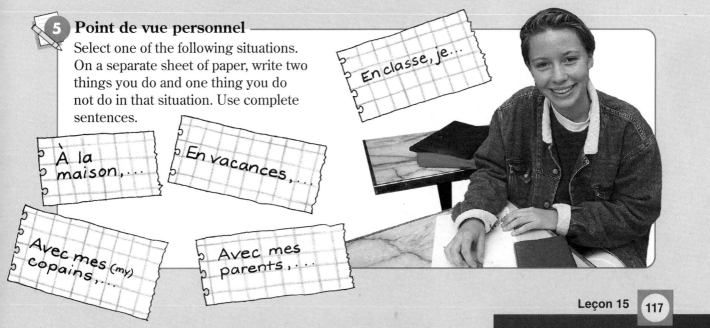

À la maison, ma soeur Catherine [téléphone] à une copine. Mon frère Éric [radio]. En général, nous [dînons] à sept heures et demie. Après° le dîner, mes° parents [télé]. Moi, j'[livre] pour la classe de français. En vacances, nous [X livre]. Je [nage]. Éric et Catherine [tennis]. Parfois° mes parents [restaurant] au restaurant.

Après *After*   **mes** *my*   **Parfois** *Sometimes*

5 **Point de vue personnel**

Select one of the following situations. On a separate sheet of paper, write two things you do and one thing you do not do in that situation. Use complete sentences.

En classe, je . . .

À la maison, . . .

En vacances, . . .

Avec mes (my) copains, . . .

Avec mes parents, . . .

LEÇON 16

Une interview

Nicolas is a reporter for *La Gazette des Étudiants,* the student newspaper. He has decided to write an article on the foreign students who attend his school. Today he is interviewing Fatou, a student from Senegal.

NICOLAS:	Bonjour, Fatou. Est-ce que je peux <u>te poser quelques questions</u>?	*ask you some questions*
FATOU:	Oui, bien sûr.	
NICOLAS:	Tu es <u>sénégalaise</u>, n'est-ce pas?	*Senegalese*
FATOU:	Oui, je suis sénégalaise.	
NICOLAS:	Où est-ce que tu habites?	
FATOU:	Je suis de Dakar, mais maintenant j'habite à Paris avec ma famille.	
NICOLAS:	<u>Pourquoi</u> est-ce que vous habitez à Paris?	*Why*
FATOU:	<u>Parce que</u> ma mère travaille pour l'Unesco.	*Because*
NICOLAS:	Est-ce que tu aimes Paris?	
FATOU:	J'adore Paris.	
NICOLAS:	<u>Qu'est-ce que tu fais le weekend</u>?	*What do you do on weekends?*
FATOU:	<u>Ça</u> dépend! Je regarde la télé ou je joue au tennis avec <u>mes</u> copains.	*That* *my*
NICOLAS:	Merci beaucoup, Fatou.	
FATOU:	C'est <u>tout</u>?	*all*
NICOLAS:	Oui, c'est tout!	

■ NOTES ■
CULTURELLES

1 Le Sénégal

Senegal is a country in western Africa, whose capital is Dakar. Its population includes seventeen different tribes, all speaking their own dialects. Because of the historical and cultural ties between Senegal and France, French has been adopted as the official language.

Most of the people of Senegal are Muslims. Some common names are **Awa** and **Fatou** (for girls), **Babacar** and **Mamadou** (for boys).

FATOU:	Bon. <u>Alors</u>, maintenant c'est mon <u>tour</u>!	*So / turn*
	Est-ce que je peux te poser une question?	
NICOLAS:	Bien sûr!	
FATOU:	Qu'est-ce que tu fais samedi?	
NICOLAS:	Euh . . . <u>je ne sais pas</u>.	*I don't know*
FATOU:	Alors, est-ce que tu veux <u>aller</u> à un concert	*to go*
	de musique africaine?	
NICOLAS:	Avec qui?	
FATOU:	Avec moi, bien sûr!	
NICOLAS:	D'accord! Où? <u>Quand</u>? Et à quelle heure?	*When*

2 L'Unesco

UNESCO (United Nations Educational Scientific and Cultural Organization) was founded in 1946 to promote international cooperation in education, science, and the arts. The organization has its headquarters in Paris and is staffed by people from all member countries.

● **Compréhension: Vrai ou faux?**

Read the following statements and say whether they are true (**C'est vrai!**) or false (**C'est faux!**).

1. Fatou est française.
2. Elle habite à Paris.
3. Le père de Fatou travaille pour l'Unesco.
4. Le weekend, Fatou aime jouer au tennis.
5. Nicolas invite Fatou à un concert.
6. Fatou accepte l'invitation.

A. Les questions d'information

The questions below ask for specific information and are called INFORMATION QUESTIONS. The INTERROGATIVE EXPRESSIONS in heavy print indicate what kind of information is requested.

—**Où** est-ce que tu habites?	***Where** do you live?*
—J'habite **à Nice.**	*I live **in Nice.***
—**À quelle heure** est-ce que vous dînez?	***At what time** do you eat dinner?*
—Nous dînons **à sept heures.**	*We eat **at seven.***

In French, information questions may be formed according to the pattern:

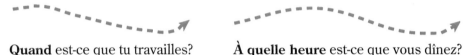

INTERROGATIVE EXPRESSION + **est-ce que** + SUBJECT + VERB . . . ?

À quelle heure   **est-ce que**   vous   travaillez?

➡ **Est-ce que** becomes **est-ce qu'** before a vowel sound.

Quand **est-ce qu'**Alice et Roger dînent?

➡ In information questions, your voice rises on the interrogative expression and then falls until the last syllable.

Quand est-ce que tu travailles?   **À quelle heure** est-ce que vous dînez?

OBSERVATION: In casual conversation, French speakers frequently form information questions by placing the interrogative expression at the end of the sentence. The voice rises on the interrogative expression.

Vous habitez **où?**   Vous dînez **à quelle heure?**

Vocabulaire: Expressions interrogatives

où	*where?*	**Où** est-ce que vous travaillez?
quand?	*when?*	**Quand** est-ce que ton copain organise une boum?
à quelle heure?	*at what time?*	**À quelle heure** est-ce que tu regardes la télé?
comment?	*how?*	**Comment** est-ce que tu chantes? Bien ou mal?
pourquoi?	*why?*	—**Pourquoi** est-ce que tu étudies le français?
parce que	*because*	—**Parce que** je veux voyager en France.

➡ **Parce que** becomes **parce qu'** before a vowel sound.

Juliette invite Olivier **parce qu'**il danse bien.

1 Le Club International

The president of the International Club wants to know where some of the members are from. The secretary tells her where each one lives.

▶ Sylvie (à Québec)

LA PRÉSIDENTE: **Où est-ce que Sylvie habite?**

LE SECRÉTAIRE: **Elle habite à Québec.**

1. Jacques (à Montréal)
2. Awa (à Dakar)
3. Marc et Frédéric (à Toulouse)
4. Jean-Pierre (à Genève)
5. Sophie et Michèle (à Nice)
6. Isabelle (à Paris)

2 Curiosité

At a party in Paris, Nicolas meets Béatrice, a Canadian student. He wants to know more about her. Play both roles.

▶ où / habiter? (à Québec)

NICOLAS: **Où est-ce que tu habites?**

BÉATRICE: **J'habite à Québec.**

1. où / étudier? (à Montréal)
2. où / travailler? (dans [in] une pharmacie)
3. quand / parler français? (toujours)
4. quand / parler anglais? (souvent)
5. comment / jouer au tennis? (bien)
6. comment / danser? (très bien)
7. pourquoi / être en France? (parce que j'aime voyager)
8. pourquoi / être à Paris? (parce que j'ai [I have] un copain ici)

Expression pour la conversation

How to express surprise or mild doubt:

Ah bon?   *Oh? Really?*   —Stéphanie organise une boum.
—**Ah bon?** Quand?

---

3 Au téléphone

When Philippe phones his cousin Michèle, he likes to tell her what his plans are. She asks him a few questions. Play both roles.

J'organise une boum.

Samedi.

Ah bon? Quand est-ce que tu organises une boum?

▶ organiser une boum (quand? samedi)

1. organiser un pique-nique (quand? dimanche)
2. dîner avec Pauline (quand? lundi)
3. dîner avec Caroline (où? au restaurant Belcour)
4. regarder «Batman» (à quelle heure? à 9 heures)
5. jouer au tennis (quand ? demain)
6. inviter Brigitte (où? à un concert)
7. parler espagnol (comment? assez bien)
8. étudier l'italien (pourquoi? je veux voyager en Italie)

4 Questions personnelles

1. Où est-ce que tu habites? *(name of your city)*
2. Où est-ce que tu étudies? *(name of your school)*
3. À quelle heure est-ce que tu dînes?
4. À quelle heure est-ce que tu regardes la télé?
5. Quand est-ce que tu nages?
6. Quand est-ce que tu joues au tennis? (en mai? en juillet?)
7. Comment est-ce que tu chantes? (bien? très bien? mal?)
8. Comment est-ce que tu nages?

B. Les expressions interrogatives avec *qui*

To ask about PEOPLE, French speakers use the following interrogative expressions:

qui?	*who(m)?*	**Qui** est-ce que tu invites au concert?
à qui?	*to who(m)?*	**À qui** est-ce que tu téléphones?
de qui?	*about who(m)?*	**De qui** est-ce que vous parlez?
avec qui?	*with who(m)?*	**Avec qui** est-ce que Pierre étudie?
pour qui?	*for who(m)?*	**Pour qui** est-ce que Laure organise la boum?

To ask *who is doing something,* French speakers use the construction:

qui + VERB . . . ?
Qui habite ici?   *Who lives here?*
Qui organise la boum?   *Who is organizing the party?*

5 **Précisions** *(Details)*

Anne is telling Hélène what certain people are doing. She asks for more details. Play both roles.

▶ Alice dîne. (avec qui? avec une copine)

1. Jean-Pierre téléphone. (à qui? à Sylvie)
2. Frédéric étudie. (avec qui? avec un copain)
3. Madame Masson parle. (à qui? à Madame Bonnot)
4. Monsieur Lambert travaille. (avec qui? avec Monsieur Dumont)
5. Juliette danse. (avec qui? avec Georges)
6. François parle à Michèle. (de qui? de toi)

Alice dîne.

Elle dîne avec une copine.

Ah bon? Avec qui est-ce qu'elle dîne?

6 **Un sondage** *(A poll)*

Take a survey to find out how your classmates spend their free time. Ask who does the following things.

▶ écouter la radio
  Qui écoute la radio?

1. voyager souvent
2. aimer chanter
3. nager
4. aimer danser
5. regarder la télé
6. jouer au tennis
7. jouer au foot
8. travailler
9. regarder les clips *(music videos)*
10. parler italien
11. étudier beaucoup
12. visiter souvent New York

Europe 2

LA MUSIQUE

La radio

7 **Questions**

Prepare short dialogues with your classmates, using the information in the illustrations.

où?
à la maison

▶ —Où est-ce que tu dînes?
—Je dîne à la maison.

1. à quelle heure?
à 8 heures

2. quand?
en septembre

3. comment?
BONJOUR!
très bien

4. avec qui?
avec Denise

5. à qui?
à mon cousin

6. de qui?
BLA BLA BLA...
de toi

7. pour qui?
pour M. Lambert

C. *Qu'est-ce que?*

Note the use of the interrogative expression **qu'est-ce que** *(what)* in the questions below.

Qu'est-ce que tu regardes?	Je regarde un match de tennis.
Qu'est-ce qu'Alice mange?	Elle mange une pizza.

To ask *what people are doing,* the French use the following construction:

qu'est-ce que + SUBJECT + VERB + . . . ?	**Qu'est-ce que** tu fais?
qu'est-ce qu' (+ VOWEL SOUND)	**Qu'est-ce qu'**elle fait?

8 **La Boutique-Musique**

People in Column A are at the Boutique-Musique, a local music shop. Use a verb from Column B to ask what they are listening to or looking at. A classmate will answer you, using an item from Column C.

A	B	C
tu	écouter?	une guitare
vous	regarder?	un poster
Alice		un compact (CD) de jazz
Éric		une cassette de rock
Antoine et Claire		un album de Paul Simon

Qu'est-ce qu'Éric écoute?

Il écoute un album de Paul Simon.

D. Le verbe *faire*

Faire *(to do, make)* is one of the most useful French verbs. It is an IRREGULAR verb since it does not follow a predictable pattern. Note the forms of **faire** in the present tense.

faire *(to do, make)*	
je **fais**	Je **fais** un sandwich.
tu **fais**	Qu'est-ce que tu **fais** maintenant?
il/elle **fait**	Qu'est-ce que ton copain **fait** samedi?
nous **faisons**	Nous **faisons** une pizza.
vous **faites**	Qu'est-ce que vous **faites** ici?
ils/elles **font**	Qu'est-ce qu'elles **font** pour la boum?

Vocabulaire: Expressions avec *faire*

faire un match	*to play a game (match)*	Mes cousins **font un match** de tennis.
faire une promenade	*to go for a walk*	Caroline **fait une promenade** avec Olivier.
faire un voyage	*to take a trip*	Ma copine **fait un voyage** en France.
faire attention	*to pay attention*	Est-ce que tu **fais attention** quand le professeur parle?

9 La boum de Juliette

Juliette's friends are helping her prepare food for a party. Use the verb **faire** to say what everyone is doing.

▶ Je . . . une crêpe.

Je fais une crêpe.

1. Nous . . . une salade.
2. Tu . . . une salade de fruits.
3. Vous . . . une tarte *(pie)*.
4. Cécile et Marina . . . un gâteau *(cake)*.
5. Christine . . . une pizza.
6. Marc . . . un sandwich.
7. Patrick et Thomas . . . une omelette.
8. Pierre et Karine . . . une quiche.

10 Qu'est-ce qu'ils font?

Read the descriptions below and say what the people are doing. Use the verb **faire** and an expression from the list below. Be logical.

un voyage   une promenade   une pizza   un match   attention

▶ Madame Dumont est en Chine.
Elle fait un voyage.

1. Nicolas travaille dans *(in)* un restaurant.
2. Nous sommes en ville.
3. Hélène et Jean-Paul jouent au tennis.
4. Je suis dans la cuisine *(kitchen)*.
5. Marc est dans le train Paris–Nice.
6. Vous jouez au volley.
7. Je suis dans le parc.
8. Monsieur Lambert visite Tokyo.
9. Nous écoutons le prof.

E. L'interrogation avec inversion

> ### Learning about language
>
> In conversational French, questions are usually formed with **est-ce que.** However, when the subject of the sentence is a pronoun, French speakers often use INVERSION, that is, they invert or reverse the order of the subject pronoun and the verb.
>
> REGULAR ORDER: **Vous parlez** français.
> SUBJECT   VERB
>
> INVERSION: **Parlez-vous** anglais?
> VERB   SUBJECT

Look at the two sets of questions below. They both ask the same thing. Compare the position of the subject pronouns in heavy print.

Est-ce que **tu** parles anglais?	Parles-**tu** anglais?	*Do you speak English?*
Est-ce que **vous** habitez ici?	Habitez-**vous** ici?	*Do you live here?*
Où est-ce que **nous** dînons?	Où dînons-**nous**?	*Where are we having dinner?*
Où est-ce qu'**il** est?	Où est-**il**?	*Where is he?*

Inverted questions are formed according to the patterns:

YES / NO	VERB / SUBJECT PRONOUN . . . ?
QUESTION	**Voyagez-vous** souvent?

INFORMATION	INTERROGATIVE EXPRESSION + VERB / SUBJECT PRONOUN . . . ?
QUESTION	**Avec qui** **travaillez-vous** demain?

→ In inversion, the verb and the subject pronoun are connected by a hyphen.

OBSERVATION: In inversion, liaison is required before **il/elle** and **ils/elles.** If a verb in the singular ends on a vowel, the letter "**t**" is inserted between the verb and the subject pronoun so that liaison can occur:

Où travaille-t-il?	Où travaille-t-elle?
Avec qui dîne-t-il?	Avec qui dîne-t-elle?

11 Conversation

Get better acquainted with your classmates by asking them a few questions. Use inversion.

▶ où / habiter? —**Où habites-tu?**
                —**J'habite à (Boston).**

1. à quelle heure / dîner?
2. à quelle heure / regarder la télé?
3. avec qui / parler français?
4. à qui / téléphoner souvent?
5. comment / nager?
6. avec qui / étudier?

Prononciation   /y/

La voyelle /y/

The vowel sound /y/ – represented by the letter "**u**" – does not exist in English. Here is a helpful trick for producing this new sound.

Super!

First say the French word **si.** Then round your lips as if to whistle and say **si** with rounded lips: /sy/. Now say **si-per.** Then round your lips as you say the first syllable: **super!**

Répétez: /y/ **super tu étudie bien sûr**
                 Lucie Luc
                 Tu étudies avec Lucie.

À votre tour!

1 Allô!

Awa is phoning some friends. Match her questions on the left with her friends' answers on the right.

1. Qu'est-ce que tu fais?
2. Qu'est-ce que vous faites samedi?
3. Où est ton père?
4. Quand est-ce que tu veux jouer au tennis avec moi?
5. Qui est-ce que tu invites au cinéma?
6. Pourquoi est-ce que tu étudies l'anglais?

a. Il fait une promenade.
b. Ma cousine Alice.
c. Dimanche. D'accord?
d. J'étudie.
e. Nous faisons un match de tennis.
f. Parce que je voudrais habiter à New York.

2 Les questions

The following people are answering questions. Read what they say and figure out what questions they were asked.

Je chante très mal.

▶ Comment est-ce que tu chantes?

J'habite à Québec.

1

Je dîne à sept heures.

2

Nous dînons à l'Hippopotame.

3

Je mange une pizza.

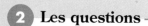

4

Je regarde un film.

5

J'invite Catherine.

6

3 Créa-dialogue

Ask your classmates what they do on different days of the week. Carry out conversations similar to the model. Note: "??" means you can invent your own answers.

▶ —Qu'est-ce que tu fais <u>lundi</u>?
—Je <u>joue au tennis</u>.
—Ah bon? À quelle heure est-ce que tu <u>joues</u>?
—<u>À deux heures</u>.
—Et avec qui?
—Avec <u>Anne-Marie</u>.

▶	lundi	mardi	mercredi	jeudi	vendredi	samedi	dimanche
ACTIVITÉ						??	??
À QUELLE HEURE?	2 heures	6 heures	??	??	??	??	??
AVEC QUI?	avec Anne-Marie	avec un copain	??	??	??	??	??

4 Faisons connaissance!
(Let's get acquainted!)

Get better acquainted with a classmate that you don't know very well. Ask questions in French. For instance:

- Where does he/she live?
- Does he/she study much at home?
- Does he/she speak French at home? (with whom?)
- Does he/she watch TV? (at what time?)
- Does he/she like to phone? (whom? [**à qui?**])

5 Interview

A famous rock star is visiting the United States. You are going to interview her for your school paper. Write out five questions you would want to ask the singer, addressing her as **vous.** For example, you may want to know . . .

- where she lives in France
- where she is singing
- why she is visiting your city
- how she is traveling
- how (well) she speaks English

6 Curiosité

Imagine that a French friend has just made the following statements. For each one, write down three or four related questions you could ask him or her.

Je joue au foot demain.

▶ • Avec qui est-ce que tu joues?
• Où est-ce que vous jouez?
• À quelle heure est-ce que vous jouez?
• Pourquoi est-ce que vous jouez au foot?

Je joue au tennis. **1**

2 Je dîne avec un copain.

3 Je fais une promenade.

4 J'organise une boum.

Vive la différence!

Les activités quotidiennes

Nous sommes américains, français, anglais, canadiens . . . Nos° cultures ont° beaucoup de points communs, mais elles ne sont pas identiques.

Parlons° de la vie quotidienne.° Nous faisons les mêmes choses,° mais souvent nous faisons ces° choses un peu différemment.° Voici plusieurs° questions. Répondez° à ces questions. À votre avis,° quelles° sont les réponses des jeunes Français?°

1 Quel jour de la semaine est-ce que vous préférez?
- le lundi
- le vendredi
- le samedi
- le dimanche

Et les Français, quel jour est-ce qu'ils préfèrent?

2 Pendant° la semaine, qu'est-ce que vous préférez faire quand vous n'étudiez pas?
- Je préfère regarder la télé.
- Je préfère lire.°
- Je préfère jouer au basket.
- Je préfère téléphoner à mes° copains.

Et les jeunes Français, qu'est-ce qu'ils préfèrent faire?

3 Voici quatre sports. Quel sport est-ce que vous pratiquez le plus?°
- Je nage.
- Je joue au basket.
- Je fais du jogging.
- Je joue au football.

Et les jeunes Français, quel sport est-ce qu'ils pratiquent le plus?

4 À quelle heure est-ce que vous dînez en général?
- entre° cinq heures et demie et six heures
- entre six heures et sept heures
- entre sept heures et huit heures
- après huit heures

Et les Français, à quelle heure est-ce qu'ils dînent?

5 En moyenne,° combien d'heures° par jour° est-ce que vous regardez la télé?
- une heure
- deux heures
- trois heures
- quatre heures ou plus°

Et les jeunes Français? Combien d'heures par jour est-ce qu'ils regardent la télé?

6 Qu'est-ce que vous préférez regarder à la télé?
- les sports
- les films
- la publicité°
- les feuilletons°

Et les jeunes Français, qu'est-ce qu'ils préfèrent regarder?

Et les Français?
1. Ils préfèrent le samedi.   2. Ils préfèrent regarder la télé.   3. Ils jouent au football.   4. Ils dînent entre sept heures et huit heures.   5. Ils regardent la télé deux heures par jour.   6. Ils préfèrent regarder les films.

Nos *Our*   **ont** *have*   **Parlons** *Let's talk*   **vie quotidienne** *daily life*   **mêmes choses** *same things*   **ces** *these*
différemment *differently*   **plusieurs** *several*   **Répondez** *Answer*   **À votre avis** *In your opinion*   **quelles** *what*
jeunes Français *young French people*   **Pendant** *During*   **lire** *to read*   **mes** *my*   **le plus** *the most*   **entre** *between*
En moyenne *On the average*   **combien d'heures** *how many hours*   **par jour** *per day*   **plus** *more*   **publicité** *commercials*   **feuilletons** *series*

EN FRANCE

À la télé, ce weekend

In France, TV viewers have a choice of six main channels: *TF1, Antenne 2, FR3, La 5, M6,* and *Canal Plus.* (People who want to watch *Canal Plus* need to have a special decoding machine for which they pay a monthly fee.)

Note that in TV listings, times are expressed using a 24-hour clock. In this system, 8 P.M. is **20.00** (*vingt heures*); 10 P.M. is **22.00** (*vingt-deux heures*).

Imagine that you are spending a month in Paris with a French family. This Friday and Saturday you have decided to stay home and watch TV. Look at the program listings at the right.

- Which programs would you like to watch on Friday? When do they start?

- Which programs would you choose on Saturday evening? When do they start?

- Your French hosts are soccer fans. What program would they want to watch and when? Which teams are playing? (Locate these cities on the map of France.)

- What program is featured on **Antenne 2** on Saturday evening? Who are the guests on this program? Do you know any of them?

- How many different movies are being shown over the weekend? How many of these movies are American? Which movie would you choose to see? At what time and on which channel?

- You are interested in watching a French TV series. Which program would you select? On which channel? According to its title, what kind of a series do you think it is?

SÉLECTION DE LA SEMAINE

VEN | SAM

VEN	SAM
20.30 VARIÉTÉS **SALUT L'ARTISTE** Sketches de Thierry Le Luron	**20.35** SPECTACLE **HOLIDAY ON ICE** Mis en scène par Jérôme Savary
22.05 DOCUMENT **HISTOIRES NATURELLES**	**22.10** SÉRIE **DANS LA CHALEUR DE LA NUIT**

VEN	SAM
20.35 SÉRIE **HÔTEL DE POLICE** LE GENTIL MONSIEUR de Claude Barrois avec Cécile Magnet	**20.40** VARIÉTÉS **CHAMPS-ÉLYSÉES** Invités: Elton John, Isabelle Adjani, Tom Cruise
23.20 FILM **ALICE DANS LES VILLES** de Wim Wenders	**22.25** SÉRIE **MÉDECINS DE NUIT**

VEN	SAM
21.30 SÉRIE **LE MASQUE** MADEMOISELLE EVELYNE de Jean-Louis Fournier	**20.35** JEUNESSE **SAMDYNAMITE** DESSINS ANIMÉS Série: BATMAN
23.45 CONCERT **MUSIQUES, MUSIQUE**	**22.25** ENTRETIEN **LE DIVAN** Pierre Dumayet

VEN	SAM
20.30 FILM **MON PROF EST UN EXTRA-TERRESTRE** de Dave De Coteau	**20.30** FILM TV **OPÉRATION COMMANDO** de Ted Kaplan avec D. Stephen, R. Kristoff
22.15 SÉRIE **DEUX FLICS À MIAMI**	**22.25** SÉRIE **DEUX FLICS À MIAMI**

VEN	SAM
20.30 FILM TV **COPACABANA** de Warris Hussein avec Barry Manilow, Annette O'Toole	**20.35** FILM TV **L'ÉCLOSION DES MONSTRES** de J. Piquer Simon avec Yan Sera
22.05 THÉATRE **LE SEXE FAIBLE**	**22.20** SÉRIE **LE COMTE DE MONTE-CRISTO**

VEN	SAM
20.30 FOOTBALL **CAEN - TOULOUSE** Championnat de France 28e journée	**20.30** FILM **ALIENS, LE RETOUR** de James Cameron avec Sigourney Weaver
22.40 FILM **AFTER HOURS** de Martin Scorsese	**22.45** FILM **UNE NUIT À L'ASSEMBLÉE NATIONALE** de Jean-Pierre Mocky

Entre amis: Bonjour, Patrick!

Qu'est-ce que vous aimez faire? Dans° une lettre, Patrick
répond° à cette question. Voici la lettre de Patrick.

Bonjour!
 Je m'appelle Patrick Lacaze. J'ai 14 ans. J'habite à Tours avec ma
famille. Je suis élève° de troisième.° J'étudie beaucoup, mais je
n'étudie pas tout le temps.° Voici ce que° j'aime faire.
 J'aime les boums parce que j'adore danser.
 J'aime la musique. J'aime surtout° le rock. J'aimerais° jouer de la
guitare, mais je ne sais pas.°
 J'aime les sports. En hiver je skie et en été je nage et je joue au
tennis. (Je ne suis pas un champion, mais je joue assez° bien.) J'aime
jouer au basket, mais je préfère jouer au foot. (J'aime jouer au
babyfoot, mais ce n'est pas un sport.) J'aime faire des promenades à
vélo° le weekend avec mes copains.
 J'aime mon école.° J'aime surtout l'anglais parce que le prof est
sympa.° (Il s'appelle Mr. Ross, mais il est très gentil.°) Je n'aime
pas trop° les maths.
 À la maison, j'aime regarder la télé. J'adore les séries
américaines! J'aime aussi écouter mes cassettes.
 J'aime téléphoner à ma copine, mais je ne téléphone pas souvent.
(Mon père n'aime pas ça.°)
 J'aime jouer aux jeux° sur le Minitel!
 Et vous, qu'est-ce que vous aimez faire? Répondez-moi° vite.°

Amicalement,°
Patrick Lacaze

Dans *In* **répond** *answers* **élève** *student* **troisième** *ninth grade* **tout le temps** *all the time* **ce que** *what*
surtout *especially* **aimerais** *would like* **je ne sais pas** *I don't know how* **assez** *rather*
promenades à vélo *bike rides* **école** *school* **sympa** *nice* **gentil** *nice* **trop** *too much* **ça** *that* **jeux** *games*
Répondez-moi *Answer me* **vite** *quickly* **Amicalement** *Cordially (In friendship)*

■ NOTES ■
CULTURELLES

1 Tours

Tours is an attractive
city located about 150
miles southwest of
Paris. It is the capital
of Touraine, an area
of France known for its beautiful castles.

★ Paris

Tours

2 Le babyfoot

Babyfoot is a tabletop soccer game in
which two teams of two people each try to
score goals by manipulating rows of toy
players. **Babyfoot** is very popular among
French teenagers, who play it in cafés or
in youth clubs.

Comment lire *(Reading hints)*
GETTING THE MEANING

When you read French, try to understand the meaning. Don't look for a word-for-word English translation for each sentence.

- Sometimes the two languages use different constructions.

  Je m'appelle . . .   *(I call myself . . .)*   *My name is . . .*

- Sometimes French uses some words that English leaves out.

  J'aime le rock.   *I love rock.*
  J'aime jouer de la guitare.   *I like to play the guitar.*

- And sometimes French leaves out words that English uses.

  Je suis élève de troisième.   *I am a student in ninth grade.*

- Word order may also be different.

  des promenades à vélo   *bike rides*

Enrichissez votre vocabulaire
COGNATES

You have already discovered that there are many words in French that look like English words and have similar meanings. These are called COGNATES. Cognates let you increase your vocabulary effortlessly. But be sure to pronounce them the French way!

- Sometimes the spelling is the same, or almost the same.

  la radio   *radio*
  un champion   *champion*

- Sometimes the spelling is a little different.

  américain   *American*

Activité
Read the letter from Patrick again and find five more French-English cognates.

Activité: Une lettre à Patrick
You are writing a letter to Patrick in which you introduce yourself and explain what you like to do. You may tell him:

- if you like music (and what kind)
- what sports you like to do in fall or winter
- what sports you like to do in spring or summer
- what you like to do at home
- whether or not you like French and math
- what you like to do on weekends
- what programs you like to watch on TV

You may start your letter with the words:
Mon cher Patrick,
(My dear Patrick)
and end it with:
Amicalement,

Mon cher Patrick,

Amicalement,

◼ NOTE ◼
CULTURELLE

Le Minitel

If you lived in Paris and wanted to find the phone number or address of a friend, you wouldn't call information. You would turn to your **Minitel.** The **Minitel** is a small computer terminal connected to the telephone. By entering certain codes, you can gain access to a large variety of services. The most popular is the **annuaire électronique** (*computerized phone directory*).

However, the **Minitel** has much more to offer. You can check plane and train schedules, reserve theater tickets, and send electronic messages. For recreation, there are all sorts of games sponsored by various companies. If you answer a certain number of questions correctly, for example, you can win prizes like a pair of movie tickets or even a trip abroad.

But there is a catch! Although the **Minitel** terminals are distributed free of charge, users are billed each month according to the types of services used and time spent on the line. Because the **Minitel** may become expensive, French parents insist on limiting its use.

PASSEPORT TOURISME MINITEL

36.15 Code FIGMAG

POUR NOS COMPLÉMENTS D'INFORMATIONS SUR MINITEL, COMPOSER LE 36-15 PUIS TAPEZ FIGMAG

Variétés

Cinq portraits

Cinq jeunes parlent de ce qu'ils font,° mais ils ne révèlent pas leur° identité. Est-ce que vous pouvez° identifier chacun?° Lisez° les paragraphes suivants° et faites correspondre° chaque° paragraphe à une photo.

Moussa Dembila
Abidjan, Côte d'Ivoire

Catherine Miguel
Bordeaux, France

Laurent Arnold
Genève, Suisse

Isabelle Lamy
Trois Îlets, Martinique

★ **Denis Lévêque**
Montréal, Québec

1 Je ne suis pas français, mais je parle français. Je parle anglais aussi, mais je préfère parler français. J'aime les sports. Je joue au volley et au basket, mais mon sport préféré° est le hockey. Je m'appelle . . .

2 Je suis française, mais je n'habite pas à Paris. J'habite dans une île tropicale. Au lycée, j'étudie beaucoup. Mon sujet préféré est la biologie. (Je voudrais être médecin.°) J'aime la musique. J'aime beaucoup le reggae et j'adore chanter. J'aime les sports. Je nage souvent. Là où j'habite je peux nager en toute saison.° Je m'appelle . . .

3 Je n'habite pas à Paris. J'habite dans° une grande° ville° à 600 kilomètres de Paris. Je suis élève° dans un lycée. J'étudie beaucoup. Mes sujets préférés sont l'espagnol, la gymnastique, le français et la musique. J'aime beaucoup le jazz et le rock. J'adore danser. Je m'appelle . . .

4 Je n'habite pas en France, mais un jour je voudrais étudier à Paris. J'habite en Afrique. Je suis élève au Collège Moderne du Plateau. J'étudie l'anglais, les maths et la physique. Mon ambition est d'être architecte. Je m'appelle . . .

5 J'habite dans un petit° pays° européen. Dans mon pays les gens° parlent des langues différentes. Moi, je parle français. En classe j'étudie l'anglais et l'allemand.° J'aime voyager. Je voudrais visiter le Canada. Ma cousine Christine habite là-bas. Je m'appelle . . .

---

ce qu'ils font *what they do* **leur** *their* **pouvez** *can* **chacun** *each one* **Lisez** *Read*
suivants *following* **faites correspondre** *match* **chaque** *each* **préféré** *favorite*
médecin *doctor* **en toute saison** *all year round (in any season)* **dans** *in*
grande *large* **ville** *city* **élève** *student* **petit** *small* **pays** *country* **gens** *people*
allemand *German*

UNITÉ 5

Le monde personnel et familier

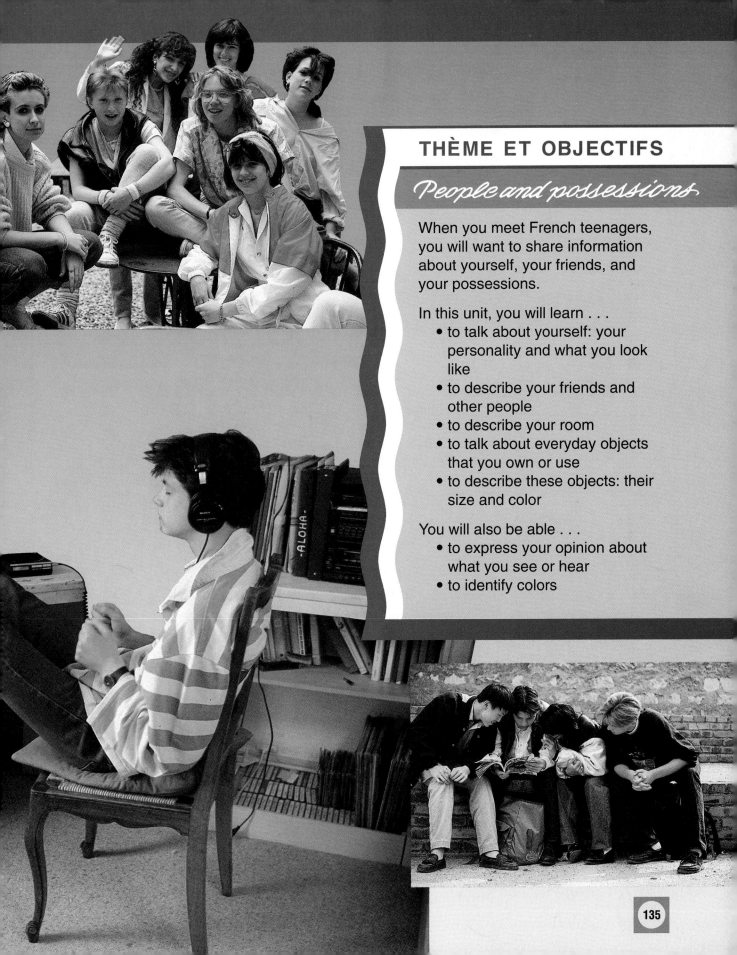

THÈME ET OBJECTIFS

People and possessions

When you meet French teenagers, you will want to share information about yourself, your friends, and your possessions.

In this unit, you will learn . . .
- to talk about yourself: your personality and what you look like
- to describe your friends and other people
- to describe your room
- to talk about everyday objects that you own or use
- to describe these objects: their size and color

You will also be able . . .
- to express your opinion about what you see or hear
- to identify colors

LE FRANÇAIS
P R A T I Q U E

Les personnes et les objets

Accent sur . . . Les Français

France has a population of 57 million people. France is a European country, but its population includes people of many different ethnic backgrounds and cultural origins. There are many French citizens whose families have come from North Africa and French-speaking West Africa, as well as from Vietnam, Laos, and Cambodia.

- France is a country of Catholic tradition, but it also has:
  — the largest Jewish population of Western Europe (about 600,000 people).
  — the largest Muslim population of Western Europe (about five million people).

- France is a young country. Thirty percent of its population is under the age of 20.

- French young people tend to be idealists. They believe in freedom and democracy. They also believe in friendship and family. In fact, they rank these values far above money and material success.

- French young people in general have a positive attitude toward Americans. They like American music and would enjoy visiting the United States.

- Because language study is required in French secondary schools, many French teenagers can communicate in a second language, such as English or German.

Au Café Montparnasse
Stéphanie parle avec ses amis.

Chez le marchand de glaces
Philippe est chez le marchand de glaces avec une copine.

À Paris
Des jeunes font une promenade sur les Champs-Élysées.

Chez des amis
Stéphanie écoute des disques avec un copain.

Qui est-ce?

C'est un copain.

A. La description des personnes

▶ *How to describe someone:*

Qui est-ce?
C'est un copain.

Comment s'appelle-t-il?
Il s'appelle Marc.

Quel âge a-t-il?
Il a seize ans.

Comment est-il?
Il est petit.
Il est blond.

Qui est-ce?
C'est une copine.

Comment s'appelle-t-elle?
Elle s'appelle Sophie.

Quel âge a-t-elle?
Elle a quinze ans.

Comment est-elle?
Elle est grande.
Elle est brune.

Les personnes

une **personne**

un **étudiant**	*(student)*
un **élève**	*(pupil)*
un **camarade**	*(classmate)*
un **homme**	*(man)*
un **professeur**, un **prof**	*(teacher)*
un **voisin**	*(neighbor)*

une **personne**

une **étudiante**	
une **élève**	
une **camarade**	
une **femme**	*(woman)*
un **professeur**, une **prof**	
une **voisine**	

➡ **Une personne** is always feminine whether it refers to a male or female person.

➡ **Un professeur** is always masculine whether it refers to a male or female teacher. However, in casual French, one distinguishes between **un prof** (male) and **une prof** (female).

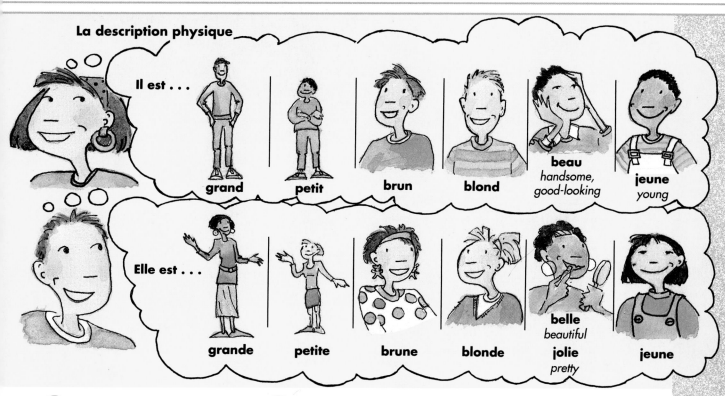

La description physique

Il est . . .

grand • petit • brun • blond • **beau** *handsome, good-looking* • **jeune** *young*

Elle est . . .

grande • petite • brune • blonde • **belle** *beautiful* • **jolie** *pretty* • jeune

1 Oui ou non?

Describe the people below in affirmative or negative sentences.

▶ Michael Jordan / petit?
Michael Jordan n'est pas petit.

▶ Cher / grande?
Cher est grande.

1. Larry Bird / grand?
2. Tom Cruise / blond?
3. Dracula / beau?
4. mon copain / brun?
5. mon père / petit?
6. mon voisin / jeune?
7. la princesse Diana / belle?
8. Jane Fonda / jeune?
9. Oprah Winfrey / grande?
10. ma copine / petite?
11. ma mère / brune?
12. ma voisine / jolie?

2 Vacances à Québec

You spent last summer in Quebec and have just had your photographs developed. Describe each of the people, giving name, approximate age, and two or three characteristics.

blond(e)	petit(e)
brun(e)	beau (belle)
grand(e)	jeune

▶ Il s'appelle Alain.
Il est brun.
Il a seize ans.
Il n'est pas grand.
Il est petit.

▶ **Alain**

1. **Anne-Marie**

2. **Jean-Pierre**

3. **Claire**

4. **Mademoiselle Lévêque**

5. **Madame Paquette**

6. **Monsieur Beliveau**

B. Les objets

▶ *How to identify something:*

Qu'est-ce que c'est?	*What is it? What's that?*	**—Qu'est-ce que c'est?**
C'est . . .	*It's . . . , That's . . .*	**—C'est** une radio.

▶ *How to say that you know or do not know:*

Je sais.	*I know.*
Je ne sais pas.	*I don't know.*

▶ *How to point out something:*

—Regarde ça.	*Look at that.*
—Quoi?	*What?*
—Ça, là-bas.	*That, over there.*

Quelques objets *(A few objects)*

un objet   un stylo   un crayon   un livre

un disque   un compact (un CD)   un sac

une chose *(thing)*   une raquette   une guitare

une affiche   une cassette

DO YOU REMEMBER?

In French, the names of objects are MASCULINE or FEMININE.

Masculine objects can be introduced by **un** or **le (l')**: **un disque, le disque, l'objet.**

Feminine objects can be introduced by **une** or **la (l')**: **une cassette, la cassette, l'affiche.**

3 Qu'est-ce que c'est?

Ask a classmate to identify the following objects.

4 S'il te plaît

Ask a classmate to give you the following objects.

▶ —S'il te plaît, donne-moi la cassette.
—Voilà la cassette.
—Merci.

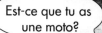

Est-ce que tu as
une moto?

Oui, j'ai une moto.

C. Les possessions personnelles

How to talk about things you have:

Est-ce que tu as . . . ?   *Do you have . . . ?*   —**Est-ce que tu as** un sac?
Oui, j'ai . . .   *Yes, I have . . .*   —**Oui, j'ai** un sac.

Quelques objets

   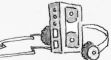

un vélo (une bicyclette)   **un scooter**   **un téléphone**   **un walkman**

un appareil-photo   **un magnétophone**   **un ordinateur**

une voiture   **une moto**   **une mobylette**   **une montre**   **une calculatrice**
(une auto)

une radio   **une radiocassette**   **une télé**   **une chaîne stéréo**

How to ask if an object works:

—Est-ce que la radio **marche?**   *Does the radio* **work?**
—Oui, elle **marche.**   *Yes, it works.*

➡ The verb **marcher** has two meanings:

    for people:
    to walk   Nous **marchons.**

    for things:
    to work, to run   Le scooter ne **marche** pas bien.

> DO YOU REMEMBER?
>
> Masculine nouns can be replaced by **il.**
>   **Le vélo** marche.
>   **Il** marche.
>
> Feminine nouns can be replaced by **elle.**
>   **La voiture** marche.
>   **Elle** marche.

5 Et toi?

1. J'ai . . .
   (Name 3 objects you own.)
2. Je voudrais . . .
   (Name 3 things you would like to have.)
3. Pour Noël / Hanoukka, je voudrais . . .
   (Name 2 gifts you would like to receive.)

6 Joyeux anniversaire
(Happy birthday)

For your birthday, a rich aunt is giving you the choice between different possible gifts. Indicate your preferences.

▶ vélo ou scooter?

1. mobylette ou moto?
2. montre ou radio?
3. appareil-photo ou walkman?
4. radiocassette ou chaîne stéréo?
5. télé ou ordinateur?
6. magnétophone ou calculatrice?

> Je préfère le vélo.

> Je préfère le scooter.

7 Qu'est-ce que tu as?

Philippe asks Christine if she has the following objects. She says that she does. Play both roles.

▶ PHILIPPE: **Est-ce que tu as une guitare?**
CHRISTINE: **Oui, j'ai une guitare.**

| 1 | 2 | 3 | 4 | 5 | 6 |

8 Est-ce qu'il marche bien?

Tell your classmates that you own the following objects. They will ask you if the objects are working. Answer according to the illustrations.

▶ —J'ai un vélo.
—Est-ce qu'il marche bien?
—Non, il ne marche pas.

▶ —J'ai une télé.
—Est-ce qu'elle marche bien?
—Oui, elle marche très bien.

| 1 | 2 | 3 |
| 4 | 5 | 6 |

D. Ma chambre (My room)

Dans ma chambre
il y a une télé.

How to talk about what there is in a place:

il y a	*there is*	Dans *(In)* ma chambre, **il y a** une télé.
	there are	Dans le garage, **il y a** deux voitures.
est-ce qu'il y a . . . ?	*is/are there . . . ?*	**Est-ce qu'il y a** un ordinateur dans la classe?
qu'est-ce qu'il y a . . . ?	*what is there . . . ?*	**Qu'est-ce qu'il y a** dans le garage?

Dans ma chambre

une fenêtre

une porte

un lit

un bureau

une chaise

une table

How to say where something or someone is:

Où est Félix?
Félix est . . .

dans le lit

sur le lit

sous le lit

devant le lit

derrière le lit

144 Unité 5

9 Qu'est-ce qu'il y a?

Describe the various objects that are in the pictures.

1. Sur la table, il y a . . . 2. Sous le lit, il y a . . . 3. Dans le garage, il y a . . .

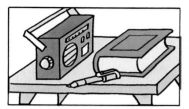  

10 Ma chambre

Describe the various objects (pieces of furniture and personal belongings) that are in your room.

▶ Il y a une radio, . . .
   Il y a aussi . . .

11 Où est le téléphone?

Michèle is looking for the telephone. Jean-Claude tells her where it is.

▶ MICHÈLE: **Où est le téléphone?**
   JEAN-CLAUDE: **Il est sur la table.**

12 C'est étrange! *(It's strange!)*

Funny things sometimes happen. Describe these curious happenings by selecting an item from Column A and putting it in one of the places listed in Column B.

▶ Il y a un éléphant sous le lit!

▶ Il y a . . .

A	B
un rhinocéros	dans la classe
un éléphant	sur le bureau
une girafe	sous la table
un crabe	sous le lit
une souris *(mouse)*	derrière la porte
un ami de King Kong	sur la tour Eiffel
un extra-terrestre	dans le jardin *(garden)*
	devant le restaurant

13 La chambre de Nicole

Florence wants to borrow a few things from Nicole's room. Nicole tells her where each object is.

Où est la raquette?

Elle est sous le lit.

▶ la raquette

1. la télé
2. la guitare
3. le livre
4. le vélo *bike*
5. l'ordinateur *comp*

6. le sac *bock*
7. la radio
8. le compact
9. la cassette

14 Pauvre Monsieur Vénard *(Poor Mr. Vénard)*

Today Monsieur Vénard left on vacation, but he soon ran out of luck. Describe the four cartoons by completing the sentences below.

Le voyage de Monsieur Vénard

1. M. Vénard est ___ la voiture.

2. M. Vénard est ___ la voiture.

3. M. Vénard est ___ la voiture.

4. La contractuelle est ___ la voiture.

la contractuelle   *meter maid*

À votre tour!

1 Créa-dialogue

Daniel is showing Nathalie his recent photographs, and she is asking questions about the various people. Create similar dialogues and act them out in class.

▶

un copain
Éric/14

▶ —Qui est-ce?
—C'est un copain.
—Comment s'appelle-t-il?
—Il s'appelle Éric.
—Quel âge a-t-il?
—Il a quatorze ans.

1. une cousine	2. un camarade	3. une camarade	4. un voisin	5. une voisine	6. un professeur
Valérie/20	Philippe Boucher/13	Nathalie Masson/15	Monsieur Dumas/70	Madame Smith/51	Monsieur Laval/35

2 Conversation dirigée

Olivier is visiting his new friend Valérie. Act out the dialogue according to the instructions.

Olivier			Valérie
	asks Valérie if she has a boom box	→ ↙	answers affirmatively	
	asks her if it works well	→ ↙	says that it works very well and asks why	
	says he would like to listen to his new (**sa nouvelle**) cassette	→	says that the boom box is on the table in the living room (**le salon**)	

3 Mes possessions

Imagine that your family is going to move to another city. Prepare for the move by making a list of the objects you own. Use a separate sheet of paper.

4 Composition: Un objet

Write a short paragraph describing a real or an imaginary object. You may want to include a picture. (Use only vocabulary that you know.) You may begin your sentences with the following phrases:

▶

Voici mon/ma ...
Il/Elle est ...
Il/Elle marche (ne marche pas) ...

18

Vive la différence!

We are not necessarily like our friends. Caroline, a French girl from Montpellier, describes herself. She also talks about her friend Jean-Pierre.

Caroline

Jean-Pierre

Je m'appelle Caroline.
J'habite à Montpellier.
J'ai des frères.

J'ai un chien.

J'ai un scooter.

J'aime le cinéma.
J'aime les films de science-fiction.
J'aime les sports.
J'étudie l'anglais.

Il s'appelle Jean-Pierre.
Il habite à Strasbourg.
Il n'a pas de frère,
    mais il a des soeurs.
Il n'a pas de chien,
    mais il a deux horribles chats.
Il a une moto.

Il préfère le théâtre.
Il préfère les westerns.
Il préfère la musique.
Il étudie l'espagnol.

Jean-Pierre et moi, nous sommes très différents . . . mais nous sommes copains.

C'est l'essentiel, non?

● Compréhension

Answer the questions below with the appropriate names: **Caroline, Jean-Pierre,** or **Caroline et Jean-Pierre.**

1. Qui habite en France?
2. Qui a des soeurs?
3. Qui n'a pas de frère?

4. Qui a un animal domestique?
5. Qui aime jouer au volley?
6. Qui préfère écouter un concert?

7. Qui étudie
    une langue *(language)*?

Et toi?

Describe yourself and your best friend by completing the sentences below with a phrase of your choice.

1. J'ai . . .
   Mon copain (ma copine) a . . .
   - un frère
   - une soeur
   - des frères
   - des soeurs

2. J'ai . . .
   Mon copain (ma copine) a . . .
   - un chien
   - un chat
   - un perroquet (*parrot*)
   - un poisson rouge (*goldfish*)

3. J'ai . . .
   Mon copain (ma copine) a . . .
   - un vélo
   - une moto
   - un scooter
   - une mobylette

4. J'aime . . .
   Mon copain (ma copine) aime . . .
   - le cinéma
   - le théâtre
   - la musique
   - les sports

5. Je préfère . . .
   Mon copain (ma copine) préfère . . .
   - les westerns
   - les comédies
   - les films d'aventures
   - les films de science-fiction

6. J'étudie . . .
   Mon copain (ma copine) étudie . . .
   - l'espagnol
   - le français
   - l'italien
   - l'allemand (*German*)

7. Mon ami(e) et moi,
   nous sommes . . .
   - assez (*rather*) différent(e)s
   - très différent(e)s
   - assez semblables (*similar*)
   - très semblables

■ NOTE ■ CULTURELLE

Montpellier et Strasbourg

Montpellier and Strasbourg are two very different cities.

- Montpellier is a city of about 200,000 inhabitants located in southern France near the Mediterranean. It is an important university center with a School of Medicine founded in 1221.

- Strasbourg, a city of 250,000 inhabitants, is the capital of the French province of Alsace. Because of its location near Germany and Switzerland, it has always been an international city. Strasbourg is now the seat of important European institutions.

A. Le verbe *avoir*

The verb **avoir** *(to have, to own)* is irregular. Note the forms of this verb in the present tense.

avoir	to have	
j' **ai** tu **as** il/elle **a**	I have you have he/she has	J'**ai** une copine à Québec. Est-ce que tu **as** un frère? Philippe **a** une cousine à Paris.
nous **avons** vous **avez** ils/elles **ont**	we have you have they have	Nous **avons** un ordinateur. Est-ce que vous **avez** une moto? Ils n'**ont** pas ton appareil-photo.

➡ There is liaison in the forms: **nous avons, vous avez, ils ont, elles ont.**
    z   z   z   z

Vocabulaire: Expressions avec *avoir*

avoir faim	to be hungry	J'**ai faim.** Et toi, est-ce que tu **as faim?**
avoir soif	to be thirsty	Paul **a soif.** Sylvie n'**a** pas **soif.**
avoir . . . ans	to be . . . (years old)	J'**ai** 14 **ans.** Le prof **a** 35 **ans.**

---

1 Les voitures

The people below own cars made in the countries where they live. Match each car with its owner.

▶ Monsieur Sato habite à Tokyo.

> Il a une Toyota.

une Alfa Roméo
une Jaguar
une Renault
une Chevrolet
une Volvo
une Mercedes
une Toyota

1. Tu habites à Boston.
2. Vous habitez à Munich.
3. Madame Ericson habite à Stockholm.
4. J'habite à Paris.
5. Nous habitons à Oxford.
6. Mes cousines habitent à Rome.

2 Expression personnelle

How old are the following people? Complete the sentences below. If you don't know the exact age, make a guess.

1. J'ai . . .
2. *(The student on your right)* Tu as . . .
3. *(The teacher)* Vous . . .
4. Mon copain . . .
5. Ma copine . . .
6. La voisine . . .

---

3 Faim ou soif?

You are at a party with your classmates. Offer them the following foods and beverages. They will accept or refuse by saying whether they are hungry or thirsty.

1. une crêpe
2. un soda
3. un hamburger
4. un jus d'orange
5. un croissant
6. un jus de raisin
7. une pizza
8. un Perrier

▶ un sandwich
▶ une limonade

> Tu veux un sandwich?

> Oui, merci! J'ai faim.

(Non, merci! Je n'ai pas faim.)

> Tu veux une limonade?

Oui, merci! J'ai soif.

(Non, merci! Je n'ai pas soif.)

B. Les noms et les articles: masculin et féminin

NOUNS

• Nouns designating PEOPLE
  Nouns that designate male persons
  are almost always *masculine:*
    un garçon   **un ami**
  Nouns that designate female persons
  are almost always *feminine:*
    une fille   **une amie**

> **Learning about language**
> NOUNS are words that designate people, animals, objects, and things.
>
> In French, all nouns have GENDER: they are either MASCULINE or FEMININE.

➡ EXCEPTIONS:
  une personne is always feminine (even when it refers to a male)
  un professeur is always masculine (even when it refers to a woman)

• Nouns designating ANIMALS, OBJECTS, and THINGS
  There is no systematic way to determine whether these nouns are
  masculine or feminine. Therefore, it is very important to learn these
  nouns with their articles.

  MASCULINE: **un** disque   **un** vélo   **un** ordinateur
  FEMININE: **une** cassette   **une** moto   **une** affiche

ARTICLES

Note the forms of the articles in the chart below.

> **Learning about language**
> Nouns are often introduced by ARTICLES. In French, ARTICLES have the *same* gender as the nouns they introduce.

	MASCULINE		FEMININE			
INDEFINITE ARTICLE	**un**	*a, an*	**une**	*a, an*	**un** garçon	**une** fille
DEFINITE ARTICLE	**le**	*the*	**la**	*the*	**le** garçon	**la** fille

➡ Both **le** and **la** become **l'** before a vowel sound:
  le garçon   **l'ami**
  la fille   **l'amie**

> **Learning about language**
> Nouns may be replaced by PRONOUNS. In French, PRONOUNS have the *same* gender as the nouns they replace.

PRONOUNS

Note the forms of the pronouns in the chart below.

MASCULINE	**il**	*he* *it*	Où est **le** garçon? Où est **le** disque?	**Il** est en classe. **Il** est sur la table.
FEMININE	**elle**	*she* *it*	Où est **la** fille? Où est **la** voiture?	**Elle** est en ville. **Elle** est là-bas.

4 Les célébrités

You and Jean-Pierre have been invited to a gala dinner attended by many American celebrities. Jean-Pierre asks you who each person is. Answer him using **un** or **une**, as appropriate.

▶ Connie Chung / journaliste

Tiens, voilà Connie Chung!

Qui est-ce?

Une journaliste.

1. Peter Jennings / journaliste
2. Michelle Pfeiffer / actrice
3. Tom Cruise / acteur
4. Lily Tomlin / comédienne
5. Cher / chanteuse *(singer)*
6. Michael Jordan / athlète
7. Eddie Murphy / comédien
8. Michael Jackson / chanteur

5 Sur la table ou sous la table?

Caroline is looking for the following objects. Cécile tells her where each one is: on or under the table.

▶ walkman
CAROLINE: Où est le walkman?
CÉCILE: Le walkman? Il est sur la table.

1. ordinateur   3. affiche   5. raquette   7. radiocassette
2. sac   4. calculatrice 6. disque   8. télé

C. Les noms et les articles: le pluriel

Compare the singular and plural forms of the articles and nouns in the sentences below.

SINGULAR	PLURAL
Tu as **le disque**?	Tu as **les disques**?
Qui est **la fille** là-bas?	Qui sont **les filles** là-bas?
Voici **un livre**.	Voici **des livres**.
J'invite **une copine**.	J'invite **des copines**.

PLURAL NOUNS

In written French, the plural of most nouns is formed as follows:

> SINGULAR NOUN + **s** = PLURAL NOUN

➡ If the noun ends in **-s** in the singular, the singular and plural forms are the same.
   Voici **un Français**.   Voici **des Français**.
➡ In spoken French, the final **-s** of the plural is always silent.
➡ NOTE: **des gens** *(people)* is always plural. Compare:

| une personne | *person* | Qui est **la personne** là-bas? |
| des gens | *people* | Qui sont **les gens** là-bas? |

Les sacs

SINGULAR AND PLURAL ARTICLES

The forms of the articles are summarized in the chart below.

	SINGULAR	PLURAL		
DEFINITE ARTICLE	**le (l')** *the* **la (l')**	**les** *the*	**les** garçons **les** filles	**les** ordinateurs **les** affiches
INDEFINITE ARTICLE	**un** *a, an* **une**	**des** *some*	**des** garçons **des** filles	**des** ordinateurs **des** affiches

➡ There is liaison after **les** and **des** when the next word begins with a vowel sound.

➡ **Des** corresponds to the English article *some*. While *some* is often omitted in English, **des** MUST be expressed in French. Contrast:

Il y a *There are*	**des** *some*	**livres sur la table.** *books on the table.*

Je dîne avec *I'm having dinner with*	**des** . . .	**amis.** *friends.*

6 **Pluriel, s'il vous plaît**

Give the plurals of the following nouns.

▶ une copine
des copines

1. un copain
2. une amie
3. un homme
4. une femme
5. un vélo
6. une affiche

▶ l'ami
les amis

7. le voisin
8. l'élève
9. la cousine
10. le livre
11. l'ordinateur
12. la voiture

7 **Shopping**

You are in a department store in Montpellier looking for the following items. Ask the salesperson if he or she has these items. The salesperson will answer affirmatively.

▶ —Pardon, monsieur (madame). Est-ce que vous avez des sacs?
—Bien sûr, nous avons des sacs.

8 **Qu'est-ce qu'il y a?**

Explain what there is in the following places. Complete the sentences with **il y a** and a noun from the box. Be sure to use the appropriate articles: **un, une, des.** Be logical. Often several choices are possible.

▶ Dans le garage, . . .

Dans le garage, il y a une moto (des voitures . . .).

1. Sur le bureau, . . .
2. À la boum, . . .
3. Dans la classe, . . .
4. Au café, sur la table, . . .
5. Dans ma chambre, . . .
6. Dans le laboratoire de maths, . . .

limonade	stylo	livres	affiches	moto
professeur	lit	croissants	voitures	filles
ordinateur	garçons	élèves	table	

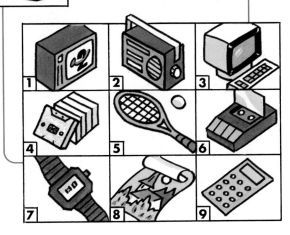

D. L'article indéfini dans les phrases négatives

Compare the forms of the indefinite article in affirmative and negative sentences.

AFFIRMATIVE	NEGATIVE	
Tu as **un** vélo?	Non, je n'ai **pas de** vélo.	*No, I don't have a bike.*
Est-ce que Paul a **une** radio?	Non, il n'a **pas de** radio.	*No, he doesn't have a radio.*
Vous invitez **des** copains demain?	Non, nous n'invitons **pas de** copains.	*No, we are not inviting any friends.*

After a NEGATIVE verb:

> **pas + un, une, des** becomes **pas de**

➡ Note that **pas de** becomes **pas d'** before a vowel sound.

Alice a un ordinateur.	Paul n'a **pas d'**ordinateur.
J'ai des amis à Québec.	Je n'ai **pas d'**amis à Montréal.

➡ The negative form of **il y a** is **il n'y a pas:**

Dans ma chambre,

il y a une radio.	**Il n'y a pas de** télé.	*There is no TV.*
il y a des affiches.	**Il n'y a pas de** photos.	*There are no photographs.*

➡ After **être,** the articles **un, une,** and **des** do NOT change.

Philippe est un voisin.	Éric n'est **pas un** voisin.
Ce sont des vélos.	Ce ne sont **pas des** mobylettes.

---

9 Possessions

Ask your classmates if they own the following.

▶ un ordinateur

Est-ce que tu as un ordinateur?

Oui, j'ai un ordinateur.

(Non, je n'ai pas d'ordinateur.)

1. un appareil-photo
2. une moto
3. une mobylette
4. une clarinette
5. des disques de jazz
6. des affiches
7. un boa
8. un alligator
9. des hamsters

10 Oui et non

One cannot have everything. Say that the following people do not have what is indicated in parentheses.

▶ Paul a un vélo. (un scooter)
  Il n'a pas de scooter.

1. Julien a un scooter. (une voiture).
2. J'ai une radio. (une télé)
3. Vous avez des cassettes. (des compacts)
4. Vous avez des frères. (une soeur)
5. Nous avons un chien. (des chats)
6. Tu as des copains à Bordeaux. (des copains à Lyon)
7. Marc a un oncle à Québec. (un oncle à Montréal)
8. Nathalie a des cousins à San Francisco. (des cousins à Los Angeles)

11 **Le grenier** *(The attic)*

Your friend is cleaning the attic. Ask if the following items are up there. Your friend (a classmate) will answer according to the illustration.

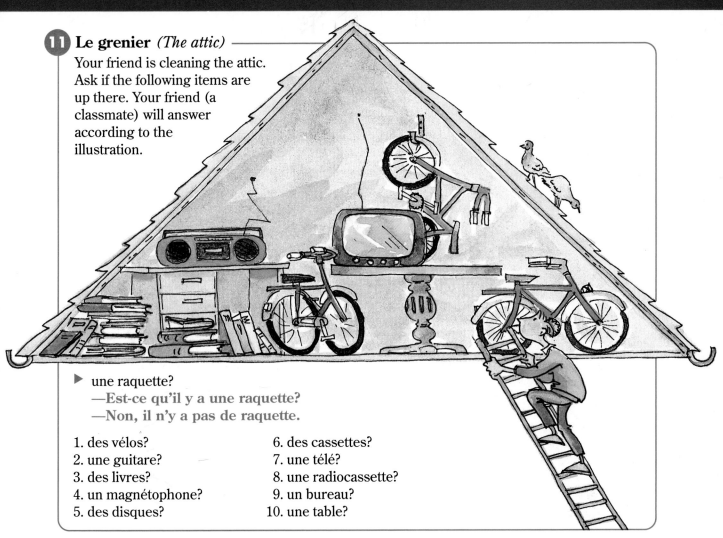

▶ une raquette?
—**Est-ce qu'il y a une raquette?**
—**Non, il n'y a pas de raquette.**

1. des vélos?
2. une guitare?
3. des livres?
4. un magnétophone?
5. des disques?

6. des cassettes?
7. une télé?
8. une radiocassette?
9. un bureau?
10. une table?

Expression pour la conversation

> Tu n'as pas de chaîne stéréo?

> Si! J'ai une chaîne stéréo.

How to contradict a negative statement or question:

Si! *Yes!* —Tu n'as pas de chaîne stéréo?
—**Si!** J'ai une chaîne stéréo.

12 **Contradictions!**

Contradict all of the following negative statements.

▶ Tu ne parles pas anglais!   **Si, je parle anglais!**

1. Tu ne parles pas français!
2. Tu n'étudies pas!
3. Tu ne joues pas au basket!

4. Tu n'aimes pas les sports!
5. Tu n'aimes pas la musique!
6. Tu n'écoutes pas le professeur!

E. L'usage de l'article défini dans le sens général

In French, the definite article (**le, la, les**) is used more often than in English. Note its use in the following sentences.

J'aime **la musique.**   *(In general) I like* **music.**
Tu préfères **le tennis** ou **le golf?**   *(Generally) do you prefer* **tennis** *or* **golf?**
Pauline aime **les westerns.**   *(In general) Pauline likes* **westerns.**
Nous aimons **la liberté.**   *(In general) we love* **liberty.**

The definite article (**le, la, les**) is used to introduce ABSTRACT nouns, or nouns used in a GENERAL or COLLECTIVE sense.

J' ❤ le français

13 Expression personnelle

Say how you feel about the following things, using one of the suggested expressions.

> Je n'aime pas . . .
> J'aime un peu . . .
> J'aime beaucoup . . .

▶ **Je n'aime pas la violence.**

la musique	le français	la violence	le théâtre
la nature	les maths	l'injustice	le cinéma
les sports	les sciences	la liberté	la danse
le camping			la photo
			(photography)

14 C'est évident! *(It's obvious!)*

Read about the following people and say what they like. Choose the appropriate item from the list. (Masculine nouns are in blue. Feminine nouns are in red.)

▶ Cécile écoute des cassettes.
Cécile aime la musique.

art   cinéma   danse   français   musique   nature   tennis

1. Jean-Claude a une raquette.
2. Vous faites une promenade dans la forêt.
3. Les touristes visitent un musée *(museum)*.
4. Tu regardes un film.
5. Nous étudions en classe de français.
6. Véronique et Roger sont dans une discothèque.

Elle m'aime...
Il m'aime...
passionnément
à la folie
beaucoup
...pas du tout
...un peu

F. L'usage de l'article défini avec les jours de la semaine

Compare the following sentences.

REPEATED EVENTS	SINGLE EVENT
Le samedi, je dîne avec des copains.	**Samedi,** je dîne avec mon cousin.
(On) Saturdays *(in general), I have dinner with friends.*	**(On) Saturday** *(that is, this Saturday), I am having dinner with my cousin.*

To indicate a repeated or habitual event, French uses the construction:

> **le** + DAY OF THE WEEK

➡ When an event happens only once, no article is used.

15 **Questions personnelles**

1. Est-ce que tu étudies le samedi?
2. Est-ce que tu dînes au restaurant le dimanche? Si *(If)* oui, avec qui?
3. Est-ce que tu as une classe de français le lundi? le mercredi?
4. Est-ce que tu regardes les matchs de football américain le samedi? le dimanche?
5. Quel programme de télé est-ce que tu regardes le vendredi? le jeudi?
6. Est-ce que tu travailles? Où? *(Name of place or store)* Quand?

16 **L'emploi du temps**

	LUNDI	MARDI	MERCREDI	JEUDI	VENDREDI
9 h	français	physique	sciences	biologie	
10 h		histoire		maths	anglais
11 h	maths	sciences	anglais		français

The following students all have the same morning schedule. Complete the sentences accordingly.

▶ **Nous avons une classe de français le lundi . . .**

1. J'ai une classe de maths _____.
2. Tu as une classe de sciences _____.
3. Jacques a une classe de physique _____.
4. Thérèse a une classe d'histoire _____.
5. Vous avez une classe de biologie _____.
6. Les élèves ont une classe d'anglais _____.

Prononciation   le /lə/   les /le/

Les articles *le* et *les*

Be sure to distinguish between the pronunciation of **le** and **les.** In spoken French, that is often the only way to tell the difference between a singular and a plural noun.

le sac   **les sacs**

Répétez:	/lə/	le	le sac	le vélo	le disque	le copain	le voisin
	/le/	le**s**	le**s** sac**s**	le**s** vélo**s**	le**s** disque**s**	le**s** copain**s**	le**s** voisin**s**

À votre tour!

1 Allô!

Jean-Marc is phoning some friends. Match his questions on the left with his friends' answers on the right.

1 Quel âge a ton copain?

a Oui, mais je n'ai pas de magnétophone.

2 Est-ce qu'Éric a un scooter?

b Il est sur la table.

3 Où est l'appareil-photo?

c Quatorze ans.

4 Tu as des cassettes?

d Oui, je voudrais une limonade.

5 Est-ce que tu aimes étudier l'anglais?

e Oui, mais je préfère l'espagnol.

6 Tu as soif?

f Non, mais il a une moto.

2 Un sondage

A French consumer research group wants to know what things American teenagers own. Conduct a survey in your class asking who has the objects on the list. Count the number of students who raise their hands for each object, and report your findings on a separate piece of paper.

Qui a des cassettes?...
Quinze élèves
ont des cassettes.

UN SONDAGE

15

3 Créa-dialogue

Ask your classmates if they like the following things. Then ask if they own the corresponding object.

le tennis

1. la musique	2. le jogging	3. les maths	4. la photo	5. les matchs de baseball	6. l'exercice

▶ —Tu aimes <u>le tennis</u>?　　　　　—Tu as <u>une raquette</u>?
　—Oui, j'aime <u>le tennis</u>.　　　　　—Oui, j'ai <u>une raquette</u>.
　　(Non, je n'aime pas <u>le tennis</u>.)　　　(Non, je n'ai pas <u>de raquette</u>.)

4 Quelle est la différence?

Sophie went away with her family for the weekend and she took some of her belongings with her. Describe what is in her room on Friday and what is missing on Saturday.

VENDREDI

SAMEDI

▶ Il y a . . .　　　　　　　　　　▶ Il n'y a pas de . . .

5 Inventaire *(Inventory)*

Write a short paragraph naming two things that may be found in each of the following places. Also indicate one thing that is usually not found in that place.

▶ Dans le salon, il y a une télé et des chaises. Il n'y a pas de lit.

- dans ma chambre
- dans le garage
- sur la table
- dans mon sac
- dans la rue *(street)*

6 Composition: Ma semaine

In a short paragraph, describe what you do (or do not do) regularly on various days of the week. Select three days and two different activities for each day. Use only vocabulary that you know.

▶

*Le lundi, j'ai une classe de français.
Je regarde « La roue de la fortune »
(Wheel of Fortune) à la télé.*

*Le samedi, je n'étudie pas. Je dîne
au restaurant avec mon copain.*

Le copain de Mireille

Nicolas and Jean-Claude are having lunch at the school cafeteria. Nicolas is looking at the students seated at the other end of their table.

NICOLAS:	Regarde la fille là-bas!
JEAN-CLAUDE:	La fille blonde?
NICOLAS:	Oui! Qui est-ce?
JEAN-CLAUDE:	C'est Mireille Labé.
NICOLAS:	Elle est <u>mignonne</u>!
JEAN-CLAUDE:	Elle est aussi <u>amusante</u>, intelligente et <u>sympathique</u>.
NICOLAS:	Est-ce qu'elle a un copain?
JEAN-CLAUDE:	Oui, elle a un copain.
NICOLAS:	Il est sympathique?
JEAN-CLAUDE:	Oui . . . Très sympathique!
NICOLAS:	Et intelligent?
JEAN-CLAUDE:	Aussi!
NICOLAS:	Dommage! . . . Qui est-ce?
JEAN-CLAUDE:	C'est moi!
NICOLAS:	Euh . . . oh . . . Excuse-moi et <u>félicitations</u>!

cute

fun / nice

congratulations

Compréhension

1. Qui est-ce que Nicolas regarde?
2. Comment s'appelle la fille?
3. Est-ce qu'elle est jolie?
4. Est-ce qu'elle a d'autres *(other)* qualités?
5. Est-ce qu'elle a un copain?
6. Qui est le copain de Mireille *(Mireille's boyfriend)*?

■ NOTE ■
CULTURELLE

L'amitié *(Friendship)*

For the French, friendship is very important. On the scale of personal values, it ranks first — before family, freedom, justice, love, and money.

What qualities do French young people expect in their friends? As in the United States, friends must be fun to be with, since French teenagers like to do things as a group with their **bande de copains.** Friends should be helpful and understanding because when French teenagers have a problem, they tend to talk to their friends before talking to their parents. And, of course, friends must be loyal, because the French tend to remain close to their high school friends for the rest of their lives.

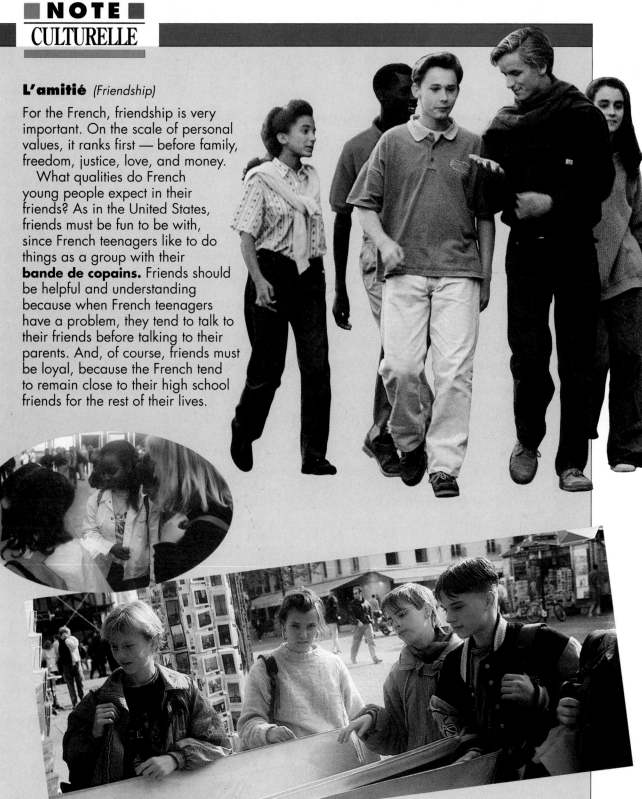

A. Les adjectifs: masculin et féminin

Compare the forms of the adjectives in heavy print as they describe masculine and feminine nouns.

MASCULINE	FEMININE
Le scooter est **petit**.	La voiture est **petite**.
Patrick est **intelligent**.	Caroline est **intelligente**.
L'ordinateur est **moderne**.	La télé est **moderne**.

In written French, feminine adjectives are usually formed as follows:

> MASCULINE ADJECTIVE + **-e** = FEMININE ADJECTIVE

➡ If the masculine adjective ends in **-e**, there is no change in the feminine form.

Jérôme est **timide**.   Juliette est **timide**.

➡ Adjectives that follow the above patterns are called REGULAR adjectives. Those that do not are called IRREGULAR adjectives. For example:

Marc est **beau**.   Sylvie est **belle**.
Paul est **canadien**.   Marie est **canadienne**.

NOTE: French dictionaries list adjectives by their masculine forms. For irregular adjectives, the feminine form is indicated in parentheses.

NOTES DE PRONONCIATION:
- If the masculine form of an adjective ends in a silent consonant, that consonant is pronounced in the feminine form.
- If the masculine form of an adjective ends in a vowel or a pronounced consonant, the masculine and feminine forms sound the same.

DIFFERENT PRONUNCIATION		SAME PRONUNCIATION	
petit	petite	timide	timide
blond	blonde	joli	jolie
français	française	espagnol	espagnole

1 Vive la différence!

People can be friends and yet be quite different. Describe the girls named in parentheses, indicating that they are not like their friends.

▶ Jean-Claude est brun. (Nathalie)
Nathalie n'est pas brune.

1. Jean-Louis est blond. (Carole)
2. Paul est petit. (Mireille)
3. Éric est beau. (Marthe)
4. Jérôme est grand. (Louise)
5. Michel est riche. (Émilie)
6. André est français. (Lisa)
7. Antonio est espagnol. (Céline)
8. Bill est américain. (Julie)

Vocabulaire: La description

ADJECTIFS		Voici Jean-Claude.	Voici Mireille.
amusant	*amusing, fun*	Il est **amusant**.	Elle est **amusante**.
intelligent	*intelligent*	Il est **intelligent**.	Elle est **intelligente**.
intéressant	*interesting*	Il est **intéressant**.	Elle est **intéressante**.
méchant	*mean, nasty*	Il n'est pas **méchant**.	Elle n'est pas **méchante**.
bête	*silly, dumb*	Il n'est pas **bête**.	Elle n'est pas **bête**.
sympathique	*nice, pleasant*	Il est **sympathique**.	Elle est **sympathique**.
timide	*timid*	Il est **timide**.	Elle n'est pas **timide**.
gentil (gentille)	*nice, kind*	Il est **gentil**.	Elle est **gentille**.
mignon (mignonne)	*cute*	Il est **mignon**.	Elle est **mignonne**.
sportif (sportive)	*athletic*	Il est **sportif**.	Elle est **sportive**.

ADVERBES		
assez	*rather*	Nous sommes **assez** intelligents.
très	*very*	Vous n'êtes pas **très** sportifs!

2 Oui ou non?

In your opinion, do the following people have the suggested traits? (Note: These traits are given in the masculine form only.)

▶ le prince Charles / intéressant? ▶

1. le Président / sympathique?
2. Steffi Graf / sportif?
3. ma copine / gentil?
4. Vanna White / mignon?
5. Oprah Winfrey / intelligent?
6. Einstein / bête?
7. Eddie Murphy / amusant?
8. le prof / méchant?

3 Descriptions

Select one of the following characters. Using words from the **Vocabulaire,** describe this character in two affirmative or negative sentences.

▶ Frankenstein
   Il est très méchant.
   Il n'est pas très mignon.

1. Tarzan
2. King Kong
3. Big Bird
4. Batman
5. Miss Piggy
6. Wonder Woman
7. Charlie Brown
8. Blanche-Neige *(Snow White)*
9. Garfield
10. Snoopy

4 L'idéal

Now you have the chance to describe your ideal people. Use two adjectives for each one.

1. Le copain idéal est . . . et . . .
2. La copine idéale est . . . et . . .
3. Le professeur idéal est . . . et . . .
4. L'étudiant idéal est . . . et . . .
5. L'étudiante idéale est . . . et . . .

B. Les adjectifs: le pluriel

Compare the forms of the adjectives in heavy print as they describe singular and plural nouns.

SINGULAR

Paul est **intelligent** et **timide**.
Alice est **intelligente** et **timide**.

PLURAL

Paul et Éric sont **intelligents** et **timides**.
Alice et Claire sont **intelligentes** et **timides**.

In written French, plural adjectives are usually formed as follows:

> SINGULAR ADJECTIVE + **-s** = PLURAL ADJECTIVE

➡ If the masculine singular adjective already ends in **-s,** there is no change in the plural form.

Patrick est **français.**   Patrick et Daniel sont **français.**

BUT: Anne est **française.**   Anne et Alice sont **françaises.**

NOTE DE PRONONCIATION: Because the final **-s** of plural adjectives is silent, singular and plural adjectives sound the same.

SUMMARY: Forms of regular adjectives

	MASCULINE	FEMININE	*also:*
SINGULAR	– **grand**	-e **grande**	timide timide
PLURAL	-s **grands**	-es **grandes**	français françaises

5 Une question de personnalité

Indicate whether or not the following people exhibit the personality traits in parentheses. (These traits are given in the masculine singular form only. Make the necessary agreements.)

Elles ne sont pas timides.

▶ Alice et Thérèse aiment parler en public. (timide?)

1. Claire et Valérie sont très populaires. (amusant?)
2. Robert et Jean-Luc n'aiment pas danser. (timide?)
3. Catherine et Martine aiment jouer au foot. (sportif?)
4. Laure et Gisèle ont un «A» en français. (intelligent?)
5. Thomas et Vincent n'aiment pas le jogging. (sportif?)
6. Les voisins n'aiment pas parler avec nous. (sympathique?)

Vocabulaire: Les adjectifs de nationalité

américain	American	**italien (italienne)**	Italian
mexicain	Mexican	**canadien (canadienne)**	Canadian
français	French	**japonais**	Japanese
anglais	English	**chinois**	Chinese
espagnol	Spanish		
suisse	Swiss		

➡ Words that describe nationality are adjectives and take adjective endings.

Monsieur Katagiri est **japonais.**

Kumi et Michiko sont **japonaises.**

Expression pour la conversation

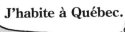

How to introduce a conclusion:

alors   *so, then*   —J'habite à Québec.

                                     —**Alors,** tu es canadien!

---

6 Quelle nationalité?

Your classmate wants to know more about the following people: where they live and what their nationality is. Act out the dialogues.

▶ —Où habitent Janet et Barbara?
—Elles habitent à San Francisco.
—Alors, elles sont américaines?
—Mais oui, elles sont américaines.

▶

Janet et Barbara	1. Jim et Bob	2. Laure et Céline
San Francisco	Liverpool	Toulouse
américain	anglais	français

3. Luisa et Teresa	4. Éric et Vincent	5. ??
Madrid	Montréal	??
espagnol	??	??

7 Les nationalités

Read the descriptions of the following people and give their nationalities.

▶ Silvia et Maria sont étudiantes à Rome.
Elles sont italiennes.

1. Lise et Nathalie étudient à Québec.
2. Michael et Dennis sont de Liverpool.
3. Luis et Paco étudient à Madrid.
4. Isabel et Carmen travaillent à Acapulco.
5. Yoko et Liliko sont étudiantes à l'université de Tokyo.
6. Monsieur et Madame Chen habitent à Beijing.
7. Jean-Pierre et Claude sont de Genève.
8. Françoise et Sylvie travaillent à Paris.

C. La place des adjectifs

Note the position of the adjectives in the sentences on the right.

Philippe a une voiture.   Il a une voiture **anglaise.**
Denise invite des copains.   Elle invite des copains **américains.**
Voici un livre.   Voici un livre **intéressant.**
J'ai des amies.   J'ai des amies **sympathiques.**

In French, adjectives usually come AFTER the noun they modify, according to the pattern:

ARTICLE	+	NOUN	+	ADJECTIVE
une		voiture		**française**
des		copains		**intéressants**

R.S.V.P.
Le Club de Correspondance

Étudiant français, 16 ans, brun, grand, sportif, assez intelligent, un peu timide, voudrait correspondre avec étudiante américaine sportive et sympathique.

Envoyez votre message à :
Correspondants
13 rue de la Cerisaie
75004 Paris

---

8 **Préférences personnelles**

For each person or object below, choose among the characteristics in parentheses. Indicate your preference.

▶ avoir un copain (sympathique, intelligent, sportif)
Je préfère avoir un copain intelligent.

1. avoir une copine (amusante, mignonne, intelligente)
2. avoir un professeur (gentil, intelligent, amusant)
3. avoir des voisins (sympathiques, intéressants, riches)
4. avoir une voiture (moderne, confortable, rapide)
5. avoir une calculatrice (japonaise, américaine, française)
6. avoir une montre (suisse, japonaise, française)
7. dîner dans un restaurant (italien, chinois, français)
8. regarder un film (intéressant, amusant, intelligent)
9. travailler avec des personnes (gentilles, amusantes, sérieuses)
10. faire un voyage avec des gens (amusants, riches, sympathiques)

9 **Qui se ressemble . . .**
(Birds of a feather . . .)

Say that the following people have friends, relatives, or acquaintances with the same personality or nationality.

▶ Claire est anglaise. (un copain)
Elle a un copain anglais.

1. Jean-Pierre est sympathique. (des cousines)
2. La prof est intelligente. (des étudiants)
3. Madame Simon est intéressante. (des voisines)
4. Alice est américaine. (des copines)
5. Véronique est amusante. (un frère)
6. Michel est sportif. (une soeur)
7. Pedro est espagnol. (des camarades)
8. Antonio est mexicain. (une copine)
9. Bernard est sportif. (un voisin)

Birds of a feather flock together.

10 **Préférences internationales** ⸺

Choose an item from Column A and indicate your preference as to country of origin by choosing an adjective from Column B. Be sure to make the necessary agreement.

Je préfère
les voitures italiennes.

	A	B
	la musique	anglais
	la cuisine	américain
	les voitures	français
Je préfère . . .	les ordinateurs	mexicain
	les appareils-photo	chinois
	les compacts	japonais
	les restaurants	italien

Prononciation

Les consonnes finales   /-/   /d/

As you know, when the last letter of a word is a consonant, that consonant is often silent. But when a word ends in "**e**," the consonant before it is pronounced. As you practice the following adjectives, be sure to distinguish between the masculine and the feminine forms.

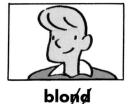

blon̸d̸   **blon̲d̲e**

	MASCULINE ADJECTIVE *(no final consonant sound)*		FEMININE ADJECTIVE *(final consonant sound)*
Répétez:	**blon̸d̸**	/d/	**blon̲d̲e**
	gran̸d̸		**gran̲d̲e**
	peti̸t̸	/t/	**peti̲t̲e**
	amusan̸t̸		**amusan̲t̲e**
	françai̸s̸	/z/	**françai̲s̲e**
	anglai̸s̸		**anglai̲s̲e**
	américai̸n̸	/n/	**américai̲n̲e**
	canadie̸n̸		**canadie̲n̲ne**

**Joli,
petit
et bon!**

Bureau
195F

Table
325F

**Jolie,
petite
et bonne!**

120

IKEA *Miracle économique!*

Leçon 19   **167**

À votre tour!

1 Allô!

Valérie is phoning some friends. Match her questions on the left with her friends' answers on the right.

1. Ton frère aime jouer au foot?

2. Cécile et Sophie sont mignonnes, n'est-ce pas?

3. Pourquoi est-ce que tu invites Olivier?

4. Tu aimes la classe?

5. Tu as des cousins?

a. Oui, et intelligentes aussi!

b. Parce qu'il est amusant et sympathique.

c. Oui, j'ai un professeur très intéressant.

d. Oui, il est très sportif.

e. Oui, mais ils ne sont pas très sympathiques.

2 Créa-dialogue

With your classmates, talk about the people of different nationalities you may know or objects you may own.

des cousins

mignon?

▶ —J'ai des <u>cousins mexicains</u>.
—<u>Ils sont mignons?</u>
—<u>Oui, ils sont très mignons.</u>

1. une voisine	2. un prof	3. des copines	4. un livre	5. une voiture
blond?	sympathique?	sportif?	intéressant?	grand?

3 Une invitation

Comment s'appelle ta cousine?
Quel âge a-t-elle?

A French friend has invited you to go to a party with his/her cousin. You want to know as much as you can about this cousin. You may first ask your friend the cousin's name and age.

Then ask as many questions as you can about the cousin's physical appearance and personality traits. Act out your conversation with a classmate.

4 Avis de recherche

(Missing person's bulletin)

The two people in the pictures below have been reported missing. Describe each one as well as you can, using your imagination. Mention:

- the (approximate) age of the person
- the way he/she looks
- personality traits
- other features or characteristics

5 Composition: Descriptions

Describe one of the following well-known French people in a short paragraph, giving the person's name, profession, and approximate age. Also briefly describe the person's physical appearance.

Isabelle Adjani (actrice)

Yannick Noah (athlète)

Jean-Jacques Goldman (chanteur)

François Mitterrand (président)

6 Composition: Rencontres

Select two people whom you would like to meet (a man and a woman). These people may be famous singers, actors or actresses, sports figures, politicians, professional people, community leaders, etc. Describe each person (physical traits and personality), using either affirmative or negative sentences.

Je voudrais
rencontrer X.
Il (Elle) est. . .

La voiture de Roger

Dans la <u>rue</u>, il y a une voiture <u>rouge</u>. *street / red*
C'est une petite voiture. C'est une voiture
de sport.
Dans la rue, il y a aussi un café. Au café,
il y a un jeune homme.
Il s'appelle Roger.
C'est le <u>propriétaire</u> de la voiture rouge. *owner*

Une jeune fille <u>entre dans</u> le café. *enters*
Elle s'appelle Véronique.
C'est <u>l'amie de Roger</u>. *Roger's*
Véronique parle à Roger. *friend*

VÉRONIQUE:	Tu as une <u>nouvelle</u> voiture, *new*
	n'est-ce pas?
ROGER:	Oui, j'ai une nouvelle
	voiture.
VÉRONIQUE:	Est-ce qu'elle est grande
	ou petite?
ROGER:	C'est une petite voiture.
VÉRONIQUE:	De quelle couleur est-elle?
ROGER:	C'est une voiture rouge.
VÉRONIQUE:	Est-ce que c'est une voiture
	italienne?
ROGER:	Oui, c'est une voiture
	italienne. Mais <u>dis donc</u>, *hey there*
	Véronique, tu es <u>vraiment</u> *really*
	très curieuse!
VÉRONIQUE:	Et toi, tu n'es pas <u>assez</u> *curious*
	<u>curieux</u>! *enough*
ROGER:	Ah bon? Pourquoi?
VÉRONIQUE:	Pourquoi?! . . . Regarde
	la <u>contractuelle</u> là-bas! *meter maid*
ROGER:	Ah, zut alors!

Compréhension

1. Qu'est-ce qu'il y a dans la rue?
2. Est-ce que la voiture est grande?
3. Comment s'appelle le jeune homme?
4. Où est-il?
5. Comment s'appelle la jeune fille?
6. De quelle couleur est la voiture?

■NOTE■
CULTURELLE

Les Français et l'auto

France is one of the leading producers of automobiles in the world. The two major automakers are **Renault** and **Peugeot.** They manufacture a variety of models ranging from sports cars to mini-vans and buses.

To obtain a driver's license in France, you must be eighteen years old and pass a very difficult driving test. French teenagers can, however, begin to drive at the age of sixteen, as long as they take lessons at an accredited driving school **(auto-école)** and are accompanied by an adult.

On the whole, because cars (even used cars) are expensive to buy and maintain, few French teenagers have cars. Instead, many get around on two-wheelers: motorcycles, scooters, and mopeds.

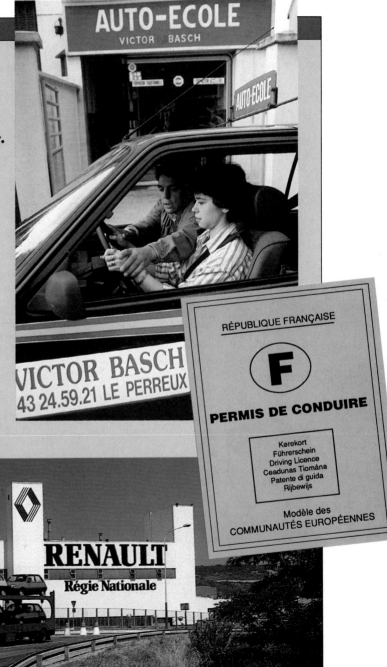

A. Les couleurs

Note the form and position of the color words in the following sentences:

Alice a un vélo **bleu.**   *Alice has a **blue** bicycle.*

Nous avons des chemises **bleues.**   *We have **blue** shirts.*

Names of colors are ADJECTIVES and take adjective ENDINGS. Like most descriptive adjectives, they come *after* the noun.

Vocabulaire: Les couleurs

De quelle couleur . . . ?   *What color . . . ?*   —**De quelle couleur** est la moto?
                                                       —Elle est rouge.

blanc (blanche)	noir (noire)	bleu (bleue)	rouge (rouge)	jaune (jaune)	vert (verte)	gris (grise)	marron (marron)	orange (orange)	rose (rose)

➡ The colors **orange** and **marron** are INVARIABLE. They do not take any endings.

un sac **orange**   des sacs **orange**

un tee-shirt **marron**   une chemise **marron**

---

1 ### De quelle couleur? ——————

Ask your classmates to name the colors of things they own. (They may invent answers.)

▶ ta chambre?

> De quelle couleur est ta chambre?

> Elle est blanche et bleue.

1. ta bicyclette?
2. ton tee-shirt?
3. ton appareil-photo?
4. ta montre?
5. ta raquette de tennis?
6. ton livre de français?
7. ton livre d'anglais?
8. ton chien (chat)?

2 ### Possessions ——————

Ask what objects or pets the following people own. A classmate will answer, giving the color.

▶ —**Est-ce que Monsieur Thomas a une voiture?**
  —**Oui, il a une voiture bleue.**

M. Thomas

1. Mme Mercier

2. Marc

3. Delphine

4. Sophie

5. Éric

6. Stéphanie

3 **L'arche de Noé**

Noah's ark has just landed. Give the colors
of the animals as they get off the ship.

▶ le chien   Le chien est blanc.

1. le chat
2. l'éléphant *(m.)*
3. la panthère
4. le zèbre
5. le flamant
6. le cardinal
7. le lion
8. le perroquet

B. La place des adjectifs avant le nom

Compare the position of the adjectives in the following sentences.

Voici une voiture **française.**   Voici une **petite** voiture.
Paul est un garçon **intelligent.**   Pierre est un **beau** garçon.

▌ A few adjectives like **petit** and **beau** come BEFORE the noun they modify.

➡ The article **des** often becomes **de** before an adjective. Compare:
     des voitures   →   **de** petites voitures

Vocabulaire: Les adjectifs qui précèdent le nom

beau (belle)	*beautiful, handsome*	Regarde la **belle** voiture!
joli	*pretty*	Qui est la **jolie** fille avec André?
grand	*big, large, tall*	Nous habitons dans un **grand** appartement.
petit	*little, small, short*	Ma soeur a un **petit** ordinateur.
bon (bonne)	*good*	Tu es un **bon** copain.
mauvais	*bad*	Patrick est un **mauvais** élève.

➡ There is a LIAISON after the above adjectives when the noun which follows begins with a
   vowel sound. Note that in liaison:

     • the "**d**" of **grand** is pronounced /t/: **un grand appartement**
     • **bon** is pronounced like **bonne: un bon élève**

4 Opinions personnelles

Give your opinion about the following people and things, using the adjectives **bon** or **mauvais**.

▶ Meryl Streep est (une) actrice *(actress)*.
  Meryl Streep est une bonne actrice (une mauvaise actrice).

1. *Rambo* est un film.
2. Le «Bill Cosby Show» est un programme de télé.
3. Whitney Houston est (une) chanteuse *(singer)*.
4. Steve Martin est (un) acteur.
5. Cybil Shepherd est (une) actrice.

6. Dracula est une personne.
7. McDonald's est un restaurant.
8. Les Yankees sont une équipe *(team)* de baseball.
9. Les Lakers sont une équipe de basket.
10. Je suis [un(e)] élève.

Expressions pour la conversation

How to get someone's attention:

Dis!   *Say! Hey!*   **Dis,** Éric, est-ce que tu as une voiture?

Dis donc!   *Hey there!*   **Dis donc,** est-ce que tu veux faire une promenade avec moi?

---

5 Dialogue

Christine asks her cousin Thomas if he has certain things. He responds affirmatively, describing each one. Play both roles.

▶ un ordinateur (petit)   ▶ une voiture (anglaise)

> **Dis, Thomas, tu as un ordinateur?**
>
> Oui, j'ai un petit ordinateur.

> **Dis, Thomas, tu as une voiture?**
>
> Oui, j'ai une voiture anglaise.

1. une télé (petite)
2. une guitare (espagnole)
3. un vélo (rouge)
4. une calculatrice (petite)

5. un sac (grand)
6. des livres (intéressants)
7. une copine (amusante)
8. une mobylette (bleue)

9. une montre (belle)
10. un copain (bon)
11. une cousine (jolie)
12. une radio (japonaise)

C. *Il est* ou *c'est?*

When describing a person or thing, French speakers use two different constructions,
il est (elle est) and **c'est.**

		Il est + ADJECTIVE **Elle est** + ADJECTIVE	**C'est** + ARTICLE + NOUN (+ ADJECTIVE)
Roger	*He is . . .*	**Il est** amusant.	**C'est** un copain. **C'est** un copain amusant.
Véronique	*She is . . .*	**Elle est** sportive.	**C'est** une amie. **C'est** une bonne amie.
un scooter	*It is . . .*	**Il est** joli.	**C'est** un scooter français. **C'est** un bon scooter.
une voiture	*It is . . .*	**Elle est** petite.	**C'est** une voiture anglaise. **C'est** une petite voiture.

➡ Note the corresponding plural forms:

(Pierre et Marc)	*They are . . .*	**Ils sont** amusants.	**Ce sont** des copains.
(Claire et Anne)	*They are . . .*	**Elles sont** timides.	**Ce sont** des copines.

➡ In negative sentences, **c'est** becomes **ce n'est pas.**

Ce n'est pas un mauvais élève.   *He's not a bad student.*
Ce n'est pas une Peugeot.   *It's not a Peugeot.*

➡ **C'est** is also used with names of people

C'est Véronique.   **C'est** Madame Lamblet.

SCOOTERS PEUGEOT

6 Descriptions

Complete the following descriptions with **Il est, Elle est,** or **C'est,** as appropriate.

A. Roger

1. _____ grand.
2. _____ brun.
3. _____ un garçon sympathique.
4. _____ un mauvais élève.

B. Véronique

5. _____ une fille brune.
6. _____ une amie sympathique.
7. _____ très amusante.
8. _____ assez grande.

C. La voiture de Roger

9. _____ une voiture moderne.
10. _____ une petite voiture.
11. _____ rouge.
12. _____ très rapide.

D. Le scooter de Véronique

13. _____ bleu et blanc.
14. _____ très économique.
15. _____ un joli scooter.
16. _____ assez confortable.

D. Les expressions impersonnelles avec *c'est*

Note the use of **c'est** in the following sentences.

J'aime parler français.	**C'est** intéressant.	*It's interesting.*
Je n'aime pas travailler le weekend.	**Ce n'est pas** amusant.	*It's no(t) fun.*

To express an opinion on a general topic, the French use the construction:

> **C'est**
> **Ce n'est pas** } + MASCULINE ADJECTIVE

Vocabulaire: Opinions

C'est . . .	*It's . . . , That's . . .*		
Ce n'est pas . . .	*It's not . . . , That's not . . .*		
vrai	true	chouette	neat
faux	false	super	great
		extra	terrific
facile	easy	pénible	a pain, annoying
difficile	hard, difficult	drôle	funny

➡ To express an opinion, the French also use adverbs like **bien** and **mal**.

C'est bien.	*That's good.*	Tu étudies? **C'est bien.**
C'est mal.	*That's bad.*	Alain n'étudie pas. **C'est mal.**

---

7 **Vrai ou faux?**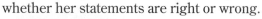

Imagine that your little sister is talking about where certain cities are located. Tell her whether her statements are right or wrong.

1. Paris est en Italie.
2. Los Angeles est en Californie.
3. Genève est en Italie.
4. Dakar est en Afrique.
5. Fort-de-France est au Canada.
6. Québec est en France.

8 **Opinion personnelle**

Ask your classmates if they like to do the following things. They will answer, using an expression from the **Vocabulaire.**

▶ parler français

Tu aimes parler français?

Oui, c'est extra!

(Non, c'est difficile!)

1. téléphoner
2. parler en public
3. nager
4. danser
5. voyager
6. dîner en ville
7. regarder le «Bill Cosby Show»
8. étudier le weekend
9. écouter de la musique classique

Prononciation
ch /ʃ/

Les lettres «ch»

The letters "**ch**" are usually pronounced like the English "*sh.*"

Répétez: **chien   chat   chose   marche
chouette   chocolat   affiche
Michèle a un chat et deux chiens.**

chien

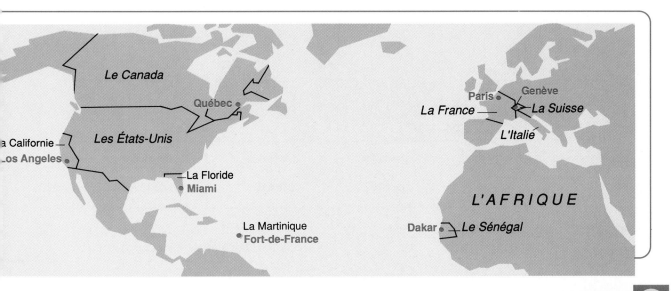

À votre tour!

1 Allô!

Christophe is phoning some friends. Match his questions on the left with his friends' answers on the right.

1 De quelle couleur est ton vélo?

2 Ta raquette est bleue?

3 Tu aimes regarder la télé?

4 C'est un magazine français?

5 Philippe n'aime pas parler en public?

a Non, il est canadien.

b C'est vrai! Il est très timide.

c Non, elle est blanche.

d Oui, c'est amusant.

e Il est vert.

2 Créa-dialogue

There has been a burglary in the rue Saint-Pierre. By walkie-talkie, two detectives are describing what they see. Play both roles.

(le)	1. (la)	2. (la)	3. (le)	4. (le)	5. (la)
CAFÉ	PHARMACIE	LIBRAIRIE	Restaurant	CINÉMA	fontaine
grande ou petite?	rouge ou bleue?	grande ou petite?	brun ou blond?	anglais ou français?	noir ou jaune?

▶ DÉTECTIVE 1: **Qu'est-ce qu'il y a devant le café?**   DÉTECTIVE 1: **Elle est grande ou petite?**
DÉTECTIVE 2: **Il y a une voiture.**   DÉTECTIVE 2: **C'est une petite voiture.**

3 **Faisons connaissance!**

Try to find out which students have the same interests you do. Select two activities you enjoy from Column A and ask a classmate if he/she likes to do them. Your classmate will answer yes or no, using an appropriate expression from Column B.

A	B
chanter	chouette
danser	super
nager	extra
téléphoner	amusant
voyager	intéressant
jouer au foot	pénible
jouer au volley	drôle
organiser des boums	difficile
parler avec les voisins	facile
parler français en classe	
dîner au restaurant	

4 **Composition: La chambre de Véronique**

Look at the picture of Véronique's room. Write a short paragraph in which you describe five of the following items. You may want to mention color or size **(grand? petit?),** and perhaps give your opinion **(joli? beau? drôle? bon?,** etc.)

la chambre
la porte
le lit
la table
la chaise
la radiocassette
la guitare
l'affiche

▶ **La chambre de Véronique est bleue et blanche. Elle a un grand lit. . . .**

5 **Composition: Ma chambre**

Write a short description of your own room: real or imaginary. Use only vocabulary that you know. You may use the suggestions about Véronique's room as a guide.

Vive la différence!
Le monde personnel

Parlons° de votre monde° personnel. Répondez aux questions suivantes.° D'après° vous, quelles sont les réponses des jeunes Français en général à ces° questions?

1 **Combien de télés est-ce qu'il y a chez vous?**°

- zéro
- deux
- une
- trois ou plus°

Et dans une maison française typique, combien est-ce qu'il y a de télés?

2 **Combien de livres est-ce qu'il y a chez vous?**

- dix
- plus de° cent
- cinquante cinquante
- cent

Et dans une maison française typique, combien de livres est-ce qu'il y a?

3 **Dans la classe de français, quel est le pourcentage d'élèves qui ont un walkman?**

- moins de° 25% (vingt-cinq pour cent)
- entre° 26% et 50%
- entre 51% et 75%
- entre 76% et 100% (cent pour cent)

Selon° vous, quel est le pourcentage de jeunes Français qui ont un walkman?

4 **En général, comment sont vos relations avec vos parents?**

- très bonnes
- assez bonnes
- bonnes
- mauvaises

Et en France, comment sont les relations entre parents et enfants?°

5 **Quand vous avez une chose importante à discuter° (par exemple, un problème personnel), à qui est-ce que vous préférez parler?**

- à votre frère ou à votre soeur
- à votre père ou à votre mère
- à un copain ou à une copine
- à un professeur

Et les jeunes Français, à qui est-ce qu'ils préfèrent parler de leurs° problèmes?

6 **En général, qu'est-ce que vous pensez° de vos professeurs?**

- Ils sont «cool».
- Ils sont compréhensifs.°
- Ils sont sévères.°
- Ils sont sympathiques.

Et les élèves français, qu'est-ce qu'ils pensent de leurs professeurs?

7 **Quelle est la chose la plus° importante dans votre vie?**°

- l'argent°
- l'indépendance
- l'amitié°
- les études°

Et pour les jeunes Français, quelle est la chose la plus importante?

Et les Français?

1. La majorité des familles françaises ont seulement *(only)* une télé.   2. Les Français aiment lire *(to read)*. Ils ont en moyenne *(on the average)* plus de cent livres par famille.   3. 41% (quarante et un pour cent)   4. La majorité des jeunes Français ont de très bonnes relations avec leurs parents.   5. En général, ils préfèrent parler avec un copain ou une copine.   6. En général, ils pensent que leurs professeurs sont sympathiques.   7. C'est l'amitié.

Parlons *Let's talk*   **monde** *world*   **suivantes** *following*   **D'après** *According to*
ces *these*   **chez vous** *in your home*   **plus** *more*   **plus de** *more than*
moins de *less than*   **entre** *between*   **Selon** *According to*   **enfants** *children*
discuter *to discuss*   **leurs** *their*   **pensez** *think*   **compréhensifs** *understanding*
sévères *strict*   **la plus** *the most*   **vie** *life*   **argent** *money*   **amitié** *friendship*
études *studies*

EN FRANCE

La mobylette

Because mopeds or cyclomoteurs are easy and fun to drive, they are very popular with French teenagers. During the week, many students go to school on their mopeds. On weekends, they take their mopeds to go downtown or to go for a ride in the country with their friends.

Although the term mobylette is a trade name, students tend to use the term (or its shortened form mob) to refer to any type of moped. In France, you can drive a mobylette at age 14, and the only restrictions are that you must wear a helmet and cannot exceed 45 kilometers per hour.

 Look at the ads on the right. Which moped would you like to have? Describe it using words that you know. (What color is it? What country is it from? Is it big or small?)

MOTOBECANE

Siège social: 16 rue Lesault, 93502 Pantin

PEUGEOT
concessionnaire
Ets SOUHART

scooters • cyclos • motos

métro Bir Hakeim   5, bd. de Grenelle   75015 PARIS

(1) 45 79 33 01

boulmich MOTO

129, bd St-Michel Paris 5
(1) 43 29 53 10

LA MOTO VERTE
Concessionnaire Exclusif
Yamaha
85 r Chardon Lagache
75016 Paris .... (1) 42 24 56 56

Entre amis: Bonjour, Brigitte!

Chers copains américains,

Je m'appelle Brigitte Lavie. J'ai quatorze ans. Voici ma photo. Je ne suis pas très grande, mais je ne suis pas petite. Je suis de taille° moyenne.° Je suis brune mais j'ai les yeux° verts. Je suis sportive. J'aime le ski, le jogging et la danse moderne.

J'habite à Toulouse avec ma famille. Mon père travaille dans l'industrie aéronautique. Il est ingénieur.° Ma mère travaille dans une banque. Elle est directrice° du personnel.

J'ai une soeur et un frère. Ma petite soeur s'appelle Ariane. Elle a cinq ans. Elle est très mignonne. Mon frère s'appelle Jérôme. Il a treize ans. Il est pénible. J'ai un chien. Il s'appelle Attila mais il est très gentil. (Il est plus gentil que° mon frère!) J'ai aussi deux poissons rouges.° Ils n'ont pas de nom.°

J'ai une chaîne stéréo et des quantités de compacts. J'ai aussi une mobylette. Le weekend, j'adore faire des promenades° à mobylette avec mes copains. J'ai beaucoup de copains, mais je n'ai pas de « petit copain ».° Ça n'a pas d'importance!° Je suis heureuse° comme ça!

Amitiés,
Brigitte

Chers *Dear*　**taille** *size*　**moyenne** *average*　**yeux** *eyes*　**ingénieur** *engineer*　**directrice** *director*
plus gentil que *nicer than*　**poissons rouges** *goldfish*　**nom** *name*　**faire des promenades** *go for rides*
petit copain *boyfriend*　**Ça n'a pas d'importance!** *It doesn't matter!*　**heureuse** *happy*　**comme ça** *like that*

■ NOTE ■
CULTURELLE

Toulouse

Toulouse, with a population of over half a million people, is the center of the French aeronautic and space industry. It is in Toulouse that the Airbus planes and the Ariane rockets are being built in cooperation with other European countries.

Comment lire
GUESSING FROM CONTEXT

- As you read French, try to guess the meanings of unfamiliar words before you look at the English equivalents. Often the context provides good hints. For example, Brigitte writes:

  Je ne suis pas très grande, mais je ne suis pas petite.
  Je suis <u>de taille moyenne</u>.

  She is neither tall nor short. She must be about average:

  de taille moyenne = *of medium height or size*

- Sometimes you know what individual words in an expression mean, but the phrase does not seem to make sense. Then you have to guess at the real meaning. For example, Brigitte writes that she has:

  deux poissons rouges *??red fish??*

  If you guessed that these are most likely *goldfish,* you are right!

Enrichissez votre vocabulaire
MORE ON COGNATES

- Some words are PARTIAL COGNATES. The English word may help you remember the regular meaning. For example:

gentil	looks like	*gentle*	but means	*nice*
grand	looks like	*grand*	but means	*tall, big*
j'adore	looks like	*I adore*	but means	*I love*

- Some cognates are spelled differently in the two languages. Knowing cognate patterns makes it easier to identify new words. For example:

FRENCH	ENGLISH	FRENCH	ENGLISH
-ique	*-ic*	**aéronautique**	*aeronautic, aeronautical*
-ique	*-ical*	**typique**	*typical*
-té	*-ty*	**quantité**	*quantity*

Activité

Can you identify the English equivalents of the following French words?

la musique classique, une personne dynamique, un film comique, une guitare électrique, une société, une activité, une possibilité, la curiosité, la beauté

Activité: Une lettre à Brigitte

Write a letter to Brigitte in which you describe yourself and your family. You may tell her:

- your name and how old you are
- if you are tall or short
- if you like sports
- if you have brothers and sisters (If so, give their names and ages.)

- if you have pets (If so, say what type and give their names.)
- a few things you own
- a few things you like to do with your friends

Comment écrire *(to write)* **une lettre**

Begin with: *(to a boy)* **Cher**   **Cher Patrick,**
                (to a girl) **Chère**   **Chère Brigitte,**

End with: **Amicalement,** *(In friendship,)*
               Amitiés, *(Best regards,)*

Variétés

Petit catalogue des compliments et des insultes

LES ANIMAUX
ET
LE LANGAGE

Selon° toi, est-ce que les animaux ont une personnalité? Pour les Français, les animaux ont des qualités et des défauts,° comme° nous. Devine° comment on° complète les phrases suivantes° en français.

1 Philippe n'aime pas étudier. Il préfère dormir.° Il est paresseux° comme° . . .

un tigre

un chat

un lézard

2 Charlotte adore parler. Elle est bavarde° comme . . .

une poule

une pie

un lion

3 Isabelle est une excellente élève. Elle a une mémoire extraordinaire. Elle a une mémoire d' . . .

un éléphant

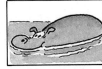
un hippopotame

un kangourou

4 Le petit frère de Christine est jeune, mais il est très intelligent. Il est malin° comme . . .

un cheval

un singe

une girafe

5 Où est Jacques? Il n'est pas prêt!° Oh là là! Il est lent° comme . . .

une tortue

un poisson

un rhinocéros

6 Nicole a très, très faim. Elle a une faim de (d') . . .

lion

ours

loup

Voici les réponses:
1. un lézard 2. une pie 3. un éléphant 4. un singe 5. une tortue 6. loup

---

Selon According to **défauts** *shortcomings* **comme** *like* **Devine** *Guess* **on** *one* **phrases suivantes** *following sentences* **dormir** *to sleep* **paresseux** *lazy* **comme** *as* **bavarde** *talkative* **malin** *clever* **prêt** *ready* **lent** *slow*

UNITÉ

6 En ville

186

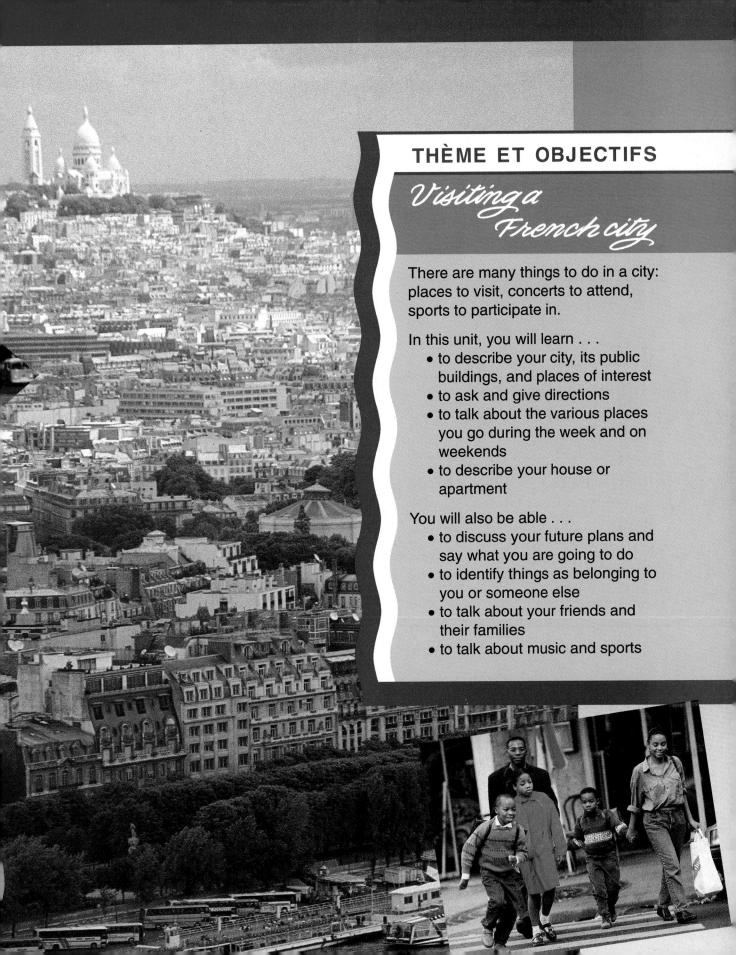

THÈME ET OBJECTIFS

Visiting a French city

There are many things to do in a city: places to visit, concerts to attend, sports to participate in.

In this unit, you will learn . . .
- to describe your city, its public buildings, and places of interest
- to ask and give directions
- to talk about the various places you go during the week and on weekends
- to describe your house or apartment

You will also be able . . .
- to discuss your future plans and say what you are going to do
- to identify things as belonging to you or someone else
- to talk about your friends and their families
- to talk about music and sports

LEÇON

LE FRANÇAIS
PRATIQUE

La ville et la maison

Accent sur ... Les villes françaises

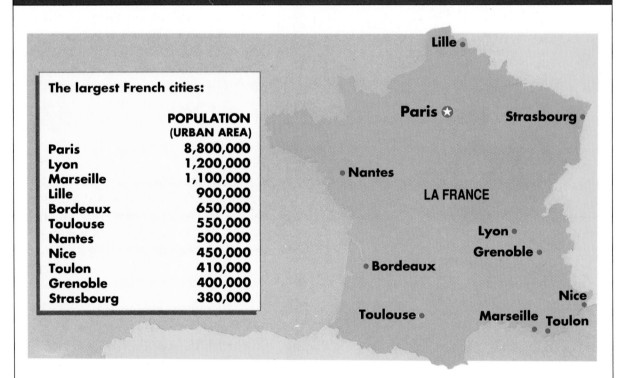

The largest French cities:

	POPULATION (URBAN AREA)
Paris	8,800,000
Lyon	1,200,000
Marseille	1,100,000
Lille	900,000
Bordeaux	650,000
Toulouse	550,000
Nantes	500,000
Nice	450,000
Toulon	410,000
Grenoble	400,000
Strasbourg	380,000

LA FRANCE

- Today 80% of the French population lives in cities and their surrounding suburbs.

- French cities have a long history. Paris, Lyon, and Marseille, the three largest French cities, were founded well over two thousand years ago! Many cities have a historical district with houses and monuments dating back several centuries. At the same time, French cities also appear very modern, with growing numbers of new houses and modern office buildings.

- French cities differ in architectural style from region to region because of their geographical location and their historical background. However, they also share many common features.

Here are some of the places you may see when you visit a French city:

● **La gare**

For French people, the train is a rapid and inexpensive means of travel. In general, the railroad station is located near the center of the city or town. The station **(la gare)** offers many useful services to travelers: an information desk, a bicycle rental agency, and a place to check luggage.

● **La poste**

There are many things you can do in a French post office **(la poste)** besides buying stamps. You can make long-distance phone calls. You can deposit and withdraw money with special postal checking accounts. In many post offices you can use the **Minitel.**

● **Les magasins**

Although supermarkets and grocery chain stores now exist all over France, most French people still love to shop at the local bakery **(la boulangerie),** the pastry shop **(la pâtisserie),** the butcher shop **(la boucherie),** the grocery store **(l'épicerie),** etc.

● **Le parc**

The city park **(le parc public)** or public garden **(le jardin public)** is the place where French young people come at noon or after class to walk around or to sit on chairs and talk. The colorful flower beds and shrubbery of the public parks reflect the French love of nature and beauty. This is the Jardin du Luxembourg in Paris.

● **Le château**

Many French cities were built around a medieval castle **(un château),** which offered protection against enemy attack. This is the castle of Angers built in the XIIIth century.

A. Où habites-tu?

J'habite à Tours.

How to talk about where one lives:

Où habites-tu?

J'habite | à Tours.
| à Villeneuve
| dans **une grande ville** *(city, town)*
| dans **un petit village**
| dans **un joli quartier** *(neighborhood)*
| dans **une rue** *(street)* intéressante

Quelle est **ton adresse?**

J'habite | 32, **avenue** Victor Hugo.
| 14, **rue** La Fayette
| 50, **boulevard** Wilson

■ NOTE ■
CULTURELLE

Le nom des rues

In France, streets are often named after famous people, especially writers, artists, and politicians.

- Victor Hugo (1802–1885), novelist and poet, is best known for his monumental novel *Les Misérables*.
- La Fayette (1757–1834) played an important role in the American and French Revolutions.
- Woodrow Wilson (1856–1924) is remembered as the United States President who sent American troops to help French forces fight against Germany during World War I (1914–1918).

---

1 Expression personnelle

Describe where you live by completing the following sentences.

1. J'habite à . . .
2. Ma ville est (n'est pas) . . . (grande? petite? moderne? jolie?)
   Mon village est (n'est pas) . . . (grand? petit? joli?)
3. Mon quartier est (n'est pas) . . . (intéressant? joli? moderne?)
4. Mon adresse est . . .
5. Ma ville favorite est . . .
6. Un jour, je voudrais visiter . . . *(name of city)*

2 Interview

You are a French journalist writing an article about living conditions in the United States. Interview a classmate and find out the following information.

1. Where does he/she live?
2. Is his/her city large or small?
3. Is his/her city pretty?
4. What is his/her address?

B. Ma ville

How to talk about one's hometown:

Dans ma rue, il y a . . .

un hôtel	un café	un restaurant	un supermarché	un magasin

Dans mon quartier, il y a . . .

un cinéma	une école	une église	un centre commercial

Dans ma ville, il y a . . .

une bibliothèque	un théâtre	un musée	un hôpital

Il y a aussi . . .

une piscine	un parc	un stade	une plage

3 Ton quartier

Say whether the following places are located in the area where you live. If so, you may want to give the name of the place.

▶ école **Il y a une école. Elle s'appelle «Washington School».**
        (Il n'y a pas d'école.)

1. restaurant
2. cinéma
3. église
4. centre commercial
5. bibliothèque

6. café
7. plage
8. supermarché
9. hôpital
10. parc

11. stade
12. musée
13. hôtel
14. piscine
15. théâtre

4 À Montréal

You are visiting your friend Pauline in Montreal. For each of the situations below, decide where you would like to go. Ask Pauline if there is such a place in her neighborhood.

▶ You are hungry.

Pauline, est-ce qu'il y a un restaurant dans ton quartier?

1. You want to have a soft drink.
2. You want to see a movie.
3. You want to swim a few laps.
4. You want to run on a track.
5. You want to read a book about Canada.
6. You want to see a French play.

7. You want to buy some fruit and crackers.
8. You want to see an art exhibit.
9. You want to play frisbee on the grass.
10. You slipped and you're afraid you sprained your ankle.

C. Pour demander un renseignement *(information)*

▶ *How to ask for directions:*

Pardon, | monsieur.   Où est l'hôtel Normandie?
Excusez-moi, | madame
         | mademoiselle

Il est dans la rue Jean Moulin.

Où est-ce qu'il y a un café?

Il y a un café | **rue** Saint Paul.   **une rue**
               | **boulevard** Masséna   **un boulevard**
               | **avenue** de Lyon   **une avenue**

Où est-ce? *(Where is it?)*
Est-ce que c'est **loin** *(far)?*

Non, ce n'est pas loin.
C'est **près** *(nearby)*.

C'est | **à gauche** *(to the left)*.   Tournez | à gauche.
      | **à droite** *(to the right)* | à droite
      | **tout droit** *(straight ahead)*   **Continuez** tout droit.

Merci beaucoup!

5 **En ville**

A tourist who is visiting a French city asks a local resident how to get to the following places. Act out the dialogues.

▶ —**Pardon, mademoiselle (monsieur). Où est le Café de la Poste?**
—**Le Café de la Poste? Il est dans la rue Pascal.**
—**Où est-ce?**
—**Continuez tout droit!**
—**Merci, mademoiselle (monsieur).**

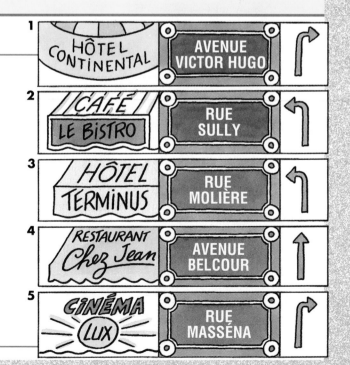

D. Ma maison

J'habite dans
une maison.

How to describe one's home:

J'habite dans | **une maison** *(house).*
| **un appartement**
| **un immeuble** *(apartment building)*

Ma maison / mon appartement est | **moderne.**
| **confortable**

Ma chambre est | **en haut** *(upstairs).*
| **en bas** *(downstairs)*

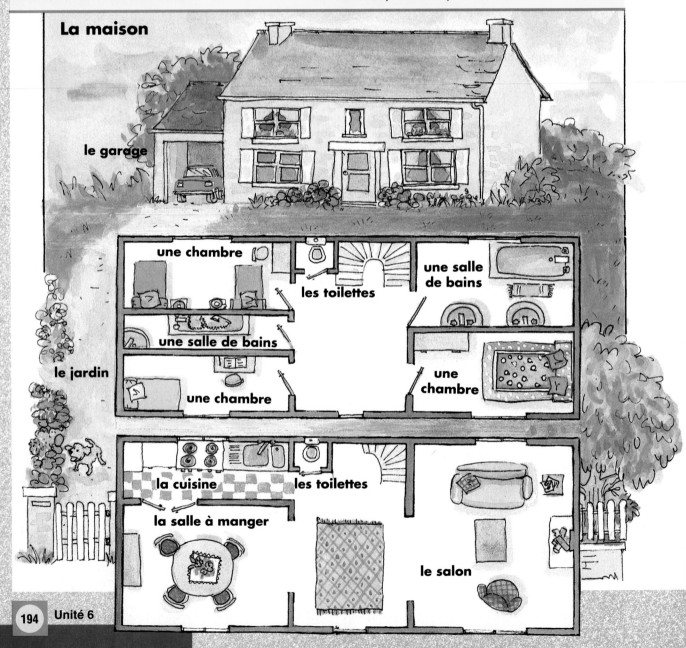

La maison

le garage

une chambre

les toilettes

une salle
de bains

une salle de bains

le jardin

une chambre

une
chambre

la cuisine

les toilettes

la salle à manger

le salon

6 Ma maison

Describe your home by completing the following sentences.

1. J'habite dans . . . (une maison? un appartement?)
2. Mon appartement est . . . (grand? petit? confortable? joli?)
   Ma maison est . . . (grande? petite? confortable? jolie?)
3. La cuisine est . . . (grande? petite? moderne?)
4. La cuisine est peinte *(painted)* en . . . (jaune? vert? gris? blanc? ??)
5. Ma chambre est peinte en . . . (bleu? rose? ??)
6. Dans le salon, il y a . . . (une télé? un sofa? des plantes vertes? ??)
7. En général, nous dînons dans . . . (la cuisine? la salle à manger?)
8. Ma maison / mon appartement a . . . (un jardin? un garage? ??)

APPARTEMENTS PARIS

VUE SUR PARIS
Beau studio avec séj., cuis., s. de b., w-c, cave. 440 000F.

M° ST-PAUL
Exceptionnel dans imm. historique, refaits neufs. 2 p. 75 p

7 En haut ou en bas?

Imagine you live in a two-story house. Indicate where the following rooms are located.

▶ ma chambre

Ma chambre est en haut.

Ma chambre est en bas.

1. la cuisine
2. la salle à manger
3. les toilettes
4. la salle de bains
5. la chambre de mes *(my)* parents
6. le salon

8 Où sont-ils?

From what the following people are doing, guess where they are — in or around the house.

▶ Madame Martin répare *(is repairing)* la voiture.
   Elle est dans le garage.

1. Nous dînons.
2. Tu regardes la télé.
3. Antoine et Juliette jouent au frisbee.
4. J'étudie le français.
5. Monsieur Martin prépare le dîner.
6. Henri se lave *(is washing up)*.
7. Ma soeur téléphone à son copain.

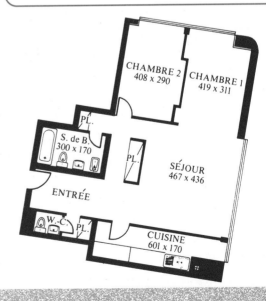

À votre tour!

1 La bonne réponse

Match the questions on the left with the appropriate answers on the right.

1. Pardon, mademoiselle, où est le supermarché?

2. Est-ce que Jacques est à la bibliothèque?

3. Ta voiture est au garage?

4. Est-ce que vous dînez dans la salle à manger?

5. Est-ce qu'il y a une piscine dans la ville où tu habites?

a. Non, dans la cuisine.

b. Non, mais il y a une belle plage.

c. Oui, il regarde des magazines anglais.

d. Non, elle est dans la rue.

e. C'est tout droit!

2 Créa-dialogue

You have just arrived in Villeneuve, where you will spend the summer. Ask a pedestrian where you can find the places represented by the symbols. He (She) will give you the location of each place, according to the map on page 197.

▶
—**Pardon, monsieur (madame). Où est-ce qu'il y a <u>un hôtel</u>?**
—**Il y a <u>un hôtel</u> avenue de Bordeaux.**
—**Est-ce que c'est loin?**
—**<u>Non, c'est près</u>.**
—**Merci beaucoup!**
▶

3 Où est-ce?

Now you have been in Villeneuve for several weeks and are familiar with the city. You meet a tourist on the avenue de Bordeaux at the place indicated on the map. The tourist asks you where certain places are and you indicate how to get there.

▶ l'hôpital Sainte Anne

Pardon, monsieur. Où est l'hôpital Sainte Anne?

C'est tout droit, mademoiselle.

Merci bien, monsieur.

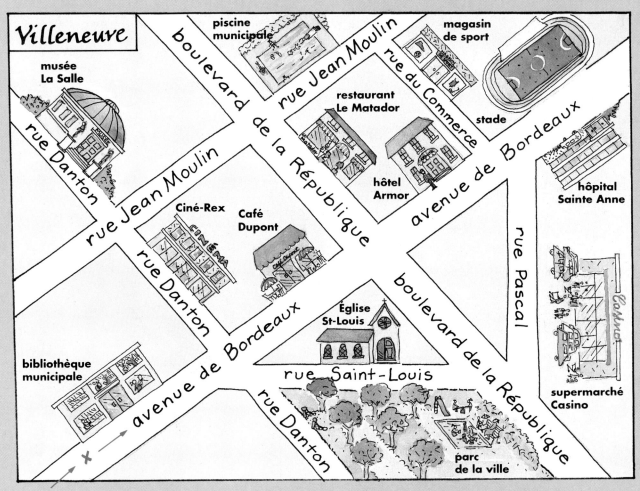

Villeneuve

musée La Salle

piscine municipale

magasin de sport

rue Jean Moulin

rue du Commerce

stade

restaurant Le Matador

boulevard de la République

rue Danton

rue Jean Moulin

avenue de Bordeaux

hôtel Armor

hôpital Sainte Anne

Ciné-Rex

Café Dupont

rue Danton

rue Pascal

Église St-Louis

boulevard de la République

bibliothèque municipale

avenue de Bordeaux

rue Danton

rue Saint-Louis

supermarché Casino

parc de la ville

Vous êtes ici.

4 **Mon quartier**

Describe your neighborhood, listing five places and giving their names.

▶ **Dans mon quartier, il y a un supermarché. C'est le supermarché Casino.**

1. le musée La Salle
2. le supermarché Casino
3. l'hôtel Armor
4. le restaurant Le Matador
5. l'église Saint Louis

5 **Composition: La maison idéale**

Briefly describe your dream house. You may use the following adjectives to describe the various rooms: **grand, petit, moderne, confortable, joli,** as well as colors. If you wish, sketch and label a floor plan.

Leçon 21 197

Weekend à Paris

Aujourd'hui c'est samedi.
Les élèves <u>ne vont pas</u> en classe.　　*are not going*
Où est-ce qu'ils vont alors?
Ça dépend!

Thomas <u>va</u> au café.　　*is going*
Il a un <u>rendez-vous</u> avec une copine.　　*date*

Florence et Karine vont aux
Champs-Élysées.
Elles vont regarder les magasins
de <u>mode</u>.　　*fashion*
<u>Après</u>, elles vont <u>aller</u> au cinéma.　　*Afterward / to go*

Daniel va <u>chez</u> <u>son</u> copain Laurent.　　*to the house of / his*
Les garçons vont jouer au ping-pong.
Après, ils vont aller au musée des
sciences de la Villette.
Ils vont jouer avec les machines
électroniques.

Béatrice a un grand sac et des
<u>lunettes de soleil</u>.　　*sunglasses*
Est-ce qu'elle va à un rendez-vous
secret?
Non! Elle va au Centre Pompidou.
Elle va regarder les acrobates.
Et après, elle va écouter un concert.

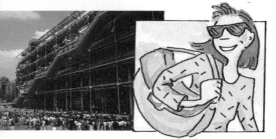

Et Jean-François? Qu'est-ce qu'il va
faire aujourd'hui?
Est-ce qu'il va visiter le Centre Pompidou?
Est-ce qu'il va regarder les acrobates?
Est-ce qu'il va écouter un concert?
<u>Hélas</u>, non!　　*Alas (Unfortunately)*
Il va <u>rester</u> à la maison.　　*to stay*
Pourquoi? Parce qu'il est <u>malade</u>.　　*sick*
<u>Pauvre</u> Jean-François!　　*Poor*
Il fait <u>si</u> beau <u>dehors</u>!　　*so / outside*

Compréhension

1. Quel jour est-ce aujourd'hui?
2. Pourquoi est-ce que Thomas va au café?
3. Avec qui est-ce que Florence va au cinéma?
4. Où va Daniel?
5. Qu'est-ce que Daniel et Laurent font d'abord *(first)*?
6. Où va Béatrice?
7. Pourquoi est-ce que Jean-François ne va pas en ville?
8. Quel temps fait-il aujourd'hui?

■ NOTE ■
CULTURELLE

À Paris

Paris offers many attractions for people of all ages. Here are some places particularly popular with young people.

Le parc de la Villette

This spacious park on the outskirts of Paris is home to a new modern science museum with its hundreds of hands-on exhibits. Also located on the grounds is Le Zénith, a large music hall that frequently features rock concerts.

Le Centre Pompidou

This immense cultural center, also known as Beaubourg, is dedicated to modern art. It has a large media library where young people have access to all types of audio-visual equipment. On the large plaza in front of the building, one can listen to reggae and jazz bands or watch mimes, jugglers, and acrobats.

Les Champs-Élysées

The Champs-Élysées is a wide avenue with elegant shops, movie theaters, and popular cafés.

A. Le verbe *aller*

Aller *(to go)* is the only IRREGULAR verb that ends in **-er.** Note the forms of **aller** in the present tense.

aller	*to go*	J'aime **aller** au cinéma.
je **vais** tu **vas** il/elle **va**	*I go, I am going* *you go, you are going* *he/she goes, he/she is going*	Je **vais** à un concert. **Vas**-tu à la boum? Paul **va** à l'école.
nous **allons** vous **allez** ils/elles **vont**	*we go, we are going* *you go, you are going* *they go, they are going*	Nous **allons** au café. Est-ce que vous **allez** là-bas? Ils ne **vont** pas en classe.

➡ Remember that **aller** is used in asking people how they feel.

Ça **va?**	Oui, ça **va.**
Comment **vas**-tu?	Je **vais** bien, merci.
Comment **allez**-vous?	Très bien.

➡ **Aller** is used in many common expressions.

To encourage someone to do something: To tell someone to go away:

Vas-y!   *Come on! Go ahead! Do it!*   **Va-t'en!**   *Go away!*

To tell friends to start doing something:

Allons-y!   *Let's go!*

1 Les vacances

The following students at a boarding school in Nice are going home for vacation. Indicate to which of the cities they are going, according to the luggage tags shown below.

▶ Jean-Michel est canadien.

Jean-Michel va à Québec.

1. Je suis suisse.
2. Charlotte est américaine.
3. Nous sommes italiens.
4. Tu es français.
5. Vous êtes espagnols.
6. Michiko est japonaise.
7. Mike et Shelley sont anglais.
8. Ana et Carlos sont mexicains.

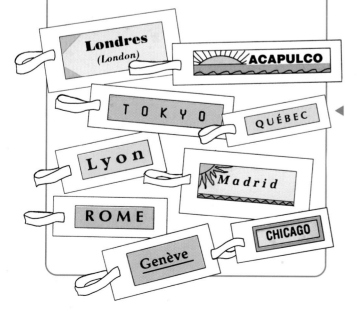

Londres
(London)

ACAPULCO

TOKYO

QUÉBEC

Lyon

Madrid

ROME

CHICAGO

Genève

2 Jamais le dimanche!
(Never on Sunday!)

On Sundays, French students do not go to class. They all go somewhere else. Express this according to the model.

▶ Philippe/au cinéma
Le dimanche, Philippe ne va pas en classe.
Il va au cinéma.

1. nous / au café
2. vous / en ville
3. Céline et Michèle / à un concert
4. Jérôme / au restaurant
5. je / à un match de foot
6. tu / à la piscine

B. La préposition *à; à* + l'article défini

The preposition **à** has several meanings:

in	Patrick habite **à** Paris.	*Patrick lives **in** Paris.*
at	Nous sommes **à** la piscine.	*We are **at** the pool.*
to	Est-ce que tu vas **à** Toulouse?	*Are you going **to** Toulouse?*

CONTRACTIONS

Note the forms of **à** + DEFINITE ARTICLE in the sentences below.

Voici **le** café.	Marc est **au** café.	Corinne va **au** café.
Voici **les** Champs-Élysées.	Tu es **aux** Champs-Élysées.	Je vais **aux** Champs-Élysées.
Voici **la** piscine.	Anne est **à la** piscine.	Éric va **à la** piscine.
Voici **l'**hôtel.	Je suis **à l'**hôtel.	Vous allez **à l'**hôtel.

The preposition **à** contracts with **le** and **les,** but not with **la** and **l'.**

CONTRACTION	NO CONTRACTION	
à + le → **au**	à + la = **à la**	**au** cinéma **à la** piscine
à + les → **aux**	à + l' = **à l'**	**aux** Champs-Élysées **à l'**école

➡ There is liaison after **aux** when the next word begins with a vowel sound.

Le professeur parle **aux élèves.**   Je téléphone **aux amis** de Claire.

3 **Dans la rue**

Two friends meet in the street and talk about where they are going.

Tu vas au café?

Non, je vais à la plage.

4 Préférences

Ask your classmates about their preferences. Be sure to use contractions when needed.

▶ aller à (le concert ou le théâtre?)

1. dîner à (la maison ou
   le restaurant)?
2. étudier à (la bibliothèque ou
   la maison)?
3. nager à (la piscine ou la plage)?
4. regarder un match de foot à
   (la télé ou le stade)?
5. aller à (le cinéma ou le musée)?

Tu préfères
aller au concert
ou au théâtre?

Je préfère
aller au concert.

(Je préfère aller au théâtre.)

5 À Paris

You are living in Paris. A friend asks you where you are going and why. Act out the
dialogues with a classmate.

▶ —Où vas-tu?
   —Je vais à l'Opéra.
   —Pourquoi?
   —Parce que j'aime
     le ballet classique.

OÙ?	POURQUOI?
▶ l'Opéra	J'aime le ballet classique.
1. l'Alliance Française	J'ai une classe de français.
2. le Centre Pompidou	J'aime l'art moderne.
3. le musée d'Orsay	C'est un musée intéressant.
4. les Champs-Élysées	J'ai un rendez-vous là-bas.
5. la tour Eiffel	Il y a une belle vue *(view)* sur Paris.
6. le Zénith	Il y a un concert de rock.
7. la Villette	Il y a une exposition *(exhibit)* intéressante.
8. le stade de Bercy	Il y a un match de foot.

6 Où vont-ils?

Read what the following people like to do. Then say where each one is going by choosing
the appropriate place from the list.

▶ Daniel aime danser.
  Il va à la discothèque.

1. Corinne aime l'art moderne.
2. Jean-François aime manger.
3. Delphine aime les westerns.
4. Marina aime nager.
5. Éric aime regarder les magazines.
6. Denise aime faire des promenades.
7. Philippe aime la musique.
8. Alice aime le football.
9. Cécile aime le shopping.

le stade
la bibliothèque
le cinéma
le centre commercial
la discothèque
le musée
le parc
le restaurant
la plage
le concert

Vocabulaire: En ville

Quelques endroits où aller

un endroit	*place*	**une boum**	*party*
un concert	*concert*		
un film	*movie*		
un pique-nique	*picnic*		
un rendez-vous	*date, appointment*		

OPERA BASTILLE
DE PARIS (CONCERT)
MONTSERRAT CABALLE
19/05 Porte **08** Allée **E**
SAMEDI 20H00 RANG PLACE
170 F PA **10.36**
0215 8121 0028 PARTERRE

VERBES

arriver	*to arrive, come*	**J'arrive** à l'école à 9 heures.
rentrer	*to go back, come back*	À quelle heure **rentres**-tu à la maison?
rester	*to stay*	Les touristes **restent** à l'hôtel.

EXPRESSIONS

à pied	*on foot*	**en voiture**	*by car*	**en métro**	*by subway*
à vélo	*by bicycle*	**en bus**	*by bus*	**en taxi**	*by taxi*
		en train	*by train*		

faire une promenade à pied — *to go for a walk*
faire une promenade à vélo — *to go for a ride (by bike)*
faire une promenade en voiture — *to go for a drive*

---

7 ## Questions personnelles

1. En général, à quelle heure est-ce que tu arrives à l'école?
2. À quelle heure est-ce que tu rentres à la maison? Qu'est-ce que tu fais quand tu rentres à la maison?
3. Comment vas-tu à l'école? à pied, à vélo, en voiture ou en bus?
4. Le weekend, est-ce que tu restes à la maison? Où vas-tu?
5. Comment vas-tu à la piscine? à la plage? au cinéma?
6. Est-ce que tu aimes faire des promenades à pied? Où vas-tu? avec qui?
7. Est-ce que tu aimes faire des promenades à vélo? Où vas-tu?
8. En général, est-ce que tu aimes regarder les films à la télé? Quels films est-ce que tu préfères? (films d'action? films de science-fiction? comédies?)
9. Quand tu as un rendez-vous avec un copain ou une copine, où allez-vous?
10. Est-ce que tu fais *(go on)* des pique-niques? où?

C. La préposition *chez*

Note the use of **chez** in the following sentences.

Paul est **chez Céline.**	*Paul is **at Céline's (house).***
Je dîne **chez un copain.**	*I am having dinner **at a friend's (home).***
Nathalie va **chez Juliette.**	*Nathalie is going **to Juliette's (apartment).***
Tu vas **chez ta cousine.**	*You are going **to your cousin's (place).***

The French equivalent of *to* or *at someone's (house, home)* is the construction:

chez + PERSON	**chez** Béatrice	**chez** ma cousine

➡ Note the interrogative expression: **chez qui?**

    Chez qui vas-tu?   ***To whose house** are you going?*

---

8 En vacances

When we are on vacation, we often like to visit friends and relatives. Say where the following people are going.

▶ Claire / Marc
    Claire va chez Marc.

1. Hélène / Jérôme
2. Jean-Paul / Lucie
3. tu / un copain
4. Corinne / une cousine
5. vous / des copines à Québec
6. nous / un cousin à Paris

Chez nous...
l'argent va
plus loin
avec le train!

TGV

SNCF

9 Weekend

On weekends, we often like to visit friends and do things together. Say how the following people are spending Sunday afternoon.

▶ Cécile / jouer au ping-pong / Robert

Cécile joue au ping-pong chez Robert.

1. Nathalie / aller / Béatrice
2. Claire / dîner / des cousins
3. Éric / jouer au croquet / Sylvie
4. Marc / écouter des disques / un copain
5. Jean-Pierre / regarder la télé / une copine
6. Catherine / jouer au Monopoly / François

D. La construction *aller* + l'infinitif

The following sentences describe what people are *going to do*. Note how the verb **aller** is used to describe these FUTURE events.

Nathalie **va nager**.	*Nathalie **is going to swim**.*
Paul et Marc **vont jouer** au tennis.	*Paul and Marc **are going to play** tennis.*
Nous **allons rester** à la maison.	*We **are going to stay** home.*
Je **vais aller** en ville.	*I **am going to go** downtown.*

To express the NEAR FUTURE, the French use the construction:

> PRESENT of **aller** + INFINITIVE

➡ In negative sentences, the construction is:

SUBJECT + **ne** + PRESENT of **aller** + **pas** + INFINITIVE . . .				
Sylvie	**ne**	va	**pas**	écouter le concert avec nous.

➡ Note the interrogative forms:

Qu'est-ce que tu vas faire?	***What are you going** to do?*
Quand est-ce que vous allez rentrer?	***When are you going** to come back?*

> ### Learning about language
> To talk about FUTURE plans and intentions, French and English frequently use similar verbs: **aller** *(to be going to)*.

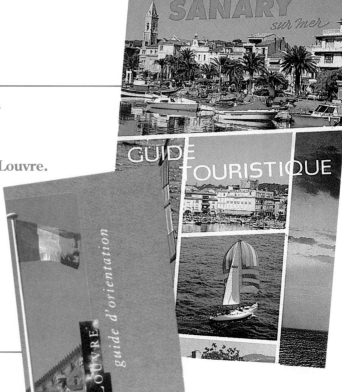

10 Tourisme

Say where the following people are going this summer and what they are going to visit.

▶ Monique (à Paris / le Louvre)
  Monique va à Paris. Elle va visiter le Louvre.

1. Alice (à New York / la statue de la Liberté)
2. nous (en Égypte / les pyramides)
3. vous (à Rome / le Colisée)
4. tu (à la Nouvelle Orléans / le Vieux Carré)
5. je (à San Francisco / Chinatown)
6. les élèves (à San Antonio / l'Alamo)
7. Madame Lambert (à Beijing / la Cité interdite *[Forbidden City]*)
8. les touristes (à Kyoto / les temples)

11 Qu'est-ce que tu vas faire?

Ask your classmates if they are
going to do the following things
this weekend.

▶ étudier

1. travailler
2. écouter la radio
3. regarder la télé
4. nager
5. inviter des amis
6. aller à une boum
7. jouer au tennis
8. rester à la maison
9. faire une promenade
   à vélo

Est-ce que
tu vas étudier?

Oui, je vais étudier.

(Non, je ne vais pas étudier.)

12 Un jeu: Descriptions

Choose a person from Column A and say where the person is, what he or she has, and
what he or she is going to do. Use the verbs **être, avoir,** and **aller** with the phrases in
columns B, C, and D. How many logical descriptions can you make?

A	B (être)	C (avoir)	D (aller)
tu	sur le court	des livres	chanter
Monique	à la bibliothèque	un vélo	manger un sandwich
je	au salon	30 francs	étudier
les amis	en vacances	une télé	faire une promenade
nous	à la boum	une chaîne stéréo	regarder un film
vous	à la maison	une guitare	faire un match
	au café	une raquette	écouter des cassettes

▶ **Monique est en vacances. Elle a un vélo. Elle va faire une promenade.**

Prononciation   /w/   /j/

Les semi-voyelles /w/ **et** /j/

In French, the semi-vowels /w/ and /j/
are pronounced very quickly, almost
like consonants.

Répétez:

/w/   **oui   chouette   Louise**

/wa/, /wɛ̃/ **moi   toi   pourquoi   voiture   loin**
             Chouette! La voiture de Louise n'est pas loin.

/j/   **bien   chien   radio   piano   Pierre   Daniel   violon   pied   étudiant**
             Pierre écoute la radio avec Daniel.

oui   très bien

À votre tour!

1 Allô!

Anne is calling Jérôme. Match Jérôme's answers with Anne's questions. Then act out the dialogue with a friend.

1 Tu restes chez toi samedi?

2 Qu'est-ce que vous allez faire?

3 Est-ce que vous allez aller au cinéma?

4 À quelle heure est-ce que tu vas rentrer?

a À dix heures.

b Peut-être! Il y a un très bon film au Rex.

c Nous allons faire une promenade en ville.

d Non, j'ai un rendez-vous avec Christine.

2 Créa-dialogue

As you are going for a walk in town, you meet several friends. Ask them where they are going and what they are going to do there.

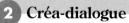

OÙ?	ACTIVITÉ
MENU	dîner avec un copain

▶ —Salut, Alison. Ça va?
—Oui, ça va!
—Où vas-tu?
—Je vais au restaurant.
—Ah bon? Qu'est-ce que tu vas faire là-bas?
—Je vais dîner avec un copain.
—Avec qui?
—Avec Chris.

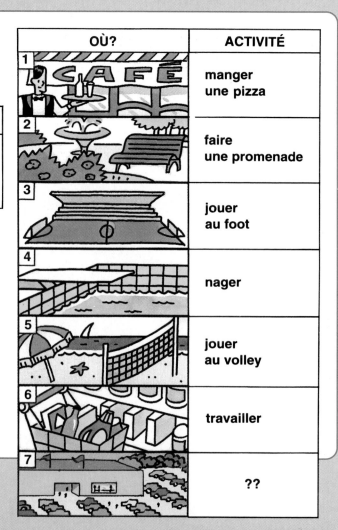

OÙ?	ACTIVITÉ
1 CAFÉ	manger une pizza
2	faire une promenade
3	jouer au foot
4	nager
5	jouer au volley
6	travailler
7	??

3 **Conversation libre**

Have a conversation with a classmate. Ask your classmate questions about what he / she plans to do on the weekend. Try to find out as much as possible, using yes / no questions.

▶ Est-ce que tu vas rester à la maison?

Non, je ne vais pas rester à la maison.

Est-ce que tu vas aller en ville?

Oui, je vais aller en ville.

Est-ce que tu vas au cinéma?

Oui, je vais au cinéma.

(Non, je ne vais pas au cinéma.)

4 **Qu'est-ce que vous allez faire?**

Leave a note for your friend Jean-Marc, telling him three things that you and your friends are going to do tonight and three things that you are going to do this weekend.

Jean-Marc

Ce soir (Tonight)

1. Nous allons...

2.

3.

Ce weekend

1.

2.

3.

5 **Bonnes résolutions**

Imagine that it is January 1 and you are making up New Year's resolutions. On a separate sheet of paper, describe six of your resolutions by saying what you are going to do and what you are not going to do in the coming year.

▶

1 JANVIER

1. Je vais toujours parler français en classe.

2. Je ne vais pas être pénible avec mes copains...

Au Café de l'Univers

Où vas-tu <u>après</u> les classes?	*after*
Est-ce que tu vas <u>directement</u> <u>chez toi</u>?	*straight / home*
Monique, elle, ne va pas directement <u>chez elle</u>.	*to her house*
Elle va au Café de l'Univers avec ses copines Anne-Marie et Estelle.	
Elle <u>vient</u> souvent ici avec elles.	*comes*
À la table de Monique, la conversation est toujours très <u>animée</u>.	*lively*
<u>De quoi</u> parlent les filles aujourd'hui?	*About what*

Est-ce qu'elles parlent	de l'<u>examen d'histoire</u>?	*history test*
	du problème de maths?	
	de la classe de sciences?	
Non!		

Est-ce qu'elles parlent	du weekend <u>prochain</u>?	*next*
	des vacances?	
<u>Non plus</u>!		*Not that either.*

Est-ce qu'elles parlent	du <u>nouveau</u> copain de Marie-Claire?	*new*
	de la cousine de Pauline?	
	des amis de Véronique?	
<u>Pas du tout</u>!		*Not at all!*

Aujourd'hui, les filles parlent d'un <u>sujet</u> beaucoup <u>plus</u> important!	*subject / more*
Elles parlent du nouveau prof d'anglais! (C'est un jeune professeur	
américain. Il est très intéressant, très amusant, très sympathique ...	
et <u>surtout</u> il est très mignon!)	*above all*

Compréhension

1. Où va Monique après les classes?
2. Avec qui est-ce qu'elle va au café?
3. Qu'est-ce que les filles font au café?
4. Est-ce qu'elles parlent de l'école?
5. Est-ce qu'elles parlent des activités du weekend?
6. De quelle *(which)* personne parlent-elles aujourd'hui?
7. De quelle nationalité est le professeur d'anglais?
8. Comment est-il?

Et toi?

Describe what you do by completing the following sentences.

1. En général, après les classes,
   je vais . . .
   je ne vais pas . . .

   - à la bibliothèque
   - chez mes *(my)* copains
   - au café
   - directement chez moi

2. Avec mes copains,
   je parle . . .
   je ne parle pas . . .

   - de la classe de français
   - du prof de français
   - des examens
   - du weekend

3. Avec mes parents,
   je parle . . .
   je ne parle pas . . .

   - de l'école
   - de la classe de français
   - de mes notes *(grades)*
   - de mes copains

4. Avec mon frère ou ma soeur,
   je parle . . .
   je ne parle pas . . .

   - de mes copains
   - du weekend
   - de mes problèmes
   - des vacances

■ NOTE ■
CULTURELLE

Au café

For French teenagers, the café is much more than just a place to have a soft drink or a sandwich. Some go there to study, others go to listen to music, to play electronic games **(le flipper),** or to make a phone call. Most students, however, go to their favorite café after class or on weekends to meet their friends and simply talk.

A French café usually consists of two parts: **l'intérieur** (the indoor section) and **la terrasse** (the outdoor section which often occupies part of the sidewalk). In spring and summer, **la terrasse** is the ideal spot to enjoy the sun and to watch the people passing by.

A. Le verbe *venir*

The verb **venir** *(to come)* is irregular. Note the forms of **venir** in the present tense.

venir	Nous allons **venir** avec des amis.
je **viens** tu **viens** il / elle **vient**	Je **viens** avec toi. Est-ce que tu **viens** au cinéma? Monique ne **vient** pas avec nous.
nous **venons** vous **venez** ils / elles **viennent**	Nous **venons** à cinq heures. À quelle heure **venez**-vous à la boum? Ils **viennent** de Paris, n'est-ce pas?

➡ **Revenir** *(to come back)* is conjugated like **venir**.

—À quelle heure **revenez**-vous?

—Nous **revenons** à dix heures.

➡ Note the interrogative expression: **d'où?** *(from where?)*

D'où viens-tu?   ***Where** do you come **from?***

1 Tu viens?

Tell a friend where you are going and ask him or her to come along.

▶ au restaurant

Je vais au restaurant.
Tu viens avec moi?

D'accord, je viens.

(Non, je ne viens pas.)

1. au café
2. à la bibliothèque
3. à la piscine
4. au supermarché
5. au centre commercial
6. au magasin de disques
7. au stade
8. en classe

2 Le pique-nique de Monique

Monique has invited friends to a picnic. Say who is coming and who is not.

▶ Philippe (non)
   Philippe ne vient pas.

1. Alice (oui)
2. Jean-Pierre (non)
3. Paul et Caroline (oui)
4. vous (non)
5. je (oui)
6. nous (non)
7. tu (non)
8. les copines d'Alice (oui)
9. le prof d'anglais (oui)

You may think French verbs are hard to learn because they have several forms. French students, on the other hand, have a hard time with English verbs because so many are made up of two words. For example, they may know the words *get* and *keep*, but then they have to learn the meanings of *get up, get out, get on,* and these meanings are different from *keep up, keep out, keep on,* etc.

B. La préposition *de; de* + l'article défini

The preposition **de** has several meanings:

from	Nous venons **de** la bibliothèque.	*We are coming **from** the library.*
of	Quelle est l'adresse **de** l'école?	*What is the address **of** the school?*
about	Je parle **de** mon copain.	*I am talking **about** my friend.*

CONTRACTIONS

Note the forms of **de** + DEFINITE ARTICLE in the sentences below.

Voici **le** café.	Marc vient **du** café.
Voici **les** Champs-Élysées.	Nous venons **des** Champs-Élysées.
Voici **la** piscine.	Tu reviens **de la** piscine.
Voici **l'**hôtel.	Les touristes arrivent **de l'**hôtel.

The preposition **de** contracts with **le** and **les,** but not with **la** and **l'.**

CONTRACTION	NO CONTRACTION		
de + le → **du**	de + la = **de la**	**du** café	**de la** plage
de + les → **des**	de + l' = **de l'**	**des** magasins	**de l'**école

➡ There is liaison after **des** when the next word begins with a vowel sound.

Où sont les livres **des étudiants?**

Jacques vient du musée d'Orsay.

3 Rendez-vous

The following students live in Paris. On a Saturday afternoon they are meeting in a café. Say where each one is coming from.

▶ Jacques: le musée d'Orsay

1. Sylvie: le Louvre
2. Isabelle: le parc de la Villette
3. Jean-Paul: le Centre Pompidou
4. François: le Quartier latin
5. Cécile: l'avenue de l'Opéra
6. Nicole: la tour Eiffel
7. Marc: le jardin du Luxembourg
8. André: les Champs-Élysées
9. Pierre: les Galeries Lafayette
10. Corinne: la rue Bonaparte

4 D'où viens-tu?

During vacation, Philippe goes out every day. When he gets home, his sister Cécile asks him where he is coming from.

▶ mardi

D'où viens-tu?

Je viens du théâtre.

1. lundi
2. mercredi
3. vendredi
4. dimanche
5. samedi
6. jeudi

▶

LUNDI	le restaurant
MARDI	le théâtre
MERCREDI	la bibliothèque
JEUDI	l'opéra
VENDREDI	le concert
SAMEDI	le pique-nique de Monique
DIMANCHE	la boum de Christine

Vocabulaire: Les sports, les jeux et la musique

Les sports		Les instruments de musique	
le foot(ball)	**le volley(ball)**	**le piano**	**la flûte**
le basket(ball)	**le tennis**	**le violon**	**la guitare**
le ping-pong	**le baseball**	**le saxo(phone)**	**la clarinette**
		le clavier *(keyboard)*	**la batterie** *(drums)*

Les jeux *(games)*

les échecs *(chess)*   **les dames** *(checkers)*
le Monopoly   **les cartes** *(cards)*

VERBES

jouer à + **le, la, les** + SPORT or GAME	*to play*	Nous **jouons au** tennis.
jouer de + **le, la, les** + INSTRUMENT	*to play*	Alice **joue du** piano.

---

5 Activités

Ask your classmates if they play the following instruments and games.

▶ —Est-ce que tu joues au ping-pong?
—Oui, je joue au ping-pong.
  (Non, je ne joue pas au ping-pong.)

▶ —Est-ce que tu joues du piano?
—Oui, je joue du piano.
  (Non, je ne joue pas du piano.)

C. Les pronoms accentués

In the answers to the questions below, the nouns in heavy print are replaced by pronouns. These pronouns are called STRESS PRONOUNS. Note their forms.

—François dîne avec **Florence?**   *Is François having dinner with **Florence?***
—Oui, il dîne avec **elle.**   *Yes, he is having dinner with **her.***

—Tu parles de **Jean-Paul?**   *Are you talking about **Jean-Paul?***
—Non, je ne parle pas de **lui.**   *No, I'm not talking about **him.***

FORMS

(SUBJECT PRONOUNS)	STRESS PRONOUNS	(SUBJECT PRONOUNS)	STRESS PRONOUNS
(je)	**moi**	(nous)	**nous**
(tu)	**toi**	(vous)	**vous**
(il)	**lui**	(ils)	**eux**
(elle)	**elle**	(elles)	**elles**

USES

Stress pronouns are used:

C'EST MOI QUI POSE LES QUESTIONS!

TF1
VENDREDI 29 MARS
20.50

- to reinforce a subject pronoun
  Moi, je parle français.   <u>*I*</u> *speak French.*
  Vous, vous parlez anglais.   <u>*You*</u> *speak English.*

- after **c'est** and **ce n'est pas**
  —C'est Paul là-bas?
  —Non ce n'est pas **lui.**   *No, it's not **him.***

- in short sentences where there is no verb
  —Qui parle français ici?
  —**Moi!**   *I do!*

- before and after **et** and **ou**
  Lui et moi, nous sommes copains.   *He and I, (we) are friends.*

- After prepositions such as **de, avec, pour, chez**
  Voici Marc et Paul. Je parle souvent **d'eux.**   *I often talk **about them.***
  Voici Isabelle. Je vais au cinéma **avec elle.**   *I go to the movies **with her.***
  Voici M. Mercier. Nous travaillons **pour lui.**   *We work **for him.***

  ➡ Note the meaning of **chez** + STRESS PRONOUN:
      Je vais **chez moi.**   *I am going **home.***
      Paul étudie **chez lui.**   *Paul is studying **at home.***

      Tu viens **chez nous?**   *Are you coming **to our house?***
      Je suis chez Alice. Je dîne **chez elle.**   *I am having dinner **at her place.***

Expression pour la conversation

How to contradict someone:

Pas du tout!   *Not at all!*   —Vous êtes français?
                   Definitely not!   —**Pas du tout!** Nous sommes italiens!

6 Mais pas du tout!

You are not good at guessing the identities of the following people. A classmate will indicate that you are wrong.

▶ —C'est Tarzan?
  —Mais pas du tout!
  Ce n'est pas lui!

Tarzan?

1. Batman?	**2. Superman?**	**3. Wonder Woman?**
4. Big Bird?	**5. Dustin Hoffman?**	**6. la princesse Diana?**

7 Samedi soir *(Saturday night)*

On Saturday night, some people stay home and others do not. Read what the following people are doing and say whether or not they are at home.

▶ Alice étudie.
  Elle est chez elle.

▶ Paul va au cinéma.
  Il n'est pas chez lui.

1. François regarde la télé.
2. Jacqueline va au café.
3. Marc et Pierre dînent au restaurant.
4. Hélène et Pauline écoutent des disques.
5. Les voisins font une promenade.
6. Je travaille avec mon père.
7. Tu vas au théâtre.
8. Nous allons à la bibliothèque.
9. Tu prépares le dîner.

C'EST BATMAN!   VRAIMENT?

8 Commérage *(Gossip)*

Thomas likes to gossip. Act out the dialogues between him and his friend Sandrine.

▶ Marina dîne avec Jean-Pierre.

1. Éric dîne avec Alice.
2. Thérèse va chez Paul.
3. Jérôme est au cinéma avec Delphine.
4. Monsieur Mercier travaille pour Mademoiselle Duval.
5. Philippe travaille pour le voisin.
6. Marc et Vincent dansent avec Mélanie et Juliette.

Marina dîne avec Jean-Pierre.

Vraiment?

Mais oui! Elle dîne avec lui!

9 **Questions personnelles**

Use stress pronouns in your answers.

1. Est-ce que tu étudies souvent avec tes *(your)* copains?
2. Est-ce que tu vas souvent chez ta cousine?
3. Est-ce que tu travailles pour les voisins?
4. Est-ce que tu parles français avec ton père?

5. Est-ce que tu vas souvent au cinéma avec tes copines?
6. Est-ce que tu restes chez toi le weekend?
7. Est-ce que tu restes chez toi pendant *(during)* les vacances?

D. La construction: nom + *de* + nom

Compare the word order in French and English.

| J'ai une raquette. | C'est une **raquette de tennis.** | *It's a **tennis racket.*** |
| Paul a une voiture. | C'est une **voiture de sport.** | *It's a **sports car.*** |

When one noun is used to modify another noun, the French construction is:

MAIN NOUN + **de** + MODIFYING NOUN	**une classe de français**
d' (+ VOWEL SOUND)	**une classe d'espagnol**

➡ In French, the main noun comes *first*. In English, the main noun comes second.

➡ There is no article after **de**.

10 **Précisions**

Complete the following sentences with an expression consisting of **de** + underlined noun.

▶ J'aime le <u>sport</u>. J'ai une voiture ...

J'ai une voiture de sport!

1. Claire aime le <u>ping-pong</u>. Elle a une raquette ...
2. Nous adorons le <u>jazz</u>. Nous écoutons un concert ...
3. Jacques aime la <u>musique</u> <u>classique</u>. Il écoute un programme ...
4. Vous étudiez l'<u>anglais</u>. Vous avez un livre ...
5. Tu étudies le <u>piano</u>. Aujourd'hui, tu as une leçon ...
6. Thomas et Paul aiment l'<u>espagnol</u>. Ils ont une bonne prof ...
7. Je regarde mes <u>photos</u>. J'ai un album ...

Prononciation

Les voyelles /ø/ et /œ/

/ø/	/œ/
deux	**neuf**

The letters "**eu**" and "**oeu**" represent vowel sounds that do not exist in English but that are not very hard to pronounce.

Répétez:

| /ø/ | d<u>eu</u>x   <u>eu</u>x   je v<u>eu</u>x
je p<u>eu</u>x   un p<u>eu</u>   j<u>eu</u>x
il pl<u>eu</u>t
Tu p<u>eu</u>x aller chez <u>eu</u>x. |
| /œ/ | n<u>eu</u>f   s<u>oeu</u>r   h<u>eu</u>re
profess<u>eu</u>r   j<u>eu</u>ne
Ma s<u>oeu</u>r arrive à n<u>eu</u>f
h<u>eu</u>res. |

À votre tour!

1 Conversation

Saturday afternoon, Henri meets Stéphanie downtown. Match Henri's questions with Stéphanie's answers. Then act out the conversation with a classmate.

1. Salut, Stéphanie! D'où viens-tu?

2. Et où vas-tu maintenant?

3. Tu ne veux pas venir au cinéma avec moi?

4. Ah bon? Pourquoi?

a. J'ai un examen d'anglais lundi.

b. Du supermarché.

c. Je rentre chez moi.

d. Je ne peux pas. Je dois étudier.

2 Créa-dialogue

Ask your classmates whom they are going to visit and what they are going to do. Then decide if you are going to come along.

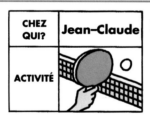

CHEZ QUI?	Jean–Claude
ACTIVITÉ	

— Où vas-tu?
— Je vais chez Jean-Claude. Tu viens?
— Ça dépend! Qu'est-ce que tu vas faire chez lui?
— Nous allons jouer au ping-pong.
— D'accord, je viens!
(Non, je ne viens pas.)

CHEZ QUI?	1. Françoise	2. Corinne et Claire	3. Nicolas et Patrick	4. mon cousin	5. ma cousine	6. des copains
ACTIVITÉ						

3 Retour à la maison

This afternoon, the following people went downtown. Say which places they are coming from.

▶ **Nous venons de l'école.**

1 tu	2 vous	3 Madame Simon
4 Monsieur Dupont	5 Claire et Diane	6 Daniel et Philippe

nous

4 **Message illustré**

Frédéric likes to use illustrations in his diary. Transcribe what he has written about himself and others, replacing the pictures with the corresponding missing words.

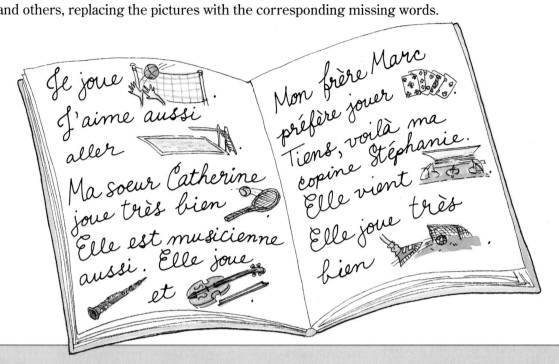

Je joue [volley-ball] .
J'aime aussi aller [à la piscine] .
Ma sœur Catherine joue très bien [au tennis] .
Elle est musicienne aussi. Elle joue [de la clarinette] et [du violon] .

Mon frère Marc préfère jouer [aux cartes] .
Tiens, voilà ma copine Stéphanie.
Elle vient [du supermarché] .
Elle joue très bien [au foot] .

5 **Une lettre à Sandrine**

In a recent letter, Sandrine, your French pen pal, mentioned various hobbies she enjoys. In a short letter, tell her …

- which sports you play
- which musical instruments you play
- which games you play

▶

Chère Sandrine,
J'aime beaucoup les sports. Je joue au…

| parc | supermarché | stade |
| école | bibliothèque | piscine |

Mes voisins

Bonjour!
Je m'appelle Frédéric Mallet.
J'habite à Versailles avec ma famille.
Nous habitons dans un <u>immeuble</u> de   *building*
six <u>étages</u>.   *floors*
Voici mon immeuble et voici <u>mes</u>   *my*
voisins.

Monsieur Lacroche habite au <u>sixième</u>   *sixth*
étage avec sa femme. Ils sont
musiciens. Lui, il joue du piano et elle,
elle chante. Oh là là, <u>quelle</u> musique!   *what*

Mademoiselle Jolivet habite au
<u>cinquième</u> étage avec <u>son</u> oncle et   *fifth / her*
<u>sa</u> tante.   *her*

Paul, mon <u>meilleur</u> ami, habite au   *best*
<u>quatrième</u> étage avec <u>sa</u> soeur et   *fourth / his*
<u>ses</u> parents.   *his*

Mademoiselle Ménard habite au
<u>troisième</u> étage avec son chien   *third*
Pomme, ses deux chats Fritz et Arthur,
son <u>perroquet</u> Coco et son canari   *parrot*
Froufrou. (Je <u>pense</u> <u>que</u> c'est une   *think / that*
personne très intéressante, mais mon
père pense qu'elle est un peu bizarre.)

Monsieur et Madame Boutin habitent
au <u>deuxième</u> étage avec <u>leur</u> <u>fils</u> et   *second / their*
leurs deux <u>filles</u>.   *son*
    daughters

Et qui habite au premier étage?
C'est un garçon super-intelligent,
super-cool et très sympathique! Et ce
garçon … c'est moi!

Compréhension

1. Où habite Frédéric?
2. Combien *(How many)* d'étages est-ce qu'il y a dans l'immeuble où il habite?
3. Quelle est la profession des Lacroche?
4. Comment s'appelle le meilleur ami de Frédéric?
5. Combien d'animaux a Mademoiselle Ménard?
6. Qui est Pomme?
7. Qui sont Fritz et Arthur?
8. Selon toi *(In your opinion)*, est-ce que Mademoiselle Ménard est une personne bizarre ou intéressante?
9. Quel est le numéro *(number)* de l'étage où habite Frédéric?
10. Est-ce que Frédéric habite en haut ou en bas de l'immeuble?

NOTES CULTURELLES

1 Versailles

Versailles is a city of about 100,000 inhabitants, located about 8 miles (14 km) southwest of Paris. Its famous **château,** built for King Louis XIV (1638–1715), welcomes four million visitors every year. It is the third most visited monument in France (after the Pompidou Center and the Eiffel Tower).

2 La vie en appartement

Most French people in urban areas live in apartments. Newer high-rise apartment buildings have been built in the suburbs. In the cities, however, apartment houses are traditionally no more than six or seven stories high. (This is because, historically, there were no elevators.) The ground floor, which often houses stores and shops, is known as **le rez-de-chaussée** (literally, "level with the stree*t*"). The next floor, **le premier étage** (or "first" floor above the street), corresponds to the American second floor. Similarly, **le deuxième étage** corresponds to our third floor, etc. The top floor of older buildings used to consist of individual rooms, one per apartment. These original maid's rooms often became student rooms. In recent years, as elevators were installed in these buildings, the top-floor rooms frequently have been combined to form new apartments.

A. La possession avec *de*

Note the words in heavy print:

Voici une moto.	C'est la moto **de Frédéric.**	*It's **Frédéric's** motorcycle.*
Voici un vélo.	C'est le vélo **de Sophie.**	*It's **Sophie's** bike.*

To express POSSESSION, French speakers use the construction:

le/la/les + NOUN + **de** + OWNER	la radio **de** Thomas
↓	les disques **de** Claire
d' (+ VOWEL SOUND)	la maison **d'**Émilie

➡ The same construction is used to express RELATIONSHIP:

C'est **le copain de Daniel.**   *That's **Daniel's friend.***
C'est **la mère de Paul.**   *That's **Paul's mother.***

➡ Remember that **de** contracts with **le** and **les:**

Pomme est le chien **du voisin.**   *Pomme is **the neighbor's** dog.*
Voici la chambre **des enfants.**   *Here is **the children's** room.*

➡ While English often indicates possession with *s*, French always uses **de.**

la copine **de Monique**   ***Monique's** friend (the friend **of Monique**)*

1 Présentations *(Introductions)*

Imagine that you are hosting a party in France. Introduce the following people.

▶ Marc (cousin / Sylvie)

Marc est le cousin de Sylvie.

1. Carole (cousine / Jacques)
2. Michel (copain / Caroline)
3. Philippe (camarade / Charles)
4. Robert (frère / Guillaume)
5. Marina (copine / Paul)
6. Pauline (amie / Éric)
7. Thomas (frère / Christine)
8. Alice (soeur / Karine)

2 Échanges

The following friends have decided to trade a few of their possessions. On a separate sheet of paper, write out what each person has, once the exchange has been completed.

Marc   Alice   Éric   Laure

Vocabulaire: La famille

la famille *(family)*

les grands-parents
   le grand-père   **la grand-mère**

les parents *(parents)*   **les parents** *(relatives)*
   le père   **la mère**   **l'oncle**   **la tante** *(aunt)*
   le mari *(husband)*   **la femme** *(wife)*

les enfants *(children)*
   un enfant   **une enfant**
   le frère   **la soeur**   **le cousin**   **la cousine**
   le fils *(son)*   **la fille** *(daughter)*

3 ## La famille de Frédéric

Frédéric has drawn his family tree. Study it and explain
the relationships between the people below.

▶ Éric / Isabelle Vidal
   Éric est le fils d'Isabelle Vidal.

1. Véronique / Frédéric
2. Martine Mallet / Véronique
3. Albert et Suzanne Mallet / Frédéric
4. Isabelle Vidal / Frédéric Mallet
5. François Mallet / Martine Mallet
6. Isabelle Vidal / Maurice Vidal
7. François Mallet / Suzanne Mallet
8. Catherine / Maurice Vidal
9. Véronique / Éric
10. Frédéric / Catherine

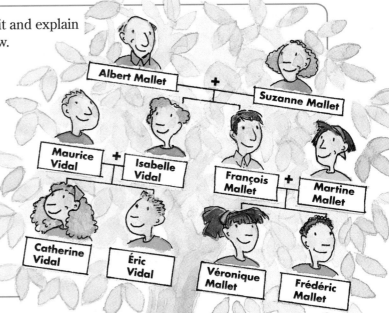

▶ Marc a la guitare d'Alice et . . .

Marc   Alice   Éric   Laure

B. Les adjectifs possessifs: mon, ton, son

Note the forms of the possessive adjectives in the chart below:

(POSSESSOR)		SINGULAR		PLURAL			
		MASCULINE	FEMININE				
(je)	my	**mon**	**ma**	**mes**	**mon** frère	**ma** soeur	**mes** copains
(tu)	your	**ton**	**ta**	**tes**	**ton** oncle	**ta** tante	**tes** cousins
(il)	his	**son**	**sa**	**ses**	**son** père	**sa** mère	**ses** parents
(elle)	her	**son**	**sa**	**ses**	**son** père	**sa** mère	**ses** parents

➡ The feminine singular forms **ma, ta, sa** become **mon, ton, son** before a vowel sound.

| **une** amie | **mon** amie | **ton** amie | **son** amie |
| **une** auto | **mon** auto | **ton** auto | **son** auto |

➡ There is liaison after **mon, ton, son, mes, tes, ses** when the next word begins with a vowel sound.

mon oncle **mes** amis

➡ The choice between **son, sa,** and **ses** depends on the gender (masculine or feminine) and the number (singular or plural) of the noun that *follows*. It does NOT depend on the gender of the possessor (that is, whether the owner is male or female). Compare:

	un vélo	une radio	des cassettes
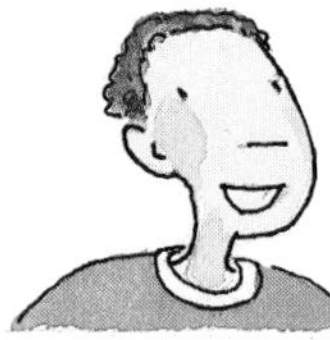 Voici Frédéric.	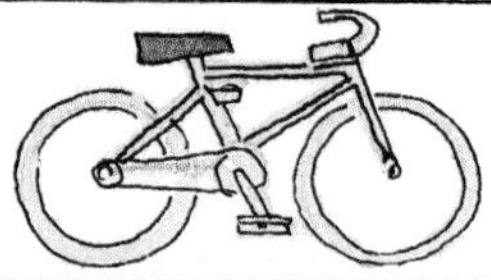 Voici son vélo. (his bike)	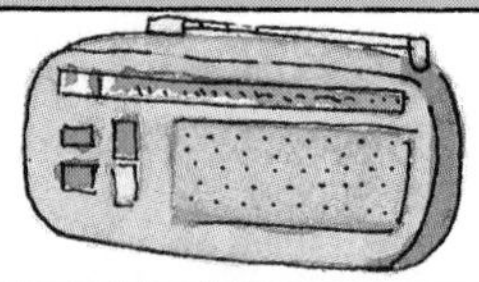 Voici sa radio. (his radio)	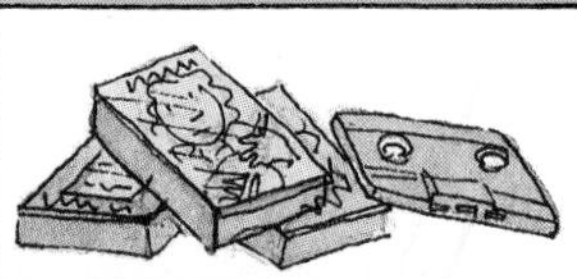 Voici ses cassettes. (his cassettes)
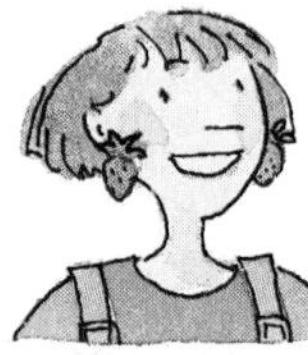 Voici Sophie.	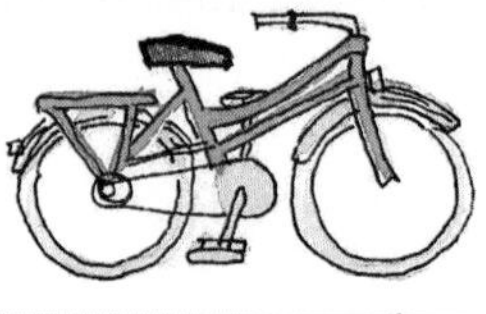 Voici son vélo. (her bike)	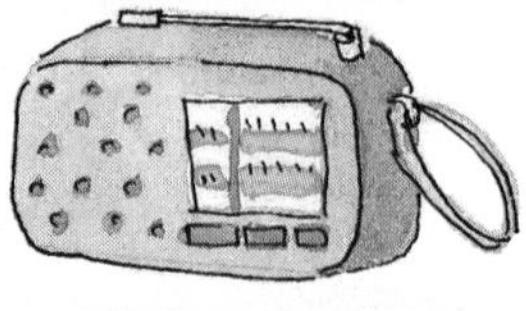 Voici sa radio. (her radio)	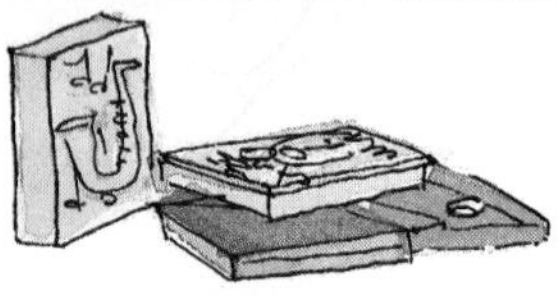 Voici ses cassettes. (her cassettes)

4 Marc et Hélène

Marc Pertout never knows where his things are. Fortunately, his friend Hélène Sétout knows. Play both roles.

▶ le vélo / dans le garage

Où est mon vélo?

Ton vélo? Il est dans le garage.

1. les cassettes / ici
2. la raquette / là-bas
3. la montre / sur toi
4. les livres / dans le sac
5. la radio / sur le bureau
6. les tee-shirts / sous le lit
7. le chien / derrière la porte
8. l'appareil-photo / dans la chambre

5 Invitations

Each of the following people is bringing a friend or relative to the school party. Say whom each person is inviting, using the appropriate possessive adjectives.

▶ Michel / la copine
   Michel invite sa copine.

1. André / la cousine
2. Jean-Claude / la soeur
3. Marie-Noëlle / les frères
4. Pascal / l'amie Sophie
5. Monique / les cousins
6. Nathalie / l'ami Marc
7. Georges / l'amie Cécile
8. Paul / l'amie Thérèse
9. Isabelle / les copains

6 Chez Marie et Christophe Boutin

Items 1 to 8 belong to Marie. Items 9 to 16 belong to Christophe. Point these things out.

Marie		Christophe	
▶ le vélo **C'est son vélo.**		▶ les disques **Ce sont ses disques.**	
1. le walkman	5. la radiocassette	9. la guitare	13. les livres
2. le sac	6. la guitare	10. la chaîne stéréo	14. la montre
3. le chien	7. les disques	11. le chat	15. les photos
4. l'album	8. les cassettes	12. la mobylette	16. les skis

Expression pour la conversation

How to question a statement or express a doubt:

Tu es sûr(e)? *Are you sure?* —C'est mon pantalon *(pants)*!
                                    —**Tu es sûr?**

7 Après la boum

Last night Frédéric and Paul gave a party. They realize that their friends left certain things behind. Frédéric thinks he knows what belongs to whom.

▶ le sac / Claire   FRÉDÉRIC: **Voici le sac de Claire.**
                          PAUL: **Tu es sûr?**
                      FRÉDÉRIC: **Mais oui, c'est son sac!**

1. le sac / Jean-Pierre
2. la guitare / Antoine
3. l'appareil-photo / Cécile
4. le walkman / Stéphanie
5. les livres / Philippe
6. le chapeau *(hat)* / Thomas
7. la cassette / Roger
8. les compacts / Corinne

C. Les adjectifs possessifs: *notre, votre, leur*

Note the forms of the possessive adjectives in the chart below:

(POSSESSOR)		SINGULAR	PLURAL		
(nous)	*our*	**notre**	**nos**	**notre** prof	**nos** livres
(vous)	*your*	**votre**	**vos**	**votre** ami	**vos** copains
(ils / elles)	*their*	**leur**	**leurs**	**leur** radio	**leurs** disques

➡ There is liaison after **nos, vos, leurs** when the next word begins with a vowel sound.

nos ‿amis **vos** ‿amies **leurs** ‿ordinateurs

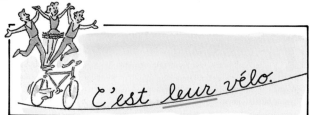

8 Aux Galeries Lafayette

At the Galeries Lafayette department store, a customer is looking for various things. The person at the information desk indicates where they can be found. Play both roles.

▶ les disques / là-bas

S'il vous plaît, où sont vos disques?

Nos disques sont là-bas.

1. les livres / à gauche
2. les affiches / à droite
3. le restaurant / en haut
4. le garage / en bas
5. les ordinateurs / ici
6. la cafétéria / tout droit

9 Les millionnaires

Imagine you are showing a millionaire's estate to French visitors.

▶ la maison
Voici leur maison.

1. la piscine
2. la Cadillac
3. les chiens
4. le parc
5. l'hélicoptère
6. les courts de tennis

10 En famille

We often do things with our family. Complete each sentence with a possessive adjective: **son, sa, ses, leur,** or **leurs.**

▶ Pascal joue au tennis avec <u>sa</u> cousine.
▶ Éric et Paul jouent au Monopoly avec <u>leurs</u> cousins.

1. Frédéric dîne chez ... oncle.
2. André dîne chez ... grands-parents.
3. Caroline et Paul vont chez ... grand-mère.
4. Mlle Vénard fait une promenade avec ... chien.
5. Antoine va à la piscine avec ... soeur.
6. Stéphanie et Céline vont au cinéma avec ... parents.
7. M. et Mme Boutin voyagent avec ... fille.
8. Mme Denis visite Paris avec ... fils, Marc et Frédéric.
9. M. Mallet est à Québec avec ... femme.

D. Les nombres ordinaux

Compare the following regular numbers and the ordinal numbers in French:

(2)	deux	**deuxième**	Février est le **deuxième** mois de l'année.
(3)	trois	**troisième**	Mercredi est le **troisième** jour de la semaine.
(4)	quatre	**quatrième**	J'habite au **quatrième** étage *(floor)*.
(12)	douze	**douzième**	Qui habite au **douzième** étage?

To form ordinal numbers, the French use the following pattern:

NUMBER (minus final **-e,** if any) + **-ième**

| (6) | six | : | **six** | + **-ième** | → | **sixième** |
| (11) | onze | : | **onz-** | + **-ième** | → | **onzième** |

Quatrième . . .

et pourtant premier.

➡ EXCEPTIONS:

un (une)	→	**premier (première)**
cinq	→	**cinquième**
neuf	→	**neuvième**

➡ Ordinal numbers are adjectives and come BEFORE the noun.

11 La course *(The race)*

Frédéric and his friends are participating in a five-kilometer race. Announce the order of arrival of the following runners.

▶ Paul (6)

Paul est sixième.

1. Frédéric (4)	5. Christine (1)
2. Jérôme (7)	6. Claire (10)
3. Christophe (8)	7. Karine (11)
4. Sophie (2)	8. Olivier (12)

▷ ▷ ▷ ▷ ▷ ▷ ▷ ▷ ▷ ▷ ▷ ▷ ▷ ▷ ▷ ▷ ▷ ▷ ▷ ▷

Prononciation

Les voyelles /o/ et /ɔ/

/o/ /ɔ/

vélo **téléphone**

The French vowel /o/ is pronounced with more tension than in English. It is usually the last sound in a word.

Répétez: /o/ **vélo radio nos vos eau château chaud**

Nos vélos sont au château.

The French vowel /ɔ/ occurs in the middle of a word. Imitate the model carefully.

Répétez: /ɔ/ **téléphone école Nicole notre votre copain prof dommage**

Comment s'appelle votre prof?

À votre tour!

1 Allô!

Émilie is on the phone with Bernard. Match Émilie's questions with Bernard's answers. Then act out the dialogue with a classmate.

1 Avec qui est-ce que tu vas au cinéma?

2 C'est le cousin de Monique?

3 Tu connais leurs parents?

4 Ils sont canadiens, n'est-ce pas?

a Non, c'est son frère.

b Bien sûr, ils sont très sympathiques.

c Avec mon copain Marc.

d Non, mais leurs voisins sont de Québec.

2 Créa-dialogue

We often identify objects by their color. Create conversations with your classmates according to the model.

le vélo / Paul?

1. la guitare / Alice?

4. la mobylette / Isabelle?

2. le scooter / Paul et Anne?

5. la maison / M. et Mme Lavoie?

▶ —C'est le vélo de Paul?
—Non, ce n'est pas son vélo.
—Tu es sûr?
—Mais oui. Son vélo est bleu.

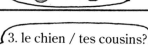

3. le chien / tes cousins?

6. la voiture / ton oncle?

3 **Faisons connaissance**

You want to know more about certain relatives and acquaintances (friends, neighbors, teachers, etc.) of your classmates. Ask a classmate three questions: each question will be about a different person. You may want to use some of the following suggestions:

OUI/NON	INFORMATION
parler français?	où/habiter?
avoir une voiture?	quel âge/avoir?
aimer les sports?	où/travailler?
travailler beaucoup?	à quelle école/étudier?
voyager souvent?	quand/venir chez toi?

Où est-ce que tes grands-parents habitent?

4 **Composition: Ma famille**

Select five people in your family and write one to three sentences about each person.

Ma cousine s'appelle Barbara. Elle habite à San Francisco. Elle a treize ans.

5 **Arbre généalogique** *(Family tree)*

On a separate sheet of paper, draw your own (real or imaginary) family tree. Label the people and indicate their relationships to you.

Vive la différence!
Les loisirs

Parlons° de vos loisirs.° Répondez aux questions suivantes.° Selon° vous, quelles sont les réponses des jeunes Français en général à ces questions?

1 Qu'est-ce que vous préférez faire quand vous n'étudiez pas?
- aller au cinéma
- aller dans les magasins
- pratiquer un sport
- jouer avec les jeux vidéo

Selon vous, qu'est-ce que les jeunes Français préfèrent faire?

2 Quand vous allez au cinéma, quels films est-ce que vous préférez voir?°
- les films de science-fiction
- les films d'aventures
- les comédies
- les films d'horreur

Selon vous, quels sont les films préférés des jeunes Français?

3 Combien de fois° par an° est-ce que vous allez au concert?
- jamais°
- une fois ou deux
- de trois à six fois
- sept fois ou plus°

Et les jeunes Français, combien de fois vont-ils au concert en moyenne° par an?

4 Voici quatre acteurs américains très célèbres° en France. Quel est votre acteur préféré?
- Tom Cruise
- Jack Nicholson
- Robert Redford
- Dustin Hoffman

Selon vous, qui est l'acteur américain préféré des Français?

5 Quelle musique est-ce que vous préférez écouter?
- les chansons folkloriques°
- le rock
- le jazz
- la musique classique

Selon vous, quelle est la musique préférée des jeunes Français?

6 Quels livres est-ce que vous préférez lire?°
- les biographies
- les livres de science-fiction
- les livres d'aventures
- les albums de bandes dessinées°

Selon vous, quels sont les livres préférés des jeunes Français?

7 Quelle est votre dépense° principale?
- Je vais au concert.
- Je vais au cinéma ou au restaurant.
- J'achète° des cassettes ou des compacts.
- J'achète des vêtements.°

Et pour les jeunes Français, quelle est leur dépense principale?

Et les jeunes Français?

1. Ils préfèrent aller au cinéma. 2. Ils préfèrent les comédies. 3. Ils vont au concert en moyenne six fois par an.
4. Leur acteur américain préféré est Dustin Hoffman. 5. Ils préfèrent le rock. 6. Ils préfèrent les albums de bandes dessinées. 7. Ça dépend. Les garçons vont au cinéma ou au restaurant. Les filles achètent des vêtements.

Parlons *Let's talk* **loisirs** *leisure activities* **suivantes** *following* **Selon** *According to* **voir** *to see* **fois** *times* **par an** *per year* **jamais** *never* **plus** *more* **en moyenne** *on the average* **célèbres** *famous* **chansons folkloriques** *folksongs* **lire** *to read* **bandes dessinées** *comics, cartoons* **dépense** *expense* **achète** *buy* **vêtements** *clothes*

EN FRANCE

Vive la musique!

Est-ce que vous préférez écouter votre groupe favori à la radio ou dans une salle de concert? Regardez bien ces documents.

Rolling Stones Story à partir du 25 décembre

1er diffusion le mardi à 21 h 30 - 2e diffusion le vendredi à 23 h sur

RADIO 2 EUROPE 1

♪ Quel groupe est-ce qu'on peut écouter à la radio? Quels jours et à quelle heure?

♪ Est-ce que vous connaissez° ce groupe? Est-ce que vous avez leurs disques? Aimez-vous leur musique?

LE PLUS GRAND DES GRANDS CONCERTS

AVEC avec **RTL**

FRÉDÉRICK PARTOUCHE PRÉSENTE :

Liberty Show

SAMEDI 24 JUIN DE 12 À 24 HEURES

HIPPODROME DE VINCENNES
PARIS
RÉSERVATIONS : 48 05 10 10

Pour la première fois dans tous les CARREFOUR de France Carrefour

Rod STEWART

Stevie WONDER

INXS

Edie BRICKELL

Gipsy KINGS

George MICHAEL

Bob DYLAN

Tracy CHAPMAN

Elvis COSTELLO

Cyndi LAUPER

Boris GREBENSHIKOV

♪ Quand a lieu° le concert? Où?

♪ À quelle heure est-ce que le concert commence?°
À quelle heure est-ce qu'il finit?°

♪ Quel est le numéro de téléphone pour réserver les billets?°

♪ Qui sont les «stars» de ce concert? Quelles stars est-ce que vous connaissez? Qui est votre star préférée?

♪ Est-ce que vous aimeriez° aller à ce concert? Pourquoi ou pourquoi pas?

connaissez *know*   **a lieu** *does ... take place*   **commence** *does ... begin*   **finit** *does ... end*   **billets** *tickets*
aimeriez *would like*

Entre amis: **Interview avec Karine Legoff**

Karine Legoff est élève dans un lycée° français. En mars, elle a passé° deux semaines aux États-Unis avec un programme d'échange.° Nous avons interviewé° Karine pendant° son séjour.° Voici les réponses de Karine à nos questions.

École

En France, comment vas-tu à l'école?
À quelle heure arrives-tu le matin?
À quelle heure rentres-tu chez toi le soir?

Où déjeunes-tu?°

À pied, généralement.°
À huit heures.
Ça dépend des° jours.
  En général, à 5 heures 30
  ou à 6 heures.
Je déjeune à la cantine°
  du lycée.

Sports

Quels sports pratiques-tu à l'école?
Et en dehors de° l'école?
Où?

Je joue au volley.
Je joue au tennis.
Au club de la ville.

Loisirs

Est-ce que tu vas au cinéma?
Combien de fois par mois?°
Qui sont tes acteurs préférés?

Et tes actrices préférées?
Est-ce que tu vas au concert?
Où vas-tu?

Qui sont tes groupes ou tes chanteurs°
  préférés?
Est-ce que tu joues d'un instrument?
Est-ce que tu vas à des boums?
Où et quand?

Oui, de temps en temps.°
Une ou deux fois.
Christophe Lambert, Gérard Depardieu.
  Aussi Dustin Hoffman.
Isabelle Adjani, Emmanuelle Béart.
Oui, mais pas très souvent.
Ça dépend! Au Zénith, au parc des
  Princes.
The Police, U2, Tracy Chapman.

Non.
Oui, de temps en temps.
Chez des amis. Généralement le samedi
  soir.

Les États-Unis

Quelles sont tes impressions des
  États-Unis?
Pourquoi?

Qu'est-ce que tu n'aimes pas?

J'aime le pays° et les gens.

C'est un pays très dynamique et très
  ouvert.° Les gens sont francs,
  communicatifs et honnêtes avec eux-
  mêmes.° Les Américains sont très cool!
La nourriture.°

---

lycée *high school*　**a passé** *spent*　**échange** *exchange*　**avons interviewé** *interviewed*　**pendant** *during*
séjour *stay*　**généralement** *generally*　**Ça dépend des** *It depends on the*　**déjeunes-tu** *do you have lunch*
cantine *cafeteria*　**en dehors de** *outside of*　**de temps en temps** *from time to time*　**fois par mois** *times a month*
chanteurs *singers*　**pays** *country*　**ouvert** *open*　**eux-mêmes** *themselves*　**nourriture** *food*

Comment lire
SOUNDING FRENCH

As you read the interview over, try to think how the new words sound in French.

- Remember to put the accent on the LAST syllable of a word or phrase.

    pro<u>gramme</u>   **acteur préfé<u>ré</u>**   **communica<u>tif</u>**

- Remember that many final consonants are silent.

    spor~~t~~   **Zénit~~h~~**   **math~~s~~**   **instrumen~~t~~**

If you think of the right French pronunciation as you read, you will be prepared to recognize these words when you hear them spoken.

Enrichissez votre vocabulaire
SUFFIXES

You can expand your reading vocabulary easily by learning to recognize common suffixes (or endings).

	FRENCH	ENGLISH		
(ADJECTIVE +)	**-ment**	*-ly*	**généralement**	*generally*
(VERB STEM +)	**-ant**	*-ing*	**amusant**	*amusing*
(VERB STEM +)	**-é**	*-ed*	**préféré**	*preferred*

Activité

Can you identify the English equivalents of the following French words?

- **normalement   finalement   rarement   rapidement   sûrement**
- **intéressant   alarmant   terrifiant   charmant**
- **importé   occupé   limité   marié**

Activité: Une interview

Interview a classmate about his / her school life and leisure activities. Use Karine's interview as a point of departure.

Activité: Une lettre à Karine

Write Karine a letter about yourself. Using her responses to the interview as a model, tell her about your school, the sports you play, your leisure-time activities, as well as your impressions of France and the French people.

Quelques stars du cinéma français

Gérard Depardieu

Christophe Lambert

Isabelle Adjani

Emmanuelle Béart

Variétés

Les jeunes Français et le cinéma américain

En général, les jeunes Français aiment beaucoup les films américains. (Quand ils parlent anglais, ils peuvent° voir° ces films en «version originale».) Voici une liste de films qui ont eu° beaucoup de succès en France. Est-ce que vous pouvez° identifier ces films? Lisez° le titre° français de chaque° film. Faites correspondre° le titre de ce film avec le titre américain.

TITRES FRANÇAIS

1. *Blanche-Neige*
2. *Le parrain*
3. *Un prince à New York*
4. *Un poisson nommé Wanda*
5. *E.T. l'extra-terrestre*
6. *Le retour du Jedi*
7. *Les aventuriers de l'arche perdue*
8. *Rencontres du troisième type*
9. *Les dents de la mer*
10. *Danse avec les loups*
11. *La guerre des étoiles*
12. *Indiana Jones et la dernière croisade*
13. *Qui veut la peau de Roger Rabbit?*
14. *Le retour de la panthère rose*

TITRES AMÉRICAINS

A. *Jaws*
B. *Star Wars*
C. *E.T. The Extra Terrestrial*
D. *Close Encounters of the Third Kind*
E. *Indiana Jones and the Last Crusade*
F. *The Return of the Jedi*
G. *Coming to America*
H. *The Godfather*
I. *Raiders of the Lost Ark*
J. *Dances with Wolves*
K. *A Fish Called Wanda*
L. *The Return of the Pink Panther*
M. *Who Framed Roger Rabbit?*
N. *Snow White and the Seven Dwarfs*

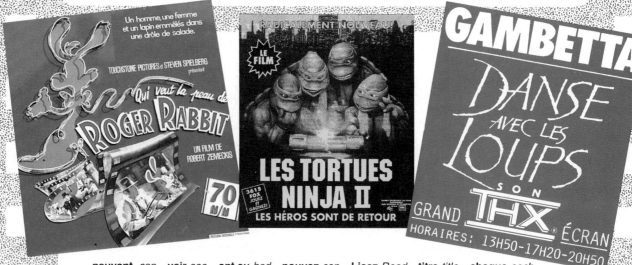

peuvent *can* **voir** *see* **ont eu** *had* **pouvez** *can* **Lisez** *Read* **titre** *title* **chaque** *each*
Faites correspondre *Match*

UN FILM D'AVENTURES
américain

20.30

DURÉE : 2h00

FILM AMÉRICAIN DE STEVEN SPIELBERG

LES AVENTURIERS DE L'ARCHE PERDUE

🎞🎞🎞

SCÉNARIO DE LAWRENCE KASDAN - MUSIQUE DE JOHN WILLIAMS

		Belloq	Paul Freeman
Indiana Jones	Harrison Ford	Toht	Ronald Lacey
Marion Ravenhood	Karen Allen	Sallah	John Rhys-Davies
Dietrich	Wolf Kahler		

Indiana Jones (Harrison Ford) est en compétition avec Belloq (Paul Freeman)

Ce film américain a eu° beaucoup de succès en France.

- Est-ce que vous avez vu° ce film? Où? à la télévision? au cinéma? sur vidéocassette?
- Quel est le titre anglais du film?
- Qui est le directeur du film?
- Qui est l'acteur principal?
- Qui sont les autres acteurs?
- Qui est le compositeur de la musique?
- Combien de temps dure° le film?

■ NOTE ■
CULTURELLE

Au cinéma

Le samedi, les jeunes Français adorent aller au cinéma. C'est pour eux l'occasion de voir° un bon film et aussi d'être avec leurs copains. En général, ils vont au cinéma pour voir des films récents. Leurs films préférés sont les films comiques. Ils aiment aussi les films d'aventures, les films de science-fiction et les films policiers.°

Beaucoup de jeunes vont aussi au cinéclub de leur école ou de la ville où ils habitent. Là ils peuvent° voir les «grands classiques» du cinéma. Ces grands classiques sont des films anciens° réalisés° par des cinéastes° français ou étrangers.°

---

a eu *had*   **Est-ce que vous avez vu** *Did you see*   **dure** *does ... last*   **de voir** *to see*   **films policiers** *detective movies*
peuvent *can*   **anciens** *old*   **réalisés** *made*   **cinéastes** *filmmakers*   **étrangers** *foreign*

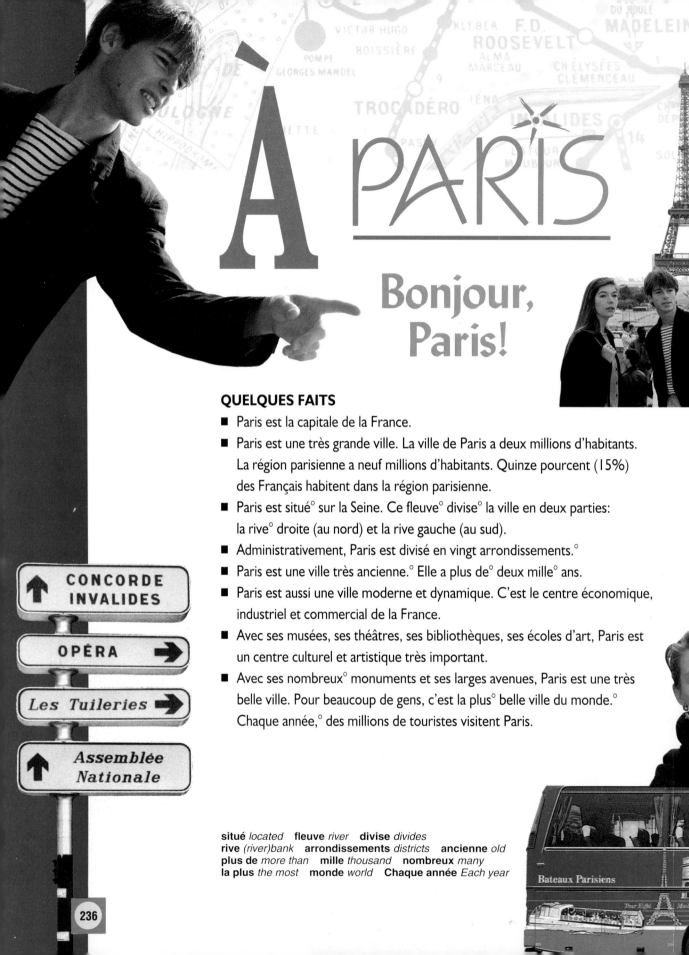

À PARIS

Bonjour, Paris!

QUELQUES FAITS

- Paris est la capitale de la France.
- Paris est une très grande ville. La ville de Paris a deux millions d'habitants. La région parisienne a neuf millions d'habitants. Quinze pourcent (15%) des Français habitent dans la région parisienne.
- Paris est situé° sur la Seine. Ce fleuve° divise° la ville en deux parties: la rive° droite (au nord) et la rive gauche (au sud).
- Administrativement, Paris est divisé en vingt arrondissements.°
- Paris est une ville très ancienne.° Elle a plus de° deux mille° ans.
- Paris est aussi une ville moderne et dynamique. C'est le centre économique, industriel et commercial de la France.
- Avec ses musées, ses théâtres, ses bibliothèques, ses écoles d'art, Paris est un centre culturel et artistique très important.
- Avec ses nombreux° monuments et ses larges avenues, Paris est une très belle ville. Pour beaucoup de gens, c'est la plus° belle ville du monde.° Chaque année,° des millions de touristes visitent Paris.

CONCORDE INVALIDES ↑

OPÉRA →

Les Tuileries →

Assemblée Nationale ↑

situé *located*   **fleuve** *river*   **divise** *divides*
rive *(river)bank*   **arrondissements** *districts*   **ancienne** *old*
plus de *more than*   **mille** *thousand*   **nombreux** *many*
la plus *the most*   **monde** *world*   **Chaque année** *Each year*

Bateaux Parisiens

FRANCE

LA DÉFENSE

PARIS

ARC DE TRIOMPHE

SACRÉ-COEUR

BUTTE MONTMARTRE

LA VILLETTE: CITÉ DES SCIENCES ET DE L'INDUSTRIE

OPÉRA

MADELEINE

GRAND PALAIS

PLACE DE LA CONCORDE

LOUVRE

CENTRE POMPIDOU

RIVE DROITE

INVALIDES

TOUR EIFFEL

RIVE GAUCHE

MUSÉE D'ORSAY

NOTRE-DAME

OPÉRA DE LA BASTILLE

TOUR MONTPARNASSE

SORBONNE

QUARTIER LATIN

PALAIS OMNISPORTS

PARIS à la CARTE

Le PARIS traditionnel

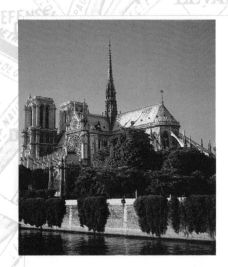

1 Notre-Dame

Notre-Dame est la cathédrale de Paris. Elle est située au centre de Paris sur une île,° l'île de la Cité. Notre-Dame a été construite° aux douzième et treizième siècles.°

2 La tour Eiffel

Pour beaucoup de gens, la tour Eiffel est le symbole de Paris. Cette° immense tour de fer° a trois cent mètres de haut.° Elle a été inaugurée en 1889 (dix-huit cent quatre-vingt-neuf) par l'ingénieur Gustave Eiffel. Du sommet de la tour Eiffel, on° a une très belle vue sur Paris.

3 L'Arc de Triomphe et les Champs-Élysées

L'Arc de Triomphe est un monument qui° commémore les victoires de Napoléon (1769–1821). Ce monument est situé en haut° des Champs-Élysées. Les Champs-Élysées sont une très grande et très belle avenue avec beaucoup de cinémas, de cafés, de magasins et de boutiques élégantes.

4 Le Sacré-Coeur

Le Sacré-Coeur est une église de pierre° blanche qui domine Paris. Cette église est située sur la butte° Montmartre. Montmartre est un quartier pittoresque. Les artistes viennent ici pour peindre° et les touristes viennent pour regarder les artistes. Si vous voulez° avoir un souvenir personnel de Paris, allez à Montmartre et demandez à° un artiste de faire votre portrait.

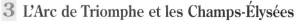

île *island* a été construite *was built* siècles *centuries* Cette *This* fer *iron*
a trois cent mètres de haut *is 300 meters high* on *one* qui *which* en haut *at the top*
pierre *stone* butte *hill* peindre *to paint* voulez *want* demandez à *ask*

5 Le Marché aux fleurs

Ce° marché° est situé près de Notre-Dame. Ici on trouve° toutes° sortes de fleurs° et de plantes vertes. À Paris il y a beaucoup d'autres° marchés spécialisés: marché aux oiseaux,° marché aux timbres° et, bien sûr, le fameux Marché aux puces.°

6 Le Quartier latin

Le Quartier latin est le quartier des étudiants. C'est un quartier très animé avec des cafés, des cinémas, des librairies et des restaurants exotiques et bon marché.° Pourquoi est-ce que ce quartier s'appelle «Quartier latin»? Parce qu'autrefois° les étudiants parlaient° latin ici.

ACTIVITÉ CULTURELLE

Imaginez que vous passez une journée° à Paris. Où allez-vous aller le matin? Où allez-vous aller l'après-midi? Choisissez deux endroits à visiter et expliquez° votre choix.°

Ce *This*　**marché** *market*　**trouve** *finds*　**toutes** *all*　**fleurs** *flowers*　**d'autres** *other*　**oiseaux** *birds*
timbres *stamps*　**Marché aux puces** *flea market*　**bon marché** *inexpensive*　**autrefois** *in the past*
parlaient *used to speak*　**passez une journée** *are spending the day*　**expliquez** *explain*　**choix** *choice*

Le nouveau Paris

❶ Le Louvre et la pyramide du Louvre

Le Louvre est une ancienne° résidence royale transformée en musée. C'est dans ce° musée que se trouve° la fameuse «Mona Lisa». On entre dans le Louvre par° une pyramide de verre.° Cette pyramide moderne a été construite° par l'architecte américain I.M. Pei. Avec sa pyramide, le Louvre est le symbole du nouveau° Paris, à la fois° moderne et traditionnel.

❷ Le Centre Pompidou

Le Centre Pompidou est le monument le plus° visité de Paris. C'est un musée d'art moderne. C'est aussi une bibliothèque, une cinémathèque et un centre audio-visuel. À l'extérieur,° sur l'esplanade, il y a des musiciens, des mimes, des acrobates, des jongleurs° . . . Un peu plus loin,° il y a une place° avec des fontaines, un bassin° et des sculptures mobiles.

❸ Le musée d'Orsay

Autrefois,° c'était° une gare.° Aujourd'hui, c'est un musée. On vient ici admirer les chefs-d'oeuvre° des grands peintres° et sculpteurs français du dix-neuvième siècle.° On peut,° par exemple, admirer les oeuvres° de Monet, de Renoir et de Toulouse-Lautrec. À l'extérieur, il y a des sculptures qui représentent les cinq continents.

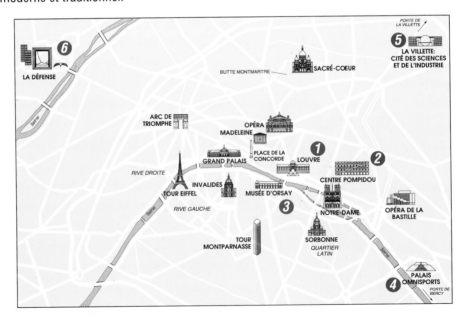

ancienne *former*   ce *this*   se trouve *is located*   par *by*   verre *glass*   a été construite *was built*   nouveau *new*
à la fois *at the same time*   le plus *the most*   À l'extérieur *Outside*   jongleurs *jugglers*   plus loin *farther away*
place *square*   bassin *ornamental pool*   Autrefois *Formerly*   c'était *it used to be*   gare *train station*
chefs-d'oeuvre *masterpieces*   peintres *painters*   siècle *century*   peut *can*   oeuvres *works*

④ Le Palais Omnisports de Bercy

Sport ou musique? Bercy est le nouveau stade de Paris. C'est aussi une immense salle° de concert. On vient ici écouter et applaudir les vedettes° de la chanson° française . . . et de la chanson américaine.

⑤ Le parc de la Villette

Le parc de la Villette est un lieu° de récréation pour les jeunes de tout âge.° On trouve ici des parcs pour enfants,° des terrains de jeu° et différentes° constructions ultra-modernes.
- Le Zénith est une salle de concert où viennent les vedettes du monde° entier.
- La Géode est un cinéma omnimax avec un écran° circulaire géant.
- La Cité des sciences et de l'industrie est un grand musée scientifique où les jeunes peuvent° faire leurs propres° expériences° et jouer avec toutes sortes de gadgets électroniques.

⑥ La Défense et son arche

La Défense est le nouveau centre d'affaires° situé à l'ouest de Paris. Chaque° jour, des milliers° de Parisiens viennent travailler dans ses gratte-ciel° de verre. Il y a aussi des magasins, des cinémas, des restaurants et une patinoire.° Récemment,° une immense arche a été construite pour commémorer le deux centième anniversaire de la Révolution française.

ACTIVITÉ CULTURELLE

Vous êtes à Paris pour une semaine. Pendant votre séjour, vous voulez faire les choses suivantes. Dites où vous allez pour cela.

Quand?	Pourquoi?	Où?
lundi	voir *(to see)* une exposition d'art moderne	??
mardi	voir une exposition sur les lasers	??
mercredi	voir la «Mona Lisa»	??
jeudi	voir un match de basket	??
vendredi	voir une exposition sur Toulouse-Lautrec	??
samedi	aller dans les magasins et faire du shopping	??

▶ **Lundi, je veux voir une exposition d'art moderne. Je vais au Centre Pompidou.**

salle *hall* **vedettes** *stars* **chanson** *song* **lieu** *place* **de tout âge** *of all ages* **parcs d'enfants** *playgrounds* **terrains de jeu** *playing fields* **différentes** *several* **monde** *world* **écran** *screen* **peuvent** *can* **propres** *own* **expériences** *experiments* **affaires** *business* **Chaque** *Each* **des milliers** *thousands* **gratte-ciel** *skyscrapers* **patinoire** *skating rink* **Récemment** *Recently*

*S*alut, *les amis!*

Je m'appelle Jean-Marc Lacoste. Je suis parisien. J'habite rue Racine. C'est une petite rue du Quartier latin. Notre appartement est situé au quatrième étage° d'un vieil° immeuble. L'immeuble est très ancien (il n'y a pas d'ascenseur°), mais notre appartement est moderne et confortable.

Je vais à l'École Alsacienne où je suis élève de seconde. En général, je vais là-bas en bus. Quand il fait beau, je prends° ma mob,° ou bien° je vais à pied. C'est assez loin, mais j'adore marcher.

En semaine, j'ai beaucoup de travail et je n'ai pas le temps° de sortir.° Le weekend, c'est différent. Qu'est-ce que je fais? Ça dépend! Quand j'ai de l'argent,° je vais au concert. Le weekend prochain,° j'espère aller au Zénith écouter le groupe Indochine. Quand je n'ai pas d'argent, je vais au Centre Pompidou. Là, au moins,° le spectacle° est gratuit.°

J'aime aussi me promener° dans mon quartier avec mes copains. Il y a toujours quelque chose° à faire au Quartier latin. On° va au cinéma. On va dans les magasins de disques pour écouter les nouveaux albums. On va dans les librairies° pour regarder les vieux livres et les bandes dessinées.° On va au café. Là, on regarde les gens qui passent dans la rue. Parfois,° on rencontre° des filles...

Et vous, quand est-ce que vous allez venir à Paris? Bientôt,° j'espère. Je vous attends!°

Amitiés,°
Jean-Marc

étage *floor* **vieil** *old* **ascenseur** *elevator* **prends** *take* **mob** *moped* **ou bien** *or else* **temps** *time*
sortir *go out* **argent** *money* **prochain** *next* **au moins** *at least* **spectacle** *show* **gratuit** *free*
me promener *to go for walks* **quelque chose** *something* **On** *We* **librairies** *bookstores*
bandes dessinées *comics* **Parfois** *Sometimes* **rencontre** *meet* **Bientôt** *Soon*
Je vous attends! *I'm expecting you!* **Amitiés** *In friendship*

PARIS *en* BATEAU-MOUCHE

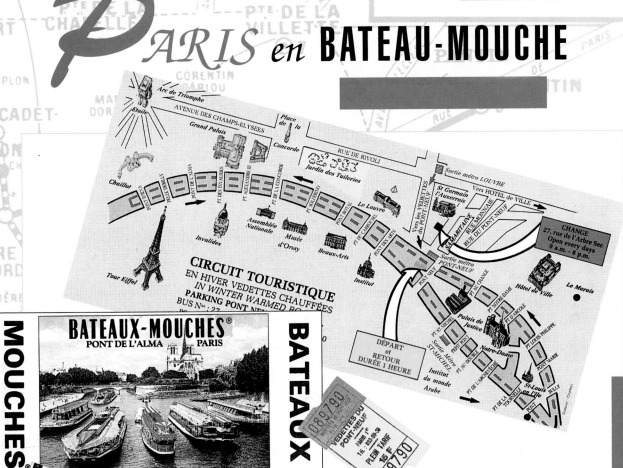

*C*omment visiter Paris? On peut° visiter Paris en taxi, mais c'est cher.° On peut prendre° le bus. C'est amusant, mais la circulation° à Paris est souvent difficile. On peut prendre le métro. C'est pratique, rapide et bon marché,° mais on ne voit rien.°

Pourquoi ne pas faire une promenade° en bateau-mouche?° Les bateaux-mouches sont des bateaux modernes et confortables qui circulent sur la Seine. Pendant° la promenade, on peut prendre des photos et admirer les monuments le long de° la Seine. Le soir, on peut voir les monuments illuminés!

ACTIVITÉ CULTURELLE

Vous faites une promenade en bateau-mouche.
- Combien coûte le billet?
- Quels° monuments est-ce que vous pouvez° voir?

On peut *One can* **cher** *expensive* **prendre** *take* **circulation** *traffic* **bon marché** *inexpensive*
ne voit rien *sees nothing* **Pourquoi ne pas faire une promenade** *Why not take a ride*
bateau-mouche *sight-seeing boat* **Pendant** *During* **le long de** *along* **Quels** *Which* **pouvez** *can*

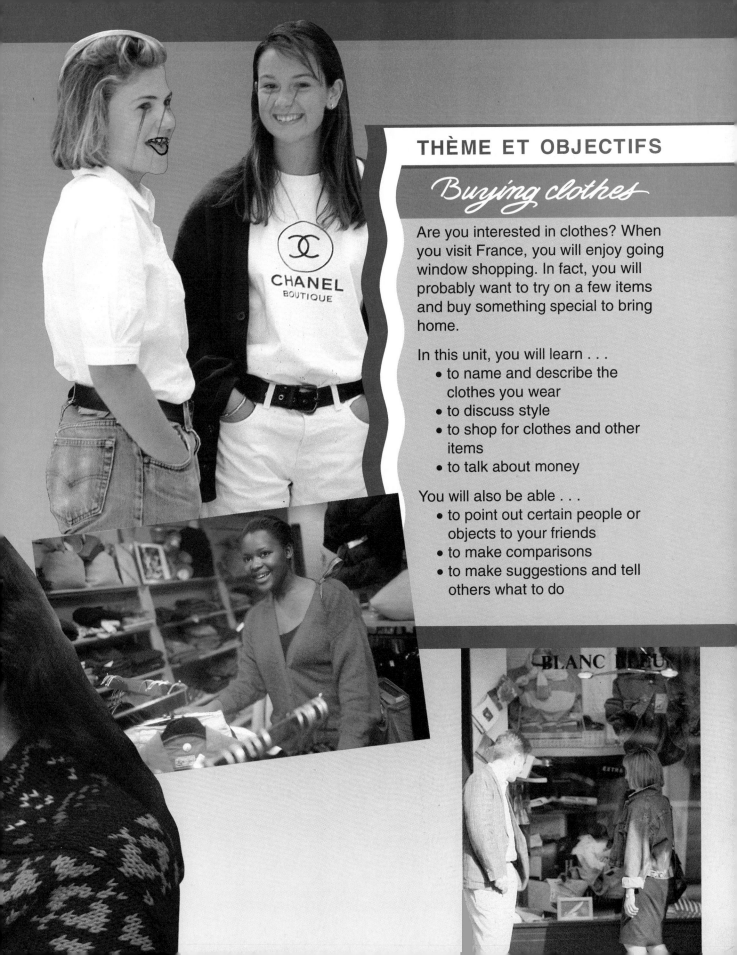

THÈME ET OBJECTIFS

Buying clothes

Are you interested in clothes? When you visit France, you will enjoy going window shopping. In fact, you will probably want to try on a few items and buy something special to bring home.

In this unit, you will learn . . .
- to name and describe the clothes you wear
- to discuss style
- to shop for clothes and other items
- to talk about money

You will also be able . . .
- to point out certain people or objects to your friends
- to make comparisons
- to make suggestions and tell others what to do

L'achat des vêtements

Accent sur ... L'élégance française

French people like to look good. Young people are generally well-informed about fashions and trends. They like to be in style, even if their clothes are casual and not too expensive. Many well-known fashion design houses started in Paris: Christian Dior, Chanel, Yves Saint-Laurent, Pierre Cardin, Sonia Rykiel.

Depending on their budgets, French young people may buy their clothes at:

- **une boutique de soldes** (discount shop)
- **un grand magasin** (department store)
- **une boutique de vêtements** (clothing store)
- **le Marché aux puces** (flea market)

● **Un grand magasin**
A large Parisian department store, the **Galeries Lafayette** has branches in other French cities. It offers a wide variety of clothing, from modestly priced items to more expensive designer labels.

- **Une boutique de vêtements**
  There are several **Céline** shops in Paris. They sell relatively expensive designer clothes.

- **Une boutique de soldes**
  At a discount store called the **Mouton à cinq pattes,** you can find jeans and casual clothes at good prices.

- **Une maison de couture**
  One of the most famous French fashion design houses is that of **Christian Dior.** Every season it presents a new collection which influences fashion trends all over the world. Christian Dior sells original designer dresses at very high prices, but also markets a more affordable line of clothes under its ready-to-wear label.

- **Le Marché aux puces**
  At the **Marché aux puces,** you can find all types of used clothes, from hats of the 1930's to old military uniforms.

A. Les vêtements

Je vais dans un magasin.

How to talk about shopping for clothes:

Où vas-tu?
    Je vais | dans **une boutique** *(shop)*.
           | dans **un magasin** *(store)*
           | dans **un grand magasin** *(department store)*
Qu'est-ce que tu vas **acheter** *(to buy)*?
    Je vais acheter **des vêtements** *(clothes)*.

Les vêtements

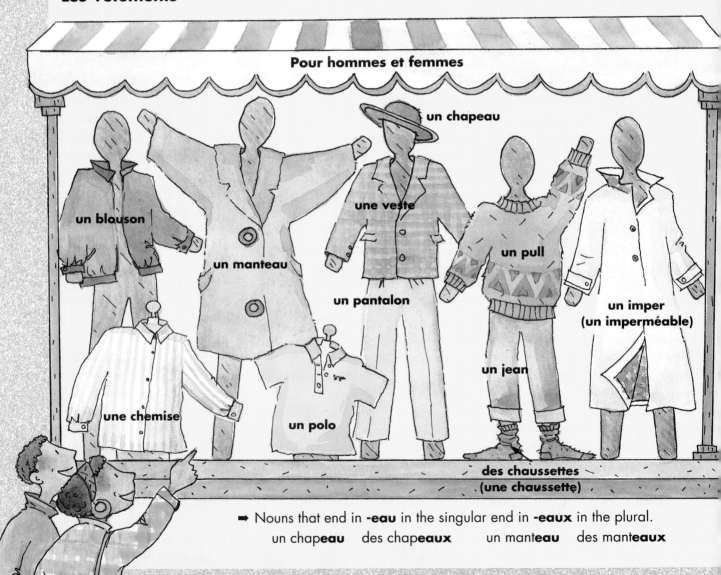

Pour hommes et femmes

un chapeau

une veste

un blouson

un manteau

un pull

un pantalon

un imper
(un imperméable)

un jean

une chemise

un polo

des chaussettes
(une chaussette)

➡ Nouns that end in **-eau** in the singular end in **-eaux** in the plural.
    un chap**eau**   des chap**eaux**   un mant**eau**   des mant**eaux**

Pour hommes		Pour femmes		
une cravate	un chemisier	une jupe	une robe	des collants (un collant)

acheter	*to buy*	Je vais **acheter** une cravate.
porter	*to wear*	Qu'est-ce que tu vas **porter** demain?
mettre	*to put on, wear*	Oh là là, il fait froid. Je vais **mettre** un pull.

➡ **Mettre** is irregular. (Its forms are presented in Leçon 26.)

1 **Shopping** ─────────

Below are the names of several Paris stores. Using the illustrations as a guide, talk to a classmate about where you are going shopping and what you plan to buy.

▶ —Où vas-tu?
—Je vais au Monoprix.
—Qu'est-ce que tu vas acheter?
—Je vais acheter une chemise.

2 **Quels vêtements?** ─────────

What we wear often depends on the circumstances: where we are, what we will be doing, what the weather is like. Complete the following sentences with the appropriate items of clothing.

1. Aujourd'hui, je porte...
2. Le professeur porte...
3. L'élève à ma gauche porte...
4. L'élève à ma droite porte...
5. Quand je vais à une boum, je porte...
6. Quand je vais dans un restaurant élégant, je porte...
7. S'il pleut *(If it rains)* demain, je vais mettre...
8. S'il fait chaud demain, je vais mettre...
9. Si *(If)* je vais en ville samedi, je vais mettre...
10. Si je vais à un concert dimanche, je vais mettre...

B. D'autres vêtements et accessoires

> Je vais mettre des lunettes de soleil.

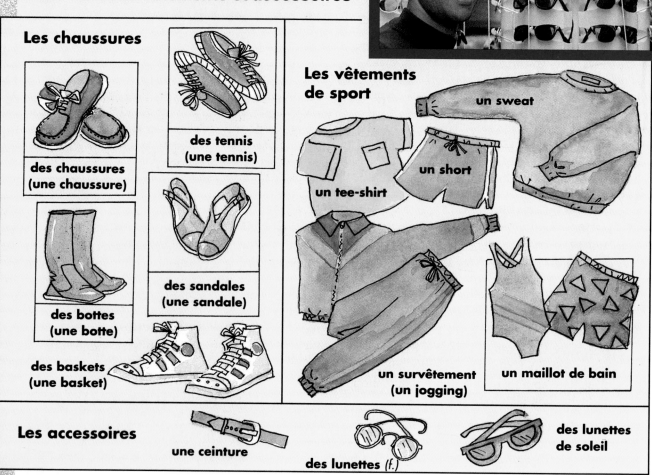

Les chaussures

des chaussures
(une chaussure)

des tennis
(une tennis)

des bottes
(une botte)

des sandales
(une sandale)

des baskets
(une basket)

Les vêtements de sport

un sweat

un short

un tee-shirt

un survêtement
(un jogging)

un maillot de bain

Les accessoires

une ceinture

des lunettes (f.)

des lunettes
de soleil

---

3 **À la plage de Deauville**

You are spending the summer vacation in Deauville, a popular ocean resort in Normandy.
Describe what you and your friends are wearing.

▶ **Paul**   **1. Anne**   **2. Sophie**   **3. Michel**   **4. Catherine**   **5. moi**

▶ Paul porte un maillot de bain ...

4 **Qu'est-ce que tu portes?**

Ask your classmates what they wear in the following circumstances. Let them use their imagination.

▶ jouer au tennis

1. aller à la piscine
2. aller à la plage
3. jouer au basket
4. travailler dans le jardin
5. aller au gymnase *(gym)*
6. faire une promenade dans la forêt *(forest)*
7. faire une promenade dans la neige *(snow)*

Qu'est-ce que tu portes quand tu joues au tennis?

Je porte un tee-shirt, un short et des tennis.

5 **Un jeu**

When you see what people are wearing, you can often tell what they are going to do. How many different logical sentences can you make in five minutes? Follow the model below.

A	B	C
André	un maillot de bain	nager
Sylvie	des lunettes de soleil	aller à la plage
Paul et Éric	un short	aller à un concert
Michèle et Anne	des chaussettes blanches	jouer au tennis
	un sweat	jouer au volley
	un pantalon très chic	jouer au football
	des chaussures noires	aller à la campagne *(country)*
	des bottes	faire du jogging *(to jog)*
	un costume *(suit)*	dîner en ville
	une robe	

Sylvie porte un short. Elle va jouer au football.

6 **Joyeux anniversaire!**

The following people are celebrating their birthdays. Find a present for each person by choosing an item of clothing from pages 248, 249, or 250.

1. Pour mon père (ma mère), je vais acheter, ...
2. Pour ma grand-mère (mon grand-père), ...
3. Pour ma petite cousine Chantal (10 ans), ...
4. Pour mon grand frère Guillaume (18 ans), ...
5. Pour le professeur, ...
6. Pour mon meilleur *(best)* ami, ...
7. Pour ma meilleure amie, ...

C. Dans un magasin

▶ *How to get help from a salesperson:*

Pardon, monsieur (madame).

Vous désirez *(May I help you),* | **monsieur?**
madame
mademoiselle

Pardon, madame.

Vous désirez, mademoiselle?

Je cherche un pantalon.

Je cherche *(I'm looking for)* . . .
un pantalon.

Quel est le prix *(What is the price)* du pantalon?
Combien *(How much)* **coûte** le pantalon?
Combien est-ce qu'il coûte?
Il coûte 200 francs.

Je cherche . . .
une veste.

Quel est le prix de la veste?
Combien coûte la veste?
Combien est-ce qu'elle coûte?
Elle coûte 300 francs.

▶ *How to discuss clothes with a friend:*

Qu'est-ce que tu penses du pantalon vert?
(What do you think of . . . ?)
Comment trouves-tu le pantalon vert?
(What do you think of . . . ?)

Qu'est-ce que tu penses de
la veste verte?
Comment trouves-tu
la veste verte?

Comment trouves-tu le pantalon vert?

Il est trop petit.

Il est	**joli.**		Elle est	**jolie.**
	élégant			**élégante**
	super			**super**
	chouette *(terrific)*			**chouette**
	à la mode *(in style)*			**à la mode**

| Il est | **moche** *(plain, ugly).* | | Elle est | **moche.** |
| | **démodé** *(out of style)* | | | **démodée** |

Il est **trop** *(too)*	**petit.**		Elle est **trop**	**petite.**
	grand *(big)*			**grande**
	court *(short)*			**courte**
	long *(long)*			**longue**

| Il est | **cher** *(expensive).* | | Elle est | **chère.** |
| | **bon marché** *(cheap)* | | | **bon marché** |

➡ **Super** and **bon marché** are INVARIABLE. They do not take adjective endings.

La robe rouge est **super.**   Les chaussures blanches sont **bon marché.**

VERBES

chercher	*to look for*	Je **cherche** un jean.
coûter	*to cost*	Les chaussures **coûtent** 300 francs.
penser	*to think*	Qu'est-ce que tu **penses** de cette *(this)* robe?
penser que	*to think (that)*	Je **pense qu'**elle est super!
trouver	*to find*	Je ne **trouve** pas ma veste.
	to think of	Comment **trouves**-tu mes lunettes de soleil?

➡ The verb **penser** is often used alone.

Tu penses? *Do you think so?*   Je **ne pense pas.** *I don't think so.*

Les nombres de 100 à 1000

100	**cent**	200	**deux cents**	500	**cinq cents**	800	**huit cents**
101	**cent un**	300	**trois cents**	600	**six cents**	900	**neuf cents**
102	**cent deux**	400	**quatre cents**	700	**sept cents**	1000	**mille**

7 Au Marché aux puces

You are at the Paris flea market looking for clothes with a French friend. Explain why you are not buying the following items. Use your imagination . . . and expressions from the **Vocabulaire.**

▶ — Tu vas acheter le blouson?
— Non, je ne pense pas.
— Pourquoi pas?
— Il est trop grand.

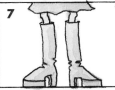

8 C'est combien?

You are at the Printemps, a department store in Paris. Ask a salesperson how much the various items cost.

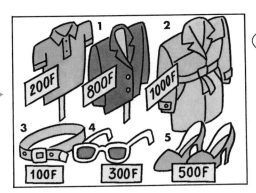

Pardon, mademoiselle, combien coûte le polo?

Il coûte 200 francs.

Merci.

À votre tour!

1 La bonne réponse

You are in a French department store. Match the questions on the left with the appropriate answers on the right.

1. Vous désirez, monsieur?	a. Mon pantalon gris et ma veste bleue.
2. Est-ce que tu vas acheter le survêtement bleu?	b. 900 francs.
3. Comment trouves-tu les lunettes de soleil?	c. Je cherche une cravate.
4. Combien coûte l'imper?	d. Non, il est trop cher.
5. Qu'est-ce que tu vas mettre pour aller au restaurant?	e. Elles sont chouettes.

2 Créa-dialogue

You are at Place Bonaventure in Montreal looking at clothes in various shops. You like what the salesperson shows you and ask how much each item costs. React to the price.

joli/$60

▶ —Vous désirez, monsieur (mademoiselle)?
—Je cherche <u>un pantalon</u>.
—Comment trouvez-vous <u>le pantalon gris</u>?
—Il est <u>joli</u>. Combien est-ce qu'<u>il</u> coûte?
—<u>Soixante</u> dollars.
—Oh là là, <u>il</u> est cher!
(Il est bon marché.)

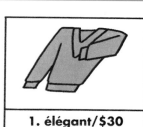

1. élégant/$30

2. joli/$150

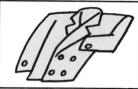

3. à la mode/$50

4. super/$15

5. chouette/$10

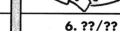

6. ??/??

3 **Conversation dirigée**

Sophie and Christophe are shopping in a department store. Act out their conversation in French.

Sophie			Christophe
asks Christophe what he is looking for	→ ←	answers that he is looking for a tie	
asks him what he thinks of the yellow tie	→ ←	says that it is pretty but adds that he is going to buy the blue tie	
asks how much it costs	⇄	answers 25 francs	
says that it is inexpensive but adds that the tie is out of style			

4 **Qu'est-ce qui ne va pas?** *(What's wrong?)*

The people in the pictures below are not very good shoppers. Describe what is wrong with each of the items they bought.

Monsieur Dupont

Édouard

▶ Le chapeau de Monsieur Dupont est trop grand.

5 **Les valises**

Imagine that you are spending a year in Paris. On two different weekends, you have been invited by families of your classmates to visit their homes. On the first weekend, you will visit Nice and go sailing in the Mediterranean. For the second weekend, you have been invited to go skiing at Chamonix in the French Alps. Prepare your suitcases for the two trips, listing the items you will take with you.

▶ un maillot de bain
deux shorts

un jean
un pull

6 **À l'aéroport**

Next week you are going to Paris for the first time on an exchange program. At the airport, you will be met by your host family. They do not have a picture of you. Describe yourself in a short note, telling what you look like and what you are going to wear.

▶
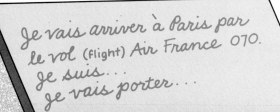
Je vais arriver à Paris par le vol (flight) Air France 070.
Je suis...
Je vais porter...

26 Rien n'est parfait!

Cet après-midi, Frédéric et Jean-Claude vont acheter des vêtements. Ils vont acheter ces vêtements dans un grand magasin. Ce magasin s'appelle Le Bon Marché.

This

these / This

Scène 1.
Frédéric et Jean-Claude regardent les pulls.

FRÉDÉRIC:	Regarde! Comment trouves-tu ce pull?
JEAN-CLAUDE:	Quel pull?
FRÉDÉRIC:	Ce pull bleu.
JEAN-CLAUDE:	Il est chouette.
FRÉDÉRIC:	C'est vrai, il est très chouette.
JEAN-CLAUDE:	*(qui regarde le prix)* Il est aussi très cher.
FRÉDÉRIC:	Combien est-ce qu'il coûte?
JEAN-CLAUDE:	Six cents francs.
FRÉDÉRIC:	Six cents francs! Quelle horreur!

Which

What a scandal!

■ NOTE ■
CULTURELLE

Le grand magasin

Many people consider the department store **(le grand magasin)** to be a typically American institution. However, it is a Frenchman, Aristide Boucicaut (1810–1877), who is generally credited with its creation. Monsieur Boucicaut's idea was to satisfy his Paris customers by offering them a large selection of good quality items at inexpensive prices. When he opened his new store in 1852, he appropriately named it Au Bon Marché. His success was soon imitated, leading to the creation in Paris of more department stores: Printemps, Galeries Lafayette, Samaritaine. These well-known stores still exist today and have branches in cities across France.

Scène 2.
Maintenant Frédéric et Jean-Claude regardent les vestes.

FRÉDÉRIC: Quelle veste est-ce que tu préfères?
JEAN-CLAUDE: Je préfère cette veste jaune. Elle est très élégante et elle n'est pas très chère.
FRÉDÉRIC: Oui, mais elle est trop grande pour toi!
JEAN-CLAUDE: Dommage!

Scène 3.
Marc est au <u>rayon</u> des chaussures. Quelles chaussures est-ce qu'il va acheter? *department*

JEAN-CLAUDE: Alors, quelles chaussures est-ce que tu achètes?
FRÉDÉRIC: J'achète ces chaussures noires. Elles sont très confortables ... et elles ne sont pas chères. Regarde, elles sont <u>en solde</u>. *on sale*
JEAN-CLAUDE: C'est vrai, elles sont en solde ... mais elles <u>ne sont plus</u> à la mode. *are no longer*
FRÉDÉRIC: <u>Hélas</u>, <u>rien n'est parfait</u>! *too bad/nothing is perfect*

Compréhension

1. Où vont Frédéric et Jean-Claude cet après-midi?
2. Qu'est-ce qu'ils vont faire?
3. Qu'est-ce qu'ils regardent d'abord *(first)*?
4. Combien coûte le pull bleu?
5. Quelle *(What)* est la réaction de Frédéric?
6. Qu'est-ce que Jean-Claude pense de la veste jaune?
7. Pourquoi est-ce qu'il n'achète pas la veste?
8. Qu'est-ce que Frédéric pense des chaussures noires?
9. Pourquoi est-ce qu'il n'achète pas les chaussures?

A. Les verbes *acheter* et *préférer*

Verbs like **acheter** *(to buy)* end in: **e** + CONSONANT + **-er.**
Verbs like **préférer** *(to prefer)* end in: **é** + CONSONANT + **-er.**

Note the forms of these two verbs in the chart, paying attention to:
- the **e** of the stem of **ach<u>e</u>ter**
- the **é** of the stem of **préf<u>é</u>rer**

INFINITIVE	acheter	préférer
PRESENT	J' ach**è**te une veste. Tu ach**è**tes une cravate. Il/Elle ach**è**te un imper.	Je préf**è**re la veste bleue. Tu préf**è**res la cravate jaune. Il/Elle préf**è**re l'imper gris.
	Nous achetons un jean. Vous achetez un short. Ils/Elles ach**è**tent un pull.	Nous préférons le jean noir. Vous préférez le short blanc. Ils/Elles préf**è**rent le pull rouge.

➡ Verbs like **acheter** and **préférer** take regular endings and have the following changes in the stem:

> **ach<u>e</u>ter e → è** ⎫ in the **je, tu, il,** and **ils**
> **préf<u>é</u>rer é → è** ⎬ forms of the present

① Achats *(Purchases)*

What we buy depends on how much money we have. Complete the sentences below with **acheter** and one or more of the items from the list.

1. Avec dix dollars, tu …
2. Avec quinze dollars, j' …
3. Avec trente dollars, nous …
4. Avec cinquante dollars, Jean-Claude …
5. Avec cent dollars, vous …
6. Avec quinze mille dollars, mes parents …
7. Avec ?? dollars, mon cousin …
8. Avec ?? dollars, j' …

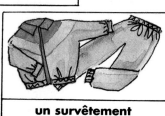
une voiture

des chaussures

un survêtement

une cravate

des lunettes de soleil

un polo

une veste

un compact

un jean

??

Vocabulaire: Verbes comme *(like)* *acheter et préférer*

acheter	*to buy*	Qu'est-ce que tu **achètes?**
amener	*to bring (a person)*	François **amène** sa copine à la boum.
préférer	*to prefer*	**Préfères**-tu le manteau ou l'imper?
espérer	*to hope*	J'**espère** visiter Paris en été.

➡ In French, there are two verbs that correspond to the English *to bring:*

amener + PEOPLE   J'**amène** une copine au pique-nique.
apporter + THINGS   J'**apporte** des sandwichs au pique-nique.

2 Pique-nique

Everyone is bringing someone or something to the picnic. Complete the sentences below with the appropriate forms of **amener** or **apporter.**

▶ **Nous** <u>amenons</u> **un copain.**   **Marc** <u>apporte</u> **des sandwichs.**

1. Tu . . . ta guitare.
2. Philippe . . . sa soeur.
3. Nous . . . nos voisins.
4. Vous . . . un dessert.
5. Michèle . . . des sodas.
6. Antoine et Vincent . . . leur cousine.
7. Raphaël . . . ses cassettes.
8. Mon cousin . . . sa copine.
9. J' . . . ma radiocassette.

3 Expression personnelle

Complete the sentences below with one of the suggested options or an expression of your choice. Note: You may wish to make some of the sentences negative.

1. Quand je vais à un pique-nique, j'amène . . . (ma petite soeur, mes voisins, mon chien, ??) J'apporte . . . (mon walkman, mon livre de français, des sandwichs, ??)
2. Quand je vais à une boum, j'amène . . . (des copains, une copine, ma grand-mère, ??) J'apporte . . . (des sandwichs, ma guitare, mes cassettes, ??)
3. Le weekend, je préfère . . . (étudier, aller au cinéma, rester à la maison, ??) Ce *(This)* weekend, j'espère . . . (travailler, avoir un rendez-vous avec un copain ou une copine, jouer au volley, ??)

Quand je vais à un pique-nique, j'amène mon chat.

Et moi, j'amène mon chien.

4. Pendant *(During)* les vacances, j'espère . . . (rester à la maison, trouver un job, voyager, ??) Un jour, j'espère . . . (visiter la France, parler français, aller à l'université, être millionnaire, ??)

B. L'adjectif démonstratif *ce*

Note the forms of the demonstrative adjective **ce** in the chart below.

	SINGULAR (this, that)	PLURAL (these, those)		
MASCULINE	**ce** ↓ **cet** (+ VOWEL SOUND)	**ces**	**ce** blouson / **cet** homme	**ces** blousons / **ces** hommes
FEMININE	**cette**	**ces**	**cette** veste / **cette** amie	**ces** vestes / **ces** amies

➡ There is liaison after **cet** and **ces** when the next word begins with a vowel sound.

➡ To distinguish between a person or an object that is close by and one that is further away, the French sometimes use **-ci** or **-là** after the noun.

Philippe achète **cette chemise-ci.**   *Philippe is buying **this shirt** (over here).*
François achète **cette chemise-là.**   *François is buying **that shirt** (over there).*

4 À la Samaritaine

Marc and Nathalie are at the Samaritaine department store. Marc likes everything that Nathalie shows him. Play both roles.

▶ une robe (jolie)   NATHALIE: **Regarde cette robe!**
                MARC: **Elle est jolie!**

1. un imper (élégant)
2. des bottes (à la mode)
3. une cravate (chouette)
4. un survêtement (super)
5. des livres (amusants)
6. un ordinateur (super)
7. une télé (moderne)
8. une ceinture (jolie)
9. des sandales (jolies)

Expression pour la conversation

How to emphasize a question or remark:

Eh bien!   *Well!*   —**Eh bien,** est-ce que tu viens en ville avec nous?

                        —**Eh bien,** non!

---

5 Différences d'opinion

Whenever they go shopping together, Éric and Brigitte cannot agree on what they like. Play both roles.

▶ un short

J'aime ce short-ci.

Eh bien, moi, je préfère ce short-là.

1. une chemise
2. un blouson
3. des chaussures
4. des lunettes
5. des disques
6. une affiche
7. un stylo
8. un ordinateur

C. L'adjectif interrogatif *quel?*

The interrogative adjective **quel** *(what? which?)* is used in questions. It agrees with the noun it introduces and has the following forms:

	SINGULAR	PLURAL		
MASCULINE	quel	quels	**Quel** garçon?	**Quels** cousins?
FEMININE	quelle	quelles	**Quelle** fille?	**Quelles** copines?

➡ Note the liaison after **quels** and **quelles** when the next word begins with a vowel sound.
> **Quelles affiches** est-ce que tu préfères?

J'achète une jupe.

Quelle jupe est-ce que tu achètes?

Cette jupe jaune.

6 Vêtements d'été

You are shopping for the following items before going on a summer trip to France. A friend is asking you which ones you are buying. Identify each item by color.

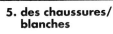
une jupe/ jaune

1. un maillot de bain/ bleu

2. des chaussettes/ vertes
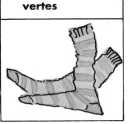

3. un pantalon/ noir

4. une veste/ bleue

5. des chaussures/ blanches

6. des sandales/ brunes

7. un sweat/ gris
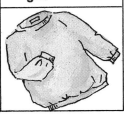

8. une chemise/ orange

9. un pull/ rouge

7 Questions personnelles

1. À quelle école vas-tu?
2. Dans quel magasin achètes-tu tes vêtements?
3. Dans quel magasin achètes-tu tes chaussures?
4. Quels disques aimes-tu écouter?
5. Quels programmes aimes-tu regarder à la télé?
6. Quel est ton restaurant préféré?

D. Le verbe *mettre*

The verb **mettre** *(to put, place)* is irregular. Note its forms in the chart below.

INFINITIVE	mettre	
PRESENT	je **mets**	nous **mettons**
	tu **mets**	vous **mettez**
	il / elle **met**	ils / elles **mettent**

➡ In the singular forms, the "**t**" of the stem is silent. The "**t**" is pronounced in the plural forms.

➡ The verb **mettre** has several English equivalents:

to put, place	Je **mets** mes livres sur la table.
to put on, wear	Caroline **met** une robe rouge.
to turn on	Nous **mettons** la télé.

8 **Où?**

Say where the people of Column A put the ▶ objects of Column B, by choosing a place from Column C. Be logical!

Madame Arnaud met la voiture dans le garage.

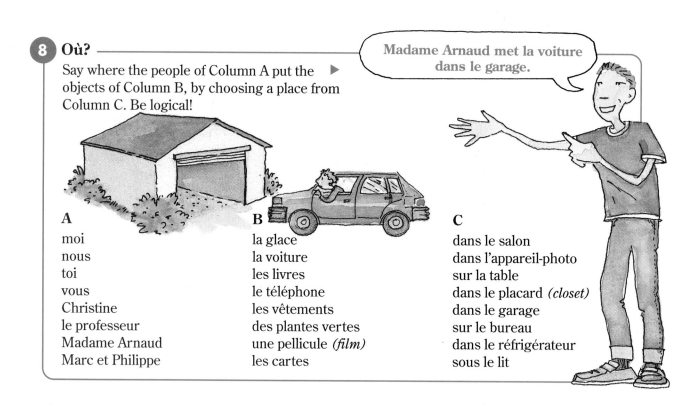

A	B	C
moi	la glace	dans le salon
nous	la voiture	dans l'appareil-photo
toi	les livres	sur la table
vous	le téléphone	dans le placard *(closet)*
Christine	les vêtements	dans le garage
le professeur	des plantes vertes	sur le bureau
Madame Arnaud	une pellicule *(film)*	dans le réfrigérateur
Marc et Philippe	les cartes	sous le lit

Où mettre...
vos vêtements?
vos livres?
les cartes?

Nouveau!

GALERIES
Lafayette

Meubles et lampes: 4ème étage

9 **Questions personnelles**

1. Est-ce que tu mets la radio quand tu étudies?
2. Chez vous, est-ce que vous mettez la télé quand vous dînez?
3. Est-ce que tu mets des lunettes de soleil quand tu vas à la plage?
4. Où est-ce que tes parents mettent leur voiture? (dans le garage? dans la rue?)
5. Quels programmes de télé est-ce que tu mets le dimanche? le samedi?
6. Quels disques (ou quelles cassettes) est-ce que tu mets quand tu vas à une boum?
7. Quels vêtements est-ce que tu mets quand il fait froid?
8. Quels vêtements est-ce que tu mets quand tu joues au basket?

Prononciation

Les lettres «e» et «è»

$e = /ə/$	$e = /ɛ/$	$è = /ɛ/$
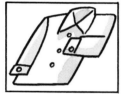		
ch**e**mise	chauss**e**tte	ch**è**re

Practice pronouncing "**e**" within a word:

- $/ə/$ (as in **je**) [. . . "**e**" + _one_ CONSONANT + VOWEL]

  Répétez: ch**e**mise r**e**garder D**e**nise R**e**née p**e**tit v**e**nir

  Note that in the middle of a word the $/ə/$ is sometimes silent.

  ach**e**ter ach**e**tons am**e**ner sam**e**di rar**e**ment av**e**nue

- $/ɛ/$ (as in **elle**) [. . . "**e**" + _two_ CONSONANTS + VOWEL]

  Répétez: chauss**e**tte v**e**ste qu**e**lle c**e**tte r**e**ster prof**e**sseur raqu**e**tte

Now practice pronouncing "**è**" within a word:

- $/ɛ/$ (as in **elle**) [. . . "**è**" + _one_ CONSONANT + VOWEL]

  Répétez: ch**è**re p**è**re m**è**re ach**è**te am**è**nent esp**è**re deuxi**è**me

À votre tour!

1 **La bonne réponse**

Alice is talking to her cousin Jérôme. Match Alice's questions with Jérôme's answers. Act out the dialogue with a classmate.

Alice

1 Je vais à la boum de Delphine. Et toi?

2 Tu amènes une copine?

3 Qu'est-ce que vous allez apporter?

4 Qu'est-ce que tu vas mettre?

Jérôme

a Oui, Christine.

b Mon pull jaune et mon blouson marron.

c Nous allons acheter des pizzas.

d Moi aussi.

2 **Créa-dialogue**

Ask your classmates what they think about the following. They will answer affirmatively or negatively.

▶ — Comment trouves-tu <u>cette fille</u>?
— <u>Quelle fille</u>?
— <u>Cette fille-là</u>!
— Eh bien, je pense qu'<u>elle</u> est <u>jolie</u>.
(<u>Elle</u> n'est pas <u>jolie</u>.)

▶ jolie?

1. intéressants?

2. sympathique?

3. courte?

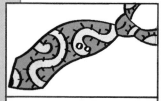

4. moche?

5. bon marché?

6. ??

7. ??

3 Shopping

You and a friend are shopping by catalog. Choose an object and tell your friend what you are buying. Identify it by color and explain why you like it.

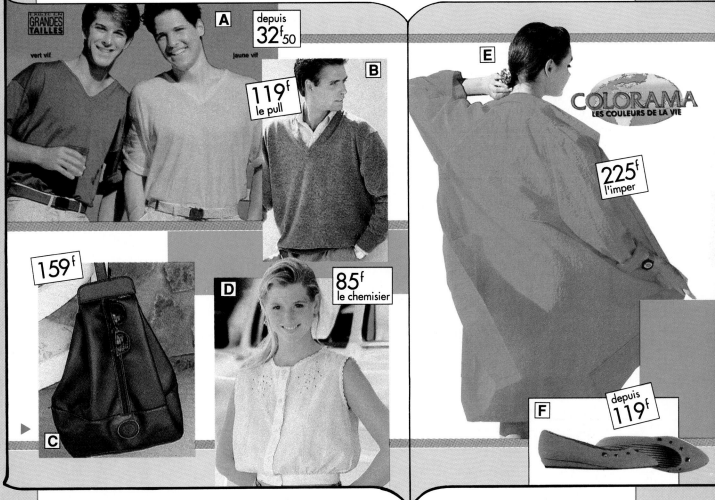

▶ —Je vais acheter un sac.
— Quel sac?
— Ce sac noir.
— Pourquoi?
— Parce qu'il est joli.

4 Composition: La boum

You have been invited to a party by a French friend. In a short paragraph, describe ...

• what clothes you are going to wear
• whom you are going to bring along
• what things (food? records? cassettes?) you are going to bring

Un choix difficile

Dans un mois, Delphine va aller au mariage de sa cousine.
Elle va acheter une <u>nouvelle</u> robe pour cette occasion. Pour
cela, elle va dans une boutique de mode avec sa copine
Véronique. Il y a beaucoup de jolies robes dans cette boutique.

new

   Delphine <u>hésite</u> <u>entre</u> une robe jaune et une robe rouge.
Quelle robe est-ce que Delphine va <u>choisir</u>? Ah là là, le <u>choix</u>
n'est pas facile.

is hesitating/between
to choose/choice

Scène 1.

VÉRONIQUE: Alors, quelle robe est-ce que tu choisis?

DELPHINE: Eh bien, <u>finalement</u> je choisis la robe rouge. Elle
est <u>plus jolie que</u> la robe jaune.

finally
prettier than

VÉRONIQUE: C'est vrai, elle est plus jolie ... mais la robe
jaune est <u>moins</u> chère et elle est <u>plus grande</u>.
Regarde. La robe rouge est trop petite pour toi.

less/larger

DELPHINE: Mais non, elle n'est pas trop petite.

VÉRONIQUE: Bon, écoute, <u>essaie-la</u>!

try it!

■ NOTE ■
CULTURELLE

Le choix de vêtements

Since clothes are more expensive in
France than in the United States and
because budgets are limited, French
teenagers are very careful when buying
clothes. They spend a lot of time window
shopping, comparing (brands, labels,
and prices), and discussing with their
friends what is in or out of fashion, before finally deciding what to buy. In general, French teenagers would rather buy
one item of good quality than several of
lesser quality. Of course, this item has to
be the right one!

Scène 2.

Delphine <u>sort</u> de la <u>cabine d'essayage</u>.   *comes out / fitting room*

> DELPHINE: C'est vrai, la robe rouge est <u>plus petite</u> mais ce   *smaller*
> n'est pas un problème.
>
> VÉRONIQUE: Pourquoi?
>
> DELPHINE: Parce que j'ai un mois pour <u>maigrir</u>.   *to lose weight*
>
> VÉRONIQUE: Et <u>si</u> tu <u>grossis</u>?   *if / gain weight*
>
> DELPHINE: Toi, <u>tais-toi</u>!   *be quiet*

1. Où vont Delphine et Véronique?
2. Qu'est-ce que Delphine va acheter?
3. Pourquoi?
4. Delphine hésite entre deux robes. De quelle couleur sont-elles?
5. Quelle robe est-ce qu'elle choisit?
6. Pourquoi est-ce qu'elle préfère la robe rouge?
7. Selon (*According to*) Véronique, quel est le problème avec la robe rouge?
8. Qu'est-ce que Delphine doit (*must*) faire pour porter la robe?

A. Les verbes réguliers en -ir

Many French verbs end in -ir. Most of these verbs are conjugated like **finir** (to finish). Note the forms of this verb in the present tense, paying special attention to the endings.

INFINITIVE	finir	STEM (infinitive minus **-ir**)	ENDINGS
PRESENT	Je **finis** à deux heures. Tu **finis** à une heure. Il/Elle **finit** à cinq heures. Nous **finissons** à midi. Vous **finissez** à une heure. Ils/Elles **finissent** à minuit.	fin-	-is -is -it -issons -issez -issent

➡ Note that all final consonants are silent.

1 Le marathon de Paris

Not everyone who enters the Paris marathon finishes. Say which of the following runners finish the marathon and which do not.

▶ Philippe (non)   **Philippe ne finit pas.**

1. moi (oui)
2. toi (non)
3. nous (oui)
4. vous (non)
5. Éric (oui)
6. Stéphanie (non)
7. Frédéric et Marc (non)
8. Anne et Cécile (oui)

Vocabulaire: Verbes réguliers en -ir

choisir	to choose	Quelle veste **choisis**-tu?
finir	to finish	Les classes **finissent** à midi.
grossir	to gain weight, get fat	Marc **grossit** parce qu'il mange beaucoup.
maigrir	to lose weight, get thin	Je **maigris** parce que je ne mange pas beaucoup.
réussir	to succeed	Tu vas **réussir** parce que tu travailles!
réussir à un examen	to pass an exam	Nous **réussissons à nos examens.**

2 Le régime (Diet)

Read about the following people. Then say whether they are gaining weight or losing weight. Use the verbs **grossir** and **maigrir**.

▶ Philippe mange beaucoup de pizzas.
Il grossit.

1. Vous faites des exercices.
2. Nous allons souvent au gymnase.
3. Vous êtes inactifs.
4. Je mange des carottes.
5. Monsieur Moreau adore la bonne cuisine.
6. Vous n'êtes pas très sportifs.
7. Ces personnes mangent trop (too much).
8. Je nage, je joue au volley et je fais des promenades.

3 **Questions personnelles**

1. À quelle heure finissent les classes aujourd'hui?
2. À quelle heure finit la classe de français?
3. Quand finit l'école cette année *(year)?*
4. Tu es invité(e) au restaurant ou au cinéma. Où choisis-tu d'aller?
5. Quand tu vas au cinéma avec ta famille, qui choisit le film?
6. En général, est-ce que tu réussis à tes examens? Est-ce que tu vas réussir à l'examen de français?
7. Est-ce que tes copains réussissent aussi?

B. Les adjectifs *beau, nouveau* et *vieux*

The adjectives **beau** *(beautiful, good-looking)*, **nouveau** *(new)*, and **vieux** *(old)* are irregular. Note their forms and their position.

		beau	**nouveau**	**vieux**
SINGULAR	**MASC.**	le **beau** manteau (le **bel** imper)	le **nouveau** manteau (le **nouvel** imper)	le **vieux** manteau (le **vieil** imper)
	FEM.	la **belle** veste	la **nouvelle** veste	la **vieille** veste
PLURAL	**MASC.**	les **beaux** manteaux	les **nouveaux** manteaux	les **vieux** manteaux
	FEM.	les **belles** vestes	les **nouvelles** vestes	les **vieilles** vestes

➡ The adjectives **beau, nouveau,** and **vieux** usually come BEFORE the noun. If the noun begins with a vowel sound, there is liaison between the adjective and the noun.

les **nouveaux** ordinateurs   les **belles** affiches   les **vieux** impers

➡ In the masculine singular, the liaison forms **bel, nouvel,** and **vieil** are used before a vowel sound. Note that **vieil** is pronounced like **vieille:**

un **vieil** imper   une **vieille** robe

4 **La collection de printemps**

Mod Boutique is presenting its spring collection. You are impressed by the new clothes and accessories. Point them out to a French friend, using the appropriate forms of **beau.**

▶ une chemise
Regarde la belle chemise!

1. une robe
2. un pantalon
3. des jeans
4. des blousons
5. un imper
6. des sandales
7. un manteau
8. un chapeau

5 **Différences d'opinion**

François is showing the new things he bought to his sister Valérie. She prefers his old things. Play both roles.

▶ des chaussures

1. un polo
2. des lunettes de soleil
3. un imper
4. des affiches
5. une veste
6. une montre
7. un ordinateur
8. des baskets
9. un survêtement

Tu aimes mes nouvelles chaussures?

Eh bien, non, je préfère tes vieilles chaussures.

C. La comparaison avec les adjectifs

Note how COMPARISONS are expressed in French.

Cet imper est **plus cher que** ce manteau.	*… more expensive than …*
Cette jupe est **plus jolie que** cette robe.	*… prettier than …*
Paul est **moins sportif que** Patrick.	*… less athletic than …*
Il est **moins amusant que** lui.	*… less amusing than …*
Je suis **aussi grand que** toi.	*… as tall as …*
Tu **n'**es **pas aussi timide que** moi.	*… not as timid as …*

To make comparisons with adjectives, the French use the following constructions:

+	**plus**		**plus cher (que)**	*more expensive (than)*
–	**moins**	+ ADJECTIVE (+ **que** …)	**moins cher (que)**	*less expensive (than)*
=	**aussi**		**aussi cher (que)**	*as expensive (as)*

➡ Note the irregular **plus**-form of **bon** *(good):*

plus + **bon(ne)** → **meilleur(e)** *(better)*

Ta cassette est **bonne,** mais ma cassette est **meilleure.**

But: Cette cassette est **moins bonne que** ce disque.
Est-ce que les Red Sox sont **aussi bons que** les Yankees?

➡ There is liaison after **plus** and **moins** when the next word begins with a vowel sound.
Cette robe-ci est **plus͜ élégante.** Ce livre-là est **moins͜ intéressant.**

➡ In comparisons, the adjective always agrees with the noun (or pronoun) it describes.

La jupe est plus chère que le chemisier.

Les vestes sont moins chères que les manteaux.

➡ In comparisons with people, STRESS PRONOUNS are used after **que.**
Paul est plus petit **que moi.** Je suis plus grand **que lui.**

6 Comparaisons

How much do you think the following pairs of items cost? Give your opinion, saying whether the first one is more expensive, less expensive, or as expensive as the second one.

▶ une guitare/une raquette

Une guitare est plus (moins, aussi) chère qu'une raquette.

1. un vélo/un scooter
2. une mobylette/une moto
3. une pizza/un sandwich
4. une télé/un ordinateur
5. des chaussures/des sandales
6. un pantalon/une robe
7. des bottes/des tennis
8. un sweat/un maillot de bain
9. des chaussettes/des collants
10. des lunettes de soleil/une montre

Expression pour la conversation

How to introduce a personal opinion:

à mon avis …   *in my opinion …*   **À mon avis,** le français est facile.

7 Expression personnelle

Compare the following by using the adjectives suggested. Give your personal opinion.

▶ le tennis / intéressant / le ping-pong

À mon avis,
le tennis est
plus intéressant que
le ping-pong.

(moins, aussi)

1. le basket / intéressant / le foot
2. l'anglais / facile / le français
3. la classe de français / amusant / la classe d'anglais
4. la ville de New York / beau / la ville de Chicago
5. la Floride / beau / la Californie
6. les Yankees / bon / les Red Sox
7. les Celtics / bon / les Lakers
8. les Cowboys / bon / les Saints
9. la cuisine américaine / bon / la cuisine française
10. les voitures japonaises / bon / les voitures américaines
11. les filles / intelligent / les garçons
12. les Américains / intelligent / les Français

8 Et toi?

Use the appropriate stress pronouns in answering the questions below.

▶ —Es-tu plus grand(e) que ton copain?
—Oui, je suis plus grand(e) que lui.
(Non, je suis moins grand(e) que lui.)
(Je suis aussi grand(e) que lui.)

1. Es-tu plus grand(e) que ta mère?
2. Es-tu aussi riche que Donald Trump?
3. Es-tu plus sportif (sportive) que tes cousins?
4. Es-tu plus intelligent(e) qu'Einstein?

Prononciation

Les lettres «ill»   **ill   /j/**

In the middle of a word, the letters "**ill**" almost always represent the semi-vowel /j/ which is like the "**y**" of *yes*.

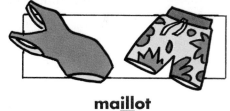

maillot

Répétez: **maillot   travaillez   oreille   vieille
fille   famille   juillet**
**En juillet, Mireille va travailler pour
sa vieille tante.**

At the end of a word, the sound /j/ is sometimes spelled **il.**

Répétez: **appareil-photo   vieil   travail** *(job)*
Mon oncle a un vieil appareil-photo.

EXCEPTION: The letters **ill** are pronounced /il/ in the following words:

Répétez: **ville   village   mille   Lille**

▶▶▶▶▶▶▶▶▶▶▶▶▶▶▶▶▶▶▶▶▶

À votre tour!

1 La bonne réponse

François and Stéphanie are shopping. Match François's questions with Stéphanie's answers. You may act out the dialogue with a friend.

François

1. Tu aimes cette veste verte?

2. Combien est-ce qu'elle coûte?

3. Alors, qu'est-ce que tu vas choisir?

4. Et qu'est-ce que tu penses de cette veste rouge?

a. 600 francs.

b. À mon avis, elle est moins jolie.

c. Oui, mais elle est très chère.

d. La veste bleue. Elle est meilleur marché et elle est aussi élégante.

Stéphanie

2 Créa-dialogue

With a classmate, prepare a dialogue comparing the items in one of the following pictures. Use the suggested verb and some of the suggested adjectives.

▶ —Tu <u>choisis</u> <u>la voiture rouge</u> ou <u>la voiture noire</u>?
—Je <u>choisis</u> <u>la voiture rouge</u>.
—Pourquoi?
—Parce qu'<u>elle</u> est <u>plus petite</u> et <u>moins chère</u>.

▶

choisir
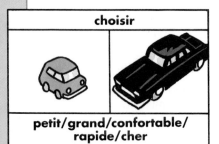
petit/grand/confortable/ rapide/cher

1. acheter
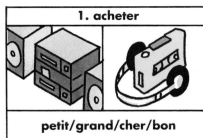
petit/grand/cher/bon

2. préférer
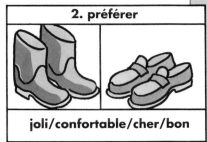
joli/confortable/cher/bon

3. choisir

petit/grand/mignon/joli

4. amener
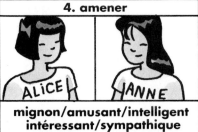
mignon/amusant/intelligent intéressant/sympathique

5. inviter

??

3 Choix personnels

Select two people or two items in each of the following categories and ask a classmate to indicate which one he / she prefers. You may ask your classmate to explain why.

▶ *2 actors*

Tu préfères Tom Cruise ou Dustin Hoffman?

Je préfère Tom Cruise.

Pourquoi?

Parce que Tom Cruise est plus mignon que Dustin Hoffman.

(plus beau, plus jeune . . .)

CATEGORIES:
▶ *2 actors*
• *2 actresses*
• *2 singers (male)*
• *2 singers (female)*
• *2 baseball teams*
• *2 cities*
• *2 restaurants in your town*
• *2 stores in your town*

4 Composition: Portrait comparatif

Write a description of yourself, comparing yourself to six other people (your friends, your family, well-known personalities, etc.) You may use some of the following adjectives:

grand petit jeune vieux amusant intelligent bête sportif sympathique timide élégant beau joli mignon

▶ Je suis moins sportif (sportive) que Michael Jordan (Steffi Graf).

5 Composition: Comparaisons personnelles

Choose a friend or relative about your age. Give this person's name and age. Then, in a short paragraph, compare yourself to that person in terms of physical appearance and personality traits.

▶ Mon cousin s'appelle Patrick. Il a quinze ans. Je suis plus jeune que lui, mais il est moins grand que moi...

28 Alice a un job

Alice a un nouveau job. Elle travaille dans un magasin hifi. Dans ce magasin, <u>on</u> <u>vend</u> <u>toutes</u> sortes de choses: des chaînes stéréo, des <u>mini-chaînes</u>, des radiocassettes . . . On vend aussi des cassettes et des compacts.

one, they / sell(s) / all compact stereos

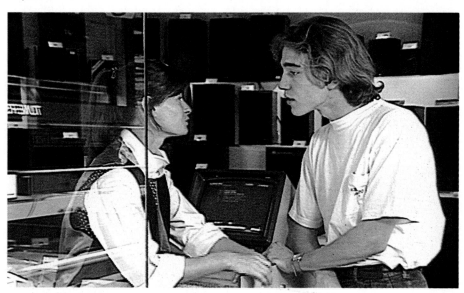

Un jour, son cousin Jérôme <u>lui rend visite</u>.

comes to visit her

JÉRÔME: Salut, ça va?

ALICE: Oui, ça va.

JÉRÔME: Et ce nouveau job?

ALICE: C'est super.

JÉRÔME: Qu'est-ce qu'on vend dans ton magasin?

ALICE: Eh bien, tu <u>vois</u>, on vend toutes sortes de matériel hifi. . . Moi, je vends des mini-chaînes.

see

JÉRÔME: Tu es bien <u>payée</u>?

paid

ALICE: Non, on n'est pas très bien payé, mais on a des réductions sur l'équipement stéréo et sur les compacts.

JÉRÔME: Qu'est-ce que tu vas faire avec ton <u>argent</u>?

money

ALICE: Je ne sais pas . . . <u>J'ai envie de</u> voyager cet été.

feel like

JÉRÔME: Tu <u>as de la chance</u>. Moi aussi, j'ai envie de voyager, mais je n'ai pas d'argent.

are lucky

ALICE: Écoute, Jérôme, si tu as <u>besoin</u> d'argent, <u>fais comme moi</u>.

need / do as I do

JÉRÔME: <u>Comment</u>?

What?

ALICE: <u>Cherche</u> un job!

Find

Compréhension

1. Où travaille Alice?
2. Qu'est-ce qu'elle vend?
3. Qu'est-ce qu'elle espère faire cet été?
4. Pourquoi est-ce que Jérôme ne va pas voyager?
5. Qu'est-ce que Jérôme doit *(must)* faire pour avoir de l'argent?

■ NOTE ■ CULTURELLE

L'argent des jeunes

Do you have a job? Do you have an older brother or sister who works in a supermarket or a restaurant? In the United States, many teenagers work to earn money. Because French labor laws restrict the type of work that young people can do, few French teenagers have regular jobs. (In addition, during the school year most families expect their children to concentrate on their studies.)

It is, however, more and more common for young people in France to earn money by babysitting or doing odd jobs in the neighborhood, such as washing cars or walking dogs. Some (lucky ones) work a few hours a week in stores owned by a relative or a friend of the family.

On the whole, most French teenagers must rely on the generosity of their parents for their spending money. How much they receive depends on particular circumstances, such as how well they do in school, how much they help at home, and obviously, how much their parents can afford. On the average, the allowance of a fifteen-year-old is about 200 francs (or $35) per month.

Vocabulaire: L'argent

NOMS

l'argent (m.)	money	**une pièce**	coin
un billet	bill, paper money		

ADJECTIFS

riche ≠ **pauvre**   *rich ≠ poor*

VERBES

dépenser	to spend	Je n'aime pas **dépenser** mon argent.
gagner	to earn,	Je **gagne** 10 dollars par *(per)* jour.
	to win	Tu joues bien. Tu vas **gagner** le match.
payer	to pay, pay for	Qui va **payer** aujourd'hui?

EXPRESSIONS

combien + VERB	*how much*	**Combien** coûte ce disque?
combien de + NOUN	*how much*	**Combien d'**argent as-tu?
	how many	**Combien de** disques as-tu?
avoir besoin de + NOUN	*to need*	**J'ai besoin de** 5 dollars.
+ INFINITIVE	*to need to, have to*	**J'ai besoin d'**étudier.
avoir envie de + NOUN	*to want*	**J'ai envie d'**une pizza.
+ INFINITIVE	*to feel like, want to*	**J'ai envie de** manger.

➡ Verbs like **payer** that end in **-yer,** have the following stem change:

    y → **i** in the **je, tu, il, ils** forms of the verb

      je **paie**   tu **paies**   il/elle **paie**   ils/elles **paient**

  But: nous payons   vous payez

L'ARGENT NE FAIT PAS LE BONHEUR

Money does not buy happiness.

1 Combien?

Ask your classmates how many of the following they have.

▶ des disques   —Combien de disques as-tu?
               —J'ai vingt disques.
                (Je n'ai pas de disques.)

1. des frères	3. des compacts	5. des tee-shirts	7. des billets de un dollar
2. des soeurs	4. des affiches	6. des jeans	8. des pièces de dix cents

2 Qu'est-ce que tu as envie de faire?

Ask your classmates if they feel like doing the following things.

▶ aller au cinéma

1. aller au restaurant
2. manger une pizza
3. aller à la piscine
4. parler français
5. étudier
6. visiter Paris
7. jouer au Frisbee
8. acheter une moto
9. faire une promenade
10. aller à la bibliothèque

> Est-ce que tu as envie d'aller au cinéma?

> Et toi?

> Oui, j'ai envie d'aller au cinéma.

> Non, je n'ai pas envie d'aller au cinéma.

3 Au restaurant

The following students are in a restaurant in Quebec. Say what they feel like buying and estimate how much money they need.

▶ Hélène / une pizza
Hélène a envie d'une pizza. Elle a besoin de cinq dollars.

1. Marc / un sandwich
2. nous / une glace
3. moi / un soda
4. toi / un jus d'orange
5. vous / une salade
6. mes copains / un steak

4 Questions personnelles

1. Est-ce que tu as un job? Où est-ce que tu travailles? Combien est-ce que tu gagnes par *(per)* heure? par semaine?
2. Quand tu vas au cinéma, qui paie? toi ou ton copain (ta copine)?
3. Combien est-ce que tu paies quand tu achètes un hamburger? une pizza? une glace?
4. Est-ce que tu as des pièces dans ta poche *(pocket)?* quelles pièces?
5. Qui est représenté sur le billet de un dollar? sur le billet de cinq dollars? sur le billet de dix dollars?
6. Est-ce que tu préfères dépenser ou économiser *(to save)* ton argent? Pourquoi?
7. Est-ce que tu espères être riche un jour? Pourquoi?

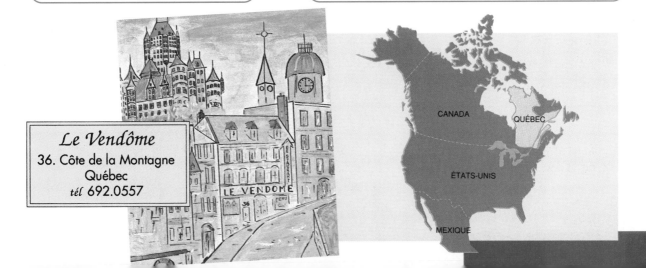

Le Vendôme
36. Côte de la Montagne
Québec
tél 692.0557

LE VENDOME

CANADA

QUÉBEC

ÉTATS-UNIS

MEXIQUE

A. Le pronom *on*

Note the use of the subject pronoun **on** in the sentences below.

Qu'est-ce qu'**on** vend ici?   *What do **they** (do **you**) sell here?*

Où est-ce qu'**on** achète   *Where does **one** (do **people**) buy that*
ce magazine?   *magazine?*

En France, **on** parle français.   *In France, **people (you, they)** speak French.*

The pronoun **on** is used in GENERAL statements, according to the construction:

on + **il/elle-** form of verb	**On** travaille beaucoup.	**One** works a lot. **They** work a lot. **You** work a lot. **People** work a lot.

➡ There is liaison after **on** when the next word begins with a vowel sound.
   Est-ce qu'**on** invite Stéphanie à la boum?

➡ In conversation, **on** is often used instead of **nous**:

—Est-ce qu'**on** dîne à la maison?   *Are **we** having dinner at home?*
—Non, on **va** au restaurant.   *No, **we** are going to the restaurant.*

---

5 **Ici on parle . . .**

Imagine you have won a grand prize of a world tour. Say which of the following languages is spoken in each of the cities that you will be visiting.

▶ Acapulco

À Acapulco,
on parle espagnol.

1. Québec	6. Tokyo
2. Boston	7. Buenos Aires
3. Madrid	8. Londres *(London)*
4. Bruxelles	9. Rome
5. Genève	10. Beijing

anglais   *français*   **espagnol**   *italien*   **japonais**   *chinois*

Did you know that more and more French companies are investing in the United States? There may be places where you can use French right in your home state!

Expression pour la conversation

How to indicate approval:
C'est une bonne idée!   *That's a good idea!*

---

6 **Projets de weekend**

Suggest possible weekend activities to your classmates. They will let you know whether they think each idea is a good one or not.

▶ jouer au baseball?

1. étudier?
2. aller à la bibliothèque?
3. aller à la plage?
4. téléphoner au professeur?
5. faire une promenade à vélo?
6. aller dans les magasins?
7. acheter des vêtements?
8. écouter des disques?

On joue au baseball?

Oui, c'est une bonne idée!

Non, ce n'est pas une bonne idée.

---

7 **En Amérique et en France**

A French student and an American student are comparing certain aspects of life in their own countries. Play both roles.

▶ jouer au baseball (au foot)

En Amérique, on joue au baseball.

En France, on joue au foot.

1. parler anglais (français)
2. étudier le français (l'anglais)
3. dîner à six heures (à huit heures)
4. manger des hamburgers (des omelettes)
5. voyager souvent en avion *(by plane)* (en train)
6. skier dans le Colorado (dans les Alpes)
7. aller à l'école le mercredi après-midi (le samedi matin)
8. chanter «la Bannière étoilée» *("The Star-Spangled Banner")* («la Marseillaise»)

---

8 **Expression personnelle**

Describe what you, your friends, and your relatives generally do. Complete the following sentences according to your personal routine.

1. À la maison, on dîne . . . (à quelle heure?)
2. À la télé, on regarde . . . (quel programme?)
3. À la cafétéria de l'école, on mange . . . (quoi?)
4. En été, on va . . . (où?)
5. Le weekend, avec mes copains, on va . . . (où?)
6. Avec mes copains, on joue . . . (à quel sport?)
7. On a une classe de français . . . (quels jours?)
8. On a un examen de français . . . (quel jour?)

B. Les verbes réguliers en *-re*

Many French verbs end in **-re**. Most of these are conjugated like **vendre** *(to sell)*. Note the forms of this verb in the present tense, paying special attention to the endings.

INFINITIVE	vendre	STEM (infinitive minus **-re**)	ENDINGS
PRESENT	Je **vends** ma raquette. Tu **vends** ton scooter. Il/Elle/On **vend** son ordinateur. Nous **vendons** nos disques. Vous **vendez** vos cassettes. Ils/Elles **vendent** leur voiture.	vend-	**-s** **-s** — **-ons** **-ez** **-ent**

➡ The "**d**" of the stem is silent in the singular forms, but it is pronounced in the plural forms.

Vocabulaire: Verbes réguliers en *-re*

attendre	*to wait, wait for*	Pierre **attend** Michèle au café.
entendre	*to hear*	Est-ce que tu **entends** la radio?
perdre	*to lose, waste*	Jean-Claude **perd** le match.
rendre visite à	*to visit (a person)*	Je **rends visite à** mon oncle.
répondre à	*to answer*	Nous **répondons à** la question du prof.
vendre	*to sell*	À qui **vends**-tu ton vélo?

➡ There are two French verbs that correspond to the English verb *to visit*.

visiter (+ PLACES)   Nous **visitons** Québec.
rendre visite à (+ PEOPLE)   Nous **rendons visite à** nos cousins canadiens.

Visitez Québec ... et la route des baleines.

Société écologique des baleines du St. Laurent

---

9 Rendez-vous

The following people have been shopping and are now waiting for their friends at a café. Express this, using the appropriate forms of the verb **attendre**.

▶ Jérôme (Michèle)   **Jérôme attend Michèle.**

1. nous (nos copains)
2. vous (vos cousines)
3. moi (Christophe)
4. toi (Anne)
5. Olivier et Éric (Claire et Sophie)
6. les étudiants (les étudiantes)
7. Jacques et moi, nous (Pauline et Hélène)
8. Annette et toi, vous (Jean-Marc)
9. on (notre copine)

10 **Qui**

Who is doing what? Answer the following questions, using the suggested subjects.

1. Qui perd le match? (toi, vous, Alice)
2. Qui rend visite à Pierre? (Patrick, Corinne et Hélène, toi)
3. Qui entend l'avion *(plane)?* (moi, vous, les voisins)
4. Qui vend des disques? (on, ce magasin, ces boutiques, moi)
5. Qui attend le bus? (les élèves, le professeur, on, vous)
6. Qui répond au professeur? (toi, nous, les élèves)

11 **Qu'est-ce qu'ils font?**

Read about the following people. Then complete each sentence with the appropriate form of one of the verbs from the list. Be logical!

1. Guillaume est patient. Il … ses amis.
2. Vous êtes à Paris. Vous … à vos cousins français.
3. Tu joues mal. Tu … le match.
4. Je suis dans ma chambre. J' … un bruit *(noise)* curieux.
5. Les élèves sont en classe. Ils … aux questions du professeur.
6. Jacqueline travaille dans une boutique. Elle … des robes.
7. On est au café. On … nos copains.

attendre   **entendre**   perdre   rendre visite   **répondre**   vendre

C. L'impératif

Compare the French and English forms of the imperative in the sentences below.

Écoute ce disque!   *Listen to this record!*
Ne vendez pas votre voiture!   *Don't sell your car!*
Allons au cinéma!   *Let's go to the movies!*

> **Learning about language**
> The IMPERATIVE is used to make suggestions and to give orders and advice. The commands or suggestions may be affirmative or negative.

Note the forms of the imperative in the chart below.

INFINITIVE	parler	finir	vendre	aller
IMPERATIVE (tu) (vous) (nous)	parle parlez parlons	finis finissez finissons	vends vendez vendons	va allez allons

For regular verbs and most irregular verbs, the forms of the imperative are the same as the corresponding forms of the present tense.

➡ EXCEPTION: For all **-er** verbs, including **aller,** the **-s** of the **tu-** form is dropped in the imperative. Compare.

Tu **parles** anglais.   **Parle** français, s'il te plaît!
Tu **vas** au café.   **Va** à la bibliothèque!

➡ The negative imperative is formed as follows:

ne + VERB + pas …	Ne choisis pas ce blouson.

12 Mais oui!

You have organized a party at your home. Juliette offers to do the following. You accept.

▶ apporter une pizza?

J'apporte une pizza?

Mais oui, apporte une pizza!

1. faire une salade?
2. inviter nos copains?
3. acheter des croissants?
4. apporter des cassettes?
5. choisir des disques de danse?
6. venir à huit heures?

13 L'ange et le démon

(The angel and the devil)

Véronique is wondering whether she should do certain things. The angel gives her good advice. The devil gives her bad advice. Play both roles.

▶ étudier les verbes
  Étudie les verbes.
  N'étudie pas les verbes.

1. téléphoner à ta tante
2. attendre tes copains
3. faire attention en classe
4. aller à l'école
5. finir la leçon
6. écouter tes professeurs
7. mettre *(set)* la table
8. inviter tes amis
9. rendre visite à ta grand-mère
10. choisir des copains sympathiques
11. acheter un cadeau *(gift)* pour ton frère
12. réussir à l'examen

ÉTUDIANTS
ET
PARENTS D'ÉTUDIANTS

Réussissez au bac!

14 Oui ou non?

For each of the following situations, give your classmates advice as to what to do and what not to do. Be logical.

▶ Nous sommes en vacances. (étudier? voyager?)
  N'étudiez pas! Voyagez!

1. Nous sommes à Paris. (parler anglais? parler français?)
2. C'est dimanche. (aller à la bibliothèque? aller au cinéma?)
3. Il fait beau. (rester à la maison? faire une promenade?)
4. Il fait froid. (mettre un pull? mettre un tee-shirt?)
5. Il est onze heures du soir. (rester au café? rentrer à la maison?)
6. Il fait très chaud. (aller à la piscine? regarder la télé?)

15 L'esprit de contradiction *(Disagreement)*

Make suggestions to your friends about things to do. Your friends will not agree and will suggest something else.

▶ aller au cinéma (à la plage)

Allons au cinéma!

Non, n'allons pas au cinéma!
Allons à la plage!

1. jouer au tennis (au volley)
2. écouter la radio (des disques)
3. regarder la télé (un film vidéo)
4. dîner au restaurant (à la maison)
5. inviter Michèle (Sophie)

6. organiser un pique-nique (une boum)
7. faire des sandwichs (une pizza)
8. aller au musée (à la bibliothèque)
9. faire une promenade à pied (en voiture)
10. rendre visite à nos voisins (à nos copains)

Prononciation

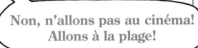

Les lettres «an» et «en»

The letters "**an**" and "**en**" represent the nasal vowel /ã/. Be sure not to pronounce the sound "**n**" after the vowel.

enfant

Répétez:

/ã/ **enf<u>an</u>t <u>an</u> m<u>an</u>teau coll<u>an</u>ts gr<u>an</u>d élég<u>an</u>t**
André m<u>an</u>ge un gr<u>an</u>d s<u>an</u>dwich.

/ã/ **enf<u>an</u>t <u>en</u> arg<u>en</u>t dép<u>en</u>ser att<u>en</u>ds <u>en</u>tend**
v<u>en</u>d <u>en</u>vie
Vinc<u>en</u>t dép<u>en</u>se rarem<u>en</u>t son arg<u>en</u>t.

André mange un grand sandwich.

À votre tour!

1 La bonne réponse

Anne is talking to Jean-François. Match Anne's questions with Jean-François's answers. You may act out the conversation with a classmate.

Anne

1. Est-ce que tu rends visite à tes cousins ce weekend?

2. Tu veux aller dans les boutiques avec moi?

3. Est-ce que tu as envie d'aller au cinéma?

4. Et après *(afterwards)* qu'est-ce qu'on fait?

a. Eh bien, allons au restaurant!

b. Bonne idée! Il y a un nouveau film au «Majestic».

c. Écoute! Je n'ai pas besoin de vêtements.

d. Non, je reste ici.

Jean-François

2 Créa-dialogue

When we are with our friends, it is not always easy to agree on what to do. With your classmates, discuss the following possibilities.

Qu'est-ce qu'on fait <u>samedi</u>?

<u>Allons au cinéma.</u>

Je n'ai pas envie d'<u>aller au cinéma.</u>

Eh bien, <u>rendons visite à nos amis.</u> D'accord?

Oui, c'est une bonne idée!

Quand?	Première suggestion	Deuxième suggestion
▶ samedi	aller au cinéma	rendre visite à nos amis
1. ce soir *(tonight)*	étudier	regarder la télé
2. dimanche	aller au café	dîner au restaurant
3. après *(after)* les classes	jouer au basket	faire une promenade
4. cet été	trouver un job	voyager
5. ce weekend	faire un pique-nique	??
6. demain	aller à la bibliothèque	??

3 **Conseils**

Your friends tell you what they would like to do. Give them appropriate advice, either positive or negative. Use your imagination.

▶ Je voudrais maigrir.　　**Alors, mange moins.**
　　　　　　　　　　　　(Alors, ne mange pas de pizza.)

1. Je voudrais avoir un «A» en français.
2. Je voudrais gagner beaucoup d'argent.
3. Je voudrais organiser une boum.
4. Je voudrais préparer un pique-nique.

4 **Que faire?**

Give a classmate advice about what to do or not to do in the following circumstances.

Pendant (*During*) **la classe**	**Après** (*After*) **la classe**	**Ce weekend**	**Pendant les vacances**
écouter le prof parler à tes copains regarder les bandes 　dessinées (*comics*) manger un sandwich répondre en français ??	étudier aller au cinéma préparer tes leçons rentrer chez toi regarder la télé ??	rester à la maison aller en ville dépenser ton argent organiser une boum faire une promenade 　à pied ??	voyager travailler grossir oublier (*forget*) 　ton français ??

▶ **Pendant la classe, écoute le prof.**
Ne parle pas à tes copains.

5 **Bon voyage!**

Your French friend Ariane is going to visit the United States next summer with her cousin. They are traveling on a low budget and are asking you for advice as to how to save money. Make a list of suggestions, including five things they could do and five things they should not do. You may want to use some of the following ideas:

- voyager (comment?)
- rester (dans quels hôtels?)
- dîner (dans quels restaurants?)
- visiter (quelles villes?)
- aller (où?)
- acheter (quelles choses?)
- apporter (quelles choses?)

Voyagez en bus. Ne voyagez pas en train.

Petit test culturel

La mode et les vêtements

Aujourd'hui la mode° est internationale. Les jeunes Français adoptent le «look» américain ou anglais. Les Américains achètent des vêtements de style français ou italien.

Imaginez que vous habitez en France. Est-ce que vous pouvez° répondre aux questions suivantes?° Vérifiez° vos réponses au bas° de la page.

1 Vincent va en ville pour acheter des «tennis». Qu'est-ce qu'il va acheter?
a. une raquette
b. un short
c. des chaussures
d. des chemises

2 Monique habite à Paris. Elle a envie d'acheter un blouson. Où va-t-elle?
a. à la Villette
b. aux Galeries Lafayette
c. au Zénith
d. au Centre Pompidou

3 Dans ce magasin on vend des vêtements de marques° différentes. Voici quatre marques. Quelle est la marque qui n'est *pas* française?
a. Benetton
b. Christian Dior
c. Pierre Cardin
d. Yves Saint-Laurent

4 René Lacoste est un champion français de tennis. Aujourd'hui son nom° est associé° avec une marque de . . .
a. vêtements de sport
b. chaussures de ski
c. chocolats
d. vitamines

5 Jean Vuarnet est un champion olympique de ski. À quels produits° est-ce que son nom est associé?
a. des skis
b. des chaussures
c. des vêtements de sport
d. des lunettes de soleil

6 Coco Chanel est le nom d'une couturière° française très célèbre.° Son nom est aussi associé avec . . .
a. un parfum
b. un festival de cinéma
c. une compétition sportive
d. une eau minérale°

7 Les jeans sont faits° avec un coton spécial appelé° «denim». Ce mot vient du français «de Nîmes». Nîmes est le nom . . .
a. d'un textile
b. d'un vêtement
c. d'un couturier° français
d. d'une ville française

RÉPONSES:
1. c; 2. b; 3. a; 4. a; 5. d;
6. a; 7. d

mode *fashion* **pouvez** *can* **suivantes** *following* **Vérifiez** *Check*
au bas *at the bottom* **marques** *designer labels* **nom** *name* **associé** *associated*
produits *products* **couturière** *fashion designer* **célèbre** *famous*
eau minérale *mineral water* **faits** *made* **appelé** *called* **couturier** *fashion designer*

EN FRANCE

Les Trois Suisses

La compagnie Les Trois Suisses vend des vêtements par correspondance. Voici une page de son catalogue.

PRÉS DE CHEZ VOUS VOTRE RELAIS

GUADELOUPE
1 bis, rue de nozières
97110 POINTE-A-PITRE.
Tél : 82.03.91.

MARTINIQUE
96, rue Moreau de Jonnes
97200 FORT DE FRANCE.
Tél : 63.93.00.

GUYANE
75, rue du lieutenant Becker
97300 CAYENNE.
Tél : 30.20.70.

REUNION
▪ 73, rue Monseigneur de Beaumont
97400 SAINT-DENIS.
Tél : 21.97.39.
▪ 202, rue M. et Ary Leblond
97410 SAINT-PIERRE.
Tél : 28.91.78.

SAINT-PIERRE ET MIQUELON
17 bis, rue M° Delattre-de-Tassigny
B.P. 388
97500 SAINT-PIERRE ET MIQUELON.
Tél : 41.46.85.

NOUVELLE CALÉDONIE
11, rue du dr. Lescour
Quartier latin B.P. 4288
NOUMEA.
Tél : 27.57.70.

catalogue printemps-été

3 SUISSES
le Chouchou

Prix garantis jusqu'au 15 août

CARACO PAGE 15
PANTALON PAGE 6
ACCESSOIRES PAGES 14 ET 20

Promo!
depuis
89 f
le sweat

noir
jaune vif
blanc
gris chiné
pêche
rouge vif
vert vif
bleu vif

Promo!
depuis
59 f **90**
les tennis

DU
34
AU
52

vert menthe

Promo!
depuis
99 f
le pantalon
jogging

🧥 Sur cette page, trois articles sont en «promo».° Quels sont ces trois articles?

🧥 Combien coûte le pantalon jogging?

🧥 Combien coûtent les tennis en francs? et en dollars? (un dollar = 6 francs) Est-ce que c'est cher? Quelles couleurs est-ce qu'on peut choisir? Quelle couleur préférez-vous?

🧥 Combien coûte le sweat? Quelles couleurs est-ce qu'on peut° choisir? Quelle couleur préférez-vous?

promo = promotion *special sale*
peut *can*

3 SUISSES 113

Entracte 7 287

Entre amis: Les jeunes Français et la mode

Est-ce que vous aimez être à la mode?° Où est-ce que vous achetez vos vêtements? Et qu'est-ce qui compte° le plus° pour vous? le style? la qualité? le prix? Nous avons posé° ces questions à cinq jeunes Français. Voilà leurs réponses.

Florence (16 ans)
J'aime être à la mode. Malheureusement,° mon budget est limité. La solution? Le samedi après-midi je travaille dans une boutique de mode. Là, je peux acheter mes jupes et mes pulls à des prix très avantageux.° Pour le reste, je compte sur la générosité de mes parents.

Jean-Marc (15 ans)
Aujourd'hui la présentation extérieure° est très importante. Mais il n'est pas nécessaire d'être à la mode pour être bien habillé.° Pour moi, la qualité des vêtements est aussi importante que leur style. En général, j'attends les soldes.° J'achète peu de° vêtements mais je fais attention à la qualité.

Chloé (15 ans)
Pour moi, le style, c'est tout.° Hélas, la mode n'est pas bon marché. Heureusement° j'ai une cousine qui a une machine à coudre° et qui est très très adroite.° Alors, nous faisons nos propres° robes! Nous choisissons le tissu,° la couleur, le style . . . Ainsi, nous sommes toujours à la mode. C'est chouette, non?

Antoine (12 ans)
Moi, je n'ai pas le choix!° C'est ma mère qui choisit mes vêtements. En ce qui concerne° la mode, elle n'est pas dans le coup.° Elle achète tout dans les grandes surfaces. C'est pas° drôle!

Julien (14 ans)
Vous connaissez° le proverbe: «L'habit ne fait pas le moine».° Eh bien, pour moi les vêtements n'ont aucune° importance. Avec mon argent je préfère acheter des compacts. Quand j'ai besoin de jeans ou de tee-shirts, je vais aux Puces.* C'est pas cher et c'est marrant!°

*Marché aux puces *flea market*

à la mode *in style* **compte** *counts* **le plus** *the most*
avons posé *asked* **Malheureusement** *Unfortunately*
avantageux *reasonable*
présentation extérieure *outward appearance* **habillé** *dressed*
soldes *sales* **peu de** *few* **tout** *everything*
Heureusement *Fortunately* ***machine à coudre*** *sewing machine*
adroite *skillful* **propres** *own* **tissu** *fabric* **choix** *choice*
En ce qui concerne *As for* **dans le coup** *"with it"*
C'est pas = Ce n'est pas **connaissez** *know* **moine** *monk*
aucune *no* **marrant** *fun*

■ NOTES ■ CULTURELLES

1 Les grandes surfaces

Les grandes surfaces sont des magasins en libre-service° où on peut acheter toutes° les marchandises nécessaires à la vie quotidienne.° En général les prix ne sont pas très élevés,° mais la qualité est moyenne.°

Comment lire
DIFFERENCES IN SPOKEN AND WRITTEN LANGUAGE

The interviews you read were conducted orally. Notice how casual speech is different from standard written language.

- Spoken language often contains slang expressions.

  Elle n'est pas dans le coup!   **C'est marrant!**   **C'est chouette!**

- Spoken French sometimes drops the **ne** in **ne ... pas.**

  C'est pas cher. = Ce n'est pas cher.

Enrichissez votre vocabulaire
MORE COGNATE PATTERNS

Here are a few common cognate patterns to help you recognize new words more easily.

FRENCH	ENGLISH	FRENCH	ENGLISH
-x	*-ce*	**le prix**	*price*
-eux	*-ous*	**avantageux**	*advantageous, reasonable*
-eur	*-or*	**la couleur**	*color*
-aire	*-ary*	**nécessaire**	*necessary*

Activité
Can you identify the English equivalents of the following French words?

- **le choix**   **la voix**   • **courageux**   **sérieux**   **dangereux**   **curieux**
- **un acteur**   **une odeur**   **un docteur**   **supérieur**   **une erreur**
- **un salaire**   **le vocabulaire**   **un commentaire**   **un anniversaire**

Activité: Et toi?

Voici ce que disent° les jeunes Français. Est-ce que c'est vrai pour vous aussi?

Oui, c'est vrai pour moi.

Non, ce n'est pas vrai pour moi.

OUI OU NON?
- [?] 1. J'aime être à la mode.
- [?] 2. Mon budget est limité.
- [?] 3. J'attends les soldes.
- [?] 4. Je fais attention à la qualité.

OUI OU NON?
- [?] 5. J'achète le tissu et je fais mes vêtements.
- [?] 6. Ma mère choisit mes vêtements.
- [?] 7. Je préfère acheter des compacts.
- [?] 8. J'achète mes vêtements aux Puces.

2 Les soldes

En général, les boutiques de vêtements ont des soldes° deux ou trois fois° par an. On peut alors acheter des vêtements de bonne qualité à des prix avantageux. Certaines boutiques ont des soldes toute l'année.°

libre-service *self-service*   **toutes** *all*   **quotidienne** *daily*   **élevés** *high*
moyenne *average*   **soldes** *sales*   **fois** *times*   **toute l'année** *all year long*

SOLDES

PRINTEMPS

27 juin - 8 juillet

Variétés

L'argent et vous

Nous avons tous° besoin d'argent. L'argent est nécessaire, mais l'argent crée° aussi des problèmes. Quelle est votre attitude envers° l'argent? Répondez aux questions suivantes.°

1 Que représente l'argent pour vous?

    a. l'indépendance
    b. la possibilité d'acheter beaucoup de choses
    c. la possibilité d'aider vos amis

2 Selon vous, quel est le rapport° entre l'argent et le bonheur?°

    a. L'argent est nécessaire.
    b. L'argent est utile.°
    c. Il n'y a pas de rapport.

3 Vous avez trois possibilités de job ce weekend. Qu'est-ce que vous choisissez?

    a. faire du baby-sitting (3 dollars par heure pour 4 heures)
    b. laver° la voiture des voisins (5 dollars au total)
    c. vendre des hot dogs à un match de football (un pourcentage de 10% sur les ventes°)

4 C'est votre anniversaire. Vos grands-parents vous donnent° cinquante dollars. Qu'est-ce que vous faites?

    a. J'invite mes copains à un concert.
    b. J'achète des vêtements.
    c. Je mets mon argent à la banque.°

5 Pendant les vacances vous avez le choix entre les trois possibilités suivantes. Qu'est-ce que vous choisissez?

    a. faire un grand voyage avec la famille
    b. travailler comme volontaire° dans un hôpital
    c. travailler dans un supermarché

6 Selon vous, quel est l'aspect le plus° important quand on cherche un travail?°

    a. avoir un bon salaire
    b. avoir un travail intéressant
    c. avoir la possibilité de travailler avec des gens sympathiques

tous *all*   **crée** *creates*   **envers** *toward*   **suivantes** *following*
rapport *relationship*   **bonheur** *happiness*   **utile** *useful*
laver *wash*   **ventes** *sales*   **vous donnent** *give you*   **banque** *bank*
comme volontaire *as a volunteer*   **le plus** *the most*   **travail** *job*

INTERPRÉTATION

Comptez° vos points en utilisant° la grille° suivante.

Questions		1	2	3	4	5	6
Options	a	3	3	2	1	1	3
	b	2	2	1	2	2	1
	c	1	1	3	3	3	2

Combien de points avez-vous?

15 points ou plus:

Vous avez beaucoup d'énergie. Pour vous, l'argent est important et vous êtes prêt(e)° à travailler dur° pour gagner votre argent.

entre 9 et 14 points:

Vous êtes réaliste. Pour vous l'argent est un moyen° et pas un but.°

8 points ou moins:

Vous êtes idéaliste et généreux (généreuse). Entre l'amitié° et l'argent, vous préférez l'amitié.

Comptez *Count* **en utilisant** *by using*
grille *grid* **prêt(e)** *ready* **dur** *hard* **moyen** *means*
but *end* **amitié** *friendship*

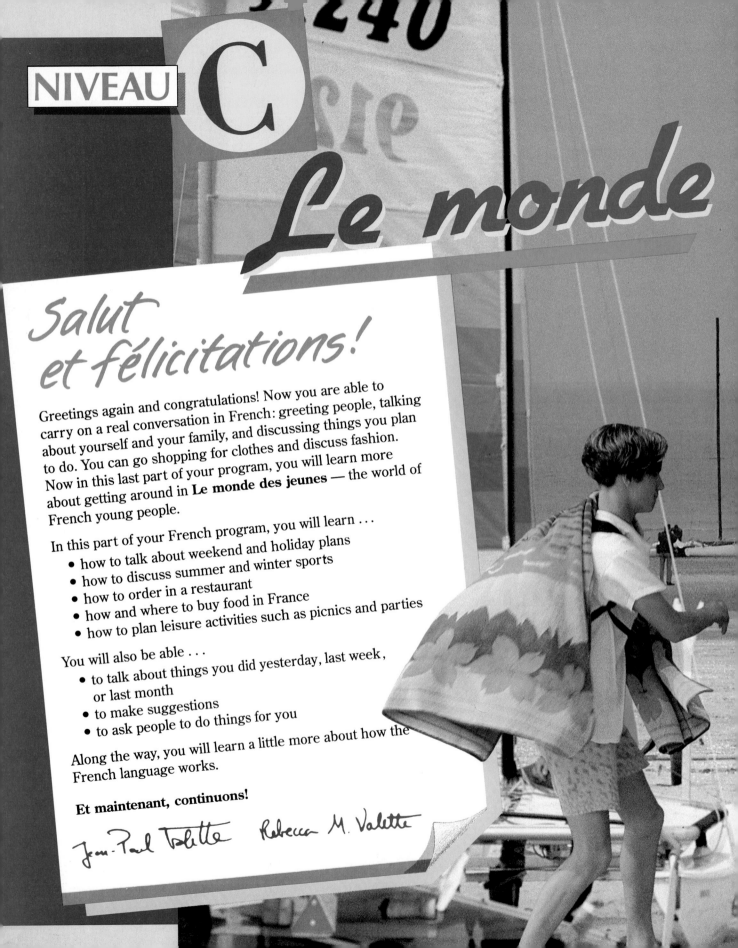

Le monde

Salut et félicitations!

Greetings again and congratulations! Now you are able to carry on a real conversation in French: greeting people, talking about yourself and your family, and discussing things you plan to do. You can go shopping for clothes and discuss fashion. Now in this last part of your program, you will learn more about getting around in **Le monde des jeunes** — the world of French young people.

In this part of your French program, you will learn . . .
- how to talk about weekend and holiday plans
- how to discuss summer and winter sports
- how to order in a restaurant
- how and where to buy food in France
- how to plan leisure activities such as picnics and parties

You will also be able . . .
- to talk about things you did yesterday, last week, or last month
- to make suggestions
- to ask people to do things for you

Along the way, you will learn a little more about how the French language works.

Et maintenant, continuons!

Jean-Paul Valette   *Rebecca M. Valette*

des jeunes

Beginning with the next lesson, the direction lines to most of the activities are in French. Here are a few of the verbs you will be encountering:

décrire *to describe*
Décrivez votre ville.

demander *to ask*
Demandez ce que vos camarades vont faire.

dire *to say*
Dites si vous êtes d'accord.

expliquer *to explain*
Expliquez ce que vous allez faire.

indiquer *to indicate*
Indiquez la bonne réponse.

lire *to read*
Lisez le paragraphe suivant.

poser une question *to ask a question*
Posez les questions suivantes.

utiliser *to use*
Utilisez les verbes suivants.

Describe your town.

Ask what your classmates are going to do.

Say if you agree.

Explain what you are going to do.

Indicate the correct answer.

Read the following paragraph.

Ask the following questions.

Use the following verbs.

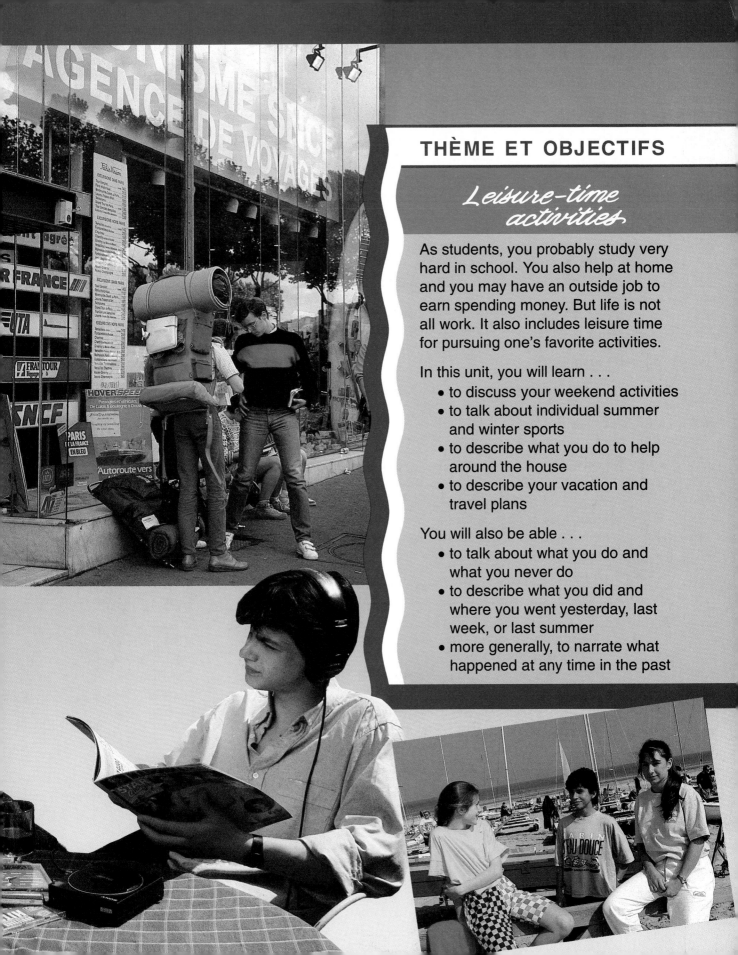

THÈME ET OBJECTIFS

Leisure-time activities

As students, you probably study very hard in school. You also help at home and you may have an outside job to earn spending money. But life is not all work. It also includes leisure time for pursuing one's favorite activities.

In this unit, you will learn . . .
- to discuss your weekend activities
- to talk about individual summer and winter sports
- to describe what you do to help around the house
- to describe your vacation and travel plans

You will also be able . . .
- to talk about what you do and what you never do
- to describe what you did and where you went yesterday, last week, or last summer
- more generally, to narrate what happened at any time in the past

Le weekend et les vacances

Accent sur ... Les loisirs

I f you had to decide between earning more money or having more free time, what would you choose? When asked this question on a survey, French people indicated their overwhelming preference for more leisure time.

For the French, leisure plays an important role in what they call **la qualité de la vie** *(quality of life)*. In fact, they consider leisure time to be not only a necessity but a right. By law, French workers are entitled to five weeks of paid vacation, as compared to two weeks for the average American.

French teenagers also place great value on their leisure time. Because they have so much homework and need to study so hard for their exams, they have no real time — and also little opportunity — to take an outside job. Instead, they try to make the most of their leisure hours. What are their favorite activities? Here is how French young people answered the question "What do you do when you have a free evening?"

Qu'est-ce que tu aimes faire le soir?	GARÇONS	FILLES
Je regarde la télé.	24%	18%
Je sors° avec mes copains.	20%	18%
Je vais au cinéma.	16%	14%
Je lis.°	14%	20%
Je vais au concert ou au théâtre.	10%	12%
Je vais danser.	8%	12%
Je fais un sport.	6%	4%
Je bricole.°	2%	2%

sors *go out*   **lis** *read*
bricole *do things around the house*

 Je regarde la télé.

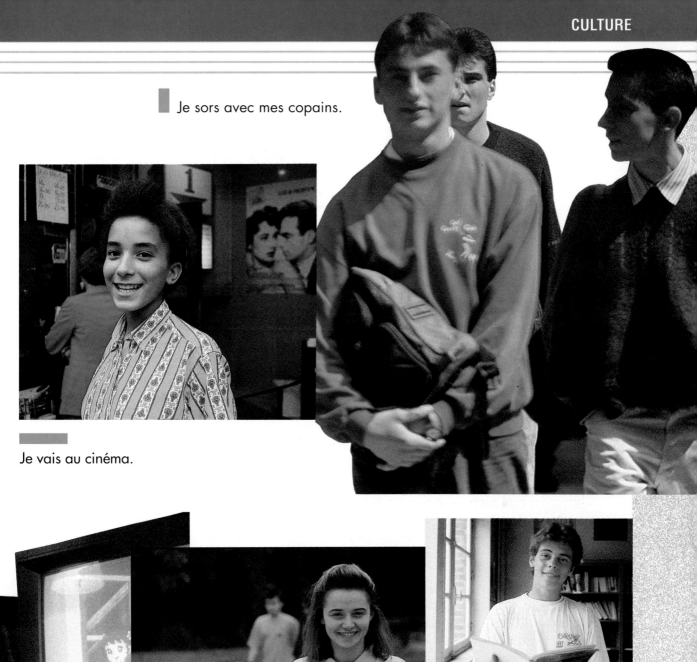

Je sors avec mes copains.

Je vais au cinéma.

Je lis.

Je fais du sport.

A. Le weekend

> *How to plan your weekend activities:*

Qu'est-ce que
tu vas faire samedi?

Je vais rester chez moi
pour réparer mon vélo.

Qu'est-ce que tu vas faire | samedi?
samedi **matin**
dimanche **après-midi**
demain **soir**
ce **weekend**
le weekend **prochain** *(next)*

le matin *morning*
l'après-midi *afternoon*
le soir *evening*

Je vais rester chez moi **pour** *(in order to)* | faire mes **devoirs** *(homework).*
réparer *(to fix)* mon vélo
préparer le dîner
aider *(to help)* mes parents
laver *(to wash)* ma mobylette
nettoyer *(to clean)* ma chambre

Je vais aller ... | pour ...
en ville
dans les magasins
au **centre commercial** *(mall)*

faire des achats
(go shopping).

Moi, je vais aller en ville
pour faire des achats.

au cinéma
au café
au stade

voir *(to see)* **un film**
rencontrer *(to meet)* mes copains
assister à *(to go to, attend)*
un match de foot

à la **campagne** *(countryside)* | **faire un pique-nique** *(to have a picnic)*

Je vais aller à une boum.
Avant *(Before)* la boum, je vais faire des achats.
Pendant *(During)* la boum, je vais écouter des cassettes.
Après *(After)* la boum, je vais faire mes devoirs.

➡ The verb **nettoyer** is conjugated like **payer:**
je **nettoie**   tu **nettoies**   il / elle / on **nettoie**   ils / elles **nettoient**
but: nous nettoyons   vous nettoyez

1 Et toi?

Décris tes activités. Pour cela, complète les phrases suivantes.

1. En général, je vais
   au cinéma . . .
   - le vendredi soir
   - le samedi soir
   - le dimanche après-midi
   - . . . ?

2. En général, je rencontre
   mes copains . . .
   - chez moi
   - chez eux
   - dans un café
   - . . . ?

3. En général, je fais
   mes devoirs . . .
   - avant le dîner
   - après le dîner
   - pendant la classe
   - . . . ?

4. Je préfère assister à . . .
   - un match de foot
   - un match de baseball
   - un concert de rock
   - . . . ?

5. En général, je préfère faire
   mes achats . . .
   - seul(e) *(by myself)*
   - avec mes copains
   - avec mes frères et mes soeurs
   - . . . ?

6. En général, quand je rentre
   chez moi après les classes, . . .
   - je fais mes devoirs
   - je regarde la télé
   - j'aide ma mère ou mon père
   - . . . ?

7. En été, je préfère faire
   un pique-nique . . .
   - dans mon jardin
   - à la campagne
   - à la plage
   - . . . ?

8. Si *(If)* je dois aider mes
   parents à la maison et si j'ai
   le choix *(choice)*, je préfère . . .
   - nettoyer le salon
   - laver la voiture
   - faire la vaisselle *(dishes)*
   - . . . ?

2 Qu'est-ce qu'ils font?

Informez-vous sur les personnes suivantes. Décrivez
ce qu'elles font ou ce qu'elles vont faire. Pour cela,
complétez les phrases avec une expression du
vocabulaire à la page 298.

▶ Sandrine est au garage.
  Elle <u>répare son vélo</u> (<u>sa mobylette</u>).

1. Mme Jolivet est dans la cuisine. Elle . . .
2. Vincent Jolivet est aussi dans la cuisine. Il . . .
3. Anne et Sylvie sont au Bon Marché. Elles . . .
4. Je suis dans ma chambre et je regarde mon livre
   de français. Je . . .
5. Olivier et ses copains achètent des billets *(tickets)*
   de cinéma. Ils vont . . .
6. Mes amis vont à Yankee Stadium. Ils vont . . .
7. Tu vas au café. Tu vas . . .
8. Vous faites des sandwichs. Vous allez . . . à la campagne.

3 Mon calendrier personnel

Décrivez ce que vous allez
faire.

MERCREDI

1. Après la classe, je vais...
2. Avant le dîner,...
3. Après le dîner,...
4. Demain soir,...
5. Vendredi soir,...
6. Samedi après-midi,...
7. Samedi soir,...
8. Dimanche après-midi,...
9. Pendant les vacances,...

B. Les vacances

How to plan your vacation activities:

Qu'est-ce que tu vas faire cet été?

Je vais aller à la mer.

Qu'est-ce que tu vas faire	à **Noël?**		**Noël** Christmas
	à **Pâques**		**Pâques** Easter
	pendant les vacances de printemps		**les vacances** vacation
	pendant **les grandes vacances**		**les grandes vacances**
	cet été		summer vacation

Je vais aller | à **la mer** (ocean, shore).
| à **la montagne** (mountains)

Je vais voyager

Je vais voyager | en avion.   **un avion** plane
| en train   **un train** train
| en autocar   **un autocar, un car** touring bus
| en bateau   **un bateau** boat, ship
| en voiture

Je vais voyager | **seul(e)** (alone).
| avec ma famille

Je vais **passer**	dix jours	là-bas.	**un jour** day
(to spend)	six semaines		**une semaine** week
	deux mois		**un mois** month

J'aime | **le ski** (skiing).

| **le ski nautique** (waterskiing)

En hiver, je vais à la montagne pour
faire du ski (to ski).
En été, je vais à la mer pour
faire du ski nautique (to waterski).

J'aime le ski!

Activités sportives

le sport	sport(s)	Je **fais du sport.**	I practice sports.
le jogging	jogging	Nous **faisons du jogging.**	We jog.
le ski	skiing	Tu **fais du ski?**	Do you ski?
le ski nautique	waterskiing	Anne **fait du ski nautique.**	Anne waterskis.
la voile	sailing	Paul **fait de la voile.**	Paul sails.
la planche à voile	windsurfing	Vous **faites de la planche à voile?**	Do you windsurf?
la natation	swimming	Tu **fais de la natation** en été?	Do you go swimming in (the) summer?
l'alpinisme (m.)	mountain climbing	J'aime **faire de l'alpinisme.**	I like to go mountain climbing.

➡ To describe participation in individual sports or other activities, the French use the construction:

$$\text{faire} \begin{cases} \textbf{du} \\ \textbf{de la} \\ \textbf{de l'} \end{cases} + \begin{matrix} \text{SPORT} \\ \text{or} \\ \text{ACTIVITY} \end{matrix}$$

le camping	→	**faire du camping**
la voile	→	**faire de la voile**
l'alpinisme	→	**faire de l'alpinisme**

■ NOTE ■
CULTURELLE

Le calendrier des fêtes françaises

Voici les principales fêtes (holidays) en France:

le jour de l'an	New Year's Day
Mardi Gras	Shrove Tuesday
Pâques	Easter
le premier mai	Labor Day
la Pentecôte	Pentecost
le 14 juillet	Bastille Day (French National Holiday)
la Toussaint	All Saints' Day (November 1)
le 11 novembre	Armistice Day
Noël	Christmas (December 25)

Mardi Gras

Le 14 juillet

4 Et toi?

Indique tes préférences personnelles en complétant les phrases suivantes.

1. Mes vacances préférées sont . . .
   - les vacances de Noël
   - les vacances de printemps
   - les grandes vacances
   - . . . ?

2. Pendant les vacances de Noël, je préfère . . .
   - rester avec ma famille
   - rendre visite à mes grands-parents
   - faire du ski
   - . . . ?

3. Pendant les grandes vacances, je préfère . . .
   - aller à la mer
   - aller à la montagne
   - aller à la campagne
   - . . . ?

4. Quand je voyage pendant les vacances, je préfère voyager . . .
   - seul(e)
   - avec mes copains
   - avec ma famille
   - . . . ?

5. Quand je vais loin, je préfère voyager . . .
   - en train
   - en avion
   - en car
   - . . . ?

5 Leurs activités favorites

Les personnes suivantes ont certaines activités favorites.
Lisez où elles sont et dites ce qu'elles font. Pour cela
choisissez une activité appropriée de la liste à droite.

▶ Je suis à la plage.

1. Jean-Pierre est au stade.
2. Anne et Marie sont dans un studio de danse.
3. En juillet, nous allons dans le Colorado.
4. Tu passes les vacances de Noël en Suisse.
5. Mes copains passent les vacances à la campagne.
6. Pauline est à la salle *(room)* de gymnastique.
7. Vous êtes à la mer.
8. Nous sommes à Tahiti.
9. Avant le dîner, nous allons au parc municipal.
10. Je suis à la Martinique.

Je fais de la planche à voile.

6. En été, je vais à la plage spécialement *(especially)* pour . . .
- nager
- faire du ski nautique
- bronzer *(to get a tan)*
- . . . ?

7. Je voudrais être un champion (une championne) de . . .
- ski
- ski nautique
- planche à voile
- . . . ?

8. Je voudrais aller à la Guadeloupe principalement *(mainly)* pour . . .
- nager
- parler français
- faire de la planche à voile
- . . . ?

9. Je voudrais aller dans le Colorado pour . . .
- faire du ski
- faire des promenades à pied
- faire de l'alpinisme
- . . . ?

10. Je voudrais aller à Paris et rester là-bas pendant . . .
- dix jours
- trois semaines
- six mois
- . . . ?

la gymnastique
la danse moderne
le sport
le jogging
le camping
la voile
la planche à voile
le ski
le ski nautique
l'alpinisme

6 **Questions personnelles**

1. En général, qu'est-ce que tu fais pendant les vacances de Noël?
2. Est-ce que tu vas voyager pendant les grandes vacances? Où vas-tu aller? Combien de temps *(How long)* est-ce que tu vas rester là-bas?
3. Qu'est-ce que tu aimes faire quand tu es à la plage?
4. Est-ce que tu voyages souvent? Comment voyages-tu?

À votre tour!

1 Créa-dialogue

Des amis parlent de leurs projets. Avec un(e) camarade de classe, choisissez une scène et composez le dialogue correspondant.

▶ —Où vas-tu **vendredi?**
—Je vais **en ville.**
—Qu'est-ce que tu vas faire là-bas?
—Je vais **faire des achats.**

vendredi	en ville 

1. samedi matin

2. samedi après-midi

3. à Noël — à Aspen

4. pendant les vacances de printemps — en Floride

5. en juillet

6. en août

7. demain matin

8. dimanche après-midi

9. cet été

2 Conversation dirigée

Avec un(e) camarade, composez un dialogue basé sur les instructions suivantes. Jean-Pierre demande à Hélène si elle a des projets de vacances.

Jean-Pierre			Hélène
asks Hélène where she is going this summer	→ ←	says that she is going to the ocean with friends	
asks her if they are going to travel by car	→ ↙	answers that they are going to travel by train because they do not have a car	
asks her if she is going to go sailing	→ ↙	answers yes and says that she is also going to windsurf	
says good-bye to Hélène and wishes her a good vacation **(Bonnes vacances!)**	→	answers good-bye	

3 Composition: Le weekend prochain

Make plans for next weekend. Prepare a list of activities describing ...

- four things that you are going to do at home
- four things that you are going to do outside

4 Au club de vacances

Avec qui passez-vous vos vacances? On peut passer ses vacances avec sa famille ou avec des copains. On peut aussi aller dans un club de vacances. Là on peut faire du sport et rencontrer d'autres jeunes.

Lisez le document suivant.

Ce club de vacances offre la possibilité d'aller dans différents «villages de mer». Choisissez un des villages de mer proposés par le club.

- Dans quel pays est situé ce village?
- Quels sports est-ce qu'on peut pratiquer *(participate in)* dans ce village?
- Pourquoi est-ce que vous choisissez ce village?
- En général, quels sports pratiquez-vous?

VILLAGES DE MER	AGADIR MAROC	LES ALMADIES SÉNÉGAL	ASSINIE CÔTE D'IVOIRE	BORA-BORA TAHITI-POLYNÉSIE FR. SE	LES BOUCANIERS MARTINIQUE	CANCÚN MEXIQUE	CAP SKIRRING SÉNÉGAL	LA CARAVELLE GUADELOUPE	LES CORAUX EILAT-ISRAËL	DJERBA LA DOUCE TUNISIE
Village-hôtel, bungalow	⌂	⌂	⌂	⌂	⌂	⌂	⌂	⌂	⌂	⌂
Ski nautique, planche à voile		⚑	⚑	⚑	⚑	⚑	⚑	⚑	⚑	⚑
Voile		⛵		⛵	⛵	⛵	⛵	⛵	⛵	⛵
Plongée libre					🤿	🤿				
Plongée scaphandre						🤿	🤿		🤿	🤿
Piscine	🏊	🏊	🏊							
Équitation	🐴	🐴	🐴		🐴	🐴	🐴	🐴	🐴	🐴
Tennis	🎾	🎾	🎾		🎾	🎾	🎾	🎾	🎾	🎾
Tir à l'arc				PIROGUE			🏹		🏹	🏹
Promenades en mer								PÊCHE À LA TRAÎNE		
Pêche en haute mer		🎣				🎣	🎣	🎣	🎣	🎣
Arts appliqués	🐟	🐟								

Vive le weekend!

Le weekend, nous avons nos occupations préférées. Certaines personnes aiment aller en ville et rencontrer leurs amis. <u>D'autres</u> préfèrent rester à la maison et <u>bricoler</u>. Qu'est-ce que les personnes suivantes <u>ont fait</u> le weekend <u>dernier</u>?

Others / do things around the house
did . . . do / last

Le weekend	**Le weekend dernier**

J'aime acheter des vêtements.

J'<u>ai acheté</u> des vêtements.

bought

Tu aimes réparer ton vélo.

Tu <u>as réparé</u> ton vélo.

fixed

M. Lambert aime travailler dans le jardin.

Il <u>a travaillé</u> dans le jardin.

worked

Nous aimons organiser des boums.

Nous <u>avons organisé</u> une boum.

organized

Le weekend

Vous aimez jouer au foot.

Pluton et Philibert aiment rencontrer leurs amis.

Le weekend dernier

Vous <u>avez joué</u> au foot.   *played*

Ils <u>ont rencontré</u> leurs amis.   *met*

Et toi?

Indique si oui ou non tu as fait les choses suivantes le weekend dernier. Pour cela complète les phrases suivantes.

1. (J'ai / Je n'ai pas) ... acheté des vêtements.
2. (J'ai / Je n'ai pas) ... réparé mon vélo.
3. (J'ai / Je n'ai pas) ... travaillé dans le jardin.
4. (J'ai / Je n'ai pas) ... organisé une boum.
5. (J'ai / Je n'ai pas) ... joué au foot.
6. (J'ai / Je n'ai pas) ... rencontré mes amis.

■ NOTE ■ CULTURELLE

Le weekend

Le weekend ne commence pas° le vendredi soir pour tout le monde.° Dans beaucoup d'écoles françaises, les élèves ont classe le samedi matin. Pour eux, le weekend commence seulement° le samedi à midi.

Que font les jeunes Français le samedi? Ça dépend. Beaucoup° vont en ville. Ils vont dans des magasins pour écouter les nouveaux disques ou pour regarder, essayer° et parfois° acheter des vêtements. Ils vont au café ou au cinéma avec leurs copains. Certains° préfèrent rester chez eux ou aller chez des copains. Parfois ils vont à une boum. Là on écoute de la musique, on mange des sandwichs et on danse ...

En général, le dimanche est réservé aux activités familiales.° Un weekend, on invite des cousins. Un autre° weekend, on rend visite aux grands-parents ... Le dimanche, on déjeune° et on dîne en famille.° Le soir, on regarde la télé et souvent on fait ses devoirs pour les classes du lundi matin.

ne commence pas *does not begin*   **tout le monde** *everyone*   **seulement** *only*   **Beaucoup** *Many*   **essayer** *try on*
parfois *sometimes*   **Certains** *Some of them*   **activités familiales** *family activities*   **Un autre** *Another*
déjeune *has lunch*   **en famille** *at home (with the family)*

A. Les expressions avec *avoir*

Note the use of **avoir** in the following sentences:

J'ai faim.	*I am hungry.*
Brigitte **a soif.**	*Brigitte is thirsty.*

French speakers use **avoir** in many expressions where English speakers use the verb *to be*.

Vocabulaire: Expressions avec *avoir*

avoir chaud	*to be (feel) warm*	Quand j'**ai chaud** en été, je vais à la plage.
avoir froid	*to be (feel) cold*	Est-ce que tu **as froid?** Voici ton pull.
avoir faim	*to be hungry*	Tu **as faim?** Est-ce que tu veux une pizza?
avoir soif	*to be thirsty*	J'**ai soif.** Je voudrais une limonade.
avoir raison	*to be right*	Est-ce que les profs **ont** toujours **raison?**
avoir tort	*to be wrong*	Marc n'étudie pas. Il **a tort!**
avoir de la chance	*to be lucky*	J'**ai de la chance.** J'ai des amis sympathiques.

1 Tort ou raison?

Informez-vous sur les personnes suivantes et dites si, à votre avis, elles ont tort ou raison.

▶ Les élèves n'étudient pas.
Ils ont tort!

▶ Tu écoutes le prof.
Tu as raison!

1. Catherine est généreuse avec ses copines.
2. Nous aidons nos parents.
3. Tu fais tes devoirs.
4. Vous êtes très impatients avec vos amis.
5. Mes copains étudient le français.
6. Jean-François dépense son argent inutilement (*uselessly*).
7. M. Legros mange trop (*too much*).
8. Alain et Nicolas sont impolis (*impolite*).
9. Vous nettoyez votre chambre.

2 De bonnes questions

Étudiez ce que font les personnes suivantes. Ensuite, posez une question logique sur chaque personne. Pour cela, utilisez l'une des expressions suivantes:

avoir faim	avoir soif	avoir chaud
avoir froid	avoir de la chance	

▶ Philippe va au restaurant.
Est-ce que Philippe a faim?

1. Tu veux un soda.
2. Jean-Pierre mange une pizza.
3. Cécile porte un manteau.
4. Vous gagnez à la loterie.
5. Vous faites des sandwichs.
6. Tu mets ton blouson.
7. Mes copains vont aller à la piscine.
8. Ces élèves n'étudient pas beaucoup, mais ils réussissent toujours à leurs examens.
9. Tu as des grands-parents très généreux.

B. Le passé composé des verbes en *-er*

The sentences below describe past events. In the French sentences, the verbs are in the PASSÉ COMPOSÉ. Note the forms of the passé composé and its English equivalents.

Hier j'**ai réparé** mon vélo.	*Yesterday I **fixed** my bicycle.*
Le weekend dernier, Marc **a organisé** une boum.	*Last weekend, Marc **organized** a party.*
Pendant les vacances, nous **avons visité** Paris.	*During vacation, we **visited** Paris.*

FORMS

The PASSÉ COMPOSÉ is composed of two words. For most verbs, it is formed as follows:

> PRESENT of **avoir** + PAST PARTICIPLE

Note the forms of the passé composé for **visiter.**

PASSÉ COMPOSÉ	PRESENT of **avoir** + PAST PARTICIPLE	
J'**ai visité** Québec.	j' **ai**	
Tu **as visité** Paris.	tu **as**	
Il/Elle/On **a visité** Montréal.	il/elle/on **a**	
Nous **avons visité** Genève.	nous **avons**	**visité**
Vous **avez visité** Strasbourg.	vous **avez**	
Ils/Elles **ont visité** Fort-de-France.	ils/elles **ont**	

➡ For all **-er** verbs, the past participle is formed by replacing the **-er** of the infinitive by **-é**.

jou**er**	→	jou**é**	Nous **avons joué** au tennis.
parl**er**	→	parl**é**	Éric **a parlé** à Nathalie.
téléphon**er**	→	téléphon**é**	Vous **avez téléphoné** à Cécile.

Learning about language

The PASSÉ COMPOSÉ, as its name indicates, is a "past" tense "composed" of two parts. It is formed like the present perfect tense in English.

AUXILIARY VERB + PAST PARTICIPLE of the main verb

Nous **avons**	**travaillé.**
We have	*worked.*

USES

The passé composé is used to describe past actions and events. It has several English equivalents.

J'**ai visité** Montréal.
{ *I **visited** Montreal.*
*I **have visited** Montreal.*
*I **did visit** Montreal.*

3 Achats

Samedi dernier *(Last Saturday)*, les
personnes suivantes ont fait des achats.
Dites ce que chaque personne a acheté.

▶ Philippe (des compacts)
   Philippe a acheté des compacts.

Philippe

1. Pauline	2. moi

4 Vive la différence!

Caroline et Jean-Pierre sont des copains,
mais ils aiment faire des choses différentes.
Ils parlent de ce qu'ils ont fait ce weekend.

▶ jouer au volley (au tennis)

J'ai joué
au volley.

Eh bien, moi,
j'ai joué au tennis.

1. acheter des disques (des magazines)
2. dîner au restaurant (chez moi)
3. inviter mon cousin (un ami)
4. téléphoner à ma tante (à mon grand-père)
5. aider ma mère (mon père)
6. nettoyer ma chambre (le garage)
7. réparer ma mobylette (mon vélo)
8. assister à un match de foot (à un concert
   de rock)
9. laver mes tee-shirts (mes jeans)

5 La boum

Anne et Éric organisent une boum
ce weekend. Florence demande
à Philippe s'il a fait les choses
suivantes. Il répond que oui.

▶ acheter des sodas?

Tu as acheté
des sodas?

Mais oui, j'ai acheté
des sodas.

1. acheter des jus de fruit
2. préparer les sandwichs
3. nettoyer le salon
4. réparer la chaîne stéréo
5. apporter des disques
6. inviter nos copains

6 Un jeu

Décrivez ce que certaines personnes ont fait samedi dernier. Pour cela, faites des phrases
logiques en utilisant les éléments des Colonnes A, B et C. Combien de phrases est-ce que
vous pouvez *(can)* faire en cinq minutes?

▶ **Vous avez assisté à un concert de jazz.**

A	B	C
nous	acheter	une boum
vous	assister	un musée
Marc	dîner	des vêtements
Hélène et Juliette	jouer	un film à la télé
Éric et Stéphanie	organiser	au Monopoly
mes copains	regarder	dans le jardin
les voisins	travailler	dans un restaurant vietnamien
	visiter	à un concert de jazz

NICE, L'ARÈNE DU JAZZ

3. toi	4. vous	5. nous	6. Stéphanie et Isabelle	7. Patrick et Jean-Paul	8. M. et Mme Dupont

Expressions pour la conversation

How to indicate the order in which actions take place:

d'abord	*first*	**D'abord,** nous avons invité nos copains à la boum.
après	*after, afterwards*	**Après,** tu as préparé des sandwichs.
ensuite	*then, after that*	**Ensuite,** Jacques a acheté des jus de fruit.
enfin	*at last*	**Enfin,** vous avez décoré le salon.
finalement	*finally*	**Finalement,** j'ai apporté mes cassettes.

7 Dans quel ordre?

Décrivez ce que les personnes suivantes ont fait dans l'ordre logique.

▶ nous (manger / préparer la salade / acheter des pizzas)
  D'abord, nous avons acheté des pizzas.
  Après, nous avons préparé la salade.
  Ensuite, nous avons mangé.

1. Alice (travailler / trouver un job / acheter une moto)
2. les touristes canadiens (voyager en avion / visiter Paris / réserver les billets [*tickets*])
3. tu (assister au concert / acheter un billet / acheter le programme)
4. vous (danser / apporter des disques / inviter des copains)
5. nous (payer l'addition [*check*] / dîner / trouver un restaurant)

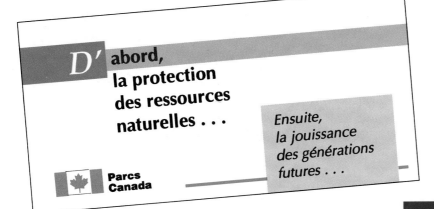

D' abord, la protection des ressources naturelles . . .

Ensuite, la jouissance des générations futures . . .

Parcs Canada

C. Le passé composé: forme négative

Compare the affirmative and negative forms of the passé composé in the sentences below.

AFFIRMATIVE	NEGATIVE	
Alice **a travaillé**.	Éric **n'a pas travaillé**.	*Éric **has not worked**.* *Éric **did not work**.*
Nous **avons visité** Paris.	Nous **n'avons pas visité** Lyon.	*We **have not visited** Lyon.* *We **did not visit** Lyon.*

In the negative, the passé composé follows the pattern:

> negative form of **avoir** + PAST PARTICIPLE

Note the negative forms of the passé composé of **travailler.**

PASSÉ COMPOSÉ (NEGATIVE)	PRESENT of **avoir** (NEGATIVE) + PAST PARTICIPLE	
Je **n'ai pas travaillé.**	je **n'ai pas**	
Tu **n'as pas travaillé.**	tu **n'as pas**	
Il/Elle/On **n'a pas travaillé.**	il/elle/on **n'a pas**	**travaillé**
Nous **n'avons pas travaillé.**	nous **n'avons pas**	
Vous **n'avez pas travaillé.**	vous **n'avez pas**	
Ils/Elles **n'ont pas travaillé.**	ils/elles **n'ont pas**	

8 Oublis *(Things forgotten)*

Éric a décidé de faire certaines choses, mais il a oublié *(forgot)*. Sabine demande s'il a fait les choses suivantes.

▶ nettoyer ta chambre?

1. réparer ta chaîne stéréo?
2. apporter tes livres?
3. étudier?
4. téléphoner à ta tante?
5. inviter tes copains?
6. acheter *Paris-Match*?
7. laver tes chemises?

Tu as nettoyé ta chambre?

Euh, non . . . Je n'ai pas nettoyé ma chambre.

9 Quel mauvais temps!

Le weekend, il a fait mauvais et les personnes suivantes sont restées *(stayed)* chez elles. Dites qu'elles n'ont pas fait les choses suivantes.

▶ nous / nager
Nous n'avons pas nagé.

1. vous / jouer au tennis
2. Philippe / rencontrer ses copains à la plage
3. Nathalie / dîner en ville
4. les voisins / travailler dans le jardin
5. Mlle Lacaze / laver sa voiture
6. mes copains / organiser un pique-nique
7. nous / assister au match de foot
8. toi / visiter le musée

LA MÉTÉO au Québec — dimanche — PLUIE

10 Une question d'argent

Les personnes suivantes n'ont pas beaucoup d'argent. Décrivez leur choix. Pour cela, dites ce qu'elles ont fait et ce qu'elles n'ont pas fait.

▶ nous / dîner au restaurant ou chez nous?
Nous avons dîné chez nous. Nous n'avons pas dîné au restaurant.

1. Philippe / acheter un tee-shirt ou une chemise?
2. vous / manger un steak ou un sandwich?
3. nous / assister au concert ou au match de foot?
4. les touristes / voyager en car ou en avion?
5. mes voisins / acheter une Mercedes ou une Ford?
6. Marc / passer dix jours ou trois semaines à Paris?

11 Impossibilités

Sans *(Without)* certaines choses il n'est pas possible de faire certaines activités. Expliquez cela logiquement en choisissant une personne de la Colonne A, un objet de la Colonne B et une activité de la Colonne C.

▶ **Je n'ai pas d'aspirateur. Je n'ai pas nettoyé le salon.**

A	B	C
je	une raquette	écouter les disques
vous	un billet *(ticket)*	voyager en Europe
nous	un passeport	nettoyer le salon
Frédéric	une chaîne stéréo	regarder la comédie
Éric et Olivier	une télé	assister au concert
Claire et Caroline	un aspirateur *(vacuum cleaner)*	jouer au tennis

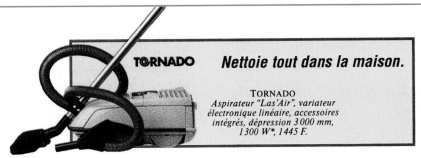

TORNADO **Nettoie tout dans la maison.**

TORNADO
Aspirateur "Las'Air", variateur électronique linéaire, accessoires intégrés, dépression 3 000 mm, 1 300 W*, 1 445 F.

D. Les questions au passé composé

Compare the statements and questions in the passé composé.

STATEMENT	QUESTION	
Tu as travaillé.	Tu as travaillé?	*Did you work?*
	Est-ce que tu as travaillé?	
Philippe a voyagé cet été.	**Quand est-ce que** Philippe a voyagé?	*When did Philippe travel?*
	Où est-ce qu'il a voyagé?	*Where did he travel?*

For most verbs, questions in the passé composé are formed as follows:

> PRESENT of **avoir** (interrogative form) + PAST PARTICIPLE

	YES/NO QUESTIONS	INFORMATION QUESTIONS
WITH INTONATION	Tu as voyagé? Paul a téléphoné?	— —
WITH est-ce que	**Est-ce que** tu as voyagé? **Est-ce qu'**Alice a téléphoné?	**Avec qui est-ce que** tu as voyagé? **À qui est-ce qu'**Alice a téléphoné?

➡ When the subject is a pronoun, questions in the passé composé can also be formed by inversion.

As-tu assisté au match de foot? *Did you go to the soccer game?*
Avec qui **avez-vous joué** au foot? *With whom did you play soccer?*
Who(m) did you play soccer with?

---

12 Expériences personnelles

Demandez à vos camarades s'ils ont déjà *(already)* fait les choses suivantes.

▶ visiter Paris?

Est-ce que tu as visité Paris?

Oui, j'ai visité Paris.

(Non, je n'ai pas visité Paris.)

1. visiter le Tibet?
2. voyager en Alaska?
3. piloter un avion?
4. dîner dans un restaurant vietnamien?
5. manger des escargots *(snails)*?
6. gagner à la loterie?
7. assister à un match de catch *(wrestling)*?
8. rencontrer un fantôme *(ghost)*?

---

13 Curiosité

Lisez ce que les personnes suivantes ont fait et posez des questions sur leurs activités.

▶ Paul a joué au tennis. (avec qui?)
Avec qui est-ce qu'il a joué au tennis?

1. Thomas a visité Québec. (quand?)
2. Corinne a téléphoné. (à quelle heure?)
3. Nathalie a voyagé en Italie. (comment?)
4. Marthe a acheté une robe. (où?)
5. Michèle a visité Genève. (avec qui?)
6. Philippe a trouvé un job. (où?)
7. Éric et Véronique ont dîné en ville. (dans quel restaurant?)
8. Les voisins ont téléphoné. (quand?)

14 **Jérôme et Valérie**

Jérôme est très curieux. Il veut toujours savoir ce que Valérie a fait. Valérie répond à ses questions.

▶ où / dîner? (dans un restaurant italien)
JÉRÔME: **Où est-ce que tu as dîné?**
VALÉRIE: **J'ai dîné dans un restaurant italien.**

1. avec qui / jouer au tennis? (avec Marc)
2. quand / assister au concert? (samedi après-midi)
3. qui / inviter au café? (ma copine Nathalie)
4. où / rencontrer Pierre? (dans la rue)
5. où / acheter ta veste? (au Bon Marché)
6. combien / payer ce disque? (50 francs)
7. à qui / téléphoner? (à ma grand-mère)
8. chez qui / passer le weekend? (chez une amie)

15 **Conversation**

Demandez à vos camarades ce qu'ils ont fait hier.

▶ à quelle heure / dîner?

J'ai dîné à six heures.

Dis, Hélène, à quelle heure est-ce que tu as dîné?

1. avec qui / dîner?
2. à qui / téléphoner?
3. quel programme / regarder à la télé?
4. quel programme / écouter à la radio?
5. qui / rencontrer après les classes?
6. quand / étudier?

Prononciation

Les lettres «ain» et «in»

ain /ɛ̃/

sa main

aine /ɛn/

semaine

in /ɛ̃/

magasin

ine /in/

magazine

When the letters "**ain**", "**aim**", "**in**", "**im**" are at the end of a word or are followed by a *consonant*, they represent the nasal vowel /ɛ̃/.

REMEMBER: Do not pronounce an /n/ after the nasal vowel /ɛ̃/.

Répétez: /ɛ̃/ **demain** **faim** **train** **main** **voisin** **cousin** **jardin** **magasin**
maintenant **intelligent** **intéressant** **important**

When the letters "**ain**", "**aim**", "**in(n)**", "**im**" are followed by a *vowel*, they do NOT represent a nasal sound.

Répétez: /ɛn/ **semaine** **américaine**
/ɛm/ **j'aime**

/in/ **voisine** **cousine** **cuisine** **magazine** **cinéma** **Corinne** **finir**
/im/ **timide** **dimanche** **Mimi** **centime**

Alain Minime a un rendez-vous important demain matin, avenue du Maine.

À votre tour!

❶ Allô!

Reconstituez la conversation entre Alain et Christine. Pour cela, faites correspondre les réponses de Christine avec les questions d'Alain.

1 À quelle heure est-ce que tu as dîné hier soir?

a Le match Marseille–Nice.

2 Et après, tu as regardé la télé?

b Nice. Par un score de trois à un.

3 Qu'est-ce que tu as regardé après?

c Mais oui! J'ai étudié avant le dîner.

4 Qui a gagné?

d Oui, mais d'abord j'ai aidé ma mère.

5 Dis, tu as préparé la leçon pour demain?

e À sept heures et demie.

❷ Dis-moi . . .

I will tell you a few things that I did yesterday after school and a few things that I did not do, then you will tell me what you did and did not do.

- J'ai étudié.
- J'ai dîné avec mes parents.
- J'ai téléphoné à une copine.

- Je n'ai pas nettoyé ma chambre.
- Je n'ai pas rencontré mes copains.
- Je n'ai pas regardé la télé.

Et maintenant, dis-moi . . .

❸ Créa-dialogue

Demandez à vos camarades s'ils ont fait les choses suivantes le weekend dernier. En cas de réponse affirmative, continuez la conversation.

▶ — Est-ce que tu as <u>dîné au restaurant</u>?
— Oui, j'ai <u>dîné au restaurant</u>.
— <u>Avec qui</u>?
— <u>Avec mes cousins</u>.
— <u>Où</u> est-ce que <u>vous avez dîné</u>?
— <u>Nous avons dîné Chez Tante Lucie</u>
   (<u>à McDonald's, etc.</u>).

avec qui?
où?

1	2
avec qui?	quand?
quand?	où?

3	4	5
quand?	quand?	quand?
pourquoi?	où?	avec qui?

4 Situation

Avec un(e) camarade, composez un dialogue correspondant à la situation suivante. Jouez ce dialogue en classe.

You are spending a week in Paris with your best friend. Up to now you have been touring the city together, but today you both decided to go out on your own. At the end of the day, you both meet back at your hotel room. Discuss . . .
• what monuments you visited
• what things you bought
• whom you met
• what you ate at noon
• where you had dinner

5 Conversation libre (free)

Avec un(e) camarade analysez la situation suivante. Composez un dialogue original basé sur cette situation. Jouez le dialogue en classe.

Last weekend, you stayed home and your friend went into town. Now you are both trying to find out what the other one did. Ask each other questions, using the passé composé of **-er** verbs that you know. (Do not use **aller** or **rester,** since they have special passé composé forms that you have not learned yet.)

▶ — Moi, j'ai nettoyé ma chambre. Et toi?
— J'ai assisté à un concert, mais d'abord j'ai dîné avec des copains.

6 Composition: Vive les vacances!

Vacations are for fun, not for work. Write a brief composition in the passé composé about what you did on a recent vacation, describing . . .
• four things that you did
• four things that you did not do

You may want to use some of the verbs in the box. (Do not use **aller** or **rester.**)

jouer	inviter	nager	parler	travailler	voyager	visiter
téléphoner	rencontrer	acheter	trouver	dépenser	gagner	

Comment dit-on . . . ?

How to wish somebody a nice time:

Bon weekend! (Have a nice weekend!)

Bonnes vacances! (Have a good vacation!)

Bonne journée! (Have a nice day!)

Bon voyage! (Have a good trip!)

31

LEÇON

L'alibi

l'inspecteur Leflic

Êtes-vous bon (bonne) détective? <u>Pouvez</u>-vous trouver la solution
du mystère <u>suivant</u>?

Can
following

Samedi dernier à deux heures de l'après-midi, <u>il y a eu</u> une <u>panne</u>
<u>d'électricité</u> dans la petite ville de Marcillac-le-Château. La panne
<u>a duré</u> une heure. <u>Pendant</u> la panne, un <u>cambrioleur</u> <u>a pénétré</u>
dans la Banque Populaire de Marcillac-le-Château. Bien sûr,
l'alarme n'a pas fonctionné et c'est <u>seulement</u> lundi matin que le
directeur de la banque <u>a remarqué</u> le <u>cambriolage</u>: un million de francs.

there was / power
failure
lasted / During /
burglar / entered

only
noticed / burglary

Lundi après-midi, l'<u>inspecteur</u> Leflic a interrogé quatre suspects,
mais <u>chacun</u> a un alibi.

police detective
each one

Sophie Filou

Euh, … excusez-moi, Monsieur l'Inspecteur.
Ma mémoire n'est pas très bonne.
<u>Voyons</u>, qu'est-ce que <u>j'ai fait</u> samedi après-midi?
Ah oui, <u>j'ai fini</u> un livre.
Le <u>titre</u> du livre? *Le crime ne paie pas!*

Let's see / did I do
I finished
title

Marc Laroulette

Qu'est-ce que j'ai fait samedi?
<u>J'ai rendu visite</u> à mes copains.
Nous avons joué aux cartes.
C'est moi qui ai gagné!

visited

Patrick Lescrot

Voyons, samedi dernier …
Ah oui … J'ai invité des amis chez moi.
Nous avons regardé la télé.
Nous <u>avons vu</u> le match de foot France-<u>Allemagne</u>.
Quel match! <u>Malheureusement</u>, c'est la France qui <u>a perdu</u>!
Dommage!

saw / Germany
Unfortunately / lost

Pauline Malin

Ce n'est pas moi, Monsieur l'Inspecteur!
Samedi j'ai fait un pique-nique à la campagne avec une copine.
Nous <u>avons choisi</u> un <u>coin</u> près d'une rivière.
Ensuite, nous avons fait une promenade à vélo.
Nous <u>avons eu de la chance</u>!
<u>Il a fait un temps extraordinaire!</u>

chose / spot

were lucky
The weather was
great!

Lisez <u>attentivement</u>° les quatre déclarations. À votre avis, qui est
le cambrioleur ou la cambrioleuse? Pourquoi? (Vous pouvez comparer
votre réponse avec la réponse de l'inspecteur à la page 325.)

carefully

Compréhension

Certains événements ont eu lieu *(took place)* samedi dernier. Indiquez si oui ou non les événements suivants ont eu lieu.

1. Le directeur de la banque a vu *(saw)* le cambrioleur.
2. Un cambriolage a eu lieu *(took place)* à Marcillac-le-Château.
3. L'inspecteur Leflic a arrêté *(arrested)* quatre personnes.
4. Sophie Filou a vu le film *Le crime ne paie pas* à la télé.
5. Marc Laroulette a perdu un million de francs.
6. L'Allemagne a gagné un match de foot.
7. Pauline Malin a fait une promenade à vélo à la campagne.
8. Il a fait beau.

Et toi?

Dis si oui ou non tu as fait les choses suivantes le weekend dernier.

1. (J'ai / Je n'ai pas) ... rendu visite à mes copains.
2. (J'ai / Je n'ai pas) ... vu un match de foot à la télé.
3. (J'ai / Je n'ai pas) ... fini un livre.
4. (J'ai / Je n'ai pas) ... fait une promenade à vélo.
5. (J'ai / Je n'ai pas) ... fait un pique-nique.

TF1   **MARDI   20.35**
FOOTBALL - COUPE DE FRANCE:
SEIZIÈME DE FINALE

NOTE CULTURELLE

Les jeunes Français et la télé

Combien d'heures par° jour est-ce que tu regardes la télé? Une heure? deux heures? trois heures? plus? moins? En général, les jeunes Français regardent la télé moins souvent et moins longtemps° que les jeunes Américains: en moyenne° 1 heure 15 les jours d'école et 2 heures 15 les autres° jours (mercredi, samedi et dimanche). Dans beaucoup de familles, les parents contrôlent l'usage° de la télé. Souvent ils exigent° que leurs enfants finissent leurs devoirs avant de regarder la télé. Ainsi,° beaucoup de jeunes regardent la télé seulement° après le dîner.

Quels sont leurs programmes favoris? Les jeunes Français aiment surtout° les films, les programmes de sport, les variétés et les jeux télévisés,° comme «La roue° de la fortune» et «Le prix est juste».° Les séries américaines (comme «Deux flics° à Miami» et «Santa Barbara») sont aussi très populaires.

par *per* **moins longtemps** *for a shorter time* **en moyenne** *on an average of* **autres** *other* **usage** *use* **exigent** *insist* **Ainsi** *Thus* **seulement** *only* **surtout** *especially* **jeux télévisés** *TV games* **roue** *wheel* **juste** *right* **flics** *cops*

A. Le verbe *voir*

The verb **voir** *(to see)* is irregular. Note the forms of **voir** in the present tense.

INFINITIVE	voir	
PRESENT	Je **vois** Marc. Tu **vois** ton copain. Il/Elle/On **voit** un accident.	Nous **voyons** un film. Vous **voyez** un match de baseball. Ils/Elles **voient** le professeur.

1 Weekend à Paris

Les personnes suivantes passent le weekend à Paris. Décrivez ce que chacun voit.

▶ Olivier   **Olivier voit Notre-Dame.**

Notre-Dame

1. le musée d'Orsay	**2. l'Arc de Triomphe**	**3. le Centre Pompidou**
4. le Quartier latin	**5. la pyramide du Louvre**	**6. le musée Picasso**

1. nous   3. moi   5. vous
2. toi   4. Sophie   6. les touristes japonais

2 Questions personnelles

1. Est-ce que tu vois bien? Est-ce que tu portes des lunettes?
2. Est-ce que tu vois tes amis pendant les vacances? Est-ce que tu vois tes professeurs?
3. Est-ce que tu vois souvent tes cousins? Est-ce que tu vois tes cousins pendant les vacances? à Noël?
4. Qu'est-ce que tu préfères voir à la télé? un match de football ou un match de baseball?
5. Quand tu vas au cinéma, quels films aimes-tu voir? les comédies? les films d'aventures? les films policiers *(detective movies)*?

B. Le passé composé des verbes réguliers en -ir et -re

Note the passé composé of the verbs below, paying special attention to the ending of the past participle.

choisir	J'**ai choisi** ce disque.	Je **n'ai pas choisi** cette cassette.
finir	Nous **avons fini** le magazine.	Nous **n'avons pas fini** le livre.
vendre	Tu **as vendu** ton vélo.	Tu **n'as pas vendu** ta moto.
attendre	Jacques **a attendu** Paul.	Il **n'a pas attendu** François.
répondre	J'**ai répondu** au professeur.	Tu **n'as pas répondu** à la question.

The past participle of regular **-ir** and **-re** verbs is formed as follows:

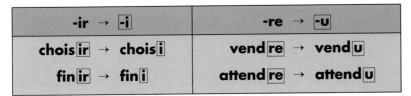

-ir → -i	-re → -u
chois**ir** → chois**i**	vend**re** → vend**u**
fin**ir** → fin**i**	attend**re** → attend**u**

---

3 **Besoins d'argent** *(Money needs)*

Parce qu'elles ont besoin d'argent, les personnes suivantes ont vendu certains objets. Dites ce que chaque personne a vendu.

▶ Philippe/sa guitare
  Philippe a vendu sa guitare.

1. M. Roche/sa voiture
2. mes copains/leur chaîne stéréo
3. moi/mon appareil-photo
4. toi/ton vélo
5. les voisins/leur piano
6. nous/nos livres
7. vous/votre ordinateur
8. François et Victor/leurs disques

4 **Bravo!**

Les personnes suivantes méritent *(deserve)* des félicitations *(congratulations)*. Expliquez pourquoi.

▶ les élèves/réussir à l'examen
  Les élèves ont réussi à l'examen.

1. M. Bedon/maigrir
2. Mlle Legros/perdre dix kilos
3. Florence/gagner le match de tennis
4. ces enfants/finir leur soupe
5. nous/choisir une classe difficile
6. toi/finir les exercices
7. Marc/rendre visite à un copain à l'hôpital
8. vous/attendre vos copains
9. les élèves/répondre en français

À *vendre*
INSTRUMENTS DE MUSIQUE

Non!

Jean-Louis répond négativement aux questions de Béatrice. Jouez les deux rôles.

▶ gagner le match / perdre

Tu as gagné le match?

Non! J'ai perdu.

1. étudier ce weekend / rendre visite à un copain
2. acheter une cassette / choisir un compact
3. finir ce livre / regarder la télé
4. vendre ta guitare / vendre mon appareil-photo
5. téléphoner à Marc / rendre visite à son cousin
6. maigrir / grossir
7. répondre à la lettre / téléphoner

Aujourd'hui et hier

Dites ce que les personnes suivantes font aujourd'hui et ce qu'elles ont fait hier.

▶ Paul / acheter un blouson / un pantalon
Aujourd'hui, Paul achète un blouson.
Hier, il a acheté un pantalon.

1. moi / téléphoner à mon cousin / à mes copains
2. toi / finir ce livre / ce magazine
3. nous / manger des sandwichs / une pizza
4. Mélanie / choisir une jupe / un chemisier
5. les élèves / réussir à l'examen de français / à l'examen d'anglais
6. Philippe / vendre sa chaîne stéréo / ses disques
7. Philippe et Jean-Pierre / rendre visite à leurs cousins / à leur grand-mère
8. les touristes / attendre le train / le car

Excuses

Quand Olivier ne fait pas une chose, il a toujours une excuse. Jouez le dialogue entre Olivier et sa soeur Caroline.

▶ étudier / perdre mon livre

Tu as étudié?

Pourquoi est-ce que tu n'as pas étudié?

Non, je n'ai pas étudié.

Parce que j'ai perdu mon livre.

1. jouer au tennis / perdre ma raquette
2. acheter une veste / choisir un blouson
3. finir le livre / regarder la télé
4. rendre visite à Marc / étudier
5. réussir à l'examen / perdre mes notes
6. écouter tes disques / vendre ma chaîne stéréo

C. Le passé composé des verbes *être*, *avoir*, *faire*, *mettre* et *voir*

The verbs **être, avoir, faire, mettre,** and **voir** have irregular past participles.

être	→	**été**	Nous **avons été** à Paris.
avoir	→	**eu**	M. Lambert **a eu** un accident.
faire	→	**fait**	Qu'est-ce que tu **as fait** hier?
mettre	→	**mis**	Nous **avons mis** des jeans.
voir	→	**vu**	J'**ai vu** un bon film.

"On n'a jamais fait quelque chose d'aussi appétissant avec des petits pois."

MONOPRIX
—— UNIPRIX ——

➡ In the passé composé, the verb **être** has two different meanings:

Mme Lebrun **a été** malade.   *Mme Lebrun **has been** sick.*
Elle **a été** à l'hôpital.   *She **was** in the hospital.*

8 Dialogue

Demandez à vos camarades s'ils ont fait les choses suivantes récemment *(recently)*.

▶ faire une promenade.
  —**Est-ce que tu as fait une promenade récemment?**
  —**Oui, j'ai fait une promenade. (Non, je n'ai pas fait de promenade.)**

1. faire un pique-nique?
2. faire une promenade en voiture?
3. être malade *(sick)*?
4. avoir la grippe *(flu)*?
5. avoir une dispute *(fight)* avec ton copain?
6. avoir une bonne surprise?
7. avoir un «A» en français?
8. voir un film?
9. voir tes cousins?
10. mettre des affiches dans ta chambre?

9 Pourquoi?

Avec vos camarades de classe, parlez des personnes suivantes.

▶ Éric est content.
  (avoir un «A» à l'examen)

1. Mes copains sont furieux.
   (avoir un «F» à l'examen)
2. Pauline est très contente. (voir son copain)
3. Mon père n'est pas content. (avoir une dispute avec son chef [*boss*])
4. Philippe est pâle. (voir un accident)
5. Juliette est fatiguée *(tired)*. (faire du jogging)
6. Alice et Laure sont bronzées *(tanned)*. (être à la mer)
7. Mon frère est fatigué. (faire des exercices de gymnastique)
8. Patrick et Marc sont contents. (voir un bon film)
9. Isabelle est très élégante. (mettre une jolie robe)

Éric est content.

Ah, bon? Pourquoi?

Il a eu un «A» à l'examen.

10 **Vive les vacances!**

Dites où les personnes suivantes ont été pendant les vacances. Dites aussi si oui ou non elles ont fait les choses entre parenthèses. Soyez logique *(Be logical)*.

▶ Christophe: à la piscine (étudier / nager)
  Christophe a été à la piscine. Il n'a pas étudié. Il a nagé.

1. Sylvie: à la montagne (nager / faire de l'alpinisme)
2. nous: à la campagne (visiter des monuments / faire du camping)
3. vous: à Paris (parler italien / voir la tour Eiffel)
4. moi: à la mer (faire de la planche à voile / travailler)
5. mes parents: en Égypte (voir les pyramides / visiter Paris)
6. vous: dans un club de sport (faire de la gymnastique / grossir)
7. Christine: à la plage (mettre des lunettes de soleil / jouer au tennis)

Vocabulaire: *Quand?*

	maintenant	avant	après
le jour	aujourd'hui	hier	demain
le matin	ce matin	hier matin	demain matin
l'après-midi	cet après-midi	hier après-midi	demain après-midi
le soir	ce soir	hier soir	demain soir
le jour	samedi	samedi dernier *(last)*	samedi prochain *(next)*
le weekend	ce weekend	le weekend dernier	le weekend prochain
la semaine	cette semaine	la semaine dernière	la semaine prochaine
le mois	ce mois-ci	le mois dernier	le mois prochain

---

11 **Quand?**

Demandez à vos camarades quand ils ont fait les choses suivantes. Ils vont répondre en utilisant une expression du **Vocabulaire.**

▶ faire tes devoirs?

1. faire des achats?
2. nettoyer ta chambre?
3. rencontrer tes voisins?
4. voir ton copain?
5. voir un film?
6. avoir un examen?
7. faire une promenade à pied?
8. être en ville?
9. mettre *(set)* la table?

Quand est-ce que tu as fait tes devoirs?

J'ai fait mes devoirs hier après-midi.

(vendredi soir, le weekend dernier, . . .)

12 Le passé et le futur

Décrivez ce que vous avez fait (phrases 1 à 5) et ce que vous allez faire (phrases 6 à 10). Dites la vérité ... ou utilisez votre imagination!

1. Ce matin, j'ai ... ✓
2. Hier matin, j'ai ... ✓
3. Samedi après-midi, j'ai ... ✓
4. La semaine dernière, j'ai ... ✓
5. Le mois dernier, j'ai ... ✓

6. Ce soir, je vais ... ____
7. Demain soir, je vais ... ____
8. Vendredi soir, je vais ... ____
9. Le weekend prochain, je vais ... ____
10. La semaine prochaine, je vais ... ____

13 Questions personnelles

1. En général, est-ce que tu étudies avant ou après le dîner?
2. En général, est-ce que tu regardes la télé avant ou après le dîner?
3. À quelle heure est-ce que tu as dîné hier soir?
4. Quel programme de télé est-ce que tu as regardé hier après-midi?
5. Qu'est-ce que tu vas faire le weekend prochain?
6. Où vas-tu aller le weekend prochain?

Prononciation

Les lettres «gn»

gn /ɲ/

The letters "**gn**" represent a sound similar to the "**ny**" in *canyon*. First, practice with words you know.

Répétez: **espagnol   gagner   mignon
la montagne   la campagne
un magnétophone**

Now try saying some new words. Make them sound French!

espagnol

Répétez: **Champagne   Espagne** *(Spain)*   **un signe
la vigne** *(vineyard)*   **la ligne** *(line)*   **un signal
la dignité   ignorer   magnétique   magnifique   Agnès**

Agnès Mignard a gagné son match. C'est magnifique!

(L'alibi, p. 318)

La réponse de l'inspecteur:

C'est Patrick Lescrot le cambrioleur. Samedi après-midi, il y a eu une panne d'électricité. Patrick Lescrot n'a pas pu *(was not able to)* regarder la télé. Son alibi n'est pas valable *(valid)*.

À votre tour!

1 Allô!

Reconstituez la conversation entre Robert et Julien. Pour cela, faites correspondre les réponses de Julien avec les questions de Robert.

1 Tu as fini tes devoirs de français?

a Non, j'ai perdu!

2 Qu'est-ce que tu as fait alors?

b Non, je n'ai pas étudié cet après-midi.

3 Tu as gagné?

c C'est vrai, mais aujourd'hui, je n'ai pas eu de chance . . .

4 Mais d'habitude (*usually*) tu joues bien?

d J'ai joué au tennis avec Caroline.

5 Peut-être que Caroline a joué mieux (*better*) que toi?

e Tu as raison. Elle a joué comme une championne.

2 Dis-moi . . .

I will tell you about some nice things that happened to me recently; then you will tell me about three nice things that happened to you.

- J'ai réussi à mon examen d'anglais. (J'ai eu un «A».)
- J'ai eu un rendez-vous avec une personne très intéressante.
- J'ai vu un très bon film.

Et maintenant, dis-moi . . .

3 Créa-dialogue

Avec vos camarades, discutez de ce que vous avez fait récemment (*recently*). Vous pouvez utiliser les expressions et les activités suggérées. Continuez la conversation avec des questions supplémentaires.

Quand?		**Quoi?**	
dimanche après-midi	lundi dernier	jouer au tennis	dîner au restaurant
hier soir	la semaine dernière	faire des achats	voir un film
samedi soir	le mois dernier	faire une promenade	avoir un rendez-vous
le weekend dernier		à la campagne	rendre visite à un
		voir mes cousins	copain

▶ —Qu'est-ce que tu as fait <u>dimanche après-midi</u>?
 —J'ai <u>joué au tennis avec ma soeur</u>.
 —<u>Est-ce que tu as gagné?</u>
 —<u>Non, j'ai perdu.</u>
 —<u>Dommage!</u>

4 **Situation**

Avec un(e) camarade, composez un dialogue original correspondant à la situation suivante. Jouez ce dialogue en classe.

Your friend Michèle (played by a classmate) went to Canada for spring vacation.

Ask Michèle . . .
- how she traveled (by plane? by car?)
- if she visited Montreal
- whom she visited (**rendre visite à**)
- if she saw Quebec City (**Québec**)
- if she went skiing and with whom
- if she went shopping and what she bought

5 **Conversation libre**

Avec un(e) camarade, composez un dialogue basé sur la situation suivante. Jouez ce dialogue en classe.

Philippe spent spring vacation in Nice, on the French Riviera (**la Côte d'Azur**). Juliette spent her vacation in a small village high in the Alps (**les Alpes**). They meet and compare what they did. (In your dialogue, try to use several expressions with **faire**.)

▶ PHILIPPE: **J'ai été à Nice. J'ai fait de la voile.**

JULIETTE: **Moi, j'ai été dans les Alpes. J'ai fait du ski.**

6 **Composition: Quand?**

Describe two things that you or people you know have done at each of the times indicated below:

La semaine dernière, . . .   *Le mois dernier, . . .*   *L'an dernier* (Last year), . . .

▶ **La semaine dernière, mon père a vendu sa voiture.**
La semaine dernière, mes cousins ont acheté une moto.

Comment dit-on . . . ?

How to wish someone good luck or give encouragement:

Bonne chance!

Bon courage!

32

LEÇON

Qui a de la chance?

Vendredi après-midi

Anne et Valérie parlent de leurs projets pour le weekend.

ANNE: Qu'est-ce que tu vas faire samedi soir?

VALÉRIE: Je vais aller au cinéma avec Jean-Pierre.

ANNE: Tu as de la chance! Moi, je dois rester à la maison.

VALÉRIE: Mais pourquoi?

ANNE: Les amis de mes parents viennent chez nous ce weekend.
Mon père insiste <u>pour que</u> je reste pour le dîner. <u>Quelle barbe!</u>   *that / What a pain!*

VALÉRIE: C'est vrai! Tu n'as pas de chance!

Lundi matin

Anne et Valérie parlent de leur weekend.

ANNE: Alors, tu as passé un bon weekend?

VALÉRIE: Euh non, pas très bon.

ANNE: Mais tu <u>es sortie</u> avec Jean-Pierre!   *went out*

VALÉRIE: C'est vrai. Je <u>suis allée</u> au cinéma avec lui . . .   *went*

   Nous avons vu un très, très mauvais film!
Après le film, j'ai eu une <u>dispute</u> avec   *quarrel*
Jean-Pierre. Et, <u>en plus</u>, j'ai perdu   *in addition*
mon <u>porte-monnaie</u> . . . et je <u>suis rentrée</u>   *wallet / went back*
chez moi à pied! Et toi, tu <u>es restée</u>   *stayed*
chez toi?

ANNE: Non.

VALÉRIE: Comment? Les amis de tes parents <u>ne sont pas venus</u>?   *didn't come*

ANNE: Si, si, ils sont venus . . . avec leur fils!

VALÉRIE: Et alors?

ANNE: Eh bien, c'est un garçon très <u>sympa</u> et très amusant . . .   *sympa = sympathique*
Après le dîner, nous <u>sommes allés</u> au   *went*
Zénith.* Nous avons assisté à un concert
de rock absolument extraordinaire. Après,
nous sommes allés dans un café et nous
avons fait des projets pour le weekend
prochain.

VALÉRIE: Qu'est-ce que vous allez faire?

ANNE: Nous allons faire une promenade à la campagne dans
la nouvelle voiture de sport de Thomas. (C'est le nom de
mon nouveau copain!)

VALÉRIE: Toi, vraiment, tu as de la chance!

* Une salle *(hall)* de concert à Paris, parc de la Villette.

Compréhension

1. Qu'est-ce que Valérie va faire samedi soir?
2. Pourquoi est-ce qu'Anne doit *(must)* rester à la maison?
3. Est-ce que Valérie a aimé le film?
4. Qu'est-ce qu'elle a perdu?
5. Comment est-ce qu'elle est rentrée chez elle?
6. Où et avec qui est-ce qu'Anne a dîné?
7. Où est-ce qu'elle est allée après le dîner?
8. Qu'est-ce qu'elle va faire le weekend prochain?
9. Comment s'appelle son nouveau copain?

Et toi?

Dis si oui ou non tu as fait les choses suivantes samedi dernier.

1. (Je suis / Je ne suis pas) … allé(e) en ville.
2. (Je suis / Je ne suis pas) … allé(e) au cinéma.
3. (Je suis / Je ne suis pas) … allé(e) à un concert.
4. (Je suis / Je ne suis pas) … rentré(e) chez moi pour le dîner.
5. (Je suis / Je ne suis pas) … resté(e) chez moi le soir.

■ NOTE ■ CULTURELLE

Les jeunes Français et la musique

«Pour moi, la musique c'est tout!»° déclare Anne, une jeune Française de quinze ans. Sa copine Hélène est d'accord:° «Aujourd'hui, on ne peut pas° vivre° sans° musique.»

Comme les jeunes Américains, les jeunes Français sont des «fanas»° de musique. Quel type de musique est-ce qu'ils préfèrent? D'abord le rock. Ils aiment aussi la chanson° française et la chanson étrangère,° la musique classique, la musique folk et le jazz.

Les jeunes Français ont l'équipement nécessaire pour écouter leur musique favorite: 70% ont une radio, 58% une chaîne stéréo, 42% une radiocassette et 39% un walkman. Dans les grandes villes, les jeunes vont au concert. À Paris, ils vont à Bercy ou au Zénith écouter les grandes vedettes° de la chanson française et de la musique anglaise et américaine.

Les jeunes Français ne se contentent pas° d'écouter la musique. Beaucoup jouent d'un instrument. Ils jouent du piano, de la flûte, de la guitare et du synthétiseur° . . . Et toi, est-ce que tu peux vivre sans musique? Est-ce que tu joues d'un instrument? De quel instrument joues-tu?

tout *everything*   **est d'accord** *agrees*   **ne peut pas** *cannot*
vivre *live*   **sans** *without*   **fanas** = *fanatiques*
chanson *song*   **étrangère** *foreign*   **vedettes** *stars*
ne se contentent pas *do not limit themselves*
synthétiseur *keyboard*

PARIS BERCY

A. Le passé composé avec *être*

Note the forms of the passé composé of **aller** in the sentences below, paying attention to the endings of the past participle **(allé).**

Jean-Paul **est allé** au cinéma.   *Jean-Paul **went** to the movies.*
Mélanie **est allée** à la plage.   *Mélanie **went** to the beach.*

Éric et Patrick **sont allés** en ville.   *Éric and Patrick **went** downtown.*
Mes copines **sont allées** à la campagne.   *My friends **went** to the country.*

The passé composé of **aller** and certain verbs of motion is formed with **être** according to the pattern:

> PRESENT **of être** + PAST PARTICIPLE

➡ When the passé composé of a verb is conjugated with **être** (and not with **avoir**), the PAST PARTICIPLE *agrees* with the SUBJECT in gender and number.

INFINITIVE	aller	
PASSÉ COMPOSÉ	je **suis** allé tu **es** allé il **est** allé	je **suis** allé[e] tu **es** allé[e] elle **est** allé[e]
	nous **sommes** allé[s] vous **êtes** allé[s] ils **sont** allé[s]	nous **sommes** allé[es] vous **êtes** allé[es] elles **sont** allé[es]
NEGATIVE	je **ne suis pas** allé	je **ne suis pas** allé[e]
INTERROGATIVE	est-ce que tu **es** allé? tu **es** allé? (es-tu allé?)	est-ce que tu **es** allé[e]? tu **es** allé[e]? (es-tu allé[e]?)

➡ When **vous** refers to a single person, the past participle is in the singular:
     Mme Mercier, est-ce que vous êtes **allée** au concert hier soir?

1 À Paris

Des amis sont allés à Paris samedi dernier. Chacun est allé à un endroit différent. Dites qui est allé aux endroits suivants. Complétez chaque phrase avec le sujet approprié et la forme correspondante du verbe **aller.**

Olivier   Claire   Éric et Jacques   Anne et Monique

▶ <u>**Anne et Monique**</u> sont allées au Louvre.

1. ... allée à la tour Eiffel.
2. ... allé au Centre Pompidou.
3. ... allés à l'Opéra.
4. ... allées aux Galeries Lafayette.
5. ... allé à la Villette.
6. ... allés au Zénith.
7. ... allé au musée d'Orsay.
8. ... allées au Quartier latin.

Musée
d'Orsay
petit
guide

2 Conversation

Demandez à vos camarades s'ils sont allés aux endroits suivants.

▶ ce matin / à la bibliothèque?

Ce matin, est-ce que tu es allé à la bibliothèque?

Oui, je suis allé à la bibliothèque.

(Non, je ne suis pas allé à la bibliothèque.)

1. hier matin/à l'école?
2. hier soir/au cinéma?
3. dimanche dernier/au restaurant?
4. samedi dernier/dans les magasins?
5. l'été dernier/chez tes cousins?
6. le weekend dernier/à la campagne?
7. le mois dernier/à un concert?
8. la semaine dernière/chez le coiffeur *(barber, hairdresser)*?
9. les vacances dernières/à la mer?

3 Le weekend dernier

Dites ce que les personnes de la Colonne A ont fait en choisissant une activité de la Colonne B. Puis dites où ces personnes sont allées en choisissant un endroit de la Colonne C. Soyez logiques!

A	B	C
je	voir des clowns	à la campagne
tu	nager	au zoo
nous	dîner en ville	dans un magasin de chaussures
Catherine	regarder les éléphants	à la bibliothèque
vous	choisir des livres	à la plage
mon petit frère	faire une promenade	au restaurant
André et Thomas	acheter des sandales	au cirque *(circus)*
les filles		

▶ **J'ai nagé. Je suis allé(e) à la plage.**

4 Weekend

Des amis parlent de leur weekend.
Jouez ces dialogues.

▶ en ville / acheter des vêtements

1. au stade / regarder un match de foot
2. à la plage / jouer au volley
3. à une boum / danser
4. à la campagne / faire une promenade
   à pied
5. au Bon Marché / acheter des cassettes
6. dans un restaurant italien / manger des
   spaghetti

Où est-ce que tu es allée?

Je suis allée en ville.

Ah bon! Qu'est-ce que tu as fait?

J'ai acheté des vêtements.

Vocabulaire: Quelques verbes conjugués avec *être* au passé composé

INFINITIVE	PAST PARTICIPLE		
aller	allé	to go	Nous **sommes allés** en ville.
arriver	arrivé	to arrive	Vous **êtes arrivés** à midi.
rentrer	rentré	to return, go back, come back	Nous **sommes rentrés** à la maison à onze heures.
rester	resté	to stay	Les touristes **sont restés** à l'hôtel Ibis.
venir	venu	to come	Qui **est venu** hier?

---

5 Qui est resté à la maison?

Samedi après-midi, les personnes suivantes ont fait certaines choses. Dites si oui ou non elles sont restées à la maison.

▶ Paul a regardé la télé.　　Il est resté à la maison.
▶ Mélanie a fait des achats.　Elle n'est pas restée à la maison.

1. Mlle Joly a lavé sa voiture.
2. Nous avons fait une promenade à vélo.
3. Tu as nettoyé le garage.
4. Éric et Olivier ont joué au volley.
5. Christine et Isabelle ont travaillé dans le jardin.
6. Vous avez fait une promenade en voiture.
7. Mes cousins ont fait de la voile.
8. J'ai fait du jogging.

JOGGING

INFOS Sport magazine

6 La journée de Nathalie

Pendant les vacances, Nathalie travaille dans une agence de tourisme. Le soir, elle raconte *(tells about)* sa journée à son père.

▶ aller au bureau *(office)*

Je suis allée au bureau.

1. arriver à neuf heures
2. téléphoner à un client anglais
3. parler avec des touristes japonais
4. aller au restaurant à midi et demi
5. rentrer au bureau à deux heures
6. copier des documents
7. préparer des billets *(tickets)* d'avion
8. rester jusqu'à *(until)* six heures
9. dîner en ville
10. rentrer à la maison à neuf heures

7 Une question de circonstances *(A matter of circumstances)*

Nos activités dépendent souvent des circonstances. Dites si oui ou non les personnes suivantes ont fait les choses indiquées.

▶ On est mardi aujourd'hui.
  - les élèves / rester à la maison?
    Les élèves ne sont pas restés à la maison.

1. On est dimanche.
   - M. Boulot / travailler?
   - nous / aller à l'école?
   - vous / dîner à la cantine *(school cafeteria)*?

2. Il fait très beau aujourd'hui.
   - moi / aller à la campagne?
   - mes copines / regarder la télé?
   - toi / venir à la piscine avec nous?

3. Il fait très mauvais!
   - Marc / faire un pique-nique?
   - Hélène et Juliette / rester à la maison?
   - ma mère / rentrer à la maison à pied?

4. Mes copains et moi, nous n'avons pas beaucoup d'argent.
   - toi / aller dans un restaurant cher?
   - mes copains / venir chez moi en taxi?
   - moi / acheter des vêtements?

B. La construction négative *ne ... jamais*

Compare the following negative constructions.

Éric **ne** parle **pas** à Paul.	*Éric does **not** speak to Paul.*
Éric **ne** parle **jamais** à Paul.	*Éric **never** speaks to Paul.*
Nous **n'**étudions **pas** le dimanche.	*We do **not** study on Sundays.*
Nous **n'**étudions **jamais** le dimanche.	*We **never** study on Sundays.*

To say that one NEVER does something, French speakers use the construction **ne ... jamais**, as follows:

SUBJECT	+	**ne**	+	VERB	+	**jamais** . . .
Nous		**ne**		regardons		**jamais** la télé.

➡ **Ne** becomes **n'** before a vowel sound.

Nous **n'**allons **jamais** à l'opéra.

➡ Note the use of **ne ... jamais** in the passé composé:

Nous **n'**avons **jamais** visité Québec.	*We **never** visited Quebec.*
Je **ne** suis **jamais** allé à Genève.	*I **never** went to Geneva.*

---

8 Jamais le dimanche

Le dimanche les personnes suivantes ne font jamais ce qu'elles font pendant la semaine. Exprimez cette situation.

▶ François va à l'école.
Le dimanche, il ne va jamais à l'école.

1. Anne étudie.
2. Marc travaille.
3. Nous parlons français.
4. Vous allez à la bibliothèque.
5. M. Bernard va en ville.
6. Les élèves mangent à la cantine.
7. Tu rends visite à tes copains.
8. Vous dînez chez vous.
9. Je nettoie ma chambre.
10. Je lave la voiture.

9 Questions personnelles

Dans tes réponses, utilise les expressions **souvent, rarement** ou **ne ... jamais.**

▶ Est-ce que tu vas souvent au zoo?
Oui, je vais souvent au zoo.
(Non, je vais rarement au zoo.)
(Non, je ne vais jamais au zoo.)

1. Est-ce que tu parles souvent français à la maison?
2. Est-ce que tu mets *(set)* la table?
3. Est-ce que tu fais souvent ton lit?
4. Est-ce que tu téléphones souvent au professeur?
5. Est-ce que tu nages souvent en hiver?
6. Est-ce que tu vas souvent à l'opéra?
7. Est-ce que tu vois souvent des matchs de boxe?
8. Est-ce que tu voyages souvent en limousine?

Do you like cars? Then you must know about Michelin radial tires. But did you know that Michelin employs over 16,000 people in its North American plants in South Carolina, Alabama, and Nova Scotia?

C. Les expressions *quelqu'un, quelque chose* et leurs contraires

Compare the affirmative and negative constructions in heavy print.

—Tu attends **quelqu'un?**   *Are you waiting for **someone (anyone)?***
—Non, je **n'**attends **personne.**   *No, I'm **not** waiting for **anyone.***

—Vous faites **quelque chose** ce soir?   *Are you doing **something (anything)** tonight?*
—Non, nous **ne** faisons **rien.**   *No, we're **not** doing **anything.***
     *No, we're doing **nothing.***

To refer to unspecified people or things, French speakers use the following expressions:

quelqu'un	*someone, anyone* *somebody, anybody*	**ne ... personne**	*no one, not anyone* *nobody, not anybody*
quelque chose	*something, anything*	**ne ... rien**	*nothing, not anything*

➡ Like all negative expressions, **personne** and **rien** require **ne** before the verb. Remember that **ne** becomes **n'** before a vowel sound.

➡ In short answers, **personne** and **rien** may be used alone.

     Qui est là? **Personne.**
     Qu'est-ce que tu fais? **Rien.**

Tu dînes avec quelqu'un?

Non, je ne dîne avec personne.

10 Florence est malade

Florence est malade *(sick)* aujourd'hui. Elle répond négativement aux questions de Paul.

▶ dîner avec quelqu'un?

1. inviter quelqu'un?
2. faire quelque chose ce soir?
3. manger quelque chose à midi?
4. regarder quelque chose à la télé?
5. attendre quelqu'un ce matin?
6. voir quelqu'un cet après-midi?
7. préparer quelque chose pour le dîner?
8. rencontrer quelqu'un après le dîner?

Prononciation   **qu** /k/

Les lettres «qu»

The letters "**qu**" represent the sound /k/. First, practice with words you know.

un bouquet

Répétez: **qui quand quelque chose quelqu'un quatre quatorze Québec Monique Véronique sympathique un pique-nique le ski nautique**

Now try reading some new words. Make them sound French!

Répétez: **un bouquet un banquet la qualité la quantité la conséquence une équipe** *(team)* **l'équipement fréquent la séquence**

     Véronique pense que Monique aime la musique classique.

À votre tour!

1 Allô!

Reconstituez la conversation entre Sophie et Charlotte. Pour cela, faites correspondre les réponses de Charlotte avec les questions de Sophie.

1. Tu es restée chez toi samedi soir?

2. Qu'est-ce que vous avez vu?

3. Qu'est-ce que vous avez fait ensuite?

4. Vous avez mangé quelque chose?

5. À quelle heure es-tu rentrée chez toi?

a. Oui, des sandwichs.

b. À onze heures et demie.

c. Un vieux western avec Gary Cooper.

d. Nous sommes allées dans un café sur le boulevard Saint Michel.

e. Non! J'ai téléphoné à une copine et nous sommes allées au cinéma.

2 Dis-moi . . .

I will tell you a few things that I did Saturday; then you will tell me where you went on Saturday and what you did.

- Le matin, je suis resté(e) à la maison. J'ai nettoyé ma chambre.
- L'après-midi, je suis allé(e) au cinéma avec mon copain Jean-Claude. Nous avons vu une comédie. Après, je suis rentré(e) chez moi.
- Le soir, j'ai dîné avec mes parents. Après, je suis resté(e) dans ma chambre et j'ai écouté mes cassettes.

Et maintenant, dis-moi . . .

3 Créa-dialogue

Avec vos copains, discutez de ce que vous avez fait récemment *(recently)*. Utilisez les suggestions suivantes.

▶ —**Tu es resté(e) chez toi hier matin?**
—**Oui, je suis resté(e) chez moi.**
—Qu'est-ce que tu as fait?
—**J'ai nettoyé ma chambre.**

▶ —**Tu es resté(e) chez toi hier matin?**
—**Non, je ne suis pas resté(e) chez moi.**
—Qu'est-ce que tu as fait?
—**Je suis allé(e) à l'école.**

hier matin	1. samedi après-midi	2. vendredi soir	3. samedi matin
rester chez toi	aller en ville	rentrer chez toi	rester à la maison
??	??	??	??

4 Situation

Avec un(e) camarade, composez un dialogue correspondant à la situation suivante. Jouez ce dialogue en classe.

Your French friend Marie-Hélène (played by your classmate) has just come back from a vacation with a great suntan. Try to find out . . .
- where she went
- how long **(combien de temps)** she stayed there
- what she did
- when she came back

5 Conversation libre

Avec un(e) camarade, composez un dialogue original basé sur la situation suivante.

You and your cousin Valérie have not seen each other for a while. Talk about what you did either . . .
- last night **(hier soir),** or
- during spring vacation **(pendant les vacances de printemps),** or
- during summer vacation **(pendant les vacances d'été)**

You will each ask the other at least three different questions to find out where your cousin went and what she saw or did, etc.

6 Composition: Un voyage

Write a short paragraph describing a trip you took — real or imaginary! You may want to use some of the following suggestions.

aller (où?)
voyager (comment?)
arriver (quel jour?)
rester (où? combien de temps?)
visiter (quoi?)

voir (quoi?)
rencontrer (qui?)
acheter (quoi?)
faire (quoi?)
rentrer (quel jour?)

▶ **L'été dernier, je suis allé(e) à Montréal . . .**

Comment dit-on . . . ?

How to celebrate a happy occasion:

Bon anniversaire!

Bonne année!

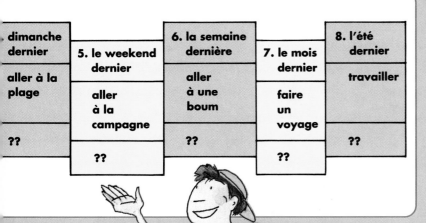

dimanche dernier	5. le weekend dernier	6. la semaine dernière	7. le mois dernier	8. l'été dernier
aller à la plage	aller à la campagne	aller à une boum	faire un voyage	travailler
??	??	??	??	??

Petit test culturel
Sports, vacances et tourisme

Quand on est en vacances, on aime voyager. Est-ce que vous pouvez répondre aux questions suivantes? Vérifiez vos réponses au bas° de la page.

1 Christèle habite à Paris. Elle va passer les vacances à Nice chez des cousins. Où est-ce qu'elle va passer les vacances?
a. à la mer
b. à la montagne
c. à la campagne
d. chez elle

2 Les Dupont adorent passer les vacances à la montagne. Cette année ils ont réservé une chambre d'hôtel. Dans quelle ville?
a. à Bordeaux
b. à Marseille
c. à Grenoble
d. à Tours

3 En hiver, beaucoup de touristes vont à la Martinique. Quel sport est-ce qu'on ne peut° pas pratiquer là-bas?
a. le ski
b. le ski nautique
c. la voile
d. la planche à voile

4 Nous sommes en février. Un copain revient de vacances bien bronzé.° Il dit:° «J'ai passé d'excellentes vacances dans une île° où on parle français.» Où est-il allé?
a. aux Bermudes
b. à Tahiti
c. à Puerto Rico
d. à la Jamaïque

5 Madame Gilbert travaille pour une agence de tourisme. Samedi dernier, elle est allée de Paris à New York. Elle dit: «J'ai fait la traversée° de l'Atlantique en trois heures!» Quel avion est-ce qu'elle a pris?°
a. un Boeing 747
b. un DC-10
c. un Airbus
d. un Concorde

6 Quand il est rentré de vacances, Jean-François a dit:° «J'ai passé un mois magnifique chez mon oncle en Bretagne.» Dans quelle partie de la France est-ce qu'il est allé?
a. à l'ouest°
b. à l'est
c. au sud
d. au nord

nord
ouest — est
sud

RÉPONSES:

1a. Nice est une ville située sur la mer Méditerranée. 2c. Grenoble est une ville située dans les Alpes. 3a. La Martinique est une île tropicale. On ne peut pas faire de ski à la Martinique. 4b. Tahiti est une île française située dans l'océan Pacifique sud. 5d. Le Concorde est un avion supersonique. 6a. La Bretagne est une région située dans l'ouest de la France.

au bas *at the bottom* **peut** *can* **bronzé** *tanned* **dit** *says* **île** *island* **traversée** *crossing* **a pris** *did . . . take* **a dit** *said* **ouest** *west*

EN FRANCE

Vive le sport!

Quels sports pratiquez-vous pendant les vacances? Où allez-vous pour pratiquer votre sport favori? Voici plusieurs possibilités:

◫ Quels sports est-ce qu'on peut pratiquer dans ce club?

◫ En quelle saison?

◫ Quel est le numéro de téléphone du club?

TENNIS ACTION — DE MAI À SEPTEMBRE — GOLF ACTION — STAGES CET ÉTÉ À PARIS! — 47 34 36 36

Vous aimez...
le SKI NAUTIQUE...
la PLANCHE À VOILE ?

C'est, maintenant à 10 min. du Centre-Ville !!!

SKI NAUTIQUE et PLANCHE À VOILE ?

C'est, maintenant, sur la belle plage du ⬛PLM⬛ *La Batelière* les skis nautiques, les 8 Dufour et les 4 Windglider de

SPORTS LOISIRS

LOCATION OUVERTE TOUTE LA SEMAINE ET LE DIMANCHE de 9h à 17h sans interruption

⚠ Comment s'appelle ce club?

⚠ Quels sports est-ce qu'on peut pratiquer dans ce club?

📖 Comment s'appelle ce centre de loisirs?°

📖 Quels sports est-ce qu'on peut pratiquer?

📖 Quelles autres° activités sont offertes?

LE STADIUM CENTRE DE LOISIRS
VACANCES DE PÂQUES

PATINAGE
SKATE
NATATION

SAMEDI SOIR - Animation
SPÉCIALE AVEC L'ORCHESTRE
SQUAD - 21 h à 24 h

BOWLING
JUDO et
sports de combat
DANSE

66, AVENUE D'IVRY (Mᵒ PORTE D'IVRY) 45.83.11.00

Vous avez la possibilité d'aller dans un des endroits mentionnés plus haut.° Quel endroit est-ce que vous allez choisir? Pourquoi?

loisirs *leisure activities*   **autres** *other*   **plus haut** *above*

Entre amis: Le weekend

Qu'est-ce que vous faites le weekend? Qu'est ce que vous avez fait le weekend dernier? Voici les réponses de cinq jeunes du monde° francophone.°

Carole, 15 ans, France

Le weekend dernier, j'ai fait une promenade en mobylette avec une copine. Nous sommes allées à la campagne. À midi, on a fait un pique-nique. Après, on a visité un vieux château en ruines. Malheureusement,° j'ai eu une crevaison.° Je suis rentrée chez moi seulement° pour le dîner. Après le dîner, j'ai regardé la télé et j'ai fait mes devoirs pour lundi.

Pierre, 16 ans, la Martinique

Le samedi, je joue généralement au foot. Je fais partie de° l'équipe° junior de mon village. Le weekend dernier, nous avons fait un match. Nous avons bien joué, mais nous avons perdu! Après le match, je suis allé à la plage. Le soir, je suis allé chez des copains. Nous avons mis de la musique et nous avons dansé.

Yvan, 14 ans, Québec

Le matin, je suis allé à la patinoire° avec des copains, mais je ne suis pas resté très longtemps.° À midi, je suis rentré chez moi. L'après-midi, j'ai aidé mes parents à repeindre° la cuisine. Pour le dîner, nous sommes allés au restaurant.

Élisabeth, 15 ans, Belgique

Samedi matin, j'ai fait des achats. J'ai choisi un cadeau° pour l'anniversaire de mon père. (J'ai acheté une cravate en soie.°) L'après-midi, je suis allée au ciné-club avec un copain. Nous avons vu *Les Temps modernes,* un vieux film de Charlie Chaplin. Après, nous sommes allés dans un café et nous avons rencontré d'autres° copains. J'ai passé la soirée° en famille.

Djemila, 16 ans, Algérie

Samedi dernier, nous avons eu une grande réunion de famille chez mon oncle Karim. Une centaine° de personnes sont venues. Nous avons fait un «méchoui». (C'est un repas° où on rôtit° un mouton° entier à la broche.°) J'ai eu l'occasion° de voir tous° mes cousins et cousines. On s'est bien amusé!°

■ NOTES ■ CULTURELLES

Alger

1 L'Algérie

L'Algérie est un pays° d'Afrique du Nord. C'est une ancienne° colonie française. Aujourd'hui beaucoup de familles d'origine algérienne habitent en France. Dans ces familles, on parle généralement français et arabe.

monde *world* **francophone** *French-speaking*
Malheureusement *Unfortunately* **crevaison** *flat tire*
seulement *just* **cadeau** *present* **soie** *silk* **d'autres** *other*
soirée *evening* **fais partie de** *am a member of* **équipe** *team*
Une centaine *About a hundred* **repas** *meal* **rôtit** *roasts*
mouton *sheep* **à la broche** *on the spit* **occasion** *chance*
tous *all* **On s'est bien amusé!** *We had a good time!*
patinoire *skating rink* **très longtemps** *for a very long time*
repeindre *to repaint*

Comment lire
WORDS WITH SEVERAL MEANINGS

Sometimes a word may have several meanings. For example, the French word
temps can mean:

weather	Quel beau **temps!**
time	Je n'ai pas le **temps** d'aller au cinéma.

Enrichissez votre vocabulaire
MORE COGNATE PATTERNS

Here are two important cognate patterns that will help you read French more easily.

- French verbs in **-er** sometimes correspond to English verbs in *-ate.*
  situer   *situate*
  Note also how this pattern works in past participles:
  situé   *situated*

- The circumflex accent on a vowel often indicates that the English cognate
  contains an "*s*".
  rôtir   *to roast*
  coûter   *to cost*

Activité

Can you identify the English equivalents of the following French words?

- **séparer   indiquer   associer   apprécier   opérer
  décoré   créé   libéré   illustré   agité   animé**

- **un hôpital   une forêt   honnête   en hâte   une hôtesse   une île**

2 La Belgique

La Belgique est un petit pays
situé au nord-est° de la France.
Sa capitale, Bruxelles, est
un centre européen important.
La Belgique est un pays
bilingue. Les langues
officielles sont le français, le
néerlandais *(dutch)* et l'allemand.

pays *country* **ancienne** *former*
nord-est *northeast* **flamand** *Flemish*

Activité: Une lettre

Imaginez que vous avez passé le weekend
avec l'une des cinq personnes. Choisissez
cette personne (Carole, Élisabeth, Pierre,
Djemila ou Yvan). Dans une lettre,
décrivez ce weekend de votre point de vue
personnel.

▶ *Chers amis,
J'ai passé le weekend
avec Carole.
Nous avons...*

Variétés

Les quatre erreurs d'Hélène

Pendant les vacances, Hélène Ladoucette, une jeune étudiante québécoise, est allée en France. Là, elle a voyagé et elle a visité beaucoup d'endroits différents. Pendant son voyage, elle a écrit des cartes postales à ses copains. Dans chaque° carte postale, Hélène a fait une erreur.° (Les erreurs d'Hélène concernent l'histoire ou la géographie.) Pouvez-vous° trouver ces erreurs? Lisez° attentivement chaque carte et découvrez° l'erreur qui s'y trouve.°

PARIS

Paris, le 2 juillet

Cher Alain,

Je suis arrivée à Paris samedi dernier. Avant hier,° j'ai visité Notre-Dame et le musée d'Orsay. Hier, j'ai rendu visite à une copine parisienne. Nous avons fait une promenade sur la Saône en bateau-mouche.° Après, nous sommes allées dans un restaurant qui s'appelle la "Petite Marmite". J'ai mangé des escargots!°

Amitiés,
Hélène

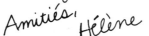

NORMANDIE

Deauville, le 8 juillet

Ma chère Pauline,

Je suis maintenant en Normandie. Je suis venue ici avec Véronique, ma copine parisienne. Il y a beaucoup de choses à faire ici. Hier, nous avons visité le Havre, un grand port sur l'Atlantique. Aujourd'hui, nous sommes allées sur les plages où les soldats° canadiens et américains ont débarqué° en 1844. C'est très impressionnant!°

Amicalement, Hélène

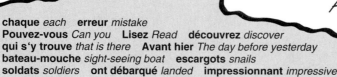

chaque *each*   erreur *mistake*
Pouvez-vous *Can you*   Lisez *Read*   découvrez *discover*
qui s'y trouve *that is there*   Avant hier *The day before yesterday*
bateau-mouche *sight-seeing boat*   escargots *snails*
soldats *soldiers*   ont débarqué *landed*   impressionnant *impressive*

Lyon, le 10 juillet

Mes chers cousins,

Un grand bonjour de Lyon! Je suis arrivée ici hier matin. J'ai voyagé en TGV. Le TGV est un train très confortable et très rapide. (Je suis allée de Paris à Lyon en moins de° deux heures!) Lyon est une ville très moderne et très ancienne aussi. Elle a été fondée en 43 avant Jésus-Christ°. Ce matin, j'ai visité le musée du Louvre. Là, j'ai admiré les antiquités romaines.°

Affectueusement, Hélène

LYON

TOULON

Toulon, le 15 juillet

Ma chère Michèle,

Je suis arrivée ici hier, 14 juillet, pour la fête nationale française. Le matin, j'ai vu un défilé° militaire. Le soir, j'ai assisté aux feux d'artifices° et j'ai dansé dans les rues. Toulon est situé sur la Méditerranée. Demain, je vais aller en Corse° en bateau. La Corse est une île italienne très célèbre° parce que c'est là que Napoléon est né.°

Je t'embrasse,

Hélène

LES QUATRE ERREURS D'HÉLÈNE:

1. Paris est situé sur la Seine, et non sur la Saône.   2. Les soldats canadiens et américains ont débarqué en Normandie en 1944, et non en 1844.   3. Le musée du Louvre est à Paris, pas à Lyon.   4. La Corse est une île française, et non italienne.

moins de *less than*   **43 avant Jésus-Christ** *43 B.C.*   **romaines** *Roman*
défilé *parade*   **feux d'artifices** *fireworks*   **Corse** *Corsica*   **célèbre** *famous*
est né *was born*

UNITÉ

9

Les repas

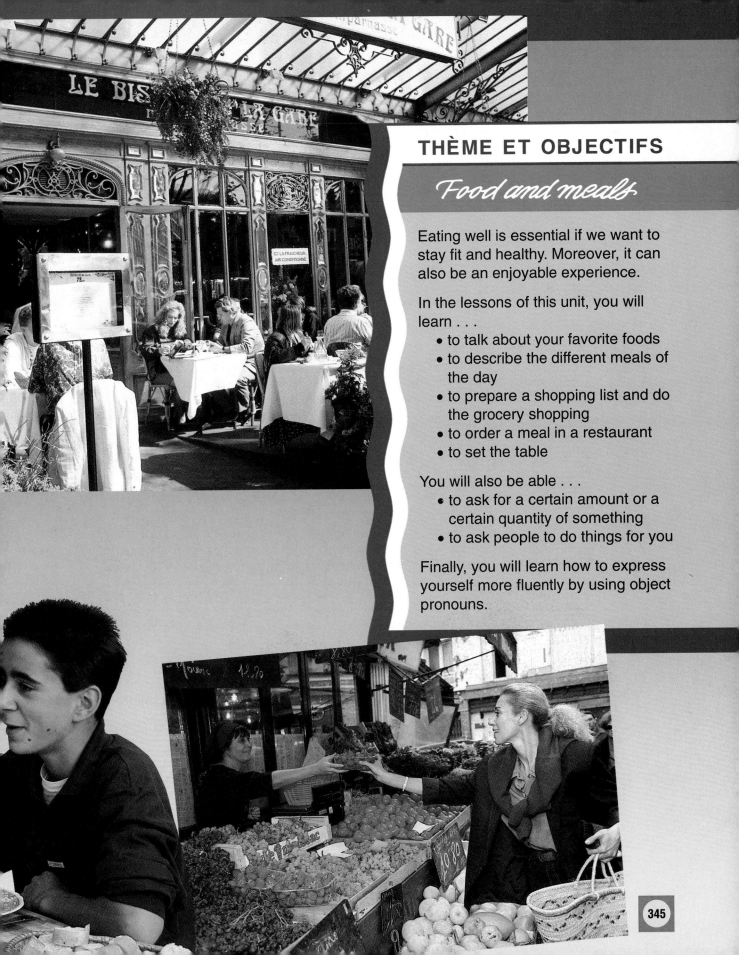

THÈME ET OBJECTIFS

Food and meals

Eating well is essential if we want to stay fit and healthy. Moreover, it can also be an enjoyable experience.

In the lessons of this unit, you will learn . . .
- to talk about your favorite foods
- to describe the different meals of the day
- to prepare a shopping list and do the grocery shopping
- to order a meal in a restaurant
- to set the table

You will also be able . . .
- to ask for a certain amount or a certain quantity of something
- to ask people to do things for you

Finally, you will learn how to express yourself more fluently by using object pronouns.

33

Les repas et la nourriture

LE FRANÇAIS
PRATIQUE

Accent sur ... Les repas français

For French people, a meal is more than just food served on a plate. It is a social occasion in which family and friends sit down together to enjoy one another's company. French meals are different from American meals not only in terms of the foods and beverages that are served, but also in the way these foods are presented and in the order in which they are served.

- **Le petit déjeuner** (*Breakfast*)
  The French **petit déjeuner** is simpler and not as abundant as the American breakfast. Usually it consists of bread, warm toast **(du pain grillé)** or dry toast **(des biscottes),** eaten with butter and jam. Children drink hot milk with coffee **(du café au lait)** or hot chocolate served in deep bowls. On Sundays or special occasions, the first person up may go out to buy fresh croissants.

- **Le déjeuner** (*Lunch*)
  The French **déjeuner** is traditionally the main meal of the day. It begins with one or several appetizers **(les hors-d'oeuvre),** such as salami, cucumber salad, radishes, and grated carrots. Next, comes the main course **(le plat principal),** which may be a meat or fish dish accompanied by vegetables. This is followed by a green salad, a cheese course, and a dessert. Children drink water, mineral water, apple cider, or carbonated fruit juices. Adults drink mineral water and sometimes may enjoy a glass of wine. When coffee is served, it always comes at the very end of the meal.

- **Le goûter** (*Afternoon snack*)
  When children come back from school, they often have a light snack which traditionally consists of bread and a piece of chocolate. Some days they may stop at the pastry shop **(la pâtisserie)** for a **pain au chocolat** (a croissant-like pastry with chocolate inside).

- **Le dîner** (*Supper*)
  In France, supper is served between seven and eight o'clock. It is traditionally a simpler meal than lunch, consisting of soup, a light main course (such as a slice of ham, an omelet, pasta, or a light meat dish), and then a green salad and a simple dessert (yogurt or fruit).

  Supper is a sit-down meal, served once everyone is home. This is the occasion for parents and children to spend time together and talk about the events of the day. (In France, children are not allowed to go to the refrigerator and fix their own meals. They are expected to sit down at the table and are not excused until everyone is finished.)

Leçon 33 347

A. Les repas et la table

> À quelle heure est-ce que tu prends le petit déjeuner?

> Je prends le petit déjeuner à sept heures et demie.

▶ *How to talk about meals:*

—En général, à quelle heure est-ce que tu **prends le petit déjeuner** *(have breakfast)?*

—Je prends le petit déjeuner à sept heures et demie.

—Où est-ce que tu vas **déjeuner** *(to have lunch)* aujourd'hui?

—Je vais déjeuner à **la cantine de l'école** *(school cafeteria)*.

Les repas et la nourriture

NOMS

un repas	*meal*
le petit déjeuner	*breakfast*
le déjeuner	*lunch*
le dîner	*dinner*
la nourriture	*food*
la cuisine	*cooking, cuisine*

VERBES

prendre le petit déjeuner	*to have breakfast*
déjeuner	*to have lunch*
dîner	*to have dinner*

—Tu peux **mettre** *(set)* la table?
—D'accord. Je vais mettre la table.

un verre · une tasse · une cuillère · une assiette · une serviette · une fourchette · un couteau

1 Et toi?

Exprime tes préférences. Pour cela complète les phrases suivantes.

1. Mon repas préféré est ...
- le petit déjeuner
- le dîner
- le déjeuner

2. Je préfère déjeuner ...
- chez moi
- à la cantine de l'école
- dans un fast-food
- ... ?

3. En général, la nourriture de la cantine de l'école est ...
- excellente
- bonne
- mauvaise
- ... ?

4. Je préfère dîner ...
- chez moi
- chez mes copains
- au restaurant
- ... ?

5. Je préfère la nourriture ...
- mexicaine
- italienne
- chinoise
- ... ?

6. Quand je dois aider avec le dîner, je préfère ...
- préparer la salade
- mettre la table
- laver les assiettes
- ... ?

2 Questions personnelles

1. À quelle heure est-ce que tu prends ton petit déjeuner le lundi? Et le dimanche?
2. En général, à quelle heure est-ce que tu dînes?
3. Où est-ce que tu déjeunes pendant la semaine? le samedi? le dimanche?
4. Où est-ce que tu as déjeuné hier? Avec qui?
5. Où est-ce que tu vas dîner ce soir? Avec qui?
6. Est-ce que tu vas souvent au restaurant? Quand? Avec qui? Quel est ton restaurant préféré?
7. Est-ce que tu as jamais *(ever)* déjeuné dans un restaurant français? (dans un restaurant mexicain? dans un restaurant italien? dans un restaurant chinois? dans un restaurant vietnamien?) Quand et avec qui?
8. Est-ce que tu mets la table chez toi? Qui a mis la table pour le petit déjeuner? Et pour le dîner?

3 Au restaurant

Vous êtes dans un restaurant français. Vous avez commandé *(ordered)* les choses suivantes. Le serveur a oublié *(forgot)* d'apporter le nécessaire (les ustensiles, etc.).

▶ pour le jus d'orange

Monsieur, je voudrais un verre pour le jus d'orange.

Pardon. Voici un verre.

1. pour l'eau minérale *(mineral water)*
2. pour le thé
3. pour la soupe
4. pour les frites
5. pour le steak
6. pour le gâteau *(cake)*

B. La nourriture et les boissons

▶ *How to express food preferences:*

— Est-ce que tu aimes **le poisson** *(fish)*?
— Oui, j'aime le poisson mais je préfère **la viande** *(meat)*.
— Quelle viande est-ce que tu aimes?
— J'aime **le rosbif** *(roast beef)* et **le poulet** *(chicken)*.

Quelle viande est-ce que tu aimes?

Les plats (m.)
(Dishes)

Les Plats

Pour le déjeuner et le dîner

Les hors-d'oeuvre (m.)
(appetizers)

la soupe

le jambon
(ham)

le saucisson
(salami)

Le poisson
(fish)

la sole

le thon
(tuna)

La viande
(meat)

le veau
(veal)

le rosbif

le poulet

Pour le petit déjeuner

le pain

la confiture

le beurre

un oeuf

les céréales (f.)

Les autres plats
(other dishes)

les spaghetti (m.)

les frites (f.)
(French fries)

le riz
(rice)

J'aime le rosbif et le poulet.

aimer	*to like*	Alice **aime** le poulet.
préférer	*to prefer*	Philippe **préfère** le rosbif.
détester	*to hate*	Paul **déteste** le poisson.

Les Plats

Les ingrédients (m.)

la mayonnaise

le ketchup

le sucre
(sugar)

le sel
(salt)

La salade et le fromage

le fromage
(cheese)

la salade
(lettuce)

le yaourt

Le dessert

le gâteau
(cake)

la glace
(ice cream)

la tarte
(pie)

Les boissons (une boisson)
(drink, beverage)

le jus d'orange

le thé glacé
(iced tea)

l'eau *(f.)*
(water)

l'eau minérale

le jus de pomme
(apple juice)

le lait
(milk)

4 Vous aimez ça?

Dites si oui ou non vous aimez les choses suivantes.

- J'aime …
- J'aime beaucoup …
- Je n'aime pas …
- Je déteste …

> Je n'aime pas le fromage.

> J'aime le fromage.

5 Dîner avec André

Vous dînez avec André, un ami canadien. Demandez à André de passer les choses suivantes.

▶ —S'il te plaît, André, passe-moi le pain.
—Tiens. Voilà le pain.
—Merci.

6 La Petite Marmite

Vous dînez au restaurant français La Petite Marmite. Le garçon demande ce que vous préférez. Répondez-lui.

> Vous avez choisi?

> Oui, j'ai choisi la soupe.

La Petite Marmite
m e n u

- soupe / saucisson
- viande / poisson
- poulet / veau
- sole / thon
- frites / spaghetti
- fromage / salade
- yaourt / glace
- tarte / gâteau
- thé / café

7 **Dans le réfrigérateur ou sur la table?**

Choisissez un produit et demandez à vos camarades où est le produit. Ils vont dire
si le produit est dans le réfrigérateur ou sur la table.

▶ Où est la confiture?

Elle est sur la table.

8 **Les préférences**

Indiquez les préférences
culinaires des personnes
suivantes en complétant
les phrases.

1. J'aime . . .
2. Je déteste . . .
3. Ma mère aime . . .
4. Mon petit frère (ma
   petite soeur) déteste . . .
5. Mon copain aime . . .
6. Ma copine déteste . . .
7. Les enfants aiment . . .
8. En général, les Italiens
   aiment . . .
9. En général, les Japonais
   aiment . . .

9 **Les courses** *(Food shopping)*

Vous passez les vacances en France avec votre famille.
Faites la liste des courses pour les repas suivants.

▶ un repas végétarien

▶

LISTE

Un repas
végétarien:

– oeufs
– salade
– fromage
– pain
– yaourt
– eau minérale

1. un pique-nique à la
   campagne
2. un bon petit déjeuner
3. un repas d'anniversaire
4. le dîner de ce soir
5. le déjeuner de demain
6. un repas de régime *(diet)*

C. Les fruits et les légumes (Fruits and vegetables)

How to shop for food:

À la maison

— Où vas-tu?
— Je vais au **marché.**
   Je vais **faire les courses** (to do
   the food shopping).
— Qu'est-ce que tu vas acheter?
— Je vais acheter des **tomates**
   et des **oranges.**

Au marché

— Pardon, madame. Combien
   coûtent les **pommes?**
— Elles coûtent dix francs le kilo.
— Donnez-moi deux **kilos de** pommes,
   s'il vous plaît.
— Voilà. Ça fait vingt francs.

Où vas-tu?

Je vais
au marché.

Pardon, madame.
Combien coûtent les pommes?

Elles coûtent
dix francs le kilo.

---

10 **Qu'est-ce que vous préférez?**

Indiquez vos préférences.

▶ pour le petit déjeuner: un oeuf ou des céréales?   Je préfère des céréales.

1. pour le petit déjeuner: un pamplemousse ou une banane?
2. après le déjeuner: une pomme ou une poire?
3. avec le poulet: des haricots verts ou des petits pois?
4. avec le steak: des pommes de terre ou des carottes?
5. comme (as) salade: une salade de tomates ou une salade de
   concombres (cucumbers)?
6. pour le dessert: une tarte aux cerises ou une tarte aux poires?
7. comme glace: une glace à la vanille ou une glace à la fraise?

---

11 **Les achats**

Vos copains reviennent du marché.
Demandez ce qu'ils ont acheté.

▶ —Qu'est-ce que tu as acheté au marché?
   — J'ai acheté des carottes et des tomates.

Les fruits (un fruit)

une orange

une banane

une pomme

une poire

une fraise

une cerise

un pamplemousse

Les légumes
(un légume *vegetable*)

une tomate

une pomme de terre

une carotte

une salade

des petits pois (m.)
(peas)

des haricots verts (m.)

■ NOTE ■
CULTURELLE

Le marché

In France, as in the United States, most people do their food shopping at the super-market **(le supermarché).** However, to have fresher fruits and vegetables, many people still go to the local open-air market **(le marché)** where farmers come to sell their produce.

LES QUANTITÉS

une livre (de)	*pound*	
un kilo (de)	*kilo (2.2 pounds)*	
une douzaine (de)	*dozen*	

Donnez-moi | **une livre de** tomates.
un kilo de pommes.
une douzaine d'oeufs.

---

12 **Au marché** ──────────

Vous êtes au marché. Demandez au vendeur combien coûtent certaines choses.
Dites aussi quelle quantité vous voulez acheter.

Pardon, monsieur. Combien coûtent les pommes de terre?

Elles coûtent dix francs le kilo.

Alors, donnez-moi deux kilos de pommes de terre, s'il vous plait.

Voici. Ça fait vingt francs.

| 10 francs le kilo | 18 francs la douzaine | 12 francs la livre | 16 francs la douzaine | 15 francs la livre | 14 francs la livre | 12 francs le kilo | 13 francs le kilo | 20 francs la livre |

| 2 kilos | 1 douzaine | 1 livre | 2 douzaines | 3 livres | 1 livre | 3 kilos | 1 kilo | 1 livre |

À votre tour!

1 Créa-dialogue

Vous êtes à Deauville avec un(e) ami(e).
Essayez de découvrir *(try to discover)* ce que
votre ami(e) aime manger. Proposez à
votre ami(e) de déjeuner dans le restaurant
correspondant à ses préférences.

▶ —Tu aimes <u>la viande</u>?
  —Non, je n'aime pas <u>la viande</u>.
  —Tu aimes <u>les légumes</u>?
  —Non, je n'aime pas <u>les légumes</u>.
  —Tu aimes <u>le poisson</u>?
  —Oui, j'aime beaucoup <u>le poisson</u>.
  —On déjeune <u>à La Marine</u>?
  —D'accord.

la marine
spécialités
de la mer

CHEZ RIGOLETTO
spécialités italiennes
1

AU PALAIS DES GLACES
spécialités
de glaces
2

À la Normandie
spécialités
de fromages
3

À LA CAMPAGNE
Restaurant végétarien
4

L'Auvergnat
spécialités
de jambon
5

CHEZ OBÉLIX
spécialités
de bonnes
viandes
6

Au petit gourmand
ses glaces et ses gâteaux
7

2 Conversation dirigée

Avec un(e) camarade, composez un dialogue basé sur les instructions suivantes. C'est
samedi aujourd'hui. Ce matin Marc et Juliette ont fait des achats en ville. Il est midi et demi
maintenant.

Marc		Juliette
asks Juliette if she is hungry	⇄	says she is very hungry
asks her if she wants to have lunch	↗	answers yes
asks if she likes Italian cooking (**la cuisine italienne**)	↘	says that she prefers French cooking
asks her if she likes meat	↘	says she does, but that she also likes vegetables
suggests they go to La Campagne	→	accepts

3 **Composition: À la pension**

This summer you are going to spend two weeks in France with your family. There are five people in your family and you are going to stay in a **pension** (an inn offering a room and all meals). Write a letter to the owner saying what each family member likes or does not like to eat. Use your imagination.

> _le 18 mai_
> _Chère Madame,_
> _J'aime . . ._
> _Je n'aime pas . . ._
> _Mon père aime . . ._
> _Il n'aime pas . . ._
> _Ma mère . . ._
> _Mon frère . . ._
> _Ma soeur . . ._

4 **Au «Départ»**

Vous êtes à Paris avec des copains. Il est une heure et vous avez faim. Vous allez déjeuner dans le café suivant.

Regardez bien les illustrations.
• Comment s'appelle le café?
• Où est-il situé?

Regardez le menu et choisissez un sandwich ou une salade et un dessert (crêpe ou pâtisserie).
• Qu'est-ce que vous avez choisi?
• Combien coûte le sandwich ou la salade? le dessert?
• Quel est le prix total de votre repas?

LE DÉPART

1, Place Saint-Michel
75005 PARIS

Salades Composées

SALADE NIÇOISE 38,00
Salade, thon, olives, tomates, oeuf dur, anchois, poivron
Lettuce, tuna, olives, tomatoes, hard-boiled egg, anchovies, sweet pepper

SALADE 4 SAISON 30,00
Crudités de saison
Vegetables in season

SALADE SAINT-MICHEL 35,00
Salade, jambon épaule, comté, pomme fruit
Lettuce, ham, Comté cheese, apples

SALADE MIXTE 28,00
Salade, tomates, oeuf dur
Lettuce, tomatoes, hard-boiled egg

SALADE DE POULET 38,00
Salade, poulet, comté, mayonnaise
Lettuce, chicken, Comté cheese, mayonnaise

SALADE CAMPAGNARDE 38,00
Salade, pommes de terre à l'huile, cantal, jambon cru
Lettuce, potato salad, Cantal cheese, country ham

SALADE VERTE 17,00
Green salad

Sandwichs

Rillettes paysannes 14,00
Country minced potted pork

Paté du Quercy 14,00
Quercy style meat pie

Jambon de Paris 14,00
Paris ham

Saucisson d'Auvergne ...14,00
Dry sausage from Auvergne

Le Végétarien 26,00
Salade, tomate, oeuf dur
Lettuce, tomato, hard-boiled egg

Fromage 14,00
Cheese

Mixte (jambon et gruyère) 26,00
Combination (ham and Gruyère cheese)

Club Sandwich 35,00
Poulet, tomate, oeuf dur, salade, mayonnaise
Chicken, tomato, hard-boiled egg, lettuce, mayonnaise

Saucisses chaudes 21,00
Hot sausages

Crêpes Maison

Crêpe au sucre 14,00
Pancake sprinkled with sugar

Crêpe à la confiture 18,00
Groseille, abricot, fraise
Pancake with red currant, apricot, or strawberry jam

Crêpe aux noix et crème de cassis 27,00
Pancake with nuts and black currant cream

Crêpe aux marrons et Chantilly 27,00
Pancake with chestnuts and whipped cream

Crêpe au miel 23,00
Pancake with honey

Crêpe au Grand-Marnier 27,00
Pancake with Grand-Marnier

Crêpe Belle-Époque 37,00
Banane fruit, glace vanille, noisettes, Chantilly
Pancake with bananas, vanilla ice cream, chestnuts, whipped cream

Crêpe au chocolat 23,00
Pancake with chocolate sauce

Pâtisseries

Tarte du jour 25,00
Tart of the day

Tarte aux pommes 22,00
Apple tart

Tarte aux fraises (selon saison) 29,00
Strawberry tart (in season)

Salade de fruits rafraîchis 21,00
Cold fruit salad

Gâteau du jour 25,00
Cake of the day

Tarte Tatin chaude 29,00
Hot Tatin tart

Tarte Tatin chaude, crème fraîche 33,00
Hot Tatin tart with cream

PRIX SERVIS COMPRIS (15%)

34

À la cantine

Il est midi et demi. Sophie va à la cantine. Elle rencontre Jean-Paul.

SOPHIE:	Est-ce que tu veux déjeuner avec moi?
JEAN-PAUL:	Ça dépend. Qu'est-ce qu'il y a aujourd'hui?
SOPHIE:	Il y a du poisson!
JEAN-PAUL:	Du poisson?
SOPHIE:	Oui, du poisson.
JEAN-PAUL:	Quelle horreur! Bon, aujourd'hui, *How disgusting!*
	je ne veux pas déjeuner.
SOPHIE:	Il y a aussi du gâteau.
JEAN-PAUL:	Du gâteau! Hm . . .
SOPHIE:	Et de la glace!
JEAN-PAUL:	Une minute . . . je vais prendre un plateau. *to take/tray*

● **Compréhension** ─────────────

1. À quelle heure est-ce que Sophie va déjeuner?
2. Qui est-ce qu'elle rencontre?
3. Est-ce que Jean-Paul aime le poisson?
4. Qu'est-ce qu'il aime?
5. Est-ce qu'il va déjeuner avec Sophie? Pourquoi?

Et toi?

1. En général, où est-ce que tu déjeunes?
2. À quelle heure est-ce que tu déjeunes?
3. En général, est-ce que tu aimes la nourriture de la cantine?
4. Qu'est-ce que tu fais quand tu n'aimes pas la nourriture de la cantine?

■NOTE■
CULTURELLE

À la cantine

Où est-ce que tu déjeunes pendant la semaine?
Quand on habite près de l'école, on peut° rentrer à
la maison. Quand on habite loin, on déjeune à la
cantine. À midi, beaucoup de jeunes Français
déjeunent à la cantine de leur école.

À la cantine, chacun° prend° un plateau et va
chercher° sa nourriture. Cette nourriture est
généralement bonne, abondante° et variée. Le menu
change chaque° jour de la semaine. Un repas
typique inclut° les plats suivants:

- **un hors-d'oeuvre**
  salade de concombres,
  salade de pommes de terre,
  carottes râpées,° jambon . . .

- **un plat principal° chaud**
  poulet, steak, côtelette de porc°

- **une garniture°**
  spaghetti, frites, petits pois,
  purée de pommes de terre°

- **une salade verte**

- **du fromage**

- **un dessert**
  glace ou fruit

- **une boisson**
  eau minérale, limonade, jus de fruit

Où est-ce que tu préférerais° déjeuner?
À ton école ou dans une école française?

peut *can* **chacun** *each one* **prend** *takes* **chercher** *to get* **abondante** *plentiful* **chaque** *each*
inclut *includes* **râpées** *grated* **principal** *main* **côtelette de porc** *pork chop* **garniture** *side dish*
purée de pommes de terre *mashed potatoes* **est-ce que tu préférerais** *would you prefer*

A. Le verbe *vouloir*

Note the forms of the irregular verb **vouloir** *(to want)*.

INFINITIVE	**vouloir**	
PRESENT	Je **veux** aller au café.	Nous **voulons** une glace.
	Tu **veux** déjeuner.	Vous **voulez** des spaghetti.
	Il / Elle / On **veut** dîner.	Ils / Elles **veulent** des frites.
PASSÉ COMPOSÉ	J'**ai voulu** dîner chez Maxim's.	

➡ When making a request, French people often use
je voudrais *(I would like)*, which is more polite than **je veux** *(I want)*.

Je voudrais un café.	*I would like a cup of coffee.*
Je voudrais dîner.	*I would like to have dinner.*

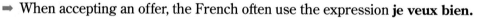

Où vous voulez.
Quand vous voulez.
EXPRESS
AIR CANADA ✦ CARGO

➡ When accepting an offer, the French often use the expression **je veux bien**.

— Est-ce que tu veux déjeuner avec moi? *Do you want to have lunch with me?*
— Oui, **je veux bien**. *Yes, **I do**. (Yes, I want to.)*

---

1 Vive la différence!

Nous sommes samedi. Des amis vont en ville. Pour le déjeuner, chacun veut faire des choses différentes.

▶ Cécile / aller dans un café
Cécile veut aller dans un café.

1. nous / manger des frites
2. toi / manger une pizza
3. vous / aller dans un restaurant italien
4. moi / aller dans un restaurant chinois
5. Patrick et Alain / déjeuner à midi
6. Isabelle / déjeuner à une heure

2 Oui ou non?

Dites si oui ou non les personnes entre parenthèses veulent faire les choses indiquées.

▶ Il est midi. (nous / déjeuner?)
Oui, nous voulons déjeuner.

▶ C'est samedi. (les élèves / étudier?)
Non, les élèves ne veulent pas étudier.

1. Il fait froid. (Éric / jouer au foot?)
2. Il fait beau. (mes copains / aller à la plage?)
3. La nourriture est mauvaise. (vous / déjeuner à la cantine?)
4. Il y a des spaghetti. (moi / dîner?)
5. Il y a une excellente comédie. (toi / regarder la télé?)
6. C'est dimanche. (nous / travailler)

---

3 Expression personnelle

Complétez les phrases suivantes avec une expression personnelle.

1. Ce weekend, je voudrais ...
   Je ne veux pas ...
2. Cet été, je voudrais ...
   Je ne veux pas ...

3. Après l'école, je voudrais ...
   Je ne veux pas ...
4. Dans la vie *(life)*, je voudrais ...
   Je ne veux pas ...

B. Le verbe *prendre*

Note the forms of the irregular verb **prendre** *(to take)*.

INFINITIVE	prendre	
PRESENT	Je **prends** une pizza.	Nous **prenons** le train.
	Tu **prends** un sandwich.	Vous **prenez** l'avion.
	Il / Elle / On **prend** une salade.	Ils / Elles **prennent** des photos.
PASSÉ COMPOSÉ	J'**ai** **pris** un steak.	

➡ The singular forms of **prendre** follow the pattern of regular **-re** verbs. The plural forms are irregular.

Vocabulaire: Verbes comme *prendre*

prendre	*to take*	Nous **prenons** le métro.
	to have (food)	Est-ce que tu **prends** un café?
apprendre	*to learn*	Nous **apprenons** le français.
apprendre à + *inf.*	*to learn how to*	Sophie **apprend à** jouer de la guitare.
comprendre	*to understand*	Est-ce que vous **comprenez** quand le professeur parle français?

4 Qu'est-ce qu'ils prennent?

Dites ce que les personnes suivantes prennent. Pour cela, choisissez une expression logique de la liste.

▶ Philippe a faim.
  Il prend un steak et des frites.

1. J'ai très soif.
2. Vous n'avez pas très faim.
3. Hélène a un nouvel appareil-photo.
4. Tu vas à l'aéroport.
5. Nous allons à l'école.
6. Les touristes vont à la Statue de la Liberté.

un bateau	une salade
un taxi	une limonade
le bus	un steak et des frites
des photos	

5 Questions personnelles

1. À quelle heure est-ce que tu prends le petit déjeuner le lundi? Et le dimanche?
2. Est-ce que tu prends le bus pour aller à l'école? Et tes copains?
3. Est-ce que tu prends des photos? Avec quel appareil?
4. Quand tu fais un grand voyage, est-ce que tu prends l'autocar? le train? l'avion?
5. Est-ce que tu apprends le français? l'italien? l'espagnol? Et ton copain?
6. Est-ce que tu apprends à jouer du piano? à jouer de la guitare? à faire du ski? à faire de la planche à voile?
7. Où est-ce que tu as appris à nager? À quel âge?
8. Est-ce que tu comprends bien quand le professeur parle français? Et les autres *(other)* élèves?
9. À ton avis, est-ce que les adultes comprennent les jeunes? Est-ce que les jeunes comprennent les adultes?

C. L'article partitif: *du, de la*

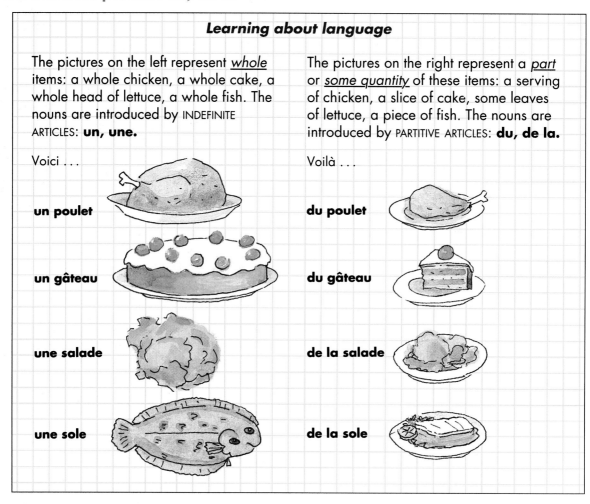

Learning about language

The pictures on the left represent *whole* items: a whole chicken, a whole cake, a whole head of lettuce, a whole fish. The nouns are introduced by INDEFINITE ARTICLES: **un, une.**

The pictures on the right represent a *part* or *some quantity* of these items: a serving of chicken, a slice of cake, some leaves of lettuce, a piece of fish. The nouns are introduced by PARTITIVE ARTICLES: **du, de la.**

Voici . . .

un poulet

un gâteau

une salade

une sole

Voilà . . .

du poulet

du gâteau

de la salade

de la sole

FORMS

The PARTITIVE ARTICLE is used to refer to A CERTAIN QUANTITY or A CERTAIN AMOUNT OF SOMETHING and corresponds to the English *some* or *any.* It has the following forms:

MASCULINE	**du** *some*	**du** fromage, **du** pain
FEMININE	**de la** *some*	**de la** salade, **de la** limonade

➡ Note that **du** and **de la** become **de l'** before a vowel sound.

   de l'eau minérale

Mangez chaque jour...
**du fromage, de la viande,
des fruits et du pain.**

Santé et Bien-être social
Canada

Health and Welfare
Canada

USES

Note how the partitive article is used in the sentences below.

Philippe mange **du** fromage.   *Philippe is eating (some) cheese.*
Nous prenons **de la** salade.   *We are having (some) salad.*

—Est-ce que tu veux **du** lait?   *Do you want (any, some) milk?*
—Non, mais je voudrais **de l'**eau.   *No, but I would like some water.*

➡ While the words *some* or *any* are often omitted in English, the articles **du** and **de la** must be used in French.

➡ Partitive articles may also be used with nouns designating things other than foods and beverages. For example:

Tu as **de l'argent?**   *Do you have (any) money?*

Partitive articles are often, but not always, used after the following expressions and verbs.

voici	**Voici du** pain.	*Here is (some) bread.*
voilà	**Voilà de la** mayonnaise.	*Here is (some) mayonnaise.*
il y a	Est-ce qu'**il y a de la** salade?	*Is there (any) salad?*
acheter	Nous **achetons du** fromage.	*We are buying (some) cheese.*
avoir	Est-ce que tu **as de la** limonade?	*Do you have (any) lemon soda?*
manger	Marc **mange du** rosbif.	*Marc is eating (some) roast beef.*
prendre	Est-ce que vous **prenez du** café?	*Are you having (any) coffee?*
vouloir	Est-ce que tu **veux de la** glace?	*Do you want (any) ice cream?*

Voici un gâteau.

Voici du gâteau.

---

6 **Le menu**

Vous avez préparé un dîner pour le Club Français. Dites à un(e) camarade ce qu'il y a au menu.

▶ la viande   **Il y a de la viande.**

1. le rosbif	3. la salade	5. la glace	7. l'eau minérale
2. le poulet	4. le fromage	6. la tarte	8. le jus d'orange

7 Au choix

Vous déjeunez avec votre famille. Offrez aux membres de votre famille le choix entre les choses suivantes. Ils vont indiquer leurs préférences.

▶ le lait ou l'eau minérale?

> **Tu veux du lait ou de l'eau minérale?**

> **Je voudrais de l'eau minérale.**

1. la soupe ou la salade?
2. le poisson ou la viande?
3. le rosbif ou le poulet?
4. le ketchup ou la mayonnaise?
5. le fromage ou le yaourt?
6. le beurre ou la margarine?
7. le gâteau ou la tarte?
8. le jus d'orange ou le jus de pomme?

8 Qu'est-ce qu'on met?

Dites quels produits de la liste on met dans ou sur les choses suivantes.

▶ **On met du beurre (de la confiture) sur le pain.**

1. On met ... dans le café.
2. On met ... dans le thé.
3. On met ... dans la soupe.
4. On met ... dans un sandwich.
5. On met ... sur un hamburger.
6. On met ... sur un hot dog.
7. On met ... dans les céréales.
8. On met ... sur un toast.

> le fromage
> le jambon
> le beurre
> la confiture
> le ketchup
> la mayonnaise
> le sel
> la crème
> le sucre
> la moutarde (mustard)
> le lait

9 Les courses

M. Simon a fait les courses. Dites ce qu'il a acheté.

▶ **Il a acheté de la viande.**

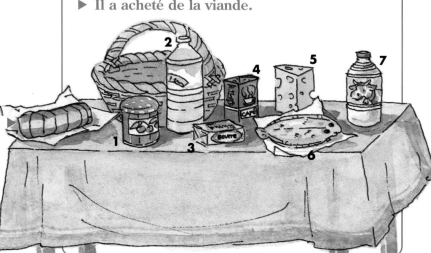

10 Le cochon d'or

Jacqueline est allée au restaurant. Voici l'addition. Dites ce qu'elle a pris.

▶ **Jacqueline a pris de la salade de tomates.**

> **RESTAURANT**
> *Le Cochon d'Or*
>
> | salade de tomates | 10F |
> |---|---|
> | jambon | 12F |
> | poulet | 20F |
> | salade | 10F |
> | fromage | 12F |
> | glace | 15F |
> | eau minérale | 10F |
> | café | 8F |
> | | 97F |

11 Au café

Au café, une cliente demande
les choses suivantes. Le serveur
apporte ces choses.

S'il vous plaît, monsieur,
je voudrais du café.

Voici du café,
mademoiselle.

12 Menus

Préparez des menus pour les personnes suivantes. Dites ce que vous allez acheter
pour chaque personne.

▶ une personne qui aime manger
   Je vais acheter du rosbif, du fromage, de la glace . . .

1. une personne malade *(sick)*
2. un(e) athlète
3. un petit enfant
4. un végétarien (une végétarienne)

5. une personne qui veut maigrir
6. un invité *(guest)* japonais
7. une invitée française

D. L'article partitif dans les phrases négatives

Note the forms of the partitive articles in the negative sentences below.

AFFIRMATIVE	NEGATIVE	
Tu manges **du jambon?**	Non, je **ne** mange **pas de jambon.**	*No, I don't eat ham.*
Tu veux **de la salade?**	Non, merci, je **ne** veux **pas de salade.**	*Thanks, I don't want any salad.*
Est-ce qu'il y a **de l'eau minérale?**	Non, il **n'**y a **pas d'eau minérale.**	*No, there is no mineral water.*

In negative sentences, the PARTITIVE ARTICLE follows the pattern:

du, de la (de l')	→	ne . . . pas de (d')
Marc prend **du** café.		Éric **ne** prend **pas de** café.
Sophie prend **de la** limonade.		Alain **ne** prend **pas de** limonade.
Anne prend **de l'**eau.		Nicole ne prend **pas d'**eau.

13 Un mauvais restaurant

Une cliente demande au serveur s'il y a certaines choses au menu. Le serveur répond négativement.

▶ le rosbif

Est-ce que vous avez du rosbif?

Je regrette mademoiselle, mais nous n'avons pas de rosbif.

1. le jambon	6. le yaourt
2. le melon	7. le jus de pamplemousse
3. le thon	8. l'eau minérale
4. la sole	9. le champagne
5. le veau	

14 Au régime *(On a diet)*

Les personnes suivantes sont au régime parce qu'elles veulent maigrir. Répondez négativement aux questions suivantes.

▶ —Est-ce qu'Anne mange du pain?
—Non, elle ne mange pas de pain.

1. Est-ce que Marc prend de la mayonnaise?
2. Est-ce que Pauline veut du gâteau?
3. Est-ce que Jean-Pierre mange de la glace?
4. Est-ce qu'Alice prend du beurre?
5. Est-ce que Monsieur Ledodu veut de la tarte?
6. Est-ce que Mademoiselle Poix met de la crème dans son café?

15 Conversation

Demandez à vos camarades s'ils mangent souvent les choses suivantes.

▶ du poisson

Est-ce que vous mangez souvent du poisson?

Oui, je mange souvent du poisson.

Non, je ne mange pas souvent de poisson.

1. de la glace	6. de la soupe
2. du veau	7. du rosbif
3. du pain français	8. du poulet
4. du fromage français	9. du thon
5. de la tarte aux fraises	

16 Dans le réfrigérateur

Vous préparez le dîner. Demandez à un(e) camarade s'il y a les choses suivantes dans le réfrigérateur.

▶ le lait   —Est-ce qu'il y a du lait?
—Non, il n'y a pas de lait.

1. le jus d'orange?	6. l'eau minérale?
2. le pain?	7. le jus de pomme?
3. la glace?	8. le fromage?
4. le beurre?	9. la mayonnaise?
5. le jambon?	10. le ketchup?

E. Le verbe *boire*

Note the forms of the irregular verb **boire** *(to drink)*.

INFINITIVE	**boire**	
PRESENT	Je **bois** du lait.	Nous **buvons** du café.
	Tu **bois** de l'eau.	Vous **buvez** du thé glacé.
	Il/Elle/On **boit** du soda.	Ils/Elles **boivent** du jus d'orange.
PASSÉ COMPOSÉ	J'**ai bu** du jus de tomate.	

17 **Pique-nique**

Philippe a organisé un pique-nique avec ses amis. Chacun *(Each person)* boit quelque chose de différent.

▶ **Philippe boit de l'eau.**

| **Philippe** | **1. nous** | **2. toi** | **3. vous** | **4. Cécile** | **5. mes copains** | **6. moi** |

18 **Expression personnelle**

Complétez les phrases suivantes avec la forme appropriée du verbe **boire** et une expression de votre choix. Attention: utilisez le passé composé dans les phrases 6 à 8.

1. Au petit déjeuner, je …
2. Au petit déjeuner, mes parents …
3. À la cantine de l'école, nous …
4. Quand il fait chaud, on …
5. Quand il fait froid, on …
6. Hier soir au dîner, j' …
7. Hier matin, au petit déjeuner, ma mère …
8. À la dernière boum, nous …

Prononciation   ou /u/   u /y/

Les lettres «ou» et «u»

la poule   **le pull**

The letters "**ou**" always represent the sound /u/.

Répétez: /u/ **vous nous poulet soupe fourchette couteau douzaine**

The letter "**u**" always represents the sound /y/.

Répétez: /y/ **tu du une légume jus sucre bien sûr avenue musée**

Now distinguish between the two vowel sounds:

Répétez: /u/ – /y/ **poule** *(hen)* – **pull**
roue *(wheel)* – **rue**   **vous** – **vue** *(view)*
je joue – **le jus**

Vous buvez du jus de pamplemousse.
Je voudrais de la soupe, du poulet et du jus de raisin.

À votre tour!

1 Allô!

Reconstituez la conversation entre Frédéric et Sandrine. Pour cela, faites correspondre les réponses de Sandrine avec les questions de Frédéric.

1 Tu dînes au restaurant ce soir?

2 Tu as fait les courses?

3 Qu'est-ce que tu as acheté?

4 Tu n'as pas acheté de viande?

5 C'est vrai. Et pour le dessert, tu as acheté de la glace?

a. Oui, je suis allée au supermarché ce matin.
b. Du riz, des oeufs, de la salade et du fromage.
c. Non, j'ai pris un gâteau au chocolat.
d. Non, j'ai invité mon copain Fabien à dîner chez moi.
e. Mais non, tu sais *(know)* bien que Fabien est végétarien.

2 Dis-moi ...

I will tell you about my breakfast this morning.

- J'ai pris le petit déjeuner à sept heures.
- J'ai mangé du pain avec du beurre et de la confiture.
- J'ai bu du café noir.

Now choose one of the meals you had yesterday and tell me ...
- *at what time you had that meal*
- *what you ate*
- *what you drank*

3 Créa-dialogue

Avec vos camarades, décrivez où vous êtes allé(e)s et ce que vous avez fait aux endroits suivants.

> **au supermarché**
> **acheter**

Où est-tu allée?

Je suis allée au supermarché.

Qu'est-ce que tu as acheté?

J'ai acheté du pain, du lait et de la confiture.

4 Situation

Avec un(e) camarade, composez un dialogue correspondant à la situation suivante et jouez ce dialogue en classe.

You are talking to Florence, a French friend (played by your classmate). You have just invited her for dinner, but you understand she is on a special diet. Try to find out:

- what she eats
- what she does not eat
- what she drinks
- what she does not drink

5 Conversation libre

Avec un(e) camarade, composez un dialogue original basé sur la situation suivante.

You and your friend Caroline are in charge of the French Club picnic. Now you are walking up and down the aisles of a supermarket, discussing what things to buy or not to buy. For example:

▶ —Est-ce qu'on achète du pain?
—Oui, achetons du pain.
(Non, n'achetons pas de pain. J'ai du pain à la maison.)

6 Composition: Un bon repas

Think of a nice meal you had not too long ago — perhaps for a birthday or special holiday. Using the passé composé, write a short paragraph in which you describe …

- when, where, and with whom you had that meal
- what you ate and drank

Comment dit-on . . . ?

How to show your appreciation for good food:

Hm… C'est délicieux! **C'est exquis!** **C'est fameux!**

HM… C'EST DÉLICIEUX! C'EST EXQUIS! C'EST FAMEUX!

1. à la cantine manger	2. au restaurant manger	3. au marché acheter	4. à la boum boire

5. à la cuisine prendre	6. au café boire	7. dans un restaurant chinois ??

35

Un client difficile

M. Ronchon a beaucoup d'appétit . . . mais pas beaucoup de patience. <u>En fait</u>, M. Ronchon est rarement <u>de bonne humeur</u>. Et quand il est de mauvaise humeur, c'est un client difficile. Aujourd'hui, <u>par exemple</u>, au restaurant . . .

As a matter of fact/in a good mood

for instance

—<u>Garçon</u>!

Waiter!

—<u>J'arrive</u>!

I'm coming!

—Qu'est-ce que vous avez <u>comme</u> hors d'oeuvre?

as, for

—Nous avons du jambon et du saucisson.

—Apportez-moi <u>tout ça</u> . . . avec du pain et du beurre!

all of that

—Bien, monsieur.

—Et comme boisson, qu'est-ce que je vous apporte?

—Donnez-moi de l'eau minérale . . . <u>Dépêchez-vous</u>! J'ai soif!

Hurry up!

—Apportez-moi du poulet et des frites. . . <u>Vite</u>! J'ai très faim!

Fast!

—Je vous apporte ça <u>tout de suite</u>.

right away

—Et apportez-moi aussi du fromage, de la glace, de la tarte aux pommes et de la tarte aux <u>abricots</u>. . . Mais, qu'est-ce que vous attendez?

apricots

—Tout de suite, monsieur, tout de suite.

—Mais qu'est-ce que vous m'apportez?

—Je vous apporte l'<u>addition</u>!

check

Compréhension

1. En général, est-ce que M. Ronchon est de bonne humeur ou de mauvaise humeur?
2. Qu'est-ce qu'il va prendre comme hors d'oeuvre?
3. Qu'est-ce qu'il va prendre comme plat principal *(main course)*?
4. Qu'est-ce qu'il va boire?
5. Qu'est-ce qu'il va manger comme dessert?
6. Qu'est-ce que le garçon apporte après le dessert?
7. Quelle est la réaction de M. Ronchon? Est-ce qu'il est de bonne humeur ou de mauvaise humeur?

Et toi?

1. En général, est-ce que tu es de bonne humeur?
2. Et aujourd'hui, est-ce que tu es de bonne humeur ou de mauvaise humeur?
3. En général, est-ce que tu as beaucoup d'appétit?
4. Est-ce que tu es une personne patiente?
5. Quand tu vas au restaurant avec un copain (une copine), qui paie l'addition?

■ N O T E ■
CULTURELLE

Les restaurants français et la cuisine française

Les Français aiment manger chez eux, mais ils aiment aussi aller au restaurant. Pour les gens pressés,° il y a les «self-service», les «fast foods» et les pizzerias.

Pour les gens qui veulent faire un bon repas, il y a toutes° sortes de restaurants spécialisés: auberges,° restaurants régionaux, restaurants de poisson, . . . Il y a aussi les «grands restaurants» où la cuisine est extraordinaire . . . et très chère!

La cuisine française a une réputation internationale. Pour beaucoup de personnes, c'est la meilleure° cuisine du monde.°

Les Américains ont emprunté° un grand nombre de mots° au vocabulaire de la cuisine française. Est-ce que tu connais les mots suivants: **soupe, sauce, mayonnaise, omelette, filet mignon, tarte, purée, soufflé?** Est-ce que tu aimes **les croissants? les crêpes? la mousse au chocolat?**

pressés *in a hurry*   **toutes** *all*   **auberges** *country inns*
meilleure *best*   **du monde** *in the world*
ont emprunté *have borrowed*   **mots** *words*

A. Les pronoms compléments *me, te, nous, vous*

In the sentences below, the pronouns in heavy print are called OBJECT PRONOUNS. Note the form and the position of these pronouns in the sentences below.

Anne **me** parle.	Elle **m'**invite.	*Anne talks **to me**.*	*She invites **me**.*
Mes amis **te** parlent.	Ils **t'**invitent.	*My friends talk **to you**.*	*They invite **you**.*
Tu **nous** parles.	Tu **nous** invites.	*You talk **to us**.*	*You invite **us**.*
Je **vous** parle.	Je **vous** invite.	*I am talking **to you**.*	*I invite **you**.*

FORMS

The OBJECT PRONOUNS that correspond to the subject pronouns **je, tu, nous, vous** are:

me ↓ **m'** (+ VOWEL SOUND)	me, to me	**nous**	us, to us
te ↓ **t'** (+ VOWEL SOUND)	you, to you	**vous**	you, to you

Cette carte **vous** donne l'accès à 60 musées.

CARTE
MUSÉES ET MONUMENTS

POSITION

In French, object pronouns usually come *before* the verb, according to the following patterns:

AFFIRMATIVE			NEGATIVE				
SUBJECT + OBJECT PRONOUN + VERB ...			SUBJECT + **ne** + OBJECT PRONOUN + VERB + **pas** ...				
Paul	**nous**	invite.	Éric	**ne**	**nous**	invite	**pas**.

---

1 ▶ **D'accord!**

Demandez à vos camarades de faire les choses suivantes pour vous. Ils sont d'accord pour faire ces choses.

▶ téléphoner ce soir?

1. téléphoner demain?
2. attendre après la classe?
3. inviter à ta boum?
4. inviter à dîner?
5. rendre visite ce weekend?
6. rendre visite cet été?
7. acheter une glace?
8. apporter un sandwich?
9. vendre ta raquette?
10. écouter?

Tu me téléphones ce soir?

D'accord, je te téléphone ce soir.

2 Pauvre Nathalie!

Stéphanie a de la chance. Sa copine Nathalie n'a pas de chance. Jouez les deux rôles.

> ▶ mon copain/inviter

1. ma tante/inviter au restaurant
2. mes cousins/téléphoner souvent
3. mon frère/écouter
4. mes parents/comprendre
5. mes voisins/inviter à dîner
6. ma copine/aider avec mes devoirs
7. mon grand-père/acheter des cadeaux *(gifts)*
8. mes amis/attendre après la classe

Mon copain m'invite.

Tu as de la chance. Mon copain ne m'invite pas.

Vocabulaire: Les services personnels

aider quelqu'un	*to help*	J'**aide** mes copains avec les devoirs.
amener quelqu'un	*to bring*	Le taxi **amène** les touristes à la gare *(train station)*.
apporter quelque chose à quelqu'un	*to bring*	Le serveur **apporte** le menu **aux** clients.
donner quelque chose à quelqu'un	*to give*	Mme Marin **donne** 10 francs **à** sa fille.
montrer quelque chose à quelqu'un	*to show*	Est-ce que tu **montres** tes photos **à** ton copain?
prêter quelque chose à quelqu'un	*to lend, loan*	Est-ce que tu **prêtes** tes disques **à** tes amis?

---

3 Questions personnelles

Réponds affirmativement ou négativement aux questions suivantes.

1. Est-ce que tes copains t'aident avec tes devoirs?
2. Est-ce que ta mère ou ton père t'aide avec les devoirs de français?
3. Est-ce que ton père ou ta mère te prête sa voiture?
4. Est-ce que ton frère ou ta sœur te prête ses disques?
5. Est-ce que tes profs te donnent des conseils *(advice)*?
6. Est-ce que ton copain te montre ses photos?
7. Est-ce que tes cousins t'apportent des cadeaux *(gifts)* quand ils viennent chez toi?
8. Est-ce que tes parents t'amènent au restaurant pour ton anniversaire?

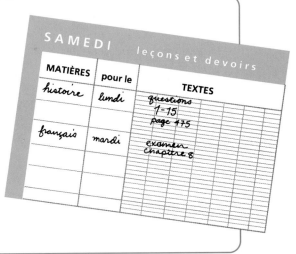

4 Bons services

Informez-vous sur les personnes suivantes. Dites ce que leurs amis ou leurs parents font pour eux. Pour cela, complétez les phrases avec les pronoms **me (m'), te (t'), nous** ou **vous**.

▶ J'organise une boum. Ma soeur <u>me</u> prête ses cassettes.
▶ Nous avons faim. Cécile <u>nous</u> apporte des sandwichs.

1. Nous organisons un pique-nique. Nos copains … aident.
2. Tu as soif. Je … apporte un soda.
3. Vous préparez l'examen. Le prof … donne des conseils *(advice)*.
4. J'ai besoin d'argent. Mon cousin … prête cent francs.
5. Tu es chez les voisins. Ils … montrent leur appartement.
6. Nous sommes à l'hôpital. Nos amis … rendent visite.
7. Vous êtes sympathiques. Je … invite chez moi.
8. Nous allons prendre l'avion. Le taxi … amène à l'aéroport.
9. Je nettoie le garage. Mon frère … aide.

"QUAND ON ME CHERCHE, ON ME TROUVE."

EUROSIGNAL

TÉLÉCOMMUNICATIONS

B. Les pronoms compléments à l'impératif

Compare the position and the form of the object pronouns when the verb is in the imperative.

AFFIRMATIVE	NEGATIVE
Téléphone-**moi** ce soir!	Ne **me** téléphone pas demain!
Invite-**moi** samedi!	Ne **m'**invite pas dimanche!
Apporte-**nous** du thé!	Ne **nous** apporte pas de café!

▌ When the IMPERATIVE verb is AFFIRMATIVE, the object pronouns come *after* the verb.
→ **me** becomes **moi**

▌ When the imperative verb is negative, the object pronouns come *before* the verb.

5 Prêts *(Loans)*

Demandez à vos copains de vous prêter les choses suivantes. Ils vont accepter.

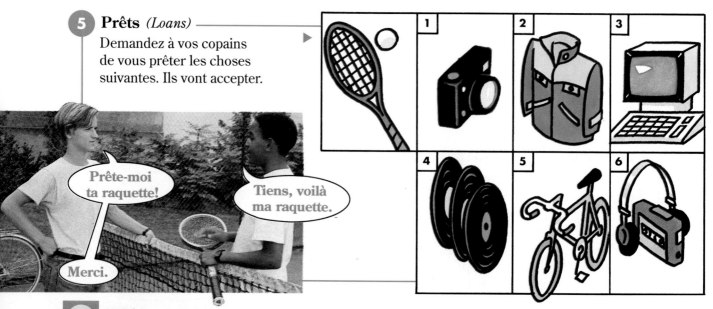

Prête-moi ta raquette!

Tiens, voilà ma raquette.

Merci.

6 À Paris

Vous visitez Paris. Demandez certains services aux personnes suivantes.

▶ au garçon de café *(waiter)*
  • apporter un sandwich
  S'il vous plaît, apportez-moi un sandwich.

1. au garçon de café
  • apporter de l'eau
  • apporter une limonade
  • donner un croissant

2. à la serveuse *(waitress)* du restaurant
  • montrer le menu
  • donner du pain
  • apporter l'addition *(check)*

3. au chauffeur de taxi *(cab driver)*
  • amener au musée d'Orsay
  • montrer Notre-Dame
  • aider avec les bagages

4. à un copain parisien
  • téléphoner ce soir
  • donner ton adresse
  • prêter ton plan *(map)* de Paris

7 Quel service?

Demandez à vos camarades certains services. Pour cela complétez les phrases en utilisant ces verbes.

aider	amener	apporter
donner	montrer	prêter

▶ J'ai soif. ... de la limonade.
  S'il te plaît, apporte-moi (donne-moi) de la limonade.

1. Je ne comprends pas les devoirs de maths.
2. Je voudrais téléphoner à ta cousine.
3. Je n'ai pas d'argent pour aller au cinéma.
4. Je voudrais voir tes photos.
5. J'ai soif.
6. J'organise une boum.
7. Je vais peindre *(to paint)* ma chambre.
8. Je vais à l'aéroport.
9. Je ne sais pas où tu habites.

▶ J'ai faim. ... un sandwich
  S'il te plaît, apporte-moi (donne-moi) un sandwich.

... avec le problème.
... son numéro de téléphone.
... six dollars.
... tes photos.
... de l'eau minérale.
... tes disques.
... avec ce projet.
... là-bas avec ta voiture.
... ton adresse.

8 Non!

Proposez à vos camarades de faire les choses suivantes pour eux. Ils vont refuser et donner une explication.

▶ téléphoner ce soir (Je ne suis pas chez moi.)

1. téléphoner demain soir (Je dois faire mes devoirs.)
2. inviter ce weekend (Je vais à la campagne.)
3. inviter dimanche (Je dîne chez mes cousins.)
4. attendre après la classe (Je dois rentrer chez moi.)
5. prêter mes disques (Je n'ai pas de chaîne stéréo.)
6. acheter un sandwich (Je n'ai pas faim.)
7. rendre visite ce soir (Je vais au cinéma.)

Je te téléphone ce soir?

Non, ne me téléphone pas. Je ne suis pas chez moi.

C. Les verbes *pouvoir* et *devoir*

FORMS

Note the forms of the irregular verbs **pouvoir** *(can, may, be able)* and **devoir** *(must, have to)*.

INFINITIVE	pouvoir	devoir
PRESENT	Je **peux** venir. Tu **peux** travailler. Il/Elle/On **peut** voyager. Nous **pouvons** dîner ici. Vous **pouvez** rester. Ils/Elles **peuvent** aider.	Je **dois** rentrer avant midi. Tu **dois** gagner de l'argent. Il/Elle/On **doit** visiter Paris. Nous **devons** regarder le menu. Vous **devez** finir vos devoirs. Ils/Elles **doivent** mettre la table.
PASSÉ COMPOSÉ	J'**ai pu** étudier.	J'**ai dû** faire mes devoirs.

USES

- **Pouvoir** has several English equivalents.

can	Est-ce que tu **peux** venir au pique-nique?	*Can you come to the picnic?*
may	Est-ce que je **peux** prendre la voiture?	*May I take the car?*
to be able	Jacques ne **peut** pas réparer sa mobylette.	*Jacques is not able to fix his moped.*

- **Devoir** is used to express an OBLIGATION.

must	Vous **devez** faire vos devoirs.	*You must do your homework.*
to have to	Est-ce que je **dois** nettoyer ma chambre?	*Do I have to clean my room?*

➡ **Devoir** is usually followed by an infinitive. It cannot stand alone.

Est-ce que tu **dois étudier** ce soir?	*Do you have to study tonight?*
Oui, je **dois étudier.**	*Yes, I have to (study).*
Non, je **ne dois pas étudier.**	*No, I don't have to (study).*

9 **Le coût de la vie** *(The cost of living)*

Décrivez ce que les personnes suivantes peuvent acheter avec leur argent.

▶ Philippe a quatre-vingts francs.
   Il peut acheter des lunettes de soleil.

1. Alice et Françoise ont cinquante francs.
2. J'ai cinq cents francs.
3. Tu as trois cent cinquante francs.
4. Vous avez trois cents francs.
5. Ma copine a deux cent cinquante francs.
6. Nous avons deux cents francs.
7. Mon petit frère a trente francs.

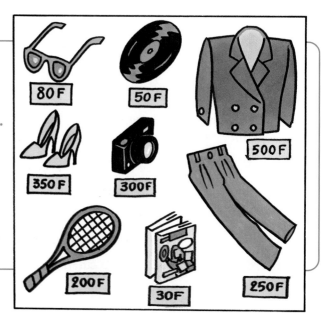

10 Obligations?

Demandez à vos camarades s'ils doivent faire les choses suivantes.

▶ étudier?

1. étudier ce soir?
2. nettoyer ta chambre?
3. mettre la table?
4. réussir à l'examen?
5. aller chez le dentiste cette semaine?
6. parler au professeur après la classe?

Est-ce que tu dois étudier?

Oui, je dois étudier.

(Non, je ne dois pas étudier.)

7. être poli(e) *(polite)* avec tes voisins?
8. rentrer chez toi après la classe?

11 Excuses

Thomas demande à ses amis de repeindre *(to repaint)* sa chambre avec lui, mais chacun a une excuse. Dites que les personnes suivantes ne peuvent pas aider Thomas. Dites aussi ce qu'elles doivent faire.

▶ Hélène (étudier)
Hélène ne peut pas aider Thomas. Elle doit étudier.

1. nous (faire les courses)
2. Lise et Rose (acheter des vêtements)
3. moi (aider ma mère)
4. toi (nettoyer le garage)
5. Alice (rendre visite à sa grand-mère)
6. vous (déjeuner avec vos cousins)
7. mon frère et moi (laver la voiture)
8. Nathalie et toi (préparer l'examen)

12 Expression personnelle

Complétez les phrases suivantes avec vos idées personnelles.

1. Chez moi, je peux …
   Je ne peux pas …
2. À l'école, nous devons …
   Nous ne devons pas …
3. À la maison, je dois …
   Mes frères (Mes soeurs) doivent …
4. Quand on est riche, on peut …
   On doit …
5. Quand on est malade *(sick)*, on doit …
   On ne doit pas …
6. Quand on veut maigrir, on doit …
   On ne peut pas …

| **Prononciation** | | **s** /z/   **ss** /s/ |

Les lettres «s» et «ss»

Be sure to distinguish between "**s**" and "**ss**" in the middle of a word.

Répétez: /z/ **mauvaise cuisine fraise mayonnaise quelque chose magasin**

poison   **poisson**

       /s/ **poisson saucisson dessert boisson assiette pamplemousse**

/z/ – /s/ **poison – poisson   désert** *(desert)* **– dessert**

        Comme dessert nous choisissons une tarte aux fraises.

À votre tour!

1 Allô!

Reconstituez la conversation entre Corinne et Philippe. Pour cela, faites correspondre les réponses de Philippe avec ce que dit Corinne.

Corinne

Philippe

1. Dis, Philippe, j'ai besoin d'un petit service.

2. Prête-moi ta mobylette, s'il te plaît.

3. Dans ce cas, apporte-moi *Paris-Match*.

4. Alors, achète-moi aussi le nouvel album d'Astérix.

5. Je t'ai prêté cent francs hier!

a. C'est vrai . . . Bon, je t'achète tout ça *(all that)*.

b. D'accord! Je vais aller à la librairie *(bookstore)* Duchemin.

c. Écoute, je n'ai pas assez d'argent.

d. Ah, je ne peux pas. Je dois aller en ville cet après-midi.

e. Qu'est-ce que je peux faire pour toi?

2 Dis-moi . . .

I am going to spend a month living in your city and studying at your school. Since you are my friend, I will ask you a few favors, for instance:

- Prête-moi ton livre d'anglais.
- Montre-moi où est la cantine.
- Amène-moi à la bibliothèque.
- Invite-moi à ton club.
- Donne-moi le plan *(map)* de la ville.
- Téléphone-moi ce weekend.

Now imagine that you are visiting me in France. I am ready to help you. Ask me three or four favors.

3 Créa-dialogue

Demandez certains services à vos camarades. Ils vont vous demander pourquoi. Répondez à leurs questions. Ils vont accepter le service.

▶ —S'il te plaît, prête-moi ton vélo!
—Pourquoi?
—Parce que je voudrais faire une promenade à la campagne.
—D'accord, je te prête mon vélo.

	prêter	1. prêter	2. prêter	3. apporter	4. prêter	5. donner	6. donner
QUEL SERVICE?					$1.00	$5.00	??
POURQUOI?	faire une promenade à la campagne	jouer au tennis	organiser une boum	prendre des photos	acheter une glace	??	??

4 **Situation**

Avec un(e) camarade, préparez un dialogue original correspondant à la situation suivante.

You are having dinner at a French restaurant called Sans-Souci. You have a friendly but inexperienced waiter/waitress (played by your classmate) who forgets to bring you what you need. Whenever you mention something however, he/she agrees to bring it right away **(tout de suite)**. Tell your waiter/waitress . . .

- to please show you the menu **(le menu)**
- to please give you some water
- to bring you a napkin
- to give you a beverage (of your choice)
- to bring you a dessert (of your choice)
- to bring you the silverware that you need for eating the dessert

5 **Conversation libre**

Avec un(e) camarade, composez une conversation basée sur la situation suivante.

Imagine you are looking for someone to help you out. Ask a classmate to do you five favors. He/she will accept or refuse. In case of refusal, he/she will give you a reason. You may want to use some of the following verbs:

aider, amener, apporter, inviter, donner, montrer, prêter, vendre, acheter

For example, your conversation might begin like this:

▶ —S'il te plaît, invite-moi chez toi samedi après-midi.
—Je regrette, mais je ne peux pas.
—Pourquoi?
—Je dois faire les courses.

6 **Composition: Bonnes relations**

Select a person you like (a friend, a neighbor, a relative, a teacher) and write a short paragraph mentioning at least four things this person does for you. You may want to use some of the following verbs:

acheter amener aider donner inviter montrer prêter rendre visite téléphoner

> J'ai une bonne copine. Elle s'appelle Stéphanie. Elle est très sympathique. Elle me téléphone souvent et le weekend, elle m'invite chez elle. Elle est très intelligente et quand je ne comprends pas, elle m'aide avec mes devoirs de français. Elle me donne toujours des conseils (advice) excellents.

Now tell me about a friend of yours and let me know some of the things this friend does for you.

Comment dit-on . . . ?

How to show your reaction to bad food:

Pouah! . . . C'est infect! C'est dégoûtant! C'est infâme!

Pique-nique

Florence et Jérôme organisent un pique-nique ce weekend. Ils préparent la liste des <u>invités</u>. Qui vont-ils inviter?

guests

FLORENCE: Tu connais Stéphanie?
JÉRÔME: Oui, je la connais. C'est une copine.
FLORENCE: Je l'invite au pique-nique?
JÉRÔME: Bien sûr. Invite-la.
FLORENCE: Et son cousin Frédéric, tu le connais?
JÉRÔME: Oui, je le connais un peu.
FLORENCE: Je l'invite aussi?
JÉRÔME: Non, ne l'invite pas. Il est trop snob.

■ NOTE ■ CULTURELLE

Un pique-nique français

Quand ils vont à la campagne, les Français adorent faire des pique-niques. Un pique-nique est un repas froid assez simple. Il y a généralement du poulet froid et des oeufs durs° et aussi du jambon, du saucisson ou du pâté* pour les sandwichs. Quand on a l'équipement nécessaire, on peut aussi faire des grillades° sur un barbecue. Comme dessert, il y a des fruits (bananes, oranges, pommes, poires, raisin°). Comme boisson, il y a de l'eau minérale ou du cidre.

* The French have created dozens of varieties of **pâté,** ranging from the expensive and refined **pâté de foie gras** (made from the livers of fattened geese) to the everyday **pâté de campagne** (a type of cold meat loaf served in thin slices with bread).

durs *hard-boiled*   **grillades** *grilled meat*   **raisin** *grapes*

FLORENCE: <u>Comment</u>? Tu le trouves snob? Moi, je le trouve intelligent
et sympathique. Et <u>puis</u>, il a une voiture et nous avons
besoin d'une voiture pour transporter <u>tout le monde</u>...

JÉRÔME: Florence, tu es <u>géniale</u> ... C'est vrai, Frédéric n'est pas
<u>aussi snob que</u> ça ... Téléphonons-lui <u>tout de suite</u> et
invitons-le au pique-nique!

What?
also
everyone
brilliant
*that snobbish / right
away*

● Compréhension

1. Qui est Stéphanie?
2. Qui est Frédéric?
3. Est-ce que Jérôme a une bonne ou une mauvaise
   opinion de Frédéric? Pourquoi?
4. Et Florence, comment est-ce qu'elle trouve Frédéric?
5. Finalement, est-ce que Jérôme va inviter Frédéric
   au pique-nique? Pourquoi?

● Et toi?

1. Est-ce que tu aimes faire des pique-niques?
2. Quand tu fais un pique-nique avec des copains, où
   allez-vous?
3. Qui invites-tu?
4. En général, qu'est-ce qu'on mange à un pique-nique
   américain?
5. Qu'est-ce qu'on boit?
6. Dans ta famille, est-ce qu'on fait des barbecues?
   Où? Qui est le «chef»? Qu'est-ce qu'on mange et
   qu'est-ce qu'on boit?

A. Le verbe *connaître*

Note the forms of the irregular verb **connaître** *(to know)*.

INFINITIVE	**connaître**	
PRESENT	Je **connais** Stéphanie. Tu **connais** son cousin? Il/Elle/On **connaît** ces garçons.	Nous **connaissons** Paris. Vous **connaissez** Montréal? Ils/Elles **connaissent** ce café.
PASSÉ COMPOSÉ	J'**ai connu** ton frère pendant les vacances.	

➡ In the passé composé, **connaître** means *to meet for the first time.*

➡ The French use **connaître** to say that they *know* or *are acquainted with people or places.*
To say that they *know information,* they use **je sais, tu sais.** Compare:

PEOPLE/PLACES	INFORMATION
Je **connais** Éric.	Je **sais** où il habite.
Tu **connais** Frédéric.	Tu **sais** à quelle heure il vient?
Je **connais** un bon restaurant.	Je **sais** qu'il est près du théâtre.

1 On ne peut pas connaître tout

Les personnes suivantes connaissent la première personne ou la première chose entre parenthèses. Elles ne connaissent pas la deuxième.

▶ Philippe (Isabelle/sa soeur)
  Philippe connaît Isabelle.
  Il ne connaît pas sa soeur.

1. nous (Paul/ses copains)
2. vous (le prof d'anglais/le prof de maths)
3. moi (les voisins/leurs amis)
4. toi (Paris/Bordeaux)
5. les touristes (le Louvre/le musée d'Orsay)
6. mon copain (ce café/ce restaurant)

2 Questions personnelles

1. Est-ce que tu connais New York? Chicago? San Francisco? Montréal? Quelles villes est-ce que tu connais bien?
2. Dans ta ville est-ce que tu connais un bon restaurant? Comment est-ce qu'il s'appelle? Est-ce que tu connais un supermarché? un centre commercial? un magasin de disques? Comment est-ce qu'ils s'appellent?
3. Est-ce que tu connais des monuments à Paris? Quels monuments?
4. Est-ce que tu connais bien tes voisins? Est-ce qu'ils sont sympathiques? Est-ce que tu connais personnellement le directeur (la directrice) de ton école? Est-ce qu'il (elle) est strict(e)?
5. Quels acteurs de cinéma est-ce que tu connais? Quelles actrices? Quels musiciens? Quels athlètes professionnels?

B. Les pronoms compléments: *le, la, les*

In the questions below, the nouns in heavy type follow the verb directly. They are the DIRECT OBJECTS of the verb. Note the forms and position of the DIRECT OBJECT PRONOUNS which are used to replace those nouns in the answers.

Tu connais **Éric?**	Oui, je **le** connais. Je **l'**invite souvent.	*Yes, I know* **him.** *I invite* **him** *often.*
Tu connais **Stéphanie?**	Oui, je **la** connais. Je **l'**invite aussi.	*Yes, I know* **her.** *I invite* **her** *also.*
Tu connais **mes copains?**	Je **les** connais bien. Je **les** invite.	*I know* **them** *well.* *I invite* **them.**
Tu connais **mes amies?**	Je **les** connais aussi. Je **les** invite souvent.	*I know* **them** *too.* *I invite* **them** *often.*

FORMS AND USES

Direct object pronouns have the following forms:

	SINGULAR		PLURAL
MASCULINE	**le** ↓ **l'** (+ VOWEL SOUND)	*him, it*	**les** *them*
FEMININE	**la** ↓ **l'** (+ VOWEL SOUND)	*her, it*	

Qui le vend?
Qui le répare?

On le trouve dans les pages jaunes!

TELECOMMUNICATIONS

➡ The direct object pronouns **le, la, l', les** can refer to either people or things.

Tu vois **Nicole?**	Oui, je **la** vois.	*Yes, I see* **her.**
Tu vois **ma voiture?**	Oui, je **la** vois.	*Yes, I see* **it.**
Tu comprends **le professeur?**	Oui, je **le** comprends.	*Yes, I understand* **him.**
Tu comprends **ce mot** *(word)?*	Oui, je **le** comprends.	*Yes, I understand* **it.**

POSITION

Direct object pronouns generally come *before* the verb according to the following patterns:

	AFFIRMATIVE			NEGATIVE				
	SUBJECT + **le/la/les** + VERB ...			SUBJECT + **ne** + **le/la/les** + VERB + **pas** ...				
Éric?	Je	**le**	connais bien.	Tu	**ne**	**le**	connais **pas.**	
Ces filles?	Nous	**les**	invitons.	Vous	**ne**	**les**	invitez **pas.**	

3 À la boum de Delphine

Pierre connaît tous les invités *(all the guests)* à la boum de Delphine, mais Lise ne les connaît pas. Jouez les trois rôles.

▶ ces garçons?

Tu connais ces garçons?

Oui, je les connais.

Et toi, Lise?

Non, je ne les connais pas.

1. Christophe
2. Jacqueline?
3. Anne et Valérie?
4. Jérôme et Jean-François?
5. la fille là-bas?
6. cette étudiante?
7. ma cousine?
8. les cousins de Véronique?
9. la copine de Jacques?
10. ses frères?

4 Un choix difficile

Vous allez passer le mois de juillet en France. Vous êtes limité(e) à 20 kilos de bagages. Un(e) camarade demande si vous allez prendre les choses suivantes. Répondez affirmativement ou négativement.

▶ ta raquette?
  —Tu prends ta raquette?
  — Oui, je la prends.
      (Non, je ne la prends pas.)

1. tes cassettes?
2. ton livre de français?
3. ta guitare?
4. ton walkman?
5. ta chaîne stéréo?
6. ton maillot de bain?
7. ton vélo?
8. tes tee-shirts?
9. tes sandales?

5 Questions et réponses

Michèle pose des questions à Jérôme en utilisant les éléments des Colonnes A et B. Jérôme répond logiquement en utilisant les éléments des Colonnes B et C et un pronom complément. Avec un(e) camarade, jouez les deux rôles.

A	B	C
où	rencontrer tes copains	le samedi matin
quand	voir ta cousine	à 8 heures du matin
à quelle heure	regarder la télé	à 9 heures du soir
	nettoyer ta chambre	à la Boîte à Musique
	faire les courses	à Mod' Shop
	acheter tes disques	au café Le Pont Neuf
	acheter tes vêtements	dans un supermarché
	prendre le petit déjeuner	le weekend
		pendant les vacances
		dans la cuisine
		dans le salon

Où est-ce que tu rencontres tes copains?

Je les rencontre au café Le Pont Neuf.

Je les rencontre le weekend.

Quand est-ce que tu rencontres tes copains?

C. La place des pronoms à l'impératif

Note the position of the object pronoun when the verb is in the imperative.

	AFFIRMATIVE COMMAND	NEGATIVE COMMAND
J'invite **Frédéric?**	Oui, invite-**le!**	Non, ne **l'**invite pas!
Je prends **la guitare?**	Oui, prends-**la!**	Non, ne **la** prends pas!
J'achète **les cassettes?**	Oui, achète-**les!**	Non, ne **les** achète pas!

In AFFIRMATIVE COMMANDS, the object pronoun comes *after* the verb and is joined to it by a hyphen.

In NEGATIVE COMMANDS, the object pronoun comes *before* the verb.

6 Invitations

Vous préparez une liste de personnes à inviter à une boum. Vous êtes limité(e)s à quatre *(4)* des personnes suivantes. Faites vos suggestions d'après les modèles.

▶ Caroline est sympathique.
   Invitons-la!

▶ Jean-Louis est pénible.
   Ne l'invitons pas!

1. Sylvie est très sympathique.
2. Cécile et Anne aiment danser.
3. Jacques est stupide.
4. Robert joue bien de la guitare.
5. Ces filles sont intelligentes.
6. Martin et Thomas sont snobs.
7. Nicolas n'est pas mon ami.
8. Ces garçons sont pénibles.
9. Cette fille est gentille.
10. Tes copains sont méchants.

7 Le pique-nique

Olivier demande à Claire s'il doit prendre certaines choses pour le pique-nique.

▶ ma guitare (oui)

Est-ce que je prends ma guitare?

Oui, prends-la!

1. la limonade (oui)
2. les sandwichs (non)
3. la salade (oui)
4. le lait (non)
5. le gâteau (non)
6. mon appareil-photo (oui)
7. mes lunettes de soleil (oui)
8. les impers (non)

8 Oui ou non?

Votre petit cousin de Québec passe deux semaines chez vous. Il vous demande s'il doit ou peut faire les choses suivantes. Répondez affirmativement ou négativement.

1. Je fais les courses?
2. Je regarde tes photos?
3. Je nettoie ma chambre?
4. J'achète le journal *(newspaper)?*
5. J'invite les voisins à déjeuner?
6. Je prépare le dîner?
7. Je prends ton vélo?
8. J'écoute tes disques?
9. J'aide ta mère?
10. Je mets la télé?

Je fais les devoirs?

Oui, fais-les.

(Non, ne les fais pas.)

D. Les pronoms compléments *lui, leur*

In the questions below, the nouns in heavy type are INDIRECT OBJECTS. These nouns represent PEOPLE and are introduced by **à.**

Note the forms and position of the corresponding INDIRECT OBJECT PRONOUNS in the answers on the right.

Tu téléphones **à Philippe?**	Oui, je **lui** téléphone.
Tu parles **à Juliette?**	Non, je ne **lui** parle pas.
Tu téléphones **à tes amis?**	Oui, je **leur** téléphone.
Tu prêtes ton vélo **à tes cousines?**	Non, je ne **leur** prête pas mon vélo.

FORMS

INDIRECT OBJECT PRONOUNS replace **à** + <u>noun representing people</u>. They have the following forms:

	SINGULAR		PLURAL	
MASCULINE/FEMININE	**lui**	*to him, to her*	**leur**	*to them*

POSITION

Like other object pronouns, **lui** and **leur** come *before* the verb, *except* in affirmative commands.

> Voici Henri. Parle-**lui!** Prête-**lui** ton vélo!

➡ In negative sentences, **lui** and **leur,** like other object pronouns, come *between* **ne** and the verb.

> Voici Éric. Je ne **lui** téléphone pas.
> Voici mes voisins. Je ne **leur** parle pas.

9 Au téléphone ─────────

Demandez à vos camarades s'ils téléphonent aux personnes suivantes.

▶ ta copine

Tu téléphones à ta copine?

Oui, je lui téléphone.

(Non, je ne lui téléphone pas.)

1. ton copain
2. tes cousins
3. ta grand-mère
4. ton prof
   de français
5. tes voisins
6. ta tante favorite

Vocabulaire: Verbes suivis *(followed)* d'un complément indirect

parler à	*to speak, talk (to)*	Je **parle à** mon copain.
rendre visite à	*to visit*	Nous **rendons visite à** nos voisins.
répondre à	*to answer*	Tu **réponds au** professeur.
téléphoner à	*to phone, call*	Jérôme **téléphone à** Juliette.
demander à	*to ask*	Je ne **demande** pas d'argent **à** mes frères.
donner à	*to give (to)*	Tu **donnes** ton adresse **à** ta copine.
montrer à	*to show (to)*	Nous **montrons** nos photos **à** nos amis.
prêter à	*to lend, loan (to)*	Je ne **prête** pas mon walkman **à** ma soeur.

➡ **Répondre** is a regular **-re** verb.

    Je réponds à François.   **J'ai répondu** à Catherine.

➡ The verbs **téléphoner, répondre,** and **demander** take indirect objects in French, but not in English. Compare:

téléphoner	Nous **téléphonons**	à	Paul.	Nous **lui téléphonons.**
	*We **are calling***	. . .	Paul.	*We **are calling him.***

répondre	Tu **réponds**	à	tes parents.	Tu **leur réponds.**
	*You **answer***	. . .	*your parents.*	*You **answer them.***

demander	Je **demande**	à	Sylvie	. . .	ses disques.	Je **lui demande** ses disques.
	*I **am asking***	. . .	Sylvie	*for*	*her records.*	*I **am asking her** for her records.*

10 Les copains de Dominique

Dominique a beaucoup de copains. Décrivez ce que chacun fait pour elle. Complétez les phrases avec **Dominique** ou **à Dominique.**

▶ Françoise invite <u>Dominique.</u>
  Patrick rend visite <u>à Dominique.</u>

1. Marc téléphone . . .
2. Jean-Paul voit . . . samedi prochain.
3. Sophie prête son vélo . . .
4. Corinne écoute . . .
5. François donne son adresse . . .
6. Philippe regarde . . . pendant la classe.
7. Delphine attend . . . après la classe.

8. Nathalie parle . . .
9. Pauline invite . . . au concert.
10. Pierre répond . . .
11. Isabelle montre ses photos . . .
12. Thomas demande . . . son numéro de téléphone.

11 Joyeux anniversaire!

Choisissez un cadeau d'anniversaire pour les personnes suivantes. Un(e) camarade va vous demander ce que vous donnez à chaque personne.

▶ à ton copain

Qu'est-ce que tu donnes à ton copain?

Je lui donne un livre.

Cadeaux

un pull
des compacts
une cravate
un livre
des billets (tickets) de théâtre
un magazine
ma photo
une boîte (box) de chocolats
un gâteau
??

1. à ton petit frère
2. à ta mère
3. à ta grand-mère
4. à ta copine
5. à tes cousins
6. à ton (ta) prof
7. à tes copains

12 Questions personnelles

Réponds aux questions suivantes. Utilise **lui** ou **leur** dans tes réponses.

1. Le weekend, est-ce que tu rends visite à tes copains? à ton oncle?
2. Est-ce que tu prêtes tes disques à ta soeur? à ton frère? à tes copains?
3. Est-ce que tu demandes de l'argent à ton père? à ta mère?
4. Est-ce que tu demandes des conseils (advice) à tes parents? à tes professeurs?
5. Est-ce que tu donnes de bons conseils à tes copains?
6. Est-ce que tu montres tes photos à ton frère? à ta soeur? à ta copine? à ton copain? à tes cousins?
7. En classe, est-ce que tu réponds en français à ton professeur?
8. Quand tu as un problème, est-ce que tu parles à tes copains? à ton professeur? à tes grands-parents? à tes parents?

E. Les verbes *dire* et *écrire*

Note the forms of the irregular verbs **dire** *(to say, tell)* and **écrire** *(to write)*.

INFINITIVE	dire	écrire
PRESENT	je **dis** tu **dis** il/elle/on **dit** nous **disons** vous **dites** ils/elles **disent**	j' **écris** tu **écris** il/elle/on **écrit** nous **écrivons** vous **écrivez** ils/elles **écrivent**
PASSÉ COMPOSÉ	j'**ai dit**	j'**ai écrit**

➡ Note the use of **que/qu'** *(that)* after **dire** and **écrire.**

Florence **dit que** Frédéric est sympathique.   *Florence **says (that)** Frédéric is nice.*
Alain **écrit qu'**il est allé à un pique-nique.   *Alain **writes (that)** he went on a picnic.*

➡ **Décrire** *(to describe)* follows the same pattern as **écrire.**

Did you know that French is an official language in many countries? Learning French can help you correspond with French-speaking pen pals throughout the world.

13 Correspondance

Pendant les vacances, on écrit beaucoup de lettres. Dites à qui les personnes suivantes écrivent.

▶ Juliette / à Marc
   Juliette écrit à Marc.

1. nous / à nos copains
2. toi / à ta cousine
3. moi / à ma grand-mère
4. Nicolas / à ses voisins
5. vous / à vos parents
6. les élèves / au professeur

14 La boum

Des amis sont à une boum. Décrivez ce que chacun dit.

▶ toi / la musique est super
   Tu dis que la musique est super.

1. Nicole / les sandwichs sont délicieux
2. nous / les invités *(guests)* sont sympathiques
3. Pauline / Jérôme danse bien
4. moi / ces garçons dansent mal
5. vous / vous n'aimez pas cette cassette
6. mes copains / ils vont organiser une boum le weekend prochain

15 Questions personnelles

1. Est-ce que tu aimes écrire?
2. Pendant les vacances, est-ce que tu écris à tes copains? à tes voisins? à ton(ta) meilleur(e) *(best)* ami(e)?
3. À Noël, est-ce que tu écris des cartes *(cards)*? À qui?
4. À qui as-tu écrit récemment *(recently)*?
5. Est-ce que tu dis toujours la vérité *(truth)*?
6. À ton avis, est-ce que les journalistes disent toujours la vérité? Et les politiciens?

Prononciation   on /ɔ̃/   on(n)e /ɔ/

Les lettres «on» et «om»

Be sure to distinguish between the nasal and non-nasal vowel sounds.

REMEMBER: Do not pronounce an /n/ or /m/ after the nasal vowel /ɔ̃/.

lion   lionne

Répétez: /ɔ̃/   **m̲o̲n t̲o̲n s̲o̲n b̲o̲n avi̲o̲n m̲o̲ntrer répo̲ndre invit̲o̲ns blous̲o̲n**

   /ɔn/   **téléph̲o̲ne Sim̲o̲ne d̲o̲nner c̲o̲nnais may̲o̲nnaise pers̲o̲nne b̲o̲nne**

   /ɔm/   **fr̲o̲mage pr̲o̲menade t̲o̲mate p̲o̲mme d̲o̲mmage c̲o̲mment**

   /ɔ̃/–/ɔn/   **li̲o̲n–li̲o̲nne b̲o̲n–b̲o̲nne Sim̲o̲n–Sim̲o̲ne Yv̲o̲n–Yv̲o̲nne**

   M̲o̲nique d̲o̲nne une p̲o̲mme à Raym̲o̲nd.
   Sim̲o̲ne c̲o̲nnaît m̲o̲n ̲o̲ncle Lé̲o̲n.

À votre tour!

1 Allô!

Reconstituez la conversation entre Jacques et Florence. Pour cela, faites correspondre les réponses de Florence avec les questions de Jacques.

1 **Qu'est-ce que tu fais ce weekend?**

2 **Tu m'invites?**

3 **Et Catherine? Tu l'invites aussi?**

4 **C'est ma nouvelle copine.**

5 **Tu veux son numéro de téléphone?**

6 **C'est le 44.32.28.50.**

a. Je lui téléphone tout de suite *(right away).*
b. Oui, je ne l'ai pas.
c. Bien sûr, je t'invite.
d. J'organise une boum.
e. Catherine? Je ne la connais pas. Qui est-ce?
f. Ah oui, je vois qui c'est maintenant. Eh bien, d'accord! Je l'invite.

2 Dis-moi …

I met your cousin at a party last weekend. She is a very bright and pleasant person. I would like to see her again. Tell me …

- Comment est-ce qu'elle s'appelle?
- Où est-ce qu'elle habite?
- Est-ce que tu la vois souvent?
- Est-ce que je lui téléphone? Quand?
- Est-ce que je l'invite au restaurant? À quel restaurant?

3 Créa-dialogue

Avec vos camarades, discutez de certaines choses que vous faites. Posez plusieurs questions sur chaque activité.

Tu regardes la télé?

Oui je la regarde.

À quelle heure est-ce que tu la regardes?

À huit heures.

	regarder la télé?	**1. inviter tes amis?**	**2. voir tes cousins?**
	à quelle heure?	**quand? à quelle occasion?**	**quand? où?**
		5. faire tes devoirs?	**6. téléphoner à tes copains?**
		quand? où?	**quand? pourquoi?**

4 **Situation**

Avec un(e) camarade, composez un dialogue original correspondant à la situation suivante. Jouez ce dialogue en classe.

You and another classmate know a very nice Canadian girl by the name of Catherine. Next weekend is her birthday and you want to do something special. With your friend discuss . . .
• whether to invite her to your house or to a restaurant
• what small gift *(petit cadeau)* you may buy for her
• what else you may do for her

5 **Conversation libre**

Avec un(e) camarade, composez un dialogue basé sur la situation suivante. Jouez ce dialogue en classe.

A group of French students are going to visit your town next week. As members of the Foreign Students Club, you and a classmate discuss what kinds of activities you will organize for them. You may want to use the following verbs:

inviter (où?), montrer (quels endroits?), amener (où?), donner (quels petits cadeaux [gifts]**?)**

6 **Composition: Les personnes dans ma vie** *(life)*

Make a list of two or three people you know well. Give the name of each person and describe one thing you do for this person and one thing you don't do.
You may want to select:

• un cousin/une cousine
• un frère/une soeur
• un copain/une copine
• un voisin/une voisine
• un ami/une amie
• un professeur de français (d'anglais, de maths, d'histoire)

> *Ma cousine s'appelle Denise. Je la vois pendant les vacances de Noël. Je ne lui rends pas souvent visite.*

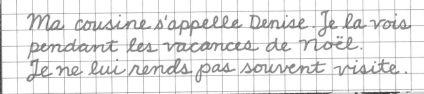

Comment dit-on . . . ?

How to tell someone to leave you alone:

Laisse-moi tranquille!

Fiche-moi la paix!

3. faire les courses?	4. aider ta mère?
quand? où?	quand? comment?

7. rendre visite à ta grand-mère?	8. écrire à ton cousin?
quand? pourquoi?	pourquoi?

Petit test culturel

Bon appétit!

Répondez aux questions suivantes. Vérifiez vos réponses au bas° de la page.

1 Dans un repas français, quand est-ce qu'on mange la salade en général?
a. comme° premier plat
b. avec la viande
c. après le plat principal
d. après le dessert

2 En général, avec quel repas est-ce qu'on mange des croissants en France?
a. avec le petit déjeuner
b. avec le déjeuner
c. avec le dîner
d. avec les trois repas

3 Dans un restaurant français typique, qu'est-ce qu'on mange généralement avec un steak?
a. du riz
b. des spaghetti
c. des frites
d. des épinards°

4 Quand est-ce que les Français boivent le café?
a. avant le repas
b. pendant le repas
c. avec le fromage
d. à la fin° du repas

5 Le «camembert» est une spécialité qui vient originairement de Normandie. Qu'est-ce que c'est?
a. un gâteau
b. un fromage
c. une glace
d. un jus de fruit

6 La «bouillabaisse» est le plat traditionnel de Marseille, un grand port français sur la Méditerranée. Qu'est-ce que c'est?
a. une salade de fruits
b. une soupe de poisson
c. une tarte aux bananes
d. une omelette au jambon

7 Quelle province française a donné son nom à un vin° célèbre?°
a. la Savoie
b. la Champagne
c. la Bretagne
d. la Picardie

Réponses:

1. c; 2. a; 3. c; 4. d; 5. b;
6. b; 7. b.

au bas *at the bottom* **comme** *as*
épinards *spinach* **fin** *end*
vin *wine* **célèbre** *famous*

Petit déjeuner au Château Frontenac

Vous voyagez au Canada avec votre famille. Cette semaine vous êtes à Québec. Vous restez au Château Frontenac, un célèbre hôtel de la ville. Regardez bien le menu.

 À quelle heure est servi° le petit déjeuner?

Vous avez le choix entre deux menus. Quel menu allez-vous choisir? Combien coûte-t-il?

Vous avez décidé de choisir le menu «Le Comte de Frontenac».

Quel jus de fruit allez-vous choisir?

Quelle boisson allez-vous choisir?

Quels oeufs allez-vous prendre?

Est-ce que vous allez prendre du jambon, du bacon ou des saucisses?

Est-ce que vous allez choisir des rôties, un croissant ou une danoise? Et qu'est-ce que vous allez prendre comme° confiture?

servi *served*   **comme** *as, for*

Le Château Frontenac

(De 6h30 à midi)
PETIT DÉJEUNER CONTINENTAL   **(From 6:30 to noon)**
CONTINENTAL BREAKFAST
$7.75

☐ Jus d'orange ou
☐ Jus de tomate ou
☐ Jus de pamplemousse

☐ Orange juice or
☐ Tomato juice or
☐ Grapefruit juice

☐ Café ou
☐ Thé ou
☐ Lait
avec ☐ rôties, ou ☐ croissant, ou
☐ danoise, beurre et confitures

☐ Coffee or
☐ Tea or
☐ Milk
served with ☐ toast, or ☐ croissant, or
☐ sweet roll, butter and preserves

LE COMTE DE FRONTENAC
$11.25

☐ Jus d'orange ou
☐ Jus de tomate ou
☐ Jus de pamplemousse ou
☐ 1/2 pamplemousse ou
☐ Pruneaux

☐ Orange juice or
☐ Tomato juice or
☐ Grapefruit juice or
☐ 1/2 grapefruit or
☐ Stewed prunes

☐ Café ou
☐ Thé ou
☐ Lait

☐ Coffee or
☐ Tea or
☐ Milk

☐ Deux oeufs frits ou
☐ Oeufs brouillés ou
☐ Deux oeufs à la coque ou
☐ Crêpes canadiennes ou
☐ Crêpes françaises

☐ Two fried eggs or
☐ Scrambled eggs or
☐ Two boiled eggs or
☐ Canadian pancakes or
☐ French pancakes

☐ Jambon ou
☐ Bacon ou
☐ Saucisses

☐ Ham or
☐ Bacon or
☐ Sausages

avec
☐ rôties ou
☐ croissant ou
☐ danoise
beurre et confitures

served with
☐ toast or
☐ croissant or
☐ sweet roll
butter and preserves

☐ Fraises
☐ Framboises
☐ Orange
☐ Miel

☐ Strawberry
☐ Raspberry
☐ Orange
☐ Honey

LE CAFÉ CANADIEN
Pour un petit déjeuner léger ou complet service à la carte ou buffet de 07h00 à 11h00.

LE CAFÉ CANADIEN
Light and full course breakfast à la carte or buffet from 7 to 11:00 a.m.

Entre amis: **Le petit déjeuner**

«Qu'est-ce que vous prenez au petit déjeuner?» Aux États-Unis, le petit déjeuner est généralement un repas abondant.° En France, c'est un repas simple.

Fabrice (13 ans)

Chez nous, nous sommes très traditionnels. Je mange du pain avec du beurre et de la confiture. Je bois un grand bol° de café au lait.

Sylvie (14 ans)

Je mange des tartines de pain grillé° et je bois du lait chaud ou du chocolat avec beaucoup de sucre. Le dimanche, il y a parfois° des croissants. (Ça dépend si quelqu'un veut faire les courses!)

Daniel (12 ans)

Chez nous, nous prenons le petit déjeuner «à l'américaine». Je mange des céréales et je bois du jus d'orange.

Marie-Hélène (16 ans)

Je ne veux pas grossir. Alors, je mange une ou deux biscottes.° Sans° beurre, bien sûr. Et je bois du thé.

Chantal (13 ans)

Je suis martiniquaise. En général, je mange du pain et de la confiture comme° tout le monde.° Parfois ma mère prépare un petit déjeuner martiniquais typique. On mange du blaff de poisson° et des bananes vertes cuites.° On mange aussi des ananas,° des papayes et de la gelée de goyave.° C'est délicieux!

abondant *copious, large*   **bol** *deep bowl*   **pain grillé** *buttered toast*   **parfois** *sometimes*
biscottes *dried toast*   **Sans** *Without*   **comme** *like*   **tout le monde** *everybody*
blaff de poisson *fish stew*   **cuites** *cooked*   **ananas** *pineapples*   **gelée de goyave** *guava jelly*

■ **NOTE** ■
CULTURELLE

La cuisine créole

La cuisine créole est une cuisine régionale typique de la Martinique et de la Guadeloupe. C'est une cuisine assez épicée° qui utilise les produits locaux,° principalement les produits de la mer et les fruits exotiques.

épicée *hot (spiced)*   **locaux** *local*

Comment lire
MORE GUESSING FROM CONTEXT

When you are reading, the context is not only the printed word. Sometimes there are illustrations to help you understand the text. As you read the recipe for **crêpes** on the next page, try guessing what the new words mean by studying the pictures. (You can check how well you are doing by looking at the English equivalents at the bottom of the page.)

Enrichissez votre vocabulaire
INCREASING YOUR ENGLISH VOCABULARY

Learning French will also help you increase your English vocabulary. Sometimes a French word you know will help you guess the meaning of an unfamiliar English word. For example:

a repast looks like **un repas** and is an old word for *meal*

Activité
Match these English words with their corresponding definitions.

1. to blanch   a. painfully difficult work
2. facile   b. easily done
3. travail   c. very hungry
4. famished   d. to whiten, to bleach

Activité: Mon petit déjeuner
Décrivez le petit déjeuner chez vous.
- pendant la semaine
- le dimanche matin

DÉCOUVREZ LA MARTINIQUE

au

TYPIC BELLEVUE

LE PLUS TYPIQUE DES RESTAURANTS

UN CHOIX UNIQUE DE SPÉCIALITÉS CRÉOLES

Boulevard de la Marne Tél. 71.68.87

FORT-DE-FRANCE

Parking Boulevard de Verdun

—— **RELAIS CRÉOLE ✳ ✳**

Menu du jour et à la carte

Ouvert midi et soir sauf Dimanche

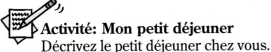

Voici certaines spécialités:

boudin créole	*hot sausage, creole style*	**bifteck de tortue**	*turtle steak*
blaff de poisson	*fish stew*	**matoutou crabes**	*stewed crabs served*
crabes farcis	*stuffed crabs*		*with rice*
langoustes grillées	*(small) lobsters, grilled*		

Variétés

Les crêpes

Les crêpes sont d'origine bretonne.° Aujourd'hui, on vend les crêpes dans les «crêperies». On peut aussi faire des crêpes à la maison. Voici une recette° très simple.

LES INGRÉDIENTS

3 oeufs
3 cuillères à soupe de sucre
une pincée° de sel
2 tasses de lait
1 tasse de farine°
1 cuillère à soupe d'huile°
du beurre

LES USTENSILES

 un petit bol

 un grand bol

 un fouet

une poêle

D'abord: Pour faire la pâte°

Mettez les oeufs dans le petit bol. Battez-les° bien avec le fouet.

Ajoutez° le sucre, le sel et un peu de lait.

Mettez la farine dans le grand bol. Versez° le contenu° du petit bol dans le grand bol.

Ajoutez l'huile et le reste du lait. Mélangez° bien la pâte. Attendez deux heures.

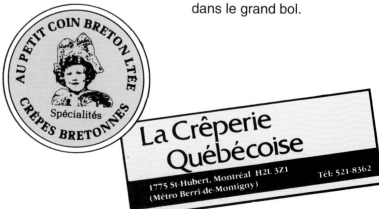

AU PETIT COIN BRETON LTÉE
Spécialités
CRÊPES BRETONNES

La Crêperie Québécoise
1775 St-Hubert, Montréal H2L 3Z1
(Métro Berri-de-Montigny)
Tél: 521-8362

---

bretonne *from Brittany* **recette** *recipe* **pincée** *pinch* **farine** *flour* **huile** *oil* **pâte** *batter*
Battez-les *Beat them* **Ajoutez** *Add* **Versez** *Pour* **contenu** *contents* **Mélangez** *Mix, Stir*

Ensuite: Pour faire les crêpes

Chauffez° la poêle. Mettez du beurre dans la poêle.

Mettez une cuillère de pâte dans la poêle.

Agitez° la poêle pour étendre° la pâte.

Retournez° la crêpe quand elle est dorée.°

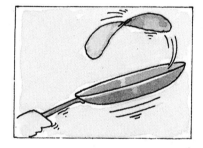

Si vous êtes adroit(e), faites sauter° la crêpe en l'air. Si vous n'êtes pas adroit(e), abstenez-vous!°

Enfin: Pour servir les crêpes

Mettez la crêpe sur une assiette chaude. Faites les autres° crêpes.

Mettez du sucre ou de la confiture sur chaque° crêpe.

Au choix, roulez-la° ou pliez-la° en quatre.

Chauffez *Heat* **Agitez** *Shake* **étendre** *spread*
Retournez *Turn over* **dorée** *golden brown* **faites sauter** *flip*
abstenez-vous *don't try* **autres** *other* **chaque** *each*
roulez-la *roll it* **pliez-la** *fold it*

REFERENCE SECTION

CONTENTS

APPENDIX 1

Maps

The French-Speaking World

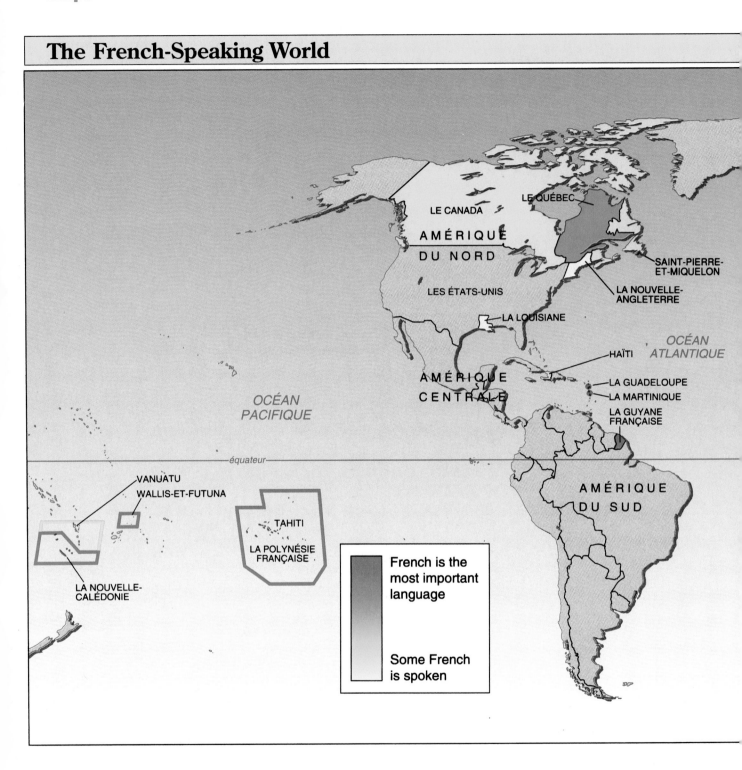

LE CANADA

LE QUÉBEC

AMÉRIQUE DU NORD

SAINT-PIERRE-ET-MIQUELON

LES ÉTATS-UNIS

LA NOUVELLE-ANGLETERRE

LA LOUISIANE

OCÉAN ATLANTIQUE

HAÏTI

AMÉRIQUE CENTRALE

LA GUADELOUPE

LA MARTINIQUE

LA GUYANE FRANÇAISE

OCÉAN PACIFIQUE

équateur

VANUATU

WALLIS-ET-FUTUNA

AMÉRIQUE DU SUD

TAHITI

LA POLYNÉSIE FRANÇAISE

LA NOUVELLE-CALÉDONIE

French is the most important language

Some French is spoken

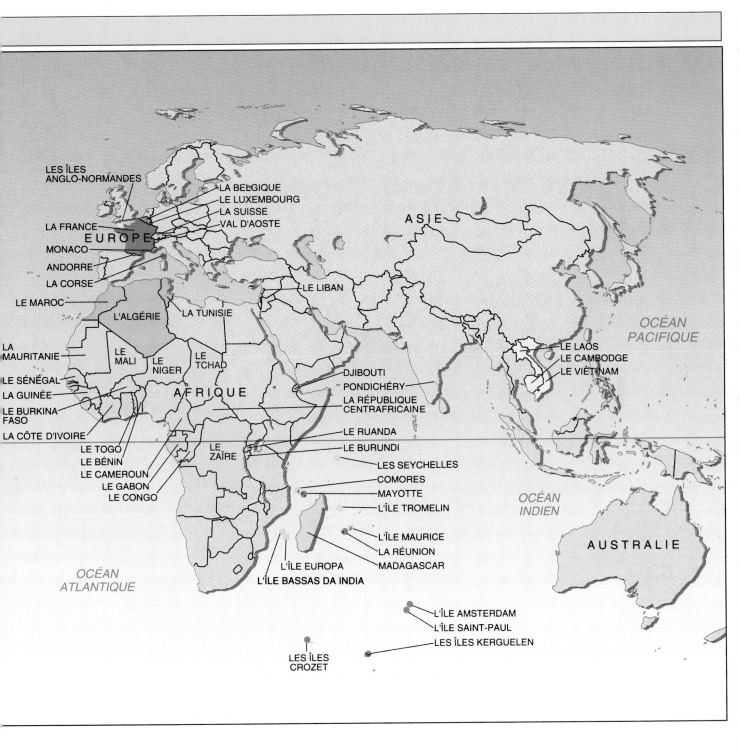

LES ÎLES
ANGLO-NORMANDES

LA BELGIQUE
LE LUXEMBOURG
LA SUISSE
VAL D'AOSTE

LA FRANCE
EUROPE
MONACO
ANDORRE
LA CORSE
LE MAROC
L'ALGÉRIE
LA TUNISIE

ASIE

OCÉAN
PACIFIQUE

LE LIBAN

LA
MAURITANIE
LE MALI
LE NIGER
LE TCHAD

LE SÉNÉGAL
LA GUINÉE
LE BURKINA
FASO
LA CÔTE D'IVOIRE

AFRIQUE

DJIBOUTI
PONDICHÉRY
LA RÉPUBLIQUE
CENTRAFRICAINE

LE LAOS
LE CAMBODGE
LE VIÊT-NAM

LE TOGO
LE BÉNIN
LE CAMEROUN
LE GABON
LE CONGO

LE
ZAÏRE

LE RUANDA
LE BURUNDI
LES SEYCHELLES
COMORES
MAYOTTE
L'ÎLE TROMELIN

OCÉAN
INDIEN

AUSTRALIE

L'ÎLE MAURICE
LA RÉUNION
MADAGASCAR

OCÉAN
ATLANTIQUE

L'ÎLE EUROPA
L'ÎLE BASSAS DA INDIA

L'ÎLE AMSTERDAM
L'ÎLE SAINT-PAUL
LES ÎLES KERGUELEN

LES ÎLES
CROZET

France

L'ANGLETERRE

LA BELGIQUE

L'ALLEMAGNE

LA MANCHE

LE LUXEMBOURG

Lille•

NORD [2]

HAUTE-
NORMANDIE

PICARDIE

Le Havre•

Rouen•

LORRAINE

Meuse

Caen•

BASSE-
NORMANDIE

Versailles•

☆Paris

RÉGION
PARISIENNE [1]

CHAMPAGNE-
ARDENNE

Nancy•

Strasbourg•

LES VOSGES

ALSACE

Rhin

BRETAGNE

Rennes•

Seine

Colmar•

PAYS DE
LA LOIRE

CENTRE

Loire

Dijon•

FRANCHE-
COMTÉ

LA SUISSE

Nantes•

Tours•

BOURGOGNE

OCÉAN
ATLANTIQUE

POITOU-
CHARENTES

AUVERGNE

Saône

Vichy•

Annecy•

Lyon•

LES ALPES

LIMOUSIN

Clermont-
Ferrand•

RHÔNE-ALPES

L'ITALIE

Grenoble•

Bordeaux•

LE MASSIF

Garonne

CENTRAL

Rhône

AQUITAINE

Albi•

Nîmes•

Avignon•

PROVENCE-
CÔTE D'AZUR [3]

MONACO

Nice•

MIDI-PYRÉNÉES

Montpellier•

Cannes

Toulouse•

LANGUEDOC-
ROUSSILLON

Marseille•

Saint-
Tropez•

Toulon•

LES PYRÉNÉES

L'ESPAGNE

MER MÉDITERRANÉE

LA CORSE

[1]Also known as Île-de-France
[2]Also known as Nord-Pas-de-Calais
[3]Also known as Provence-Alpes-Côte d'Azur *(Bottin 1989)*

Vowels

Sound	Spelling	Examples
/a/	**a, à, â**	Madame, là-bas, théâtre
/i/	**i, î**	visite, Nice, dîne
	y (initial, final, or between consonants)	Yves, Guy, style
/u/	**ou, où, oû**	Toulouse, où, août
/y/	**u, û**	tu, Luc, sûr
/o/	**o** (final or before silent consonant)	piano, idiot, Margot
	au, eau	jaune, Claude, beau
	ô	hôtel, drôle, Côte-d'Ivoire
/ɔ/	**o**	Monique, Noël, jolie
	au	Paul, restaurant, Laure
/e/	**é**	Dédé, Québec, télé
	e (before silent final **z, t, r**)	chez, et, Roger
	ai (final or before final silent consonant)	j'ai, mai, japonais
/ɛ/	**è**	Michèle, Ève, père
	ei	seize, neige, tour Eiffel
	ê	tête, être, Viêt-nam
	e (before two consonants)	elle, Pierre, Annette
	e (before pronounced final consonant)	Michel, avec, cher
	ai (before pronounced final consonant)	française, aime, Maine
/ə/	**e** (final or before single consonant)	je, Denise, venir
/ø/	**eu, oeu**	deux, Mathieu, oeufs
	eu (before final **se**)	nerveuse, généreuse, sérieuse
/œ/	**eu** (before final pronounced consonant except /z/)	heure, neuf, Lesieur
	oeu	soeur, coeur, oeuf
	oe	oeil

Nasal vowels

Sound	Spelling	Examples
/ã/	**an, am**	France, quand, lampe
	en, em	Henri, pendant, décembre
/ɔ̃/	**on, om**	non, Simon, bombe
/ɛ̃/	**in, im**	Martin, invite, impossible
	yn, ym	syndicat, sympathique, Olympique
	ain, aim	Alain, americain, faim
	(o) + in	loin, moins, point
	(i) + en	bien, Julien, viens
/œ̃/	**un, um**	un, Lebrun, parfum

Semi-vowels

Sound	Spelling	Examples
/j/	**i, y** (before vowel sound)	bien, piano, Lyon
	-il, -ill (after vowel sound), **-ll**	oeil, travaille, Marseille, fille
/ɥ/	**u** (before vowel sound)	lui, Suisse, juillet
/w/	**ou** (before vowel sound)	oui, Louis, jouer
/wa/	**oi, oî**	voici, Benoît
	oy (before vowel)	voyage

Consonants

Sound	Spelling	Examples
/b/	**b**	Barbara, banane, Belgique
/k/	**c** (before **a, o, u,** or consonant)	Coca-Cola, cuisine, classe
	ch(r)	Christine, Christian, Christophe
	qu, q (final)	Québec, qu'est-ce que, cinq
	k	kilo, Kiki, ketchup
/ʃ/	**ch**	Charles, blanche, chez
/a/	**d**	Didier, dans, médecin
/f/	**f**	Félix, franc, neuf
	ph	Philippe, téléphone, photo
/g/	**g** (before **a, o, u,** or consonant)	Gabriel, gorge, légumes, gris
	gu (before **e, i, y**)	vague, Guillaume, Guy
/ɲ/	**gn**	mignon, champagne, Allemagne
/ʒ/	**j**	je, Jérôme, jaune
	g (before **e, i, y**)	rouge, Gigi, gymnastique
	ge (before **a, o, u**)	orangeade, Georges, nageur
/l/	**l**	Lise, elle, cheval
/m/	**m**	Maman, moi, tomate
/n/	**n**	banane, Nancy, nous
/p/	**p**	peu, Papa, Pierre
/r/	**r**	arrive, rentre, Paris
/s/	**c** (before **e, i, y**)	ce, Cécile, Nancy
	ç (before **a, o, u**)	ça, garçon, déçu
	s (initial or before consonant)	sac, Sophie, reste
	ss (between vowels)	boisson, dessert, Suisse
	t (before **i** + vowel)	attention, Nations Unies, natation
	x	dix, six, soixante
/t/	**t**	trop, télé, Tours
	th	Thérèse, thé, Marthe
/v/	**v**	Viviane, vous, nouveau
/gz/	**x**	examen, exemple, exact
/ks/	**x**	Max, Mexique, excellent
/z/	**s** (between vowels)	désert, Louise, télévision
	z	Suzanne, zut, zéro

A. Cardinal numbers

0	zéro	18	dix-huit	82	quatre-vingt-deux
1	un (une)	19	dix-neuf	90	quatre-vingt-dix
2	deux	20	vingt	91	quatre-vingt-onze
3	trois	21	vingt et un (une)	100	cent
4	quatre	22	vingt-deux	101	cent un (une)
5	cinq	23	vingt-trois	102	cent deux
6	six	30	trente	200	deux cents
7	sept	31	trente et un (une)	201	deux cent un
8	huit	32	trente-deux	300	trois cents
9	neuf	40	quarante	400	quatre cents
10	dix	41	quarante et un (une)	500	cinq cents
11	onze	50	cinquante	600	six cents
12	douze	60	soixante	700	sept cents
13	treize	70	soixante-dix	800	huit cents
14	quatorze	71	soixante et onze	900	neuf cents
15	quinze	72	soixante-douze	1.000	mille
16	seize	80	quatre-vingts	2.000	deux mille
17	dix-sept	81	quatre-vingt-un (une)	1.000.000	un million

Notes:
1. The word **et** occurs only in the numbers 21, 31, 41, 51, 61, and 71:
2. **Un** becomes **une** before a feminine noun:
3. **Quatre-vingts** becomes **quatre-vingt** before another number:
4. **Cents** becomes **cent** before another number:
5. **Mille** never adds an **-s:**

**vingt et un
soixante et onze
trente et une filles
quatre-vingt-cinq
trois cent vingt
quatre mille**

B. Ordinal numbers

1er (ère)	**premier (première)**	5e	**cinquième**	9e	**neuvième**
2e	**deuxième**	6e	**sixième**	10e	**dixième**
3e	**troisième**	7e	**septième**	11e	**onzième**
4e	**quatrième**	8e	**huitième**	12e	**douzième**

Note: Premier becomes **première** before a feminine noun: **la première histoire**

C. Metric equivalents

1 gramme	= 0.035 ounces	**1 ounce**	=	**28,349 grammes**
1 kilogramme	= 2.205 pounds	**1 pound**	=	**0,453 kilogrammes**
1 litre	= 1.057 quarts	**1 quart**	=	**0,946 litres**
1 mètre	= 39.37 inches	**1 foot**	=	**30,480 centimètres**
1 kilomètre	= 0.62 miles	**1 mile**	=	**1,609 kilomètres**

APPENDIX 4
Verbs

A. Regular verbs

Infinitive	Present		Passé composé	
parler *(to talk, speak)*	je **parle**	nous **parlons**	j'ai **parlé**	nous **avons parlé**
	tu **parles**	vous **parlez**	tu **as parlé**	vous **avez parlé**
	il **parle**	ils **parlent**	il **a parlé**	ils **ont parlé**
	IMPERATIVE: **parle, parlons, parlez**			
finir *(to finish)*	je **finis**	nous **finissons**	j'ai **fini**	nous **avons fini**
	tu **finis**	vous **finissez**	tu **as fini**	vous **avez fini**
	il **finit**	ils **finissent**	il **a fini**	ils **ont fini**
	IMPERATIVE: **finis, finissons, finissez**			
vendre *(to sell)*	je **vends**	nous **vendons**	j'ai **vendu**	nous **avons vendu**
	tu **vends**	vous **vendez**	tu **as vendu**	vous **avez vendu**
	il **vend**	ils **vendent**	il **a vendu**	ils **ont vendu**
	IMPERATIVE: **vends, vendons, vendez**			

B. -er verbs with spelling changes

Infinitive	Present		Passé composé
acheter *(to buy)*	j'**achète**	nous **achetons**	j'ai **acheté**
	tu **achètes**	vous **achetez**	
	il **achète**	ils **achètent**	
	Verb like **acheter**: amener *(to bring, take along)*		
espérer *(to hope)*	j'**espère**	nous **espérons**	j'ai **espéré**
	tu **espères**	vous **espérez**	
	il **espère**	ils **espèrent**	
	Verbs like **espérer**: célébrer *(to celebrate)*, préférer *(to prefer)*		
commencer *(to begin, start)*	je **commence**	nous **commençons**	j'ai **commencé**
	tu **commences**	vous **commencez**	
	il **commence**	ils **commencent**	
manger *(to eat)*	je **mange**	nous **mangeons**	j'ai **mangé**
	tu **manges**	vous **mangez**	
	il **mange**	ils **mangent**	
	Verbs like **manger**: nager *(to swim)*, voyager *(to travel)*		
payer *(to pay, pay for)*	je **paie**	nous **payons**	j'ai **payé**
	tu **paies**	vous **payez**	
	il **paie**	ils **paient**	

C. Irregular verbs

Infinitive	Present		Passé composé
avoir *(to have, own)*	j'**ai** tu **as** il **a**	nous **avons** vous **avez** ils **ont**	j'**ai eu**
	IMPERATIVE: **aie, ayons, ayez**		
être *(to be)*	je **suis** tu **es** il **est**	nous **sommes** vous **êtes** ils **sont**	j'**ai été**
	IMPERATIVE: **sois, soyons, soyez**		
aller *(to go)*	je **vais** tu **vas** il **va**	nous **allons** vous **allez** ils **vont**	je **suis allé(e)**
boire *(to drink)*	je **bois** tu **bois** il **boit**	nous **buvons** vous **buvez** ils **boivent**	j'**ai bu**
connaître *(to know)*	je **connais** tu **connais** il **connaît**	nous **connaissons** vous **connaissez** ils **connaissent**	j'**ai connu**
devoir *(to have to, should, must)*	je **dois** tu **dois** il **doit**	nous **devons** vous **devez** ils **doivent**	j'**ai dû**
dire *(to say, tell)*	je **dis** tu **dis** il **dit**	nous **disons** vous **dites** ils **disent**	j'**ai dit**
dormir *(to sleep)*	je **dors** tu **dors** il **dort**	nous **dormons** vous **dormez** ils **dorment**	j'**ai dormi**
écrire *(to write)*	j'**écris** tu **écris** il **écrit**	nous **écrivons** vous **écrivez** ils **écrivent**	j'**ai écrit**
	Verb like **écrire:** décrire *(to describe)*		
faire *(to make, do)*	je **fais** tu **fais** il **fait**	nous **faisons** vous **faites** ils **font**	j'**ai fait**
lire *(to read)*	je **lis** tu **lis** il **lit**	nous **lisons** vous **lisez** ils **lisent**	j'**ai lu**
mettre *(to put, place)*	je **mets** tu **mets** il **met**	nous **mettons** vous **mettez** ils **mettent**	j'**ai mis**
	Verb like **mettre:** promettre *(to promise)*		

Infinitive	Present		Passé composé
ouvrir *(to open)*	j'**ouvre** tu **ouvres** il **ouvre**	nous **ouvrons** vous **ouvrez** ils **ouvrent**	j'**ai ouvert**

Verbs like **ouvrir**: découvrir *(to discover)*, offrir *(to offer)*

partir *(to leave)*	je **pars** tu **pars** il **part**	nous **partons** vous **partez** ils **partent**	je **suis parti(e)**
pouvoir *(to be able, can)*	je **peux** tu **peux** il **peut**	nous **pouvons** vous **pouvez** ils **peuvent**	j'**ai pu**
prendre *(to take)*	je **prends** tu **prends** il **prend**	nous **prenons** vous **prenez** ils **prennent**	j'**ai pris**

Verbs like **prendre**: apprendre *(to learn)*, comprendre *(to understand)*

savoir *(to know)*	je **sais** tu **sais** il **sait**	nous **savons** vous **savez** ils **savent**	j'**ai su**
sortir *(to go out, get out)*	je **sors** tu **sors** il **sort**	nous **sortons** vous **sortez** ils **sortent**	je **suis sorti(e)**
venir *(to come)*	je **viens** tu **viens** il **vient**	nous **venons** vous **venez** ils **viennent**	je **suis venu(e)**

Verb like **venir**: revenir *(to come back)*

voir *(to see)*	je **vois** tu **vois** il **voit**	nous **voyons** vous **voyez** ils **voient**	j'**ai vu**
vouloir *(to want)*	je **veux** tu **veux** il **veut**	nous **voulons** vous **voulez** ils **veulent**	j'**ai voulu**

D. Verbs with *être* in the *passé composé*

aller *(to go)*   je **suis allé(e)**
arriver *(to arrive, come)*   je **suis arrivé(e)**
descendre *(to go down)*   je **suis descendu(e)**
entrer *(to enter, go in)*   je **suis entré(e)**
monter *(to go up)*   je **suis monté(e)**
mourir *(to die)*   Il/elle **est mort(e)**
naître *(to be born)*   je **suis né(e)**
partir *(to leave)*   je **suis parti(e)**

passer *(to go by, through)*   je **suis passé(e)**
rentrer *(to go home)*   je **suis rentré(e)**
rester *(to stay)*   je **suis resté(e)**
revenir *(to come back)*   je **suis revenu(e)**
sortir *(to go out, get out)*   je **suis sorti(e)**
tomber *(to fall)*   je **suis tombé(e)**
venir *(to come)*   je **suis venu(e)**

FRENCH-ENGLISH VOCABULARY

VOCABULARY
French-English

The French-English vocabulary contains active and passive words from the text, as well as the important words of the illustrations used within the units. Obvious passive cognates have not been listed.

The numbers following an entry indicate the lesson in which the word or phrase is activated. (**B** stands for the photo essay that precedes **Niveau B; C** stands for the list of phrases and expressions that precedes **Niveau C;** and **E** stands for **Entracte.**)

Nouns: If the article of a noun does not indicate gender, the noun is followed by *m.* (*masculine*) or *f.* (*feminine*). If the plural (*pl.*) is irregular, it is given in parentheses.

Adjectives: Adjectives are listed in the masculine form. If the feminine form is irregular, it is given in parentheses. Irregular plural forms (*pl.*) are also given in parentheses.

Verbs: Verbs are listed in the infinitive form. An asterisk (*) in front of an active verb means that it is irregular. (For forms, see the verb charts in Appendix 4C.) Irregular present tense forms are listed when they are used before the verb has been activated. Irregular past participle (*p.p.*) forms are listed separately.

Words beginning with an **h** are preceded by a bullet (•) if the **h** is aspirate; that is, if the word is treated as if it begins with a consonant sound.

A ▬▬▬▬▬▬

a: il y a there is, there are **17**
à at, in, to **14, 22**
  à côté next door
  à demain see you tomorrow **8**
  à droite on (to) the right **21**
  à gauche on (to) the left **21**
  à la mode popular; in fashion; fashionable **25**
  à mon avis in my opinion **27**
  à partir de as of, beginning
  à pied on foot **22**
  à samedi! see you Saturday! **8**
  à vélo by bicycle **22**
abolir to abolish
abondant plentiful, copious, large
abord: d'abord (at) first **30**
un **abricot** apricot
absolument absolutely
un **accent** accent mark, stress
accepter to accept
des **accessoires** *m.* accessories **25**

un **accord** agreement
  d'accord okay, all right **13**
  être d'accord to agree **14**
un **achat** purchase
  faire des achats to go shopping **29**
acheter to buy **25, 26**
  acheter + du, de la (*partitive*) to buy (some) **34**
un **acteur, une actrice** actor, actress
une **activité** activity
l' **addition** *f.* check
adorer to love
une **adresse** address **21**
  quelle est ton adresse? what's your address? **21**
adroit skilled, skillful
un(e) **adulte** adult
aéronautique aeronautic, aeronautical
un **aéroport** airport
affectueusement affectionately (*at the end of a letter*)
une **affiche** poster **17**
affirmativement affirmatively
l' **Afrique** *f.* Africa
l' **âge** *m.* age

  quel âge a-t-il/elle? how old is he/she? **17**
  quel âge as-tu? how old are you? **7**
  quel âge a ton père/ta mère? how old is your father/your mother? **7**
âgé old
une **agence** agency
  une agence de tourisme tourist office
  une agence de voyages travel agency
agiter to shake
agité agitated
ah! ah!, oh!
  ah bon? oh? really? **16**
  ah non! ah, no!
ai (*see* **avoir**): **j'ai** I have **17**
  j'ai... ans I'm... (years old) **7**
aider to help **29, 35**
une **aile** wing
aimer to like **15, 33**
  est-ce que tu aimes...? do you like...? **13**
  j'aime... I like... **13**
  j'aimerais I would like
  je n'aime pas... I don't like... **13**

ainsi thus

aîné older

　un frère aîné older brother

　une soeur aînée older sister

ajouter to add

l' **Algérie** *f.* Algeria *(country in North Africa)*

algérien (algérienne) Algerian

l' **Allemagne** *f.* Germany

allemand German

* **aller** to go **22**

　aller + *inf.* to be going to + *inf.* **22**

　allez *(see* aller*)*: **allez-vous-en** go away!

　allez-y come on!, go ahead!, do it!

　comment allez-vous? how are you? **3**

allô! hello! *(on the telephone)*

allons *(see* aller*)*: **allons-y** let's go! **22**

alors so, then **19**

une **alouette** lark

les **Alpes** *f.* (the) Alps

l' **alphabet** *m.* alphabet

l' **alpinisme** *m.* mountain climbing **29**

　faire de l'alpinisme to go mountain climbing **29**

l' **Alsace** *f.* Alsace *(province in eastern France)*

amener to bring *(a person)* **26, 35**

américain American **2, 19**

　à l'américaine American-style

un **Américain, une Américaine** American person

l' **Amérique** *f.* America

un **ami, une amie** (close) friend **5**

amicalement love *(at the end of a letter)*

l' **amitié** *f.* friendship

　amitiés best regards *(at the end of a letter)*

amusant funny, amusing **19**

amuser to amuse

　s'amuser to have fun

　on s'est bien amusé! we had a good time!

un **an** year

avoir... ans to be . . . (years old) **18**

　il/elle a... ans he/she is . . . (years old) **7**

　j'ai... ans I'm . . . (years old) **7**

　l'an dernier last year

　par an per year

un **ananas** pineapple

ancien (ancienne) former, old, ancient

un **âne** donkey

un **ange** angel

anglais English **2, 19**

un **Anglais, une Anglaise** English person

un **animal** (*pl.* **animaux**) animal

une **animation** live entertainment

animé animated, lively

une **année** year **8**

　bonne année! Happy New Year! **32**

　toute l'année all year long

un **anniversaire** birthday **8**

　bon anniversaire! happy birthday! **32**

　c'est quand, ton anniversaire? when is your birthday? **8**

　mon anniversaire est le (2 mars) my birthday is (March 2nd) **8**

un **annuaire** telephone directory

un **anorak** ski jacket

les **antiquités** *f.* antiquities, antiques

août *m.* August **8**

un **appareil-photo** (*pl.* **appareils-photo**) (still) camera **17**

un **appartement** apartment **21**

s' **appeler** to be named, called

　comment s'appelle...? what's . . .'s name? **6**

　comment s'appelle-t-il/elle? what's his/her name? **17**

　comment t'appelles-tu? what's your name? **1**

　il/elle s'appelle... his/her name is . . . **6**

　je m'appelle... my name is . . . **1**

apporter to bring *(things)* **26**

apporter quelque chose à quelqu'un to bring something to someone **35**

　apporte-moi (apportez-moi) bring me **B**

* **apprendre (à)** + *inf.* to learn (to) **34**

apprécier to appreciate

approprié appropriate

après after **29**; after, afterwards **30, 31**

　d'après according to

l' **après-midi** *m.* afternoon **29**

　cet après-midi this afternoon **31**

　de l'après-midi in the afternoon, P.M. **4**

　demain après-midi tomorrow afternoon **31**

　hier après-midi yesterday afternoon **31**

l' **arabe** *m.* Arabic *(language)*

un **arbre** tree

　un arbre généalogique family tree

l' **arche** *f.* **de Noé** Noah's Ark

l' **argent** *m.* money **28**

　l'argent de poche allowance, pocket money

arrêter to arrest

arriver to arrive, come **22**

　j'arrive! I'm coming!

une **arrivée** arrival

un **arrondissement** district

un **artifice: le feu d'artifice** fireworks

un **artiste, une artiste** artist

　as *(see* avoir*)*: **est-ce que tu as...?** do you have . . . ? **17**

un **ascenseur** elevator

un **aspirateur** vacuum cleaner

asseyez-vous! sit down! **B**

assez rather **19**; enough

assieds-toi! sit down! **B**

une **assiette** plate **33**

　assister à to go to, attend **29**

associer to associate

l' **Atlantique** *m.* Atlantic Ocean

attendre to wait, wait for **28**

attention *f.:* **faire attention** to be careful, pay attention **16**

attentivement carefully

au (à + le) to (the), at (the), in (the) **14, 22**

au revoir! good-bye! **3**

une **auberge** inn

une **auberge de campagne** country inn **35**

aucun: ne... aucun none, not any

aujourd'hui today **8, 31**

aujourd'hui, c'est... today is . . . **8**

aussi also, too **2, 15**

aussi... que as . . . as **27**

une **auto (automobile)** car, automobile **17**

une **auto-école** driving school

un **autobus** bus

un **autocar** touring bus **29**

l' **automne** *m.* autumn, fall

en automne in (the) autumn, fall **12**

autre other **33**

d'autres others

un(e) autre another

aux (à + les) to (the), at (the), in (the) **22**

avant before **29**

avant hier the day before yesterday

en avant let's begin

avantageux (avantageuse) reasonable, advantageous

avec with **14**

avec moi, avec toi with me, with you **13**

avec qui? with who(m)? **16**

une **avenue** avenue **21**

un **avion** airplane, plane **29**

en avion by airplane **29**

un **avis** opinion

un avis de recherche missing person's bulletin

à mon avis in my opinion **27**

à votre avis in your opinion

* **avoir** to have **18**

avoir... ans to be . . . (years old) **18**

avoir besoin de to need **28**

avoir chaud to be warm, hot **30**

avoir de la chance to be lucky **30**

avoir envie de to feel like, want **28**

avoir faim to be hungry **18**

avoir froid to be cold **30**

avoir lieu to take place

avoir raison to be right **30**

avoir soif to be thirsty **18, 30**

avoir tort to be wrong **30**

avril *m.* April **8**

B

le **babyfoot** tabletop soccer game

le **babysitting: faire du babysitting** to baby-sit

les **bagages** *m.* bags, baggage

bain: un maillot de bain bathing suit **25**

une **banane** banana **33**

une **bande** reel-to-reel tape **B**

une **bande dessinée** comic strip

des bandes dessinées comics

la **Bannière étoilée** Star-Spangled Banner

une **banque** bank

une **barbe: quelle barbe!** what a pain! *(colloq.)*

bas: en bas downstairs **21**

au bas at the bottom

le **baseball** baseball **23**

basé based

le **basket (basketball)** basketball **23**

jouer au basket to play basketball **13**

des **baskets** *m.* hightops (sneakers) **25**

bateau boat, ship **29**

un bateau-mouche sightseeing boat

la **batterie** drums **23**

battre to beat

bavard talkative

beau (bel, belle; m.pl. beaux) handsome, good-looking, beautiful **17, 20, 27**

il est beau he is good-looking, handsome **17**

il fait beau it's beautiful (nice) out **12**

un **beau-frère** stepbrother, brother-in-law

un **beau-père** stepfather, father-in-law

beaucoup (de) much, very much, many, a lot **15**

la **beauté** beauty

un **bec** beak

bel (*see* **beau**) beautiful, handsome **27**

la **Belgique** Belgium

belle (*see* **beau**) beautiful **17, 20, 27**

elle est belle she is beautiful **17**

une **belle-mère** stepmother, mother-in-law

une **belle-soeur** stepsister, sister-in-law

les **Bermudes** *f.* Bermuda

le **besoin** need

avoir besoin de to need, to have to **28**

des besoins d'argent money needs

bête dumb, silly **19**

le **beurre** butter **33**

une **bibliothèque** library **21**

une **bicyclette** bicycle **17**

bien well, very well, carefully **15**

bien sûr of course **13**

ça va bien everything's fine (going well) **3**

ça va très bien I'm (everything's) very well **3**

c'est bien that's good (fine) **20**

eh bien! well! **26**

je veux bien (...) I'd love to (. . .), I do, I want to **13, 34**

oui, bien sûr... yes, of course . . . **14**

très bien very well **15**

bientôt: à bientôt! see you soon!

bienvenue welcome

le **bifteck** steak

un bifteck de tortue turtle steak

bilingue bilingual

un **billet** bill, paper money **28;** ticket

la **biologie** biology

une **biscotte** dry toast

blaff de poisson *(m.)* fish stew

blanc (blanche) white **20**

Blanche-Neige *f.* Snow White

blanchir to blanch, turn white

bleu blue **20**

blond blonde **17**
  il/elle est blond(e) he/she is blond **17**

un **blouson** jacket **25**

* **boire** to drink **34**

une **boisson** drink, beverage **10, 33**

une **boîte** box

un **bol** deep bowl

bon (bonne) good **20**
  bon marché *(inv.)* inexpensive **25**
  ah bon? oh, really? **16**
  de bonne humeur in a good mood
  il fait bon the weather's good (pleasant) **12**

le **bonheur** happiness

bonjour hello **1, 3**

une **botte** boot **25**

une **bouche** mouth **E3**

une **boucherie** butcher shop

le **boudin** sausage

une **boulangerie** bakery

un **boulevard** boulevard **21**

une **boum** party *(colloq.)* **22**

une **boutique** boutique, shop **25**

boxe: un match de boxe boxing match

un **bras** arm **E3**

brésilien (brésilienne) Brazilian

la **Bretagne** Brittany *(province in northwestern France)*

bricoler to do things around the house

broche: à la broche on the spit

bronzé tan

un **bruit** noise

brun brown, dark-haired **17**
  il/elle est brun(e) he/she has dark hair **17**

brunir to turn brown

Bruxelles *f.* Brussels

le **bulletin de notes** report card

un **bureau** desk **B, 17;** office

un **bus** bus
  en bus by bus **22**

un **but** goal; end

C

ça that, it
  ça fait combien? ça fait... how much is that (it)? that (it) is... **11**
  ça, là-bas that (one), over there **17**
  ça va? how's everything? how are you? **3**
  ça va everything's fine, I'm OK **3**
  ça va (très) bien, ça va bien everything's going very well, everything's fine (going well) **3**
  ça va comme ci, comme ça everything's (going) so-so **3**
  ça va (très) mal things are going (very) badly **3**
  regarde ça look at that **17**

une **cabine d'essayage** fitting room

les **cabinets** *m.* toilet

un **cadeau** *(pl.* **cadeaux)** gift, present

cadet (cadette) younger
  un frère cadet (a) younger brother
  une soeur cadette (a) younger sister

le **café** coffee **10**
  un café au lait coffee with hot milk

un **café** café *(French coffee shop)* **14, 21**
  au café to (at) the café **14**

un **cahier** notebook **B**

une **calculatrice** calculator **17**

un **calendrier** calendar

un **camarade, une camarade** classmate **17**

le **Cambodge** Cambodia *(country in Asia)*

un **cambriolage** burglary

un **cambrioleur** burglar

une **caméra** movie camera

la **campagne** countryside **29**
  à la campagne to (in) the countryside **29**
  une auberge de campagne country inn

camping: faire du camping to go camping **29**

le **Canada** Canada

canadien (canadienne) Canadian **2, 19**

un **Canadien, une Canadienne** Canadian person

un **canard** duck

la **cantine de l'école** school cafeteria **33**

un **car** touring bus **29**
  un car scolaire school bus

une **carotte** carrot **33**
  des carottes râpées grated carrots

un **carré** square
  le Vieux Carré *the French Quarter in New Orleans*

une **carte** map **B;** card
  une carte postale postcard
  les cartes *f.* (playing) cards **23**
  jouer aux cartes to play cards **23**

un **cas** case
  en cas de in case of

une **cassette** cassette tape **B, 17**

le **catch** wrestling

une **cathédrale** cathedral

une **cave** cellar

ce (c') this, that, it
  ce n'est pas that's/it's not **20**
  ce que what **C**
  ce sont these are, those are, they are **20**
  c'est it's, that's **5, 17, 20**
  c'est + *day of the week* it's... **8**
  c'est + *name or noun* it's... **5**
  c'est bien/mal that's good/bad **20**
  c'est combien? how much is that/it? **11**
  c'est le (12 octobre) it's (October 12) **8**

qu'est-ce que c'est? what is it? what's that? **17**

qui est-ce? who's that/this? **17**

ce (cet, cette; ces) this, that, these, those **26**

  ce... -ci this . . . (over here) **26**

  ce mois-ci this month **31**

  ce n'est pas it's (that's) not **20**

  ce soir this evening, tonight **31**

une **cédille** cedilla

une **ceinture** belt **25**

cela that

célèbre famous

cent one hundred **6, 25**

  cent un, cent deux 101, 102 **25**

  deux cents, trois cents, ... neuf cents 200, 300, . . . 900 **25**

une **centaine** about a hundred

un **centime** centime *(1/100 of a franc)*

un **centre** center

  un centre commercial shopping center **21**

les **céréales** *f.* cereal **33**

une **cerise** cherry **33**

certain certain

  certains some of them

ces *(see* **ce**) these, those **26**

c'est *(see* **ce**)

cet *(see* **ce**) this, that **26**

cette *(see* **ce**) this, that **26**

chacun each one, each person

une **chaise** chair **B, 17**

une **chaîne** (TV) channel

une **chaîne stéréo** stereo set **17**

  une mini-chaîne compact stereo

la **chaleur** heat, warmth

une **chambre** bedroom **17, 21**

un **champion, une championne** champion

la **chance** luck

  avoir de la chance to be lucky **30**

  bonne chance! good luck! **31**

une **chanson** song

  chanter to sing **13, 15**

un **chanteur, une chanteuse** singer

un **chapeau** *(pl.* **chapeaux)** hat **25**

chaque each, every

charmant charming

un **chat** cat **7, E5**

un **château** *(pl.* **châteaux)** castle

chaud warm, hot

  avoir chaud to be warm (hot) *(people)* **30**

  il fait chaud it's warm (hot) *(weather)* **12**

chauffer to warm, heat up

un **chauffeur, une chauffeuse** driver

une **chaussette** sock **25**

une **chaussure** shoe **25**

un **chef** boss; chef

une **chemise** shirt **25**

un **chemisier** blouse **25**

  cher (chère) expensive; dear **25**

  chercher to look for, to get, to find **25**

  je cherche... I'm looking for . . . **25**

un **cheval** *(pl.* **chevaux)** horse **E5**

les **cheveux** *m.* hair **E3**

  chez + *person* at (to) someone's house **22**; at (to) the office of

  chez moi (toi, lui...) (at) home **23**

chic *(inv.)* nice; elegant, in style

  une chic fille a great girl

un **chien** dog **7**

la **chimie** chemistry

chinois Chinese **19**

le **chinois** Chinese *(language)*

le **chocolat** hot chocolate, cocoa **10**

  une glace au chocolat chocolate ice cream

choisir to choose **27**

un **choix** choice

  au choix choose one, your choice

une **chorale** choir

une **chose** thing **17**

  quelque chose something **32**

chouette great, terrific **20, 25**

le **cidre** cider

un **cinéaste, une cinéaste** film maker

un **cinéma** movie theater **21**

  le cinéma the movies

  au cinéma to (at) the movies, movie theater **14**

cinq five **1**

cinquante fifty **3**

cinquième fifth **24**

une **circonstance** circumstance

cité: la Cité Interdite Forbidden City

une **clarinette** clarinet **23**

une **classe** class

  en classe in class **14**

classique classical

un **clavier** keyboard **23**

un **client, une cliente** customer

un **clip** music video

un **cochon** pig

un **coiffeur, une coiffeuse** hairdresser

un **coin** spot

une **coïncidence** coincidence

le **Colisée** the Coliseum (*a large stadium built by the Romans*)

des **collants** *m.* (pair of) tights, pantyhose **25**

un **collège** junior high school

une **colonie** colony

une **colonne** column

combien how much **28**

  combien coûte...? how much does . . . cost? **11, 25**

  combien de how much, how many **28**

  combien de temps? how long?

  combien d'heures? how many hours?

  ça fait combien? how much is this (it)? **11**

  c'est combien? how much is this (it)? **11**

commander to order

comme like, as, for

  comme ci, comme ça so-so

  ça va comme ci, comme ça everything's so-so **3**

commencer to begin, start

comment? how? **16;** what? **comment allez-vous?** how are you? **3**

comment est-il/elle? what's he/she like? what does he/she look like? **17**

comment dit-on... en français? how do you say . . . in French? **B**

comment lire reading hints

comment s'appelle...? what's . . .'s name? **6**

comment s'appelle-t-il/elle? what's his/her name? **17**

comment t'appelles-tu? what's your name? **1**

comment trouves-tu...? what do you think of . . .? **25**

comment vas-tu? how are you? **3**

un **commentaire** comment, commentary

commercial: un centre commercial shopping center **21**

le **commérage** gossip

communiquer to communicate

un **compact** compact disc, (CD) **17**

complément object

compléter to complete

* **comprendre** to understand **34**

je (ne) comprends (pas) I (don't) understand **B**

compter to count (on); to expect, intend

concerne: en ce qui concerne as for

un **concert** concert **22**

un **concombre** cucumber

la **confiture** jam **33**

confortable comfortable **21**

une **connaissance** acquaintance

faire connaissance (avec) to become acquainted (with)

* **connaître** to know, be acquainted with; *(in passé composé)* to meet for the first time **36**

tu connais...? do you know . . .? are you acquainted with . . .? **6**

connu (*p.p. of* **connaître**) knew, met **36**

un **conseil** piece of advice, counsel

des conseils *m.* advice

un **conservatoire** conservatory

une **consonne** consonant

se **contenter** to limit oneself

le **contenu** contents

continuer to continue **21**

une **contradiction** disagreement

une **contravention** (traffic) ticket

cool cool, neat

un **copain, une copine** friend, pal **5**

un petit copain, une petite copine boyfriend, girlfriend

copier to copy

une **copine** friend **5**

coréen (coréenne) Korean

un **corps** body

correspondant corresponding

correspondre to correspond, agree

la **Corse** Corsica *(French island off the Italian coast)*

un **costume** man's suit

la **Côte d'Azur** Riviera *(southern coast of France on the Mediterranean)*

la **Côte d'Ivoire** Ivory Coast *(French-speaking country in West Africa)*

côté: à côté (de) next door; next to

une **côtelette de porc** pork chop

le **cou** neck **E3**

une **couleur** color **20**

de quelle couleur ...? what color . . .? **20**

un **couloir** hall, corridor

coup: dans le coup with it

courage: bon courage! good luck! **31**

courageux (courageuse) courageous

une **course** race

faire les courses to go shopping *(for food)* **33**

court short **25**

un **cousin, une cousine** cousin **7, 24**

le **coût: le coût de la vie** cost of living

un **couteau** *(pl.* **couteaux)** knife **33**

coûter to cost

combien coûte...? how much does . . . cost? **11, 25**

il (elle) coûte... it costs . . . **11**

un **couturier, une couturière** fashion designer

un **couvert** place setting **33**

un **crabe** crab

des matoutou crabes stewed crabs with rice

la **craie** chalk

un morceau de craie piece of chalk **B**

une **cravate** tie **25**

un **crayon** pencil **B, 17**

créer to create

un **crétin** idiot

une **crêpe** crepe (pancake) **9**

une **crêperie** crepe restaurant

une **crevaison** flat tire

une **croisade** crusade

un **croissant** crescent (roll) **9**

une **cuillère** spoon **33**

une cuillère à soupe soup spoon

la **cuisine** cooking **33**

une **cuisine** kitchen **21**

cuit cooked

culturel (culturelle) cultural

curieux (curieuse) curious, strange

la **curiosité** curiosity

un **cyclomoteur** moped

D ▬▬▬▬▬▬▬▬▬▬

d'abord (at) first **30**

d'accord okay, all right

être d'accord to agree **14**

oui, d'accord yes, okay **13**

une **dame** lady, woman *(polite term)* **5**

les **dames** *f.* checkers *(game)* **23**

dangereux (dangereuse) dangerous

dans in **17**

danser to dance **13, 15**

la **date** date **8**

    quelle est la date? what's the date? **8**

de (d') of, from, about **14, 23**

    de l'après-midi in the afternoon **4**

    de quelle couleur... ? what color . . .? **20**

    de qui? of whom? **16**

    de quoi? about what?

    de temps en temps from time to time

    pas de not any, no **18, 34**

débarquer to land

décembre *m.* December **8**

décider (de) to decide (to)

une **déclaration** statement

décoré decorated

* **découvrir** to discover

* **décrire** to describe **C**

    décrivez... describe. . . **C**

un **défaut** shortcoming

un **défilé** parade

dégoûtant: c'est dégoûtant! it's (that's) disgusting **35**

dehors outside

    en dehors de outside of

déjà already; ever

déjeuner to eat (have) lunch **33**

le **déjeuner** lunch **33**

    le petit déjeuner breakfast **33**

délicieux (délicieuse) delicious **34**

demain tomorrow **8**

    à demain! see you tomorrow! **8**

    demain, c'est... (jeudi) tomorrow is . . . (Thursday) **8**

demander (à) to ask **C, 36**

    demandez ... ask . . . **C**

un **demi-frère** half-brother

une **demi-soeur** half-sister

demi: ... heures et demie half past . . . **4**

    midi et demi half past noon **4**

    minuit et demi half past midnight **4**

démodé out of style, unfashionable **25**

un **démon** devil

une **dent** tooth

un **départ** departure

se **dépêcher: dépêchez-vous!** hurry up!

dépend: ça dépend that depends

une **dépense** expense

dépenser to spend (money) **28**

dernier (dernière) last **31**

derrière behind, in back of **17**

des some, any **18**; of (the), from (the), about (the) **23**

le **désert** desert

désirer to wish, want

    vous désirez? what would you like? may I help you? **10, 25**

désolé sorry

le **dessert** dessert **33**

le **dessin** art, drawing

    un dessin animé cartoon

détester to hate, detest **3**

deux two **1**

deuxième second **24**

    le deuxième étage third floor

devant in front of **17**

développer to develop

deviner to guess

* **devoir** to have to, should, must **35**

un **devoir** homework assignment **B**

les **devoirs** *m.* homework

    faire mes devoirs to do my homework **29**

d'habitude usually

différemment differently

différent different

difficile hard, difficult **20**

la **dignité** dignity

dimanche *m.* Sunday **8**

dîner to have dinner **15, 33**

    dîner au restaurant to have dinner at a restaurant **13**

le **dîner** dinner, supper **33**

* **dire** to say, tell **C, 36**

    que veut dire...? what does . . . mean? **B**

directement straight

un **directeur, une directrice** director, principal

dirigé directed, guided

dis! (*see* **dire**) say!, hey! **20**

    dis donc! say there!, hey there! **20**

discuter to discuss

une **dispute** quarrel, dispute

un **disque** record **17**

    un compact disque compact disc **17**

dit (*p.p. of* **dire**) said

dit (*see* **dire**): **comment dit-on... en français?** how do you say . . . in French? **B**

dites... (*see* **dire**) say . . ., tell . . . **C**

dix ten **1, 2**

dix-huit eighteen **2**

dixième tenth **24**

dix-neuf nineteen **2**

dix-sept seventeen **2**

un **docteur** doctor

dois (*see* **devoir**): **je dois** I have to (must) **13**

domestique domestic

    les animaux *m.* **domestiques** pets **7**

dommage! too bad! **15**

donner (à) to give (to) **35, 36**

    donne-moi... give me . . . **9, B**

    donnez-moi... give me **10, B**

    s'il te plaît, donne-moi... please, give me . . . **10**

doré golden brown

* **dormir** to sleep

le **dos** back **E3**

une **douzaine** dozen **33**

douze twelve **2**

douzième twelfth **24**

droit: tout droit straight **21**

droite right

    à droite to (on) the right **21**

drôle funny **20**

du (de + le) of (the), from (the) **23**; some, any **34**

    du matin in the morning, A.M. **4**

du soir in the evening, P.M. **4**

dû (*p.p. of* **devoir**) had to **35**

dur hard

   des oeufs durs hard-boiled eggs

durer to last

dynamique dynamic

E

l' **eau** *f.* (*pl.* **eaux**) water **33**

   l'eau minérale mineral water **33**

un **échange** exchange

les **échecs** *m.* chess **23**

une **éclosion** hatching

une **école** school **21**

   économiser to save money

   écouter to listen to **B, 15**

     écouter la radio to listen to the radio **13**

     écouter des cassettes to listen to cassettes **29**

* **écrire** to write **36**

l' **éducation** *f.* education

   l'éducation civique civics

   l'éducation physique physical education

une **église** church **21**

   égyptien (égyptienne) Egyptian

   eh bien! well! **26**

   électronique electronic

   élégant elegant **25**

un **éléphant** elephant **E5**

un **élève, une élève** pupil, student **17**

   élevé high

   elle she, it **11, 14, 18;** her **23**

     elle coûte... it costs ... **11**

     elle est (canadienne) she's (Canadian) **6**

     elle s'appelle... her name is ... **6**

   embrasser: je t'embrasse love and kisses (*at the end of a letter*)

un **emploi du temps** time-table (*of work*)

   emprunter à to borrow from

en in, on, to, by

   en avion by airplane, plane **29**

   en bas (haut) downstairs (upstairs) **21**

   en bus (métro, taxi, train, voiture) by bus (subway, taxi, train, car) **22**

   en ce qui concerne as for

   en face opposite, across (the street)

   en fait in fact

   en famille at home

   en plus in addition

   en scène on stage

   en solde on sale

   va-t'en! go away! **22**

un **endroit** place **22**

un **enfant, une enfant** child **24**

   enfin at last **30**

   ensuite then, after that **30**

   entendre to hear **28**

   entier (entière) entire

l' **entracte** *m.* interlude

   entre between

une **entrée** entry (*of a house*)

un **entretien** discussion

   envers toward

l' **envie** *f.* envy; feeling

     avoir envie de to want; to feel like, want to **28**

   épicé hot (spicy)

une **épicerie** grocery store

les **épinards** *m.* spinach

une **équipe** team

une **erreur** error, mistake

   es (*see* **être**)

     tu es + *nationality* you are ... **2**

     tu es + *nationality?* are you ...? **2**

     tu es de...? are you from ...? **2**

un **escalier** staircase

un **escargot** snail

l' **Espagne** *f.* Spain

   espagnol Spanish **19**

     parler espagnol to speak Spanish **13**

   espérer to hope **26**

un **esprit** spirit

   essayer to try on, to try

l' **essentiel** *m.* the important thing

   est (*see* **être**)

     est-ce que (qu')...? *phrase used to introduce a question* **14**

     c'est... it's ..., that's ... **5, 7, 20**

     c'est le + *date* it's ... **8**

     il/elle est + *nationality* he/she is ... **6**

     n'est-ce pas...? isn't it? **14**

     où est...? where is ...? **14**

     quel jour est-ce? what day is it? **8**

     qui est-ce? who's that (this)? **5, 17**

l' **est** *m.* east

   et and **2, 14**

     et demi(e), et quart half past, quarter past **4**

     et toi? and you? **1**

   établir to establish

un **étage** floor of a building, story

les **États-Unis** *m.* United States

   été (*p.p. of* **être**) been, was **31**

l' **été** *m.* summer

   en été in (the) summer **12**

   l'heure d'été daylight savings time

   étendre to spread

une **étoile** star

   étrange strange

   étranger (étrangère) foreign

* **être** to be **14**

   être à to belong to

   être d'accord to agree **14**

une **étude** study

un **étudiant, une étudiant(e)** (college) student **17**

   étudier to study **13, 15**

   eu (*p.p. of* **avoir**) had **31**

   il y a eu there was

   euh... er ..., uh ...

   euh non... well, no

   européen (européenne) European

   eux they, them **23**

   eux-mêmes themselves

un **événement** event

un **examen** exam, test

   réussir à un examen to pass an exam, a test

excusez-moi excuse me **21**
un **exemple** example
   par exemple for instance
un **exercice** exercise
   faire des exercices to exercise
exiger to insist
expliquer to explain **C**
   expliquez... explain . . . **C**
exprimer to express
exquis: c'est exquis! it's exquisite! **34**
extérieur: à l'extérieur outside
extra terrific **20**
extraordinaire extraordinary
   il a fait un temps extraordinaire! the weather was great!

F ━━━━━━━━━━━━━━━━

face: en face (de) opposite, across (the street) from
facile easy **20**
faible weak
la **faim** hunger
   avoir faim to be hungry **30**
   j'ai faim I'm hungry **9**
   tu as faim? you're hungry? **9**
faire to do, make **16**
   faire attention to pay attention, be careful **16**
   faire de + *activity* to do, play, study, participate in **29**
   faire des achats to go shopping **29**
   faire les courses to go shopping **33**
   faire mes devoirs to do my homework **29**
   faire partie de to be a member of
   faire sauter to flip
   faire un match to play a game (match) **16**
   faire un pique-nique to have a picnic **29**
   faire un voyage to take a trip **16**
   faire une promenade to take a walk **16**

faire une promenade à pied (à vélo, en voiture) to take a walk (a bicycle ride, a drive) **22**
fait *(p.p. of* **faire)** did, done, made **31**
fait: en fait in fact
fait *(see* **faire): ça fait combien?** how much is that (it)? **11**
   ça fait... francs that's (it's) . . . francs **11**
   il fait (beau, etc.**)** it's (beautiful, etc.) *(weather)* **12**
   quel temps fait-il? what (how) is the weather? **12**
fameux: c'est fameux! it's superb! **34**
familial with the family
une **famille** family **7, 24**
   en famille at home
un **fana,** une **fana** fan
un **fantôme** ghost
la **farine** flour
fatigué tired
faux (fausse) false **20**
favori (favorite) favorite
une **femme** woman **17;** wife **24**
une **fenêtre** window **B, 17**
   fermer to close **B**
une **feuille** sheet, leaf **B**
   une feuille de papier sheet of paper **B**
un **feuilleton** series, serial story *(in newspaper)*
le **feu d'artifice** fireworks
les **félicitations** *f.* congratulations
février *m.* February **8**
une **fête** holiday
   fiche-moi la paix! leave me alone! *(colloq.)* **36**
la **fièvre** fever
une **fille** girl **5;** daughter **24**
un **film** movie **22, 29**
   un film policier detective movie
un **fils** son **24**
la **fin** end
   finalement finally **30**
   fini *(p.p. of* **finir)** over, finished **31**
   finir to finish **27**
flamand Flemish
un **flamant** flamingo

une **fleur** flower
un **fleuve** river
un **flic** cop *(colloq.)*
une **flûte** flute **23**
une **fois** time
   à la fois at the same time
la **folie: à la folie** madly
folklorique: une chanson folklorique folksong
fonctionner to work, function
fondé founded
le **foot (football)** soccer **23**
   le football américain football
   jouer au foot to play soccer **13**
une **forêt** forest
   formidable great!
fort strong
   plus fort louder **B**
un **fouet** whisk
une **fourchette** fork **33**
la **fourrure** fur
   un manteau de fourrure fur coat
frais: il fait frais it's cool *(weather)* **12**
une **fraise** strawberry **33**
un **franc** franc *(monetary unit of France, Belgium, and Switzerland)* **11**
   ça fait... francs that's (it's) . . . francs **11**
la **France** France **14**
   en France in France **14**
francophone French-speaking
français French **2, 19**
   comment dit-on... en français? how do you say . . . in French? **B**
   parler français to speak French **13**
le **français** French *(language)*
un **Français,** une **Française** French person
un **frère** brother **7, 24**
des **frites** *f.* French fries **33**
   un steak-frites steak and French fries **9**
froid cold
   avoir froid to be (feel) cold *(people)* **30**
   il fait froid it's cold out *(weather)* **12**

le **fromage** cheese **33**
>**un sandwich au fromage** cheese sandwich
un **fruit** fruit **33**
>**furieux (furieuse)** furious
une **fusée** rocket

G

gagner to earn, to win **28**
un **garage** garage **21**
un **garçon** boy **5**; waiter
une **gare** train station
une **garniture** side dish
un **gâteau** (*pl.* **gâteaux**) cake **33**
gauche left
>**à gauche** to (on) the left **21**
une **gelée** jelly
généralement generally
généreux (généreuse) generous
la **générosité** generosity
génial brilliant
des **gens** *m.* people **18**
gentil (gentille) nice, kind **19**; sweet
la **géographie** geography
une **girafe** giraffe **E5**
une **glace** ice cream **9, 33**; mirror, ice
glacé iced
>**un thé glacé** iced tea **33**
un **goûter** afternoon snack
une **goyave** guava
grand tall **17**; big, large **20**; big (*size of clothing*) **25**
>**un grand magasin** department store **25**
>**une grande surface** big store, self-service store
grandir to get tall; to grow up
une **grand-mère** grandmother **7, 24**
un **grand-père** grandfather **7, 24**
les **grands-parents** *m.* grandparents **24**
grec (grecque) Greek
un **grenier** attic
une **grillade** grilled meat
une **grille** grid
grillé: le pain grillé toast
>**une tartine de pain grillé** buttered toast

la **grippe** flu
gris gray **20**
gros (grosse) fat, big
grossir to gain weight, get fat **27**
la **Guadeloupe** Guadeloupe (*French island in the West Indies*)
une **guerre** war
une **guitare** guitar **17, 23**
un **gymnase** gym

H

habillé dressed
habiter to live **15**
Haïti Haiti (*French island in the West Indies*)
un **hamburger** hamburger **9**
les **haricots** *m.* **verts** green beans **33**
la **hâte** haste
>**en hâte** quickly
haut high
>**en haut** upstairs **21**
>**plus haut** above
hélas! too bad!
hésiter to hesitate
l' **heure** *f.* time, hour; o'clock **4**
>**... heure(s) (dix)** (ten) past . . . **4**
>**... heure(s) et demie** half past . . . **4**
>**... heure(s) et quart** quarter past . . . **4**
>**... heure(s) moins (dix)** (ten) of . . . **4**
>**... heure(s) moins le quart** quarter to . . . **4**
>**à... heures** at . . . o'clock **14**
>**à quelle heure...?** at what time . . . ? **16**
>**à quelle heure est...?** at what time is . . . ? **4**
>**il est... heure(s)** it's . . . o'clock **4**
>**par heure** per hour, an hour
>**quelle heure est-il?** what time is it? **4**
heureux (heureuse) happy
hier yesterday **31**
>**avant hier** the day before yesterday

un **hippopotame** hippopotamus **E5**
une **histoire** story, history
l' **hiver** *m.* winter **12**
>**en hiver** in (the) winter **12**
• **hollandais** Dutch
un **homme** man **17**
honnête honest
un **hôpital** (*pl.* **hôpitaux**) hospital **21**
une **horreur** horror
>**quelle horreur!** what a scandal! how awful!
un• **hors-d'oeuvre** appetizer **33**
un• **hot dog** hot dog **9**
un **hôte, une hôtesse** host, hostess
un **hôtel** hotel **21**
>**un hôtel de police** police department
l' **huile** *f.* oil
• **huit** eight **1**
• **huitième** eighth **24**
l' **humeur** *f.* mood
>**de bonne humeur** in a good mood
un **hypermarché** shopping center

I

ici here **14**
une **idée** idea
>**c'est une bonne idée!** it's (that's) a good idea! **28**
ignorer to be unaware of
il he, it **11, 14, 18**
>**il est** it is **20**
>**il/elle est** + *nationality* he/she is . . . **6**
>**il y a** there is, there are **17**
>**il y a** + **du, de la** (*partitive*) there is (some) **34**
>**il y a eu** there was
>**il n'y a pas de...** there is/are no . . . **18**
>**est-ce qu'il y a...?** is there, are there . . . ? **17**
>**qu'est-ce qu'il y a...?** what is there . . . ? **17**
une **île** island

illustré illustrated

un immeuble apartment building **21**

un imper (imperméable) raincoat **25**

l' impératif *m.* imperative (command) mood

impoli impolite

l' importance *f.* importance

ça n'a pas d'importance it doesn't matter

importé imported

impressionnant impressive

inactif (inactive) inactive

inclure to include

l' indicatif *m.* area code

indiquer to indicate, show **C**

indiquez... indicate . . . **C**

infâme: c'est infâme! that's (it's) awful! **35**

infecte: c'est infecte! that's revolting! *(colloq.)* **35**

les informations *f.* news

l' informatique *f.* computer science

s' informer to find out about

un ingénieur engineer

un ingrédient ingredient **33**

un inspecteur, une inspectrice police detective

un instrument instrument **23**

intelligent intelligent **19**

intéressant interesting **19**

l' intérieur *m.* interior, inside

interroger to question

interviewer to interview

inutilement uselessly

un inventaire inventory

un invité, une invitée guest

inviter to invite **15**

israélien (israélienne) Israeli

italien (italienne) Italian **19**

un Italien, une Italienne Italian person

J

j' (*see* je)

jamais ever; never

jamais le dimanche! never on Sunday!

ne... jamais never **32**

la Jamaïque Jamaica

une jambe leg **E3**

un jambon ham **33**

janvier *m.* January **8**

japonais Japanese **19**

un jardin garden **21**

jaune yellow **20**

jaunir to turn yellow

je I **14**

un jean pair of jeans **23**

un jeu (*pl.* jeux) game **25**

les jeux télévisés TV game shows

jeudi *m.* Thursday **8**

jeune young **17**

les jeunes *m.* young people

un job (part-time) job

le jogging jogging **29**

faire du jogging to jog **29**

un jogging jogging suit **25**

joli pretty (*for girls, women*) **17**; (*for clothing*) **25**

plus joli(e) que prettier than

jouer to play **15**

jouer à + *game, sport* to play a game, sport **23**

jouer au tennis (volley, basket, foot) to play tennis (volleyball, basketball, soccer) **13**

jouer de + *instrument* to play a musical instrument **23**

un jour day **8, 29**

le jour de l'an New Year's Day

par jour per week, a week

quel jour est-ce? what day is it? **8**

un journal (*pl.* journaux) newspaper

une journée day, whole day

bonne journée! have a nice day!

joyeux (joyeuse) happy

juillet *m.* July **8**

le quatorze juillet Bastille Day (*French national holiday*)

juin *m.* June **8**

un jumeau (*pl.* jumeaux), une jumelle twin

une jupe skirt **25**

le jus juice

le jus d'orange orange juice **10, 33**

le jus de pomme apple juice **10, 33**

le jus de raisin grape juice **10**

le jus de tomate tomato juice **10**

jusqu'à until

juste right, fair

le mot juste the right word

K

un kangourou kangaroo **E5**

le ketchup ketchup **33**

un kilo kilogram

un kilo (de) a kilogram (of) **33**

L

l' (*see* le, la)

la the **6, 18**; her, it **36**

là here, there **14**

là-bas over there **14**

ça, là-bas that (one), over there **17**

ce... -là that . . . (over there) **26**

oh là là! uh, oh!; oh, dear!; wow!; oh, yes!

laid ugly

laisser: laisse-moi tranquille! leave me alone! **36**

le lait milk **33**

une langue language

large wide

laver to wash **29**

se laver to wash (oneself), wash up

le the **6, 18**; him, it **36**

le + *number* + *month* the . . . **8**

le (lundi) on (Mondays) **18**

une leçon lesson

un légume vegetable **33**

lent slow

les the **18**; them **36**

une lettre letter

leur(s) their **24**

leur (to) them **36**

se lever: lève-toi! stand up! **B**

levez-vous! stand up! **B**

un lézard lizard **E5**

le **Liban** Lebanon (country in the Middle East)

libanais Lebanese

libéré liberated

une **librairie** bookstore

libre free

un **lieu** place, area

    avoir lieu to take place

une **ligne** line

limité limited

la **limonade** lemon soda **10**

un **lion** lion **E5**

* **lire** to read **C**

    comment lire reading hints

    lisez... (see **lire**) read . . . **B, C**

une **liste** list

    une liste des courses shopping list

un **lit** bed **17**

un **living** living room (informal)

un **livre** book **B, 17**

une **livre** metric pound **33**

local (m.pl. **locaux**) local

une **location** rental

logique logical

logiquement logically

loin far **21**

    loin d'ici far (from here)

le **loisir** leisure, free time

un **loisir** leisure-time activity

Londres London

long (**longue**) long **25**

longtemps (for) a long time

    moins longtemps que for a shorter time

le **loto** lotto, lottery, bingo

un **loup** wolf **E5**

lui him **23**; (to) him/her **36**

lui-même: en lui-même to himself

lundi m. Monday **8**

des **lunettes** f. glasses **25**

    des lunettes de soleil sunglasses **25**

le **Luxembourg** Luxembourg

un **lycée** high school

M

m' (see **me**)

M. (monsieur) Mr. (Mister) **3**

ma my **7, 24**

    et voici ma mère and this is my mother **7**

    ma chambre my bedroom **17**

une **machine** machine

    une machine à coudre sewing machine

Madagascar Madagascar (French-speaking island off of East Africa)

Madame (Mme) Mrs., ma'am **3**

Mademoiselle (Mlle) Miss **3**

un **magasin** store, shop **21, 25**

    faire les magasins to go shopping (browsing from store to store)

    un grand magasin department store **25**

magnétique magnetic

un **magnétophone** tape recorder **17**

un **magnétoscope** VCR (videocassette recorder) **B**

magnifique magnificent

mai m. May **8**

maigre thin, skinny

maigrir to lose weight, get thin **27**

un **maillot de bain** bathing suit **25**

une **main** hand **E3**

maintenant now **15, 31**

mais but **14**

    j'aime..., mais je préfère... I like . . ., but I prefer . . . **13**

    je regrette, mais je ne peux pas... I'm sorry, but I can't . . . **13**

    mais oui! sure! **14**

    mais non! of course not! **14**

une **maison** house **21**

    à la maison at home **14**

mal badly, poorly **3, 15**

    ça va mal things are going badly **3**

    ça va très mal things are going very badly **3**

    c'est mal that's bad **20**

malade sick

malheureusement unfortunately

malin clever

manger to eat **15**

    j'aime manger I like to eat **13**

    manger + du, de la (partitive) to eat (some) **34**

    une salle à manger dining room **21**

un **manteau** (pl. **manteaux**) overcoat **25**

    un manteau de fourrure fur coat

un **marchand, une marchande** merchant, shopkeeper, dealer

marcher to work, to run (for objects) **17**; to walk (for people) **17**

    il/elle (ne) marche (pas) bien it (doesn't) work(s) well **17**

    est-ce que la radio marche? does the radio work? **17**

un **marché** open-air market **33**

    un marché aux puces flea market

    bon marché (inv.) inexpensive **25**

mardi m. Tuesday **8**

    le Mardi gras Shrove Tuesday

un **mari** husband **24**

le **mariage** wedding, marriage

marié married

une **marmite** covered stew pot

le **Maroc** Morocco (country in North Africa)

une **marque** brand (name)

une **marraine** godmother

marrant fun

marron (inv.) brown **20**

mars m. March **8**

martiniquais from Martinique

la **Martinique** Martinique (French island in the West Indies)

un **match** game, (sports) match

    faire un match to play a game, (sports) match **16**

les **maths** f. math

le **matin** morning **29**

ce matin this morning **31**

demain matin tomorrow morning **31**

du matin in the morning, A.M. **4**

hier matin yesterday morning **31**

le matin in the morning

des **matoutou crabes** *m.* stewed crabs with rice

mauvais bad **20**

c'est une mauvaise idée that's a bad idea

il fait mauvais it's bad *(weather)* **12**

la **mayonnaise** mayonnaise **33**

me (to) me **35**

méchant mean, nasty **19**

un **médecin** doctor

un médecin de nuit doctor on night duty

la **Méditerranée** Mediterranean Sea

meilleur better, best **27**

mélanger to mix, stir

même same; even

une **mémoire** memory

mentionner to mention

la **mer** ocean, shore **29**

à la mer to (at) the sea **29**

merci thank you **3**

oui, merci yes, thank you **13**

mercredi *m.* Wednesday **8**

une **mère** mother **7, 24**

mériter to deserve

mes my **24**

le **métro** subway

en métro by subway **22**

* **mettre** to put on, to wear **25**; to put, to place, to turn on **26**

mettre la table to set the table **33**

mexicain Mexican **19**

midi noon **4**

mieux better

mignon (mignonne) cute **19**

militaire military

mille one thousand **25**

minérale: l'eau *f.* **minérale** mineral water **33**

une **mini-chaîne** compact stereo

minuit midnight **4**

mis *(p.p. of* **mettre***)* put, placed **31**

mixte mixed

Mlle Miss **3**

Mme Mrs. **3**

une **mob (mobylette)** motorbike, moped **17**

moche plain, ugly **25**

la **mode** fashion

à la mode popular; in fashion; fashionable **25**

moderne modern **21**

moi me **1, 23**; (to) me **35**

moi, je m'appelle (Marc) me, my name is (Marc) **1**

avec moi with me **13**

donne-moi give me **9**

donnez-moi give me **10**

excusez-moi... excuse me... **21**

prête-moi... lend me... **11**

s'il te plaît, donne-moi... please give me... **10**

un **moine** monk

moins less

moins de less than

moins... que less... than **27**

... heure(s) moins (dix) (ten) of... **4**

... heure(s) moins le quart quarter of... **4**

un **mois** month **8, 29**

ce mois-ci this month **31**

le mois dernier last month **31**

le mois prochain next month **31**

par mois a month **31**

mon (ma; mes) my **7, 24**

mon anniversaire est le... my birthday is the... **8**

voici mon père this is my father **7**

le **monde** world

du monde in the world

tout le monde everyone

la **monnaie** money; change

le **Monopoly** Monopoly **23**

Monsieur (M.) Mr., sir **3**

un **monsieur** *(pl.* **messieurs***)* gentleman, man *(polite term)* **5**

une **montagne** mountain **29**

à la montagne to (at) the montains **29**

une **montre** watch **17**

montrer à to show... to **35, 36**

montre-moi (montrez-moi) show me **B**

un **morceau** piece

un morceau de craie piece of chalk **B**

un **mot** word

une **moto** motorcycle **17**

la **moutarde** mustard

un **mouton** sheep

moyen (moyenne) average, medium

en moyenne on the average

un **moyen** means

muet (muette) silent

un **musée** museum **21**

la **musique** music **23**

N

n' *(see* **ne***)*

nager to swim **15**

j'aime nager I like to swim **13**

une **nationalité** nationality **2**

nautique: le ski nautique water-skiing **29**

ne (n')

ne... aucun none, not any

ne... jamais never **32**

ne... pas not **14**

ne... personne nobody **32**

ne... plus no longer

ne... rien nothing **32**

n'est-ce pas? right?, no?, isn't it (so)?, don't you?, aren't you? **14**

né born

nécessaire necessary

négatif (négative) negative

négativement negatively

la **neige** snow

neiger to snow

il neige it's snowing **12**

nettoyer to clean **29**

neuf nine **1**

neuvième ninth **24**

un **neveu** (*pl.* **neveux**) nephew
un **nez** nose **E3**
une **nièce** niece
un **niveau** (*pl.* **niveaux**) level
Noël *m.* Christmas
    à Noël at Christmas **29**
noir black **20**
un **nom** name; noun
un **nombre** number
nombreux (nombreuses)
    numerous
nommé named
non no **2, 14**
    non! no! **14**
    non plus neither
    mais non! of course not!
    14
le **nord** north
    le nord-est northeast
normalement normally
nos our **24**
une **note** grade
notre (*pl.* **nos**) our **24**
la **nourriture** food **33**
nous we **14**; us **23**; (to) us
    35
nouveau (nouvel, nouvelle;
    m.pl. **nouveaux)** new **27**
la **Nouvelle-Angleterre** New
    England
la **Nouvelle-Calédonie** New
    Caledonia *(French island
    in the South Pacific)*
novembre *m.* November **8**
    le onze novembre
    Armistice Day
la **nuit** night
un **numéro** number

O

objectif (objective) objective
un **objet** object **17**
une **occasion** occasion;
    opportunity
occupé occupied
un **océan** ocean
octobre *m.* October **8**
une **odeur** odor
un **oeil** (*pl.* **yeux**) eye **E3**
un **oeuf** egg **33**
officiel (officielle) official
offert (*p.p. of* **offrir**) offered
  * **offrir** to offer, to give

oh là là! uh,oh!, oh, dear!,
    wow!, oh, yes!
un **oiseau** (*pl.* **oiseaux**) bird
une **omelette** omelet **9**
on one, they, you, people **28**
    on est... today is . . .
    on va dans un café? shall
    we go to a café?
    on y va let's go
    comment dit-on... en
    français? how do you
    say . . . in French? **B**
un **oncle** uncle **7, 24**
onze eleven **2**
opérer to operate
l' **or** *m.* gold
orange *(inv.)* orange *(color)*
    20
une **orange** orange *(fruit)*
    le jus d'orange orange
    juice **10, 33**
un **ordinateur** computer **B, 17**
une **oreille** ear **E3**
organiser to organize **15**
originairement originally
l' **origine** *f.* origin, beginning
    d'origine bretonne from
    Brittany
orthographiques: les signes
    m. **orthographiques**
    spelling marks
ou or **2, 14**
où where **14, 16**
    où est...? where is . . .?
    14
    où est-ce? where is it? **21**
    d'où? from where? **23**
oublier to forget
l' **ouest** *m.* west
oui yes **2, 14**
    oui, bien sûr... yes, of
    course . . . **13**
    oui, d'accord... yes,
    okay . . . **13**
    oui, j'ai... yes, I
    have . . . **17**
    oui, merci... yes, thank
    you . . . **13**
    mais oui! sure! **14**
un **ouragan** hurricane
un **ours** bear **E5**
ouvert open
  * **ouvrir** to open
    ouvre... (ouvrez...)
    open . . . **B**

P

le **pain** bread **33**
pâle pale
un **pamplemousse** grapefruit
    33
une **panne** breakdown
    une panne d'électricité
    power failure
un **pantalon** pants, trousers **25**
une **panthère** panther
une **papaye** papaya
le **papier** paper
    une feuille de papier a
    sheet (piece) of paper **B**
Pâques *m.* Easter **29**
    à Pâques at Easter **29**
par per
    par exemple for example
    par jour per day
un **parc** park **21**
    un parc public city park
parce que (parce qu')
    because **16**
pardon excuse me **21, 25**
les **parents** *m.* parents, relatives
    24
paresseux (paresseuse)
    lazy
parfait perfect
    rien n'est parfait nothing
    is perfect
parfois sometimes
parisien (parisienne)
    Parisian
parler to speak, talk **B, 15**
    parler à to speak (talk) to
    36
    parler (français, anglais,
    espagnol) to speak
    (French, English,
    Spanish) **13**
un **parrain** godfather
une **partie** part
  * **partir** to leave
    à partir de as of,
    beginning
partitif (partitive) partitive
pas not
    ne... pas not **14**
    pas de not a, no, not any
    18, 34
    pas du tout not at all,
    definitely not **23**
    pas possible not possible

pas toujours not always
13

pas très bien not very
well

le **passé composé** compound
past tense

passer to spend (time) **29**; to
pass by

passionnément passionately

une **pâte** dough

patient patient

le **patinage** ice skating, roller
skating

une **patinoire** skating rink

une **pâtisserie** pastry, pastry shop

une **patte** foot, paw *(of bird or
animal)*

pauvre poor **28**

payer to pay, pay for **28**

un **pays** country

la **peau** skin, hide

* **peindre** to paint

peint painted

une **pellicule** film (camera)

pendant during **29**

pénétrer to enter

pénible bothersome, a pain
20

penser to think **25**

penser de to think of **25**

penser que to think that
25

**qu'est-ce que tu penses
de...?** what do you think
of . . .? **25**

une **pension** inn, boarding house

Pentecôte *f.* Pentecost

perdre to lose, to waste **28**

perdu (*p.p. of* **perdre**) lost

un **père** father **7, 24**

* **permettre** to permit

un **perroquet** parrot

personne (de) nobody **32**

ne... personne nobody,
not anybody, not anyone
32

une **personne** person **5**

personnel (personnelle)
personal

personnellement personally

péruvien (péruvienne)
Peruvian

petit small, short **17, 20, 25**

il/elle est petit(e) he/she
is short **17**

un **petit copain, une
petite copine** boyfriend,
girlfriend

plus petite smaller

le **petit déjeuner** breakfast **33**

prendre le petit déjeuner
to have breakfast **33**

le **petit-fils, la petite-fille**
grandson, granddaughter

les **petits pois** *m.* peas **33**

peu little, not much

un peu a little, a little bit
15

un peu de a few

peut (*see* **pouvoir**)

peut-être perhaps, maybe **14**

peux (*see* **pouvoir**)

est-ce que tu peux...?
can you . . .? **13**

**je regrette, mais je ne
peux pas...** I'm sorry,
but I can't . . . **13**

la **photo** photography

une **phrase** sentence **B**

la **physique** physics

un **piano** piano **23**

une **pie** magpie **E5**

une **pièce** coin **28**; room

un **pied** foot **E3**

à pied on foot **22**

**faire une promenade à
pied** to take a walk **22**

piloter to pilot (a plane)

une **pincée** pinch

le **ping-pong** Ping-Pong **23**

un **pique-nique** picnic **22**

faire un pique-nique to
have a picnic **29**

une **piscine** swimming pool **21**

une **pizza** pizza **9**

un **placard** closet

une **plage** beach **21**

plaît: s'il te plaît please
(informal) **9**; excuse me
(please)

s'il te plaît, donne-moi...
please, give me . . .**10**

s'il vous plaît please
(formal) **10**; excuse me
(please)

un **plan** map

la **planche à voile** windsurfing
29

**faire de la planche à
voile** to windsurf **29**

une **plante** plant

un **plat** dish, course *(of a meal)*
33

le **plat principal** main
course

un **plateau** tray

pleut: il pleut it's raining **12**

plier to fold

plumer to pluck

plus more

plus de more than

plus joli que prettier
than

plus... que more . . . than,
. . .-er than **27**

en plus in addition

le **plus** the most

ne... plus no longer, no
more

non plus neither

plusieurs several

une **poche** pocket

l'argent *m.* **de poche**
allowance, pocket money

une **poêle** frying pan

un **point de vue** point of view

une **poire** pear **33**

pois: les petits pois *m.* peas
33

un **poisson** fish **E5, 33**

un poisson rouge
goldfish

blaff de poisson fish stew

poli polite

un **politicien, une politicienne**
politician

un **polo** polo shirt **25**

une **pomme** apple

le **jus de pomme** apple
juice **10, 33**

une **pomme de terre** potato **33**

**une purée de pommes
de terre** mashed
potatoes

le **porc: une côtelette de porc**
pork chop

une **porte** door **B, 17**

un **porte-monnaie** change
purse, wallet

porter to wear **25**

portugais Portuguese

poser: poser une question
to ask a question **C**

une **possibilité** possibility

la **poste** post office

pouah! yuck! yech!

une **poule** hen **E5**

le **poulet** chicken **33**

pour for **14**; in order to **29**

   pour que so that

   pour qui? for whom? **16**

le **pourcentage** percentage

pourquoi why **16**

* **pouvoir** to be able, can, may **35**

pratique practical

pratiquer to participate in

des **précisions** *f.* details

préféré favorite

préférer to prefer **26**; to like (in general)

   je préfère I prefer **13**

   tu préférerais? would you prefer?

premier (première) first **24**

   le premier de l'an New Year's Day

   le premier étage second floor

   le premier mai Labor Day *(in France)*

   c'est le premier juin it's June first **8**

* **prendre** to take, to have *(food)* **B, 34**

   prendre + du, de la *(partitive)* to have (some) **34**

   prendre le petit déjeuner to have breakfast **33**

un **prénom** first name

préparer to prepare; to prepare for **29**

près nearby **21**

   près d'ici nearby, near here

   tout près very close

une **présentation** appearance

   la présentation extérieure outward appearance

des **présentations** *f.* introductions

pressé in a hurry

prêt ready

un **prêt** loan

prêter à to lend to, to loan **35, 36**

   prête-moi... lend me . . . **11**

principalement mainly

le **printemps** spring **12**

   au printemps in the spring **12**

pris *(p.p. of* **prendre***)* took **34**

un **prix** price

   quel est le prix ...? what's the price . . .? **25**

un **problème** problem

prochain next **29, 31**

   le weekend prochain next weekend **29**

un **produit** product

un **prof, une prof** teacher *(informal)* **5, 17**

un **professeur** teacher **17**

professionnel (professionnelle) professional

un **programme** program

un **projet** plan

une **promenade** walk

   faire une promenade à pied to go for a walk **16, 22**

   faire une promenade à vélo to go for a ride (by bike) **22**

   faire une promenade en voiture to go for a drive (by car) **22**

* **promettre** promise

une **promo** special sale

proposer to suggest

propre own

un **propriétaire, une propriétaire** landlord/landlady, owner

la **Provence** Provence *(province in southern France)*

pu *(p.p. of* **pouvoir***)* could, was able to **35**

   n'a pas pu was not able to

public: un parc public city park

   un jardin public public garden

la **publicité** commercials, advertising, publicity

une **puce** flea

   un marché aux puces flea market

puis then, also

puisque since

un **pull** sweater, pullover **25**

les **Pyrénées** (the) Pyrenees *(mountains between France and Spain)*

Q

qu' *(see* **que***)*

une **qualité** quality

quand when **16**

   c'est quand, ton anniversaire? when is your birthday? **8**

une **quantité** quantity **33**

quarante forty **3**

un **quart** one quarter

   ... heure(s) et quart quarter past . . . **4**

   ... heure(s) moins le quart quarter of . . . **4**

un **quartier** district, neighborhood **21**

   un joli quartier a nice neighborhood **21**

quatorze fourteen **2**

quatre four **1**

quatre-vingt-dix ninety **6**

quatre-vingts eighty **6**

quatrième fourth **24**

que that, which

   que veut dire...? what does . . . mean? **B**

   qu'est-ce que (qu') what *(phrase used to introduce a question)* **16**

   qu'est-ce que c'est? what is it? what's that? **17**

   qu'est-ce que tu penses de...? what do you think of . . .? **25**

   qu'est-ce que tu veux? what do you want? **9**

   qu'est-ce qu'il y a? what is there? **17**; what's the matter?

   qu'est-ce qui ne va pas? what's wrong?

quel (quelle) what, which, what a **26**

   quel (quelle)...! what a . . .!

   quel âge a ta mère/ton père? how old is your mother/your father? **7**

   quel âge a-t-il/elle? how old is he/she? **17**

quel âge as-tu? how old are you? **7**

quel est le prix...? what is the price . . .? **25**

quel jour est-ce? what day is it? **8**

quel temps fait-il? what's (how's) the weather? **12**

quelle est la date? what's the date? **8**

quelle est ton adresse? what's your address? **21**

quelle heure est-il? what time is it? **4**

à quelle heure? at what time? **4**

à quelle heure est...? at what time is . . .? **4**

de quelle couleur...? what color is . . .? **20**

quelqu'un someone **32**

quelque chose something **32**

quelques some, a few **17**

une **question** question

un **Québécois, une Québécoise** person from Quebec

québécois from Quebec

une **queue** tail

qui who, whom **16**

qui est-ce? who's that (this)? **5, 17**

qui se ressemble... birds of a feather . . .

à qui? to whom? **16**

avec qui? with who(m)? **16**

c'est qui? who's that? *(casual speech)*

de qui? about who(m)? **16**

pour qui? for who(m)? **16**

quinze fifteen **2**

quoi? what? **17**

quotidien (quotidienne) daily

la vie quotidienne daily life

R ▬▬▬▬▬▬▬▬

raconter to tell about

une **radio** radio **17**

écouter la radio to listen to the radio **13**

une **radiocassette** boom box **17**

raisin: le jus de raisin grape juice **10**

une **raison** reason

avoir raison to be right **30**

rapidement rapidly

un **rapport** relationship

une **raquette** racket **17**

une raquette de tennis tennis racket **23**

rarement rarely, seldom **15**

un **rayon** department *(in a store)*

réalisé made

récemment recently

une **recette** recipe

recherche: un avis de recherche missing person's bulletin

un **récital** *(pl. **récitals**)* (musical) recital

reconstituer to reconstruct

un **réfrigérateur** refrigerator

refuser to refuse

regarder to look at, watch **B, 15**

regarde ça look at that **17**

regarder la télé to watch TV **13**

un **régime** diet

être au régime to be on a diet

régional *(m.pl. **régionaux**)* regional

regretter to be sorry

je regrette, mais... I'm sorry, but . . . **13**

régulier (régulière) regular

une **reine** queen

rencontrer to meet **29**

une **rencontre** meeting, encounter

un **rendez-vous** date, appointment **22**

j'ai un rendez-vous à... I have a date, appointment at . . . **4**

rendre visite à to visit, come to visit **28, 36**

la **rentrée** first day back at school in fall

rentrer to go back, come back **22;** to return, go back, come back **32**

réparer to fix, repair **29**

un **repas** meal **33**

* **repeindre** to repaint

répéter to repeat **B**

répondre (à) to answer, respond (to) **B, 36**

répondez-lui (moi) answer him (me)

répondre que oui to answer yes

une **réponse** answer

un **reportage** documentary

représenter to represent

réservé reserved

une **résolution** resolution

un **restaurant** restaurant **21**

au restaurant to (at) the restaurant **14**

dîner au restaurant to have dinner at a restaurant **13**

un restaurant trois étoiles three star restaurant

rester to stay **22, 32**

retard: un jour de retard one day behind

en retard late

retourner to return; to turn over

réussir to succeed **27**

réussir à un examen to pass an exam **27**

* **revenir** to come back **23**

revoir: au revoir! good-bye! **3**

le **rez-de-chaussée** ground floor

un **rhinocéros** rhinoceros **E5**

riche rich **28**

rien (de) nothing **32**

rien n'est parfait nothing is perfect

ne... rien nothing **32**

une **rive** (river) bank

une **rivière** river, stream

le **riz** rice **33**

une **robe** dress **25**

romain Roman

le **rosbif** roast beef **33**

rose pink **20**

rosse nasty *(colloq.)*

une **rôtie** toast *(Canadian)*
rôtir to roast
une **roue** wheel
rouge red **20**
rougir to turn red
rouler to roll
roux (rousse) red-head
une **rue** street **21**
    dans la rue (Victor Hugo) on (Victor Hugo) street **21**
russe Russian

S

sa his, her **24**
un **sac** bag, handbag **17**
sais *(see* **savoir)**
    je sais I know **B, 17, 36**
    je ne sais pas I don't know **B, 17**
    tu sais you know **36**
une **saison** season **12**
    toute saison all year round (any season)
une **salade** salad **9, 33**; lettuce **33**
un **salaire** salary
une **salle** hall, large room
    une salle à manger dining room **21**
    une salle de bains bathroom **21**
    une salle de séjour informal living room
un **salon** formal living room **21**
salut hi!, good-bye! **3**
une **salutation** greeting
samedi Saturday **8, 31**
    samedi soir Saturday night
    à samedi! see you Saturday! **8**
    le samedi on Saturdays **18**
une **sandale** sandal **25**
un **sandwich** sandwich **9**
sans without
des **saucisses** *f.* sausages
le **saucisson** salami **33**
* **savoir** to know *(information)*
    je sais I know **B, 17, 36**
    je ne sais pas I don't know **B, 17**
    tu sais you know **36**

un **saxo (saxophone)** saxophone **23**
une **scène** scene, stage
les **sciences** *f.* **économiques** economics
les **sciences** *f.* **naturelles** natural science
un **scooter** motorscooter **17**
second second
seize sixteen **2**
un **séjour** stay; informal living room
le **sel** salt **33**
selon according to
    selon toi in your opinion
une **semaine** week **8, 29**
    cette semaine this week **31**
    la semaine dernière last week **31**
    la semaine prochaine next week **31**
    par semaine per week, a week
semblable similar
le **Sénégal** Senegal *(French-speaking country in Africa)*
sensationnel (sensationnelle) sensational
séparer to separate
sept seven **1**
septembre *m.* September **8**
septième seventh **24**
une **série** series
sérieux (sérieuse) serious
un **serveur, une serveuse** waiter, waitress
servi served
une **serviette** napkin **33**
ses his, her **24**
seul alone, only; by oneself **29**
seulement only, just
un **short** shorts **25**
si if, whether **C**
si! so, yes! *(to a negative question)* **18**
un **signal** *(pl.* **signaux)** signal
un **signe** sign
    un signe orthographique spelling mark
un **singe** monkey **E5**
situé situated
six six **1**

sixième sixth **24**
un **skate** skateboard
le **ski** skiing
    le ski nautique waterskiing **29**
    faire du ski to ski **29**
    faire du ski nautique to go water-skiing **29**
skier to ski
snob snobbish
la **Société Nationale des Chemins de Fer (SNCF)** *French railroad system*
une **société** society
un **soda** soda **10**
une **soeur** sister **7, 24**
la **soie** silk
la **soif** thirst
    avoir soif to be thirsty **30**
    j'ai soif I'm thirsty **10**
    tu as soif? are you thirsty? **10**
un **soir** evening **29**
    ce soir this evening, tonight **31**
    demain soir tomorrow night (evening) **29, 31**
    du soir in the evening, P.M. **4**
    hier soir last night **31**
    le soir in the evening
une **soirée** (whole) evening, evening party
soixante sixty **3, 5**
soixante-dix seventy **5**
un **soldat** soldier
un **solde** (clearance) sale
    en solde on sale
la **sole** sole (fish) **33**
le **soleil** sun
    les lunettes *f.* **de soleil** sunglasses **25**
sommes *(see* **être)**
    nous sommes... it is, today is . . . *(date)*
son (sa; ses) his, her **24**
un **sondage** poll
une **sorte** sort, type, kind
* **sortir** to leave, come out
un **souhait** wish
la **soupe** soup **33**
une **souris** mouse
sous under **17**
le **sous-sol** basement

souvent often **15**

soyez (*see* **être**): **soyez logique** be logical

les **spaghetti** *m.* spaghetti **33**

spécialement especially

spécialisé specialized

une **spécialité** specialty

le **sport** sports **23, 29**

    faire du sport to play sports **29**

    des vêtements *m.* **de sport** sports clothing **25**

    une voiture de sport sports car **23**

    sportif (sportive) athletic **19**

un **stade** stadium **21**

un **stage** sports training camp; internship

une **station-service** gas station

un **steak** steak **9**

un **steak-frites** steak and French fries **9**

un **stylo** pen **B, 17**

le **sucre** sugar **33**

le **sud** south

suggérer to suggest

suis (*see* **être**)

    je suis + *nationality* I'm . . . **2**

    je suis de... I'm from . . . **2**

    suisse Swiss **19**

la **Suisse** Switzerland

suivant following

suivi followed

un **sujet** subject, topic

super terrific **15**; great **20, 25**

un **supermarché** supermarket **21**

supersonique supersonic

supérieur superior

supplémentaire supplementary, extra

sur on **17**; about

sûr sure, certain

    bien sûr! of course! **14**

    oui, bien sûr... yes, of course . . .! **13**

    tu es sûr(e)? are you sure? **24**

sûrement surely

la **surface: une grande surface** big store, self-service store

surtout especially

un **survêtement** jogging or track suit **25**

un **sweat** sweatshirt **25**

une **sweaterie** shop specializing in sweatshirts and sportswear

sympa nice, pleasant (*colloq.*)

sympathique nice, pleasant **19**

une **synagogue** Jewish temple or synagogue

un **synthétiseur** electronic keyboard, synthesizer

T ▬▬▬▬▬▬▬▬

t' (*see* **te**)

ta your **7, 24**

une **table** table **B, 17**

    mettre la table to set the table **33**

un **tableau** (*pl.* **tableaux**) chalkboard **B**

Tahiti Tahiti (*French island in the South Pacific*)

une **taille** size

    de taille moyenne of medium height or size

un **tailleur** woman's suit

se **taire: tais-toi!** be quiet!

une **tante** aunt **7, 24**

la **tarte** pie **33**

une **tasse** cup **33**

un **taxi** taxi

    en taxi by taxi **22**

te (to) you **35**

un **tee-shirt** T-shirt **25**

un **temple** Protestant church

le **temps** time; weather

    combien de temps? how long?

    de temps en temps from time to time

    quel temps fait-il? what's (how's) the weather? **12**

    tout le temps all the time

le **tennis** tennis **23**

    jouer au tennis to play tennis **13**

des **tennis** *m.* tennis shoes, sneakers **25**

un **terrain de sport** (playing) field

une **terrasse** outdoor section of a café, terrace

la **terre** earth

    une pomme de terre potato **33**

terrifiant terrifying

tes your **24**

la **télé** TV **B, 17**

    à la télé on TV

    regarder la télé to watch TV **13**

un **téléphone** telephone **17**

    téléphoner (à) to call, phone **13, 15, 36**

    télévisé: des jeux *m.* **télévisés** TV game shows

la **tête** head **E3**

le **thé** tea **10**

    un thé glacé iced tea **33**

un **théâtre** theater **21**

le **thon** tuna **33**

    tiens! look!, hey! **5, 18**

un **tigre** tiger **E5**

timide timid, shy **19**

le **tissu** fabric

un **titre** title

toi you **23**

    avec toi with you **13**

    et toi? and you? **1**

les **toilettes** bathroom, toilet **21**

un **toit** roof

une **tomate** tomato **33**

    le jus de tomate tomato juice **10**

un **tombeau** tomb

ton (**ta; tes**) your **7, 24**

    c'est quand, ton anniversaire? when's your birthday? **8**

tort: avoir tort to be wrong **30**

une **tortue** turtle **E5**

    un bifteck de tortue turtle steak

toujours always **15**

    je n'aime pas toujours... I don't always like . . . **13**

un **tour** turn

    à votre tour it's your turn

la **Touraine** Touraine (*province in central France*)

tourner to turn **21**

la **Toussaint** All Saint's Day (*November 1*)

tout (toute; tous, toutes)
all, every, the whole
tous les jours every day
tout ça all that
tout le monde everyone
tout le temps all the time
toutes sortes all sorts, kinds
tout completely, very
tout droit straight **21**
tout de suite right away
tout près very close
tout all, everything
pas du tout not at all **23**
un **train** train **29**
tranquille quiet
laisse-moi tranquille! leave me alone! **36**
un **transistor** transistor radio
un **travail** (*pl.* **travaux**) job
travailler to work **13, 15**
une **traversée** crossing
treize thirteen **2**
trente thirty **3**
un **tréma** diaeresis
très very **19**
très bien very well **15**
ça va très bien things are going very well **3**
ça va très mal things are going very badly **3**
trois three **1**
troisième third **24**; *9th grade in France*
trop too, too much **25**
trouver to find, to think of **25**
comment trouves-tu...? what do you think of . . .? how do you find . . .? **25**
s'y trouve is there
tu you **14**
la **Tunisie** Tunisia (*country in North Africa*)

un, une one **1**; a, an **5, 18**
unique only
uniquement only
une **université** university, college
l' **usage** *m.* use
un **ustensile** utensil
utile useful
utiliser to use **C**

en utilisant (by) using
utilisez... use . . . **C**

va (*see* **aller**)
va-t'en! go away! **22**
ça va? how are you? how's everything? **3**
ça va! everything's fine (going well); fine, I'm OK **3**
on va dans un café? shall we go to a café?
on y va let's go
les **vacances** *f.* vacation
bonnes vacances! have a nice vacation!
en vacances on vacation **14**
les grandes vacances summer vacation **29**
une **vache** cow
vais (*see* **aller**): **je vais** I'm going **22**
la **vaisselle** dishes
faire la vaisselle to do the dishes
valable valid
une **valise** suitcase
vanille: une glace à vanille vanilla ice cream
varié varied
les **variétés** *f.* variety show
vas (*see* **aller**)
comment vas-tu? how are you? **3**
vas-y! come on!, go ahead!, do it! **22**
le **veau** veal **33**
une **vedette** star
un **vélo** bicycle **17**
à vélo by bicycle **22**
faire une promenade à vélo to go for a bicycle ride **22**
un **vendeur, une vendeuse** salesperson
vendre to sell **28**
vendredi *m.* Friday **8**
vendu (*p.p. of* **vendre**) sold **31**
* **venir** to come **23**
le **vent** wind
une **vente** sale

le **ventre** stomach **E3**
venu (*p.p. of* **venir**) came, come **32**
vérifier to check
la **vérité** truth
un **verre** glass **33**
verser to pour
vert green **20**
les • haricots *m.* **verts** green beans **33**
une **veste** jacket **25**
des **vêtements** *m.* clothing **25**
des vêtements de sport sports clothing **25**
veut (*see* **vouloir**): **que veut dire...?** what does . . . mean? **B**
veux (*see* **vouloir**)
est-ce que tu veux...? do you want . . .? **13**
je ne veux pas... I don't want . . . **13**
je veux... I want . . . **13, 34**
je veux bien... I'd love to, I do, I want to . . . **13, 34**
qu'est-ce que tu veux? what do you want? **9**
tu veux...? do you want . . .? **9**
la **viande** meat **33**
une **vidéocassette** videocassette **B**
la **vie** life
la vie quotidienne daily life
viens (*see* **venir**)
viens... come . . . **B**
oui, je viens yes, I'm coming along with you
vieux (vieil, vieille; *m.pl.* **vieux)** old **27**
le Vieux Carré *the French Quarter in New Orleans*
le **Viêt-nam** Vietnam (*country in Southeast Asia*)
vietnamien (vietnamienne) Vietnamese
une **vigne** vineyard
un **village** town, village **21**
un petit village small town **21**
une **ville** city
en ville downtown, in town, in the city **14**

une grande ville big city, town **21**

le **vin** wine

vingt twenty **2, 3**

un **violon** violin **23**

une **visite** visit

rendre visite à to visit *(a person)* **28, 36**

visiter to visit *(places)* **15, 28**

vite! fast!, quick!

vive: vive les vacances! three cheers for vacation!

* **vivre** to live

le **vocabulaire** vocabulary

voici... here is, this is..., here come(s) . . . **5**

voici + du, de la *(partitive)* here's some **34**

voici mon père/ma mère here's my father/my mother **7**

voilà... there is . . ., there come(s) . . . **5**

voilà + du, de la *(partitive)* there's some **34**

la **voile** sailing **29**

faire de la voile to sail **29**

la planche à voile windsurfing **29**

* **voir** to see **29, 31**

voir un film to see a movie **29**

un **voisin, une voisine** neighbor **17**

une **voiture** car **17**

une voiture de sport sports car **23**

en voiture by car **22**

faire une promenade en voiture to go for a drive by car **22**

une **voix** voice

le **volley (volleyball)** volleyball **23**

jouer au volley to play volleyball **13**

un **volontaire, une volontaire** volunteer

comme volontaire as a volunteer

vos your **24**

votre *(pl.* **vos)** your **24**

voudrais *(see* **vouloir): je voudrais** I'd like **9, 10, 13, 34**

* **vouloir** to want **34**

vouloir + du, de la *(partitive)* to want some (of something) **34**

vouloir dire to mean **34**

voulu *(p.p. of* **vouloir)** wanted **34**

vous you **14;** (to) you **35**

vous désirez? what would you like? may I help you? **10, 25**

s'il vous plaît please **10**

un **voyage** trip

bon voyage! have a nice trip!

faire un voyage to take a trip **16**

voyager to travel **13, 15**

vrai true, right, real **20**

vraiment really **23**

vu *(p.p. of* **voir)** saw, seen **31**

une **vue** view

un point de vue point of view

ENGLISH-FRENCH VOCABULARY

VOCABULARY
English-French

The English-French vocabulary contains only active vocabulary.

The numbers following an entry indicate the lesson in which the word or phrase is activated. (**B** stands for the photo essay that precedes **Niveau B; C** stands for the list of phrases and expressions that precedes **Niveau C;** and **E** stands for **Entracte.**)

Nouns: If the article of a noun does not indicate gender, the noun is followed by *m.* (*masculine*) or *f.* (*feminine*). If the plural (*pl.*) is irregular, it is given in parentheses.

Verbs: Verbs are listed in the infinitive form. An asterisk (*) in front of an active verb means that it is irregular. (For forms, see the verb charts in Appendix 4C.)

Words beginning with an **h** are preceded by a bullet (•) if the **h** is aspirate; that is, if the word is treated as if it begins with a consonant sound.

A

a, an un, une **5, 18**
  a few quelques **17**
  a little (bit) un peu **15**
  a lot beaucoup **15**
able: to be able (to) *pouvoir **35**
about de **23**
  about whom? de qui? **16**
accessories des accessoires *m.* **25**
acquainted: to be acquainted with *connaître **36**
  are you acquainted with . . . ? tu connais...? **6**
address une adresse **21**
  what's your address? quelle est ton adresse? **21**
after après **29, 30**
  after that ensuite **30**
afternoon l'après-midi *m.* **29**
  in the afternoon de l'après-midi **4**
  this afternoon cet après-midi **31**
  tomorrow afternoon demain après-midi **31**
  yesterday afternoon hier après-midi **31**
afterwards après **30**
to agree *être d'accord **14**
airplane un avion **29**
  by airplane en avion **29**
all tout
  all right d'accord **13**
  not at all pas du tout **23**
alone seul **29**

leave me alone! laisse-moi tranquille! **36**
also aussi **2, 15**
always toujours **15**
  not always pas toujours **13**
A.M. du matin **4**
am (*see* to be)
  I am . . . je suis + *nationality* **2**
American américain **2, 19**
  I'm American je suis américain(e) **2**
amusing amusant **19**
an un, une **5, 18**
and et **2, 14**
  and you? et toi? **1**
annoying pénible **20**
another un(e) autre
to answer répondre (à) **36**
any des **18;** du, de la, de l', de **34**
  not any pas de **18, 34**
anybody: not anybody ne... personne **32**
anyone quelqu'un **32**
anything quelque chose **32**
  not anything ne... rien **32**
apartment un appartement **21**
  apartment building un immeuble **21**
appetizer un •hors-d'oeuvre **33**
apple une pomme
  apple juice le jus de pomme **10, 33**
appointment un rendez-vous **22**
  I have an appointment

at . . . j'ai un rendez-vous à... **4**
April avril *m.* **8**
are (*see* to be)
  are there? est-ce qu'il y a? **17**
  are you . . .? tu es + *nationality?* **2**
  there are il y a **17**
  these/those/they are ce sont **20**
arm un bras **E3**
to arrive arriver **22**
as . . . as aussi... que **27**
to ask demander (à) **36**
at à **14;** chez **22**
  at (the) au, à la, à l', aux **22**
  at . . .'s house chez... **22**
  at . . . o'clock à... heure(s) **14**
  at home à la maison **14**
  at last enfin **30**
  at the restaurant au restaurant **14**
  at what time? à quelle heure? **4, 16**
  at what time is . . .? à quelle heure est...? **4**
  athletic sportif (sportive) **19**
to attend assister à **29**
attention: to pay attention *faire attention **16**
August août *m.* **8**
aunt une tante **7, 24**
automobile une auto, une voiture **17**
autumn l'automne *m.*

in (the) autumn en automne 12

avenue une avenue 21

away: go away! va-t'en! 22

B

back le dos E3

back: to come back rentrer 22, 32; *revenir 23

to go back rentrer 22, 32

in back of derrière 17

bad mauvais 20

I'm/everything's (very) bad ça va (très) mal 3

it's bad (weather) il fait mauvais 12

that's bad c'est mal 20

too bad! dommage! 15

badly mal 3

things are going (very) badly ça va (très) mal 3

bag un sac 17

banana une banane 33

banknote un billet 28

baseball le baseball 23

basketball le basket (basketball) 23

bathing suit un maillot de bain 25

bathroom une salle de bains 21

to be *être 14

to be . . . (years old) *avoir... ans 18

to be able (to) *pouvoir 35

to be acquainted with *connaître 36

to be active in *faire de + *activity* 29

to be careful *faire attention 16

to be cold *(people)* *avoir froid 30; *(weather)* il fait froid 12

to be going to *(do something)* *aller + *inf.* 22

to be hot *(people)* *avoir chaud 30

to be hungry *avoir faim 18, 30

to be lucky *avoir de la chance 30

to be present at assister à 29

to be right *avoir raison 30

to be supposed to *devoir 35

to be thirsty *avoir soif 18, 30

to be warm *(people)* *avoir chaud 30, 31

to be wrong *avoir tort 30

beach une plage 21

beans: green beans les •haricots *m.* verts 33

beautiful beau (bel, belle; *m.pl.* beaux) 17

it's beautiful (nice) weather il fait beau 12

because parce que (qu') 16

bed un lit 17

bedroom une chambre 17, 21

been été *(p.p. of* *être) 31

before avant 29, 31

behind derrière 17

below en bas 21

belt une ceinture 25

best meilleur 27

better meilleur 27

beverage une boisson 10, 33

bicycle un vélo, une bicyclette 17

by bicycle à vélo 22

take a bicycle ride *faire une promenade à vélo 22

big grand 17, 20

bill *(money)* un billet 28

birthday un anniversaire 8

my birthday is (March 2) mon anniversaire est le (2 mars) 8

when is your birthday? c'est quand, ton anniversaire? 8

bit: a little bit un peu 15

black noir 20

blond blond 17

blouse un chemisier 25

blue bleu 20

boat un bateau *(pl.* bateaux) 29

book un livre B, 17

boom box une radiocassette 17

boots des bottes *f.* 25

bothersome pénible 20

boulevard un boulevard 21

boutique une boutique 25

boy le garçon 5, 6

boyfriend un petit copain

bread le pain 33

breakfast le petit déjeuner 33

to have breakfast prendre le petit déjeuner 33

to bring *(a person)* amener 26; *(things)* apporter 35

to bring something to someone apporter quelque chose à quelqu'un 35

brother un frère 7, 24

brown brun 17; marron *(inv.)* 20

building: apartment building un immeuble 21

bus un bus

by bus en bus 22

touring bus un autocar, un car 29

but mais 13

butter le beurre 33

to buy acheter 25, 26

to buy (some) acheter + du, de la *(partitive)* 34

by: by airplane, plane en avion 29

by bicycle à vélo 22

by bus en bus 22

by car en voiture 22

by oneself seul(e) 29

by subway en métro 22

by taxi en taxi 22

by train en train 22

C

café un café 14

at (to) the café au café 14

cafeteria: school cafeteria la cantine de l'école 33

cake un gâteau *(pl.* gâteaux) 33

calculator une calculatrice 17

to call téléphoner 15

came venu *(p.p. of* *venir) 31

camera un appareil-photo *(pl.* appareils-photo) 17

camping le camping 29

to go camping *faire du camping 29

can *pouvoir 35

can you . . .? est-ce que tu peux...? 13

I can't je ne peux pas 13

Canada le Canada

Canadian canadien (canadienne) 2, 19

he's/she's (Canadian) il/elle est (canadien/ canadienne) 6

cannot: I cannot je ne peux pas 13

I'm sorry, but I cannot je regrette, mais je ne peux pas **13**

car une auto, une voiture **17**

  by car en voiture **22**

card une carte

  (playing) cards des cartes *f.* **23**

careful: to be careful *faire attention **16**

carrot une carotte **33**

cassette tape une cassette **B, 17**

  cassette recorder une magnétophone **17**

cat un chat **7**

cereal les céréales *f.* **33**

chair une chaise **B, 17**

chalk la craie **B**

  piece of chalk un morceau de craie **B**

chalkboard un tableau (*pl.* tableaux) **B**

checkers les dames *f.* **23**

cheese le fromage **33**

cherry une cerise **33**

chess les échecs *m.* **23**

chicken le poulet **33**

child un (une) enfant **24**

  children des enfants *m.* **24**

Chinese chinois **19**

chocolate: hot chocolate un chocolat **10**

to **choose** choisir **27**

  chose, chosen choisi (*p.p. of* choisir) **31**

Christmas le Noël **29**

  at Christmas à Noël **29**

church une église **21**

cinema le cinéma **14**

  to the cinema au cinéma **14**

city une ville **21**

  in the city en ville **14**

clarinet une clarinette **23**

class une classe **14**

  in class en classe **14**

classmate un (une) camarade **17**

to **clean** nettoyer **29**

clothing des vêtements *m.* **25**

  sports clothing des vêtements *m.* de sport **25**

coffee le café **10, 21**

coin une pièce **28**

cold le froid

to be (feel) cold *avoir froid **30**

it's cold (*weather*) il fait froid **12**

college student un étudiant, une étudiante **17**

color une couleur **20**

  what color? de quelle couleur? **20**

to **come** arriver **22;** *venir **23**

  come on! vas-y! **22**

  here comes . . . voici... **5**

  to come back rentrer **22, 32;** *revenir **23**

  to come to visit rendre visite à **28, 36**

comfortable confortable **21**

compact disc un compact (un CD) **17**

computer un ordinateur **B, 17**

concert un concert **22**

to **continue** continuer **21**

cooking la cuisine **33**

cool: it's cool (*weather*) il fait frais **12**

cost le coût **25**

to **cost** coûter

  how much does . . . cost? combien coûte...? **11, 25**

  it costs . . . il/elle coûte... **11**

country(side) la campagne **29**

  to (in) the country(side) à la campagne **29**

course: of course! bien sûr! **13;** mais oui! **14**

  of course not! mais non! **14**

cousin un cousin, une cousine **7, 24**

crepe une crêpe **9**

croissant un croissant **9**

cuisine la cuisine **33**

cup une tasse **33**

cute mignon (mignonne) **19**

D ▬▬▬▬▬▬▬▬▬▬▬

to **dance** danser **13, 15**

dark-haired brun **17**

darn! zut! **3**

date la date **8;** un rendez-vous **22**

  I have a date at . . . j'ai un rendez-vous à... **4**

what's the date? quelle est la date? **8**

daughter une fille **24**

day un jour **8, 29**

  what day is it? quel jour est-ce? **8**

  whole day une journée

December décembre *m.* **8**

dear cher (chère) **25**

department store un grand magasin **25**

to **describe** *décrire **C**

  describe . . . décrivez... **C**

desk un bureau **B, 17**

dessert le dessert **33**

to **detest** détester **33**

did fait (*p.p. of* *faire) **31**

difficult difficile **20**

dining room une salle à manger **21**

dinner le dîner **33**

  to have (eat) dinner dîner **15, 33**

  to have dinner at a restaurant dîner au restaurant **13**

dish (*course of a meal*) un plat **33**

to **do** *faire **16**

  do it! vas-y! **22**

  I do je veux bien **34**

  to do + *activity* *faire de + *activity* **29**

  to do my homework *faire mes devoirs **29**

dog un chien **7**

door une porte **B, 17**

done fait (*p.p. of* *faire) **31**

downstairs en bas **21**

downtown en ville **14**

dozen une douzaine **33**

dress une robe **25**

drink une boisson **10, 33**

to **drink** *boire **34**

drive: to take a drive *faire une promenade en voiture **22**

drums une batterie **23**

dumb bête **19**

during pendant **29**

E ▬▬▬▬▬▬▬▬▬▬▬

ear une oreille **E3**

to **earn** gagner **28**

Easter Pâques *m.* **29**

at Easter à Pâques **29**
easy facile **20**
to **eat** manger **15**
    I like to eat j'aime manger **13**
    to eat breakfast *prendre le petit déjeuner **33**
    to eat dinner dîner **15, 33**
    to eat lunch déjeuner **33**
    to eat (some) manger + du, de la *(partitive)* **34**
egg un oeuf **33**
eight •huit **1**
eighteen dix-huit **2**
eighth •huitième **24**
eighty quatre-vingts **6**
elegant élégant **25**
elephant un éléphant **E5**
eleven onze **2, 11**
eleventh onzième **24**
England l'Angleterre *m.*
English anglais(e) **2, 19**
errand: to run errands *faire les courses **33**
evening un soir **29**
    in the evening du soir **4**
    this evening ce soir **31**
    tomorrow evening demain soir **29, 31**
everything tout
    everything's going (very) well ça va (très) bien **3**
    everything's (going) so-so ça va comme ci, comme ça **3**
    how's everything? ça va? **3**
exam un examen
    to pass an exam réussir à un examen **27**
excuse me excusez-moi **21**
expensive cher (chère) **25**
to **explain** expliquer **C**
eye un oeil *(pl.* yeux) **E3**

F

fall l'automne **12**
    in (the) fall en automne **12**
false faux (fausse) **20**
family une famille **7, 24**
far (from) loin (de) **21**
fashion la mode
    in fashion (fashionable) à la mode **25**
fat: to get fat grossir **27**
father un père **24**

this is my father voici mon père **7**
February février *m.* **8**
to **feel like** *avoir envie de + *inf.* **28**
few: a few quelques **17**
fifteen quinze **2**
fifth cinquième **24**
fifty cinquante **3**
film un film **22, 29**
finally finalement **30**
to **find** trouver **25**
fine ça va **3**
    fine! d'accord **13**
    everything's fine ça va bien **3**
    that's fine c'est bien **20**
to **finish** finir **27**
    finished fini (*p.p. of* finir) **31**
first d'abord **30**; premier (première) **24**
    it's (June) first c'est le premier (juin) **8**
fish un poisson **33**
five cinq **1**
to **fix** réparer **29**
flute une flûte **23**
food la nourriture **33**
foot un pied **E3**
    on foot à pied **22**
for pour **14**
    for whom? pour qui? **16**
fork une fourchette **33**
forty quarante **3**
four quatre **1**
fourteen quatorze **2**
fourth quatrième **24**
franc un franc **11**
    that's (it's) . . . francs ça fait... francs **11**
France la France **14**
    in France en France **14**
French français(e) **2, 19**
    how do you say . . . in French? comment dit-on... en français? **B**
French fries des frites *f.* **33**
    steak and French fries un steak-frites **9**
Friday vendredi *m.* **8**
friend un ami, une amie **5**; un copain, une copine **5**
    boyfriend, girlfriend un petit copain, une petite copine

school friend un (une) camarade **17**
from de **14**
    from (the) du, de la, de l', des **23**
    from where? d'où? **23**
    are you from . . .? tu es de...? **2**
    I'm from . . . je suis de... **2**
front: in front of devant **17**
fruit(s) des fruits *m.* **33**
funny amusant **19**; drôle **20**

G

to **gain weight** grossir **27**
game un jeu (*pl.* jeux) **23**; un match **16**
    to play a game (match) *faire un match **16**
    to play a game jouer à + *game* **23**
garage un garage **21**
garden un jardin **21**
gentleman un monsieur (*pl.* messieurs) **5**
to **get: to get fat** grossir **27**
    to get thin maigrir **27**
girl une fille **15**
    girlfriend une petite copine
to **give (to)** donner (à) **35, 36**
    give me donne-moi, donnez-moi **9, 10**
    please give me s'il te plâit, donne-moi **10**
glass un verre **33**
glasses des lunettes *f.* **25**
    sunglasses des lunettes *f.* de soleil **25**
to **go** *aller **22**
    go ahead! vas-y! **22**
    go away! va-t'en! **22**
    to go (come) back rentrer **22, 32**; *revenir **23**
    to go by bicycle *aller en vélo **22**
    to go by car, by train . . . *aller en auto, en train... **22**
    to go camping *faire du camping **29**
    to go food shopping *faire les courses **33**
    to go mountain climbing *faire de l'alpinisme **29**
    to go shopping *faire des achats **29**

to go to assiter à 29

gone allé(e) (*p.p. of* *aller) 32

good bon (bonne) 20

    good morning (afternoon)
bonjour 1

    that's good c'est bien 20

    **the weather's good
(pleasant)** il fait bon 12

good-bye! au revoir!, salut! 3

good-looking beau (bel, belle;
m.pl. beaux) 17, 20, 27

grandfather un grand-père 7,
24

grandmother une grand-mère
7, 24

grandparents les grands-
parents *m.* 24

grape juice le jus de raisin 10

grapefruit un pamplemousse
33

gray gris 20

great chouette, super 20, 25

green vert 20

    green beans les •haricots
m. verts 33

guitar une guitare 17, 23

H ▬▬▬▬▬▬▬▬▬

had eu (*p.p. of* *avoir) 31

hair les cheveux *m.* E3, 23

    he/she has dark hair
il/elle est brun(e) 17

half: half past . . . ... heure(s)
et demie 4

    half past midnight minuit et
demi 4

    half past noon midi et demi
4

ham le jambon 33

hamburger un hamburger 9

hand une main E3

handbag un sac 17

handsome beau (bel, belle;
m.pl. beaux) 17, 20, 27

hard difficile 20

hat un chapeau (*pl.* chapeaux)
25

to hate détester 33

to have *avoir 18; (*food*)
*prendre 34

    do you have . . .? est-ce que
tu as...? 17

    I have j'ai 17

    I have to (must) je dois 13

to have (some) *avoir + du,
de la (*partitive*); *prendre +
du, de la (*partitive*) 34

to have a picnic *faire un
pique-nique 29

to have breakfast *prendre
le petit déjeuner 33

to have dinner dîner 33

to have dinner at a
restaurant dîner au
restaurant 13

to have to *avoir besoin de +
inf. 28; *devoir 35

he il 11, 14, 18; lui 23

    he/she is . . . il/elle est +
nationality 6

head la tête E3

to hear entendre 28

hello bonjour 1, 3

to help aider 29, 35

    may I help you? vous
désirez? 10, 25

her elle 23; son, sa; ses 24; la
36

    (to) her lui 36

    her name is . . . elle
s'appelle... 6

    what's her name? comment
s'appelle-t-elle? 17

here ici 14

    here comes, here is voici 5

    here's my mother/father
voici ma mère/mon père 7

    here's some voici + du, de la
(*partitive*) 34

    this . . . (over here) ce...-ci
26

hey! dis! 20; tiens! 5, 18

    hey there! dis donc! 20

hi! salut! 3

high school student un (une)
élève 17

him lui 23; le 36

    (to) him lui 36

his son, sa; ses 24

    his name is . . . il s'appelle...
6

    what's his name? comment
s'appelle-t-il? 17

home, at home à la maison 14;
chez (moi, toi...) 23

    to go home rentrer 22, 32

homework les devoirs *m.* 29

    homework assignment un
devoir B

to do my homework *faire
mes devoirs 29

to hope espérer 26

horse un cheval (*pl.* chevaux)
E5

hospital un hôpital 21

hot chaud 12, 31

    hot chocolate un chocolat
10

    hot dog un •hot dog 9

    to be hot (*people*) *avoir
chaud 30

    it's hot (*weather*) il fait
chaud 12

hotel un hôtel 21

house une maison 21

    at someone's house chez +
person 22

how? comment? 16

    how are you? comment
allez-vous?, comment vas-tu?,
ça va? 3

    how do you find . . .?
comment trouves-tu...? 25

    **how do you say . . . in
French?** comment dit-on...
en français? B

    how much? combien (de)?
28

    how much does . . . cost?
combien coûte...? 11, 25

    how much is that/this/it?
c'est combien?, ça fait
combien? 11

    how old are you? quel âge
as-tu? 7

    how old is he/she? quel âge
a-t-il/elle? 17

    **how old is your father/
mother?** quel âge a ton
père/ta mère? 7

    how's everything? ça va?
3

    how's the weather? quel
temps fait-il? 12

    to learn how to *apprendre
à 34

hundred cent 6, 25

hungry faim 9

    are you hungry? tu as faim?
9

    I'm hungry j'ai faim 9

    to be hungry avoir faim 18,
30

husband un mari 24

I

I je 14, moi 23
  I don't know je ne sais pas B, 17
  I have a date/appointment at . . . j'ai un rendez-vous à... 4
  I know je sais B, 17, 36
  I'm fine/okay ça va 3
  I'm (very) well/so-so/(very) bad ça va (très) bien/comme ci, comme ça/(très) mal 3
ice la glace 9, 33
  ice cream une glace 9, 33
  iced tea un thé glacé 33
idea une idée 28
  it's (that's) a good idea c'est une bonne idée 28
if si C
in à 14, 22; dans 17
  in (Boston) à (Boston) 14
  in class en classe 14
  in front of devant 17
  in order to pour 29
  in the afternoon de l'après-midi 4
  in the morning/evening du matin/soir 4
  in town en ville 14
  in (the) au, à la, à l', aux 22
to **indicate** indiquer C
inexpensive bon marché *(inv.)* 25
ingredient un ingrédient 33
instrument un instrument 23
  to play a musical instrument jouer de + *instrument* 23
intelligent intelligent 33
interesting intéressant 19
to **invite** inviter 15
is *(see* **to be***)*
  is there? est-ce qu'il y a? 17
  isn't it (so)? n'est-ce pas? 14
  there is il y a 17
  there is (some) il y a + du, de la *(partitive)* 34
it il, elle 14, 18; le, la 36
  it's . . . c'est... 5
  it's . . . (o'clock) il est... heure(s) 4
  it's . . . francs ça fait... francs 11
  it's fine/nice/hot/cool/ cold/bad *(weather)* il fait beau/bon/chaud/frais/ froid/mauvais 12
  it's (June) first c'est le premier (juin) 8
  it's not ce n'est pas 20
  it's raining il pleut 12
  it's snowing il neige 12
  what time is it? quelle heure est-il? 4
  who is it? qui est-ce? 5, 17
its son, sa; ses 24
Italian italien, italienne 19

J

jacket un blouson, une veste 25
jam la confiture 33
January janvier *m.* 8
Japanese japonais(e) 19
jeans: pair of jeans un jean 25
to **jog** *faire du jogging 29
jogging le jogging 29
  jogging suit un jogging, un survêtement 25
juice le jus
  apple juice le jus de pomme 10, 33
  grape juice le jus de raisin 10
  orange juice le jus d'orange 10, 33
  tomato juice le jus de tomate 10
July juillet *m.* 8
June juin *m.* 8

K

ketchup le ketchup 33
keyboard un clavier 23
kilogram un kilo (de) 33
kind gentil (gentille) 19
kitchen une cuisine 21
knife un couteau 33
to **know** *connaître 36
  do you know . . .? tu connais...? 6
  I (don't) know je (ne) sais (pas) B, 17, 36
  you know tu sais 36

L

lady une dame 5
large grand 17, 20
last dernier (dernière) 31
  last month le mois dernier 31
  last night hier soir 31
  last Saturday samedi dernier 31
  at last enfin 30
to **learn (how to)** *apprendre (à) + *inf.* 34
left gauche
  on (to) the left à gauche 21
leg une jambe E3
lemon soda la limonade 10
to **lend** prêter (à) 35, 36
  lend me prête-moi 11
less . . . than moins... que 27
let's go! allons-y! 22
lettuce la salade 33
library une bibliothèque 21
like: what does he/she look like? comment est-il/elle? 17
  what's he/she like? comment est-il/elle? 17
to **like** aimer 15
  do you like? est-ce que tu aimes? 13
  I also like j'aime aussi 13
  I don't always like je n'aime pas toujours 13
  I don't like je n'aime pas 13
  I like j'aime 13
  I like . . ., but I prefer . . . j'aime..., mais je préfère... 13
  I'd like je voudrais 9, 10, 13
  what would you like? vous désirez? 10, 25
to **listen** écouter 15
  to listen to cassettes écouter des cassettes 29
  to listen to the radio écouter la radio 13
little petit 17, 20, 25
  a little (bit) un peu 15
to **live** habiter 15
  living room *(formal)* un salon 21
to **loan** prêter (à) 35, 36
long long (longue) 25
to **look (at)** regarder 15

look! tiens! **5, 18**
look at that regarde ça **17**
I'm looking for . . . je
   cherche... **25**
to look for chercher **25**
what does he/she look
   like? comment est-il/elle?
   17
to lose perdre **28**
   to lose weight maigrir **27**
lot: a lot beaucoup **15**
to love: I'd love to je veux bien
   13
luck la chance **30**
   to be lucky *avoir de la
   chance **30**
lunch le déjeuner **33**
   to have (eat) lunch déjeuner
   33

M

made fait (p.p. of *faire) **31**
to make *faire **16**
man un homme **17;** un
   monsieur (polite term) **5**
many beaucoup (de) **15**
   how many combien de **28**
map une carte **B**
March mars m. **8**
match un match **16**
   to play a match *faire un
   match **16**
May mai m. **8**
may *pouvoir **35**
maybe peut-être **14**
mayonnaise la mayonnaise **33**
me moi **1, 35**
   excuse me pardon **21, 25**
   (to) me me, moi **35**
meal un repas **33**
mean méchant **19**
to mean *vouloir dire **34**
   what does . . . mean? que
   veut dire...? **B**
meat la viande **33**
to meet rencontrer **29**
   to meet for the first time
   *connaître (in passé
   composé) **36**
Mexican mexicain(e) **19**
midnight minuit **4**
milk le lait **33**
mineral water l'eau f. minérale
   33

Miss Mademoiselle (Mlle) **3**
modern moderne **21**
Monday lundi m. **8**
money l'argent m. **29**
Monopoly le Monopoly **23**
month un mois **8, 27**
   last month le mois dernier
   31
   next month le mois prochain
   31
   this month ce mois-ci **31**
moped une mob (mobylette)
   17
more . . . than plus... que **27**
morning le matin **29**
   good morning bonjour **1**
   in the morning du matin **4**
   this morning ce matin **29**
   tomorrow morning demain
   matin **31**
   yesterday morning hier
   matin **31**
mother une mère **7, 24**
   this is my mother voici ma
   mère **7**
motorbike une mob
   (mobylette) **17**
motorcycle une moto **17**
motorscooter un scooter **17**
mountain une montagne **29**
   mountain climbing
   l'alpinisme f. **29**
   to (at/in) the mountain(s) à
   la montagne **29**
   to do mountain climbing
   *faire de l'alpinisme **29**
mouth une bouche **E3**
movie un film **22, 29**
   movie theater un cinéma **14**
movies le cinéma **21**
   at (to) the movies au
   cinéma **14**
Mr. Monsieur (M.) **3**
Mrs. Madame (Mme) **3**
much, very much beaucoup
   15
   how much? combien? **28**
   how much does . . . cost?
   combien coûte...? **11, 25**
   how much is it? ça fait
   combien?, c'est combien? **11**
   too much trop **25**
museum un musée **21**
music la musique **23**
must *devoir **35**

I must je dois **13**
my mon, ma; mes **7, 24**
   my birthday is (March 2)
   mon anniversaire est le (2
   mars) **8**
   my name is . . . je
   m'appelle... **1**

N

name: his/her name is . . .
   il/elle s'appelle... **6**
   my name is . . . je
   m'appelle... **1**
   what's . . .'s name?
   comment s'appelle...? **6**
   what's his/her name?
   comment s'appelle-t-il/elle?
   17
   what's your name?
   comment t'appelles-tu? **1**
napkin une serviette **33**
nasty méchant **19**
nationality la nationalité **2**
nearby près **21**
neck le cou **E3**
to need *avoir besoin de **28**
neighbor un voisin, une voisine
   17
neighborhood un quartier **21**
   a nice neighborhood un joli
   quartier **21**
never ne... jamais **32**
new nouveau (nouvel, nouvelle;
   m.pl. nouveaux) **27**
next prochain **29, 31**
   next week la semaine
   prochaine **31**
nice gentil (gentille),
   sympathique **19**
   it's nice (beautiful) weather
   il fait beau **12**
night: tomorrow night demain
   soir **4**
   last night hier soir **31**
nine neuf **1**
nineteen dix-neuf **2**
ninety quatre-vingt-dix **6**
ninth neuvième **24**
no non **2,14**
   no . . . pas de **18, 34**
   no? n'est-ce pas? **14**
nobody ne... personne,
   personne **32**
noon midi **4**

nose le nez E3
not ne... pas 14
  not a, not any pas de 18, 34
  not always pas toujours 13
  not anybody ne... personne 32
  not anything ne... rien 32
  not at all pas du tout 23
  it's (that's) not ce n'est pas 20
  of course not! mais non! 14
notebook un cahier B
nothing ne... rien, rien 32
November novembre *m.* 8
now maintenant 15, 31

O

o'clock heure(s)
  at . . . o'clock à... heures 4
  it's . . . o'clock il est... heure(s) 4
object un objet 17
ocean la mer 29; l'océan *m.*
  to (at) the oceanside à la mer 29
October octobre *m.* 8
of de 14
  of (the) du, de la, de l', des 23
  of course not! mais non! 14
  of course! bien sûr 13
  of whom de qui 16
often souvent 15
oh: oh, really? ah, bon? 16
okay d'accord 13
  I'm okay ça va 3
old vieux (vieil, vieille; *m.pl.* vieux) 27
  he/she is . . . (years old) il/elle a... ans 7
  how old are you? quel âge as-tu? 7
  how old is he/she? quel âge a-t-il/elle? 17
  how old is your father/ mother? quel âge a ton père/ta mère? 7
  I'm . . . (years old) j'ai... ans 7
  to be . . . (years old) *avoir... ans 18
omelet une omelette 9
on sur 17

on foot à pied 22
on Monday lundi 18
on Mondays le lundi 18
on vacation en vacances 14
one un, une 1; *(we, they, people)* on 28
oneself: by oneself seul 29
only seul 29
open *ouvrir
  open . . . ouvre... (ouvrez...) B
opinion: in my opinion à mon avis 27
or ou 2, 14
orange *(color)* orange *(inv.)* 20
orange une orange 33
  orange juice le jus d'orange 10, 33
order: in order to pour 29
to **organize** organiser 15
other autre 33
our notre; nos 24
out of style démodé 25
over: over (at) . . .'s house chez... 23
  over there là-bas 14
  that (one), over there ça, là-bas 17
overcoat un manteau *(pl.* manteaux) 25
to **own** *avoir 18

P

P.M. du soir 4
pain: a pain pénible 20
pants un pantalon 25
pantyhose des collants *m.* 25
paper le papier B
  sheet of paper une feuille de papier B
parents les parents *m.* 24
park un parc 21
party *(informal)* une boum 22
to **pass a test (an exam)** réussir à un examen 27
past: half past . . . ... heure(s) et demie 4
  quarter past . . . ... heure(s) et quart 4
to **pay (for)** payer 28
  to pay attention *faire attention 16
pear une poire 33
peas les petits pois *m.* 33

pen un stylo B, 17
pencil un crayon B, 17
people des gens *m.* 18; on 28
perhaps peut-être 14
person une personne 5, 17
pet un animal *(pl.* animaux) domestique 7
to **phone** téléphoner 15
piano un piano 23
picnic un pique-nique 22
  to have a picnic *faire un pique-nique 29
pie une tarte 33
piece: piece of chalk un morceau de craie B
ping-pong le ping-pong 23
pink rose 20
pizza une pizza 9
place un endroit 22
  place setting un couvert 33
to **place** *mettre 26
  placed mis *(p.p. of* *mettre) 31
plain moche 25
plane un avion 29
  by plane en avion 29
plate une assiette 33
to **play** jouer 15
  to play a game jouer à + *game* 23
  to play a game (match) *faire un match 16
  to play a musical instrument jouer de + *instrument* 23
  to play basketball (soccer, tennis, volleyball) jouer au basket (au foot, au tennis, au volley) 13
pleasant sympathique 19
  it's pleasant (good) weather il fait bon 12
please s'il vous plaît *(formal)* 10; s'il te plaît *(informal)* 9
  please give me . . . s'il te plaît, donne-moi... 10
polo shirt un polo 25
pool: swimming pool une piscine 21
poor pauvre 28
poorly mal 3
popular à la mode 25
poster une affiche 17
potato une pomme de terre 33
pound une livre (de) 33

English-French Vocabulary

to prefer préférer **26, 33**

    I prefer je préfère + *inf.* **13**

    I like . . ., but I prefer . . .
        j'aime..., mais je préfère... **13**

to prepare préparer **29**

    pretty joli **17, 25**

    price un prix **25**

        what's the price? quel est le
        prix? **25**

    pullover un pull **25**

    pupil un (une) élève **17**

to purchase acheter **29**

to put *mettre **26**

    to put on *mettre **26**

Q

    quantity une quantité **33**

    quarter un quart

        quarter of . . . ... heure(s)
        moins le quart **4**

        quarter past . . . ... heure(s)
        et quart **4**

R

    racket une raquette **17**

    radio une radio **17**

        to listen to the radio
        écouter la radio **13**

    rain: it's raining il pleut **12**

    raincoat un imper
        (imperméable) **25**

    rarely rarement **15**

    rather assez **19**

    really: oh, really? ah, bon? **16**

        really?! vraiment?! **23**

    record un disque **17**

    red rouge **20**

    reel-to-reel tape une bande **B**

    relatives les parents *m.* **24**

to repair réparer **29**

to respond répondre **36**

    restaurant un restaurant **21**

        at (to) the restaurant au
        restaurant **14**

        have dinner at a restaurant
        dîner au restaurant **13**

to return rentrer **32**; *revenir **23**

    rice le riz **33**

    rich riche **28**

    ride: to take a bicycle ride
        *faire une promenade à vélo
        22

    right vrai **20**; droite

    right? n'est-ce pas? **14**

    all right d'accord **13**

    to be right *avoir raison **30**

    to (on) the right à droite **21**

    roast beef le rosbif **33**

    room une chambre **17**; une
        salle **21**

    bathroom une salle de bains
        21

    dining room une salle à
        manger **21**

    formal living room un salon
        21

to run *(referring to objects)*
    marcher **17**

S

    sailing la voile **29**

    salad une salade **9, 33**

    salami le saucisson **33**

    salt le sel **33**

    sandal une sandale **25**

    sandwich un sandwich **9**

    Saturday samedi *m.* **8, 31**

        see you Saturday! à samedi!
        8

        last Saturday samedi
        dernier **31**

        next Saturday samedi
        prochain **31**

    saw vu *(p.p. of* *voir) **31**

    saxophone un saxo
        (saxophone) **23**

    say *dire **36**

        say . . . dites... **C**

        say! dis (donc)! **20**

        **how do you say . . . in
        French?** comment dit-on...
        en français? **B**

    school une école **21**

        school cafeteria la cantine
        de l'école **33**

        school friend un (une)
        camarade **17**

    sea la mer **29**

        to (at) the sea à la mer **29**

    season une saison **12**

    second deuxième **24**

to see *voir **29**

        see you tomorrow! à
        demain! **8, 29**

    seen vu *(p.p. of* *voir) **31**

    seldom rarement **15**

to sell vendre **28**

    September septembre *m.* **8**

to set the table *mettre la table
    33

    seven sept **1**

    seventeen dix-sept **2**

    seventh septième **24**

    seventy soixante-dix **5**

    she elle **14, 18, 23**

    sheet of paper une feuille de
        papier **B**

    ship un bateau (*pl.* bateaux) **29**

    shirt une chemise **25**

    shoe une chaussure **5**

        tennis shoes des tennis *m.*
        25

    shop une boutique **25**

    shopping: shopping center un
        centre commercial **21**

        to go food shopping *faire
        les courses **33**

        to go shopping *faire des
        achats **29**

    shore la mer **29**

    short court **25**; petit **17, 20,
        25**

        he/she is short il/elle est
        petit(e) **17**

    shorts un short **25**

    should *devoir **35**

to show indiquer **C**; montrer à
    35, 36

to shut fermer **B**

    shy timide **19**

    silly bête **19**

to sing chanter **13, 15**

    sir Monsieur (M.) **3**

    sister une soeur **7, 24**

    six six **1**

    sixteen seize **2**

    sixth sixième **24**

    sixty soixante **3, 5**

to ski *faire du ski **29**

    skiing le ski **29**

    skirt une jupe **25**

    small petit **17, 20, 25**

    sneakers des tennis *m.* **25**

        hightop sneakers des
        baskets *m.* **25**

    snow: it's snowing il neige **12**

    so alors **19**

        so-so comme ci, comme ça **3**

        everything's (going) so-so
        ça va comme ci, comme ça **3**

    soccer le foot (football) **23**

    sock une chaussette **25**

soda un soda 10

    lemon soda une limonade 10

sold vendu (*p.p. of* vendre) 31

sole *(fish)* la sole 33

some des 18; du, de la, de l' 34; quelques 17

somebody quelqu'un 32

someone quelqu'un 32

something quelque chose 32

son un fils 24

sorry: to be sorry regretter

    I'm sorry, but (I cannot) je regrette, mais (je ne peux pas) 13

soup la soupe 33

spaghetti les spaghetti *m.* 33

Spanish espagnol(e) 19

to **speak** parler 15

    to speak (French, English, Spanish) parler (français, anglais, espagnol) 13

    to speak to parler à 36

to **spend** *(money)* dépenser 28; *(time)* passer 29

spoon une cuillère 33

sports le sport 29

    to play a sport *faire du sport 29; jouer à + *sport* 23

    sports clothing des vêtements *m.* de sport 25

spring le printemps 12

    in the spring au printemps 12

stadium un stade 21

to **stay** rester 22

steak un steak 9

    steak and French fries un steak-frites 9

stereo set une chaîne stéréo 17

stomach le ventre E3

store un magasin 21, 25

    department store un grand magasin 25

straight tout droit 21

strawberry une fraise 33

street une rue 21

student *(high school)* un (une) élève 17; *(college)* un étudiant, une étudiante 17

to **study** étudier 13, 15

stupid bête 19

style: in style à la mode 25

    out of style démodé 25

subway le métro 22

    by subway en métro 22

to **succeed** réussir 27

sugar le sucre 33

summer l'été *m.* 12

    summer vacation les grandes vacances 29

    in the summer en été 12

sun le soleil 25

Sunday dimanche *m.* 8

sunglasses des lunettes *f.* de soleil 25

supermarket un supermarché 21

supper le dîner 33

    to have (eat) supper dîner 15, 33

sure bien sûr 13

    sure! mais oui! 14

    are you sure? tu es sûr(e)? 24

sweater un pull 25

sweatshirt un sweat 25

to **swim** nager 15

    I like to swim j'aime nager 13

swimming pool une piscine 21

swimsuit un maillot de bain 25

Swiss suisse 19

T

table une table B, 17

    to set the table *mettre la table 33

to **take** *prendre B, 34

    to take along amener 26, 35

    to take a bicycle ride *faire une promenade à vélo 22

    to take a drive *faire une promenade en voiture 22

    to take a trip *faire un voyage 16

    to take a walk *faire une promenade à pied 22

to **talk** parler 15

    to talk to parler à 36

tall grand 17, 20

tape: tape recorder un magnétophone 17

    cassette tape une cassette B, 17

    reel-to-reel tape une bande B

taxi un taxi 22

    by taxi en taxi 22

tea le thé 10

    iced tea un thé glacé 33

teacher un (une) prof 5, 17; un professeur 17

telephone un téléphone 17

to **telephone** téléphoner 15

television la télé B, 17

    to watch television regarder la télé 13

to **tell** *dire 36

ten dix 1, 2

tennis le tennis 23

    tennis racket une raquette de tennis 23

    tennis shoes des tennis *m.* 25

    to play tennis jouer au tennis 13

tenth dixième 24

terrific chouette 20, 25; extra 20; super 20, 25

test un examen

    to pass a test réussir à un examen 27

than que 27

thank you merci 3

that que 25; ce, cet, cette 26

    that is . . . c'est... 17, 20

    that (one), over there ça, là-bas 17

    that's . . . c'est... 5, 17, 20; voilà 5

    that's . . . francs ça fait... francs 11

    that's bad c'est mal 20

    that's a good idea! c'est une bonne idée! 28

    that's good (fine) c'est bien 20

    that's not . . . ce n'est pas... 20

    what's that? qu'est-ce que c'est? 17

the le, la, l' 6, 18; les 18

theater un théâtre 21

    movie theater un cinéma 21

their leur, leurs 24

them eux, elles 23; les 36

    (to) them leur 36

then alors 19; ensuite 30

there là 14

    there is (are) il y a 17

    there is (here comes someone) voilà 5

there is (some) il y a + du, de la *(partitive)* 34

there's some voilà + du, de la *(partitive)* 34

over there là-bas 14

that (one), over there ça, là-bas 17; ce...-là 26

what is there? qu'est-ce qu'il y a? 17

these ces 26

these are ce sont 20

they ils, elles 14; eux 23; on 28

they are ce sont 20

thin: to get thin maigrir 27

thing une chose

things are going (very) badly ça va (très) mal 3

to think penser 25

to think of penser de, trouver 25

to think that penser que 25

what do you think of . . .? comment trouves-tu...?, qu'est-ce que tu penses de...? 25

third troisième 24

thirsty: to be thirsty *avoir soif 30

are you thirsty? tu as soif? 10

I'm thirsty j'ai soif 10

thirteen treize 2

thirty trente 3

3:30 trois heures et demie 4

this ce, cet, cette 26

this is . . . voici... 5

those ces 26

those are ce sont 20

thousand mille 25

three trois 1

Thursday jeudi *m.* 8

tie une cravate 25

tights des collants *m.* 25

time: at what time is . . .? à quelle heure est...? 4

at what time? à quelle heure? 4

what time is it? quelle heure est-il? 4

to à 14, 22; chez 22, 23

to (the) au, à la, à l', aux 22

in order to pour 29

to class en classe 14

to someone's house chez + *person* 22

to whom à qui 16

today aujourd'hui 8, 31

today is (Wednesday) aujourd'hui, c'est (mercredi) 8

toilet les toilettes 21

tomato une tomate

tomato juice le jus de tomate 10

tomorrow demain 8

tomorrow afternoon demain après-midi 31

tomorrow is (Thursday) demain, c'est (jeudi) 8

tomorrow morning demain matin 31

tomorrow night (evening) demain soir 31

see you tomorrow! à demain! 8, 29

tonight ce soir 31

too aussi 2, 15; trop 25

too bad! dommage! 15

touring bus un autocar, un car 29

town un village 21

in town en ville 14

track suit un survêtement 25

train un train 29

by train en train 22, 29

to travel voyager 13, 15

trip: to take a trip *faire un voyage 16

trousers un pantalon 25

true vrai 20

T-shirt un tee-shirt 25

Tuesday mardi *m.* 8

tuna le thon 33

to turn tourner 21

to turn on *mettre 26

TV la télé B, 17

to watch TV regarder la télé 13

twelfth douzième 24

twelve douze 2

twenty vingt 2, 3

two deux 1

U

ugly moche 25

uncle un oncle 7, 24

under sous 17

to understand *comprendre 34

I (don't) understand je (ne) comprends (pas) B

unfashionable démodé 25

United States les États-Unis *m.*

upstairs en •haut 21

us nous 23

(to) us nous 35

to use utiliser C

V

vacation les vacances *f.* 29

on vacation en vacances 14

summer vacation les grandes vacances 29

VCR (videocassette recorder) un magnétoscope B

veal le veau 33

vegetable un légume 33

very très 19

very well très bien 15

very much beaucoup 15

videocassette une vidéocassette B

videocassette recorder un magnétoscope B

violin un violon 23

to visit *(place)* visiter 15, 28; *(people)* rendre visite à 28, 36

volleyball le volley (volleyball) 23

W

to wait (for) attendre 28

walk une promenade 22

to take (go for) a walk *faire une promenade à pied 16, 22

to walk *aller à pied 22; marcher 17

walkman un walkman 17

to want *avoir envie de 28; *vouloir 34

do you want . . .? tu veux...? 9

do you want to . . .? est-ce que tu veux...? 13

I don't want . . . je ne veux pas... 13

I want . . . je veux... 13, 34

I want to je veux bien 34

yes, okay (all right) oui, d'accord **13**

yes, thank you oui, merci **13**

yesterday hier **31**

yesterday afternoon hier après-midi **31**

yesterday morning hier matin **31**

yogurt le yaourt **33**

you tu, vous **14, 23;** on **28**

you are . . . tu es + *nationality* **2**

and you? et toi? **1**

(to) you te, vous **35**

your ton, ta; tes **7;** votre; vos **24**

what's your name? comment t'appelles-tu? **1**

young jeune **17**

Z

zero zéro **1**

Photo Credits